Güterverkehr, Spedition und Logistik

Managementkonzepte für Güterverkehrsbetriebe, Speditionsunternehmen und
logistische Dienstleister

Von
Prof. Dr. Cornelius Holderied

R. Oldenbourg Verlag München Wien

Bibliografische Information Der Deutschen Bibliothek

Die Deutsche Bibliothek verzeichnet diese Publikation in der Deutschen
Nationalbibliografie; detaillierte bibliografische Daten sind im Internet
über <http://dnb.ddb.de> abrufbar.

© 2005 Oldenbourg Wissenschaftsverlag GmbH
Rosenheimer Straße 145, D-81671 München
Telefon: (089) 45051-0
www.oldenbourg-verlag.de

Gedruckt auf säure- und chlorfreiem Papier
Gesamtherstellung: Druckhaus „Thomas Müntzer" GmbH, Bad Langensalza

ISBN 3-486-57733-6

Vorwort

> *Lebendige Städte – inwieweit hat sich die Versorgung*
> *ihrer Bewohner in erstarrten Transportsystemen mit*
> *einem absurden Material- und Energieaufwand*
> *verfangen? Inwieweit ist der Verkehr gar Selbstzweck*
> *geworden?.......*
>
> (Vester F.: Neuland des Denkens. 1984)

Transport und Verkehr haben eine Schlüsselfunktion für die Sicherung der arbeitsteiligen Wirtschaft und der Mobilität der Bevölkerung. Verkehrswirtschaft ist dabei als jener Teil der Volkswirtschaft zu begreifen, welcher der räumlichen Übertragung von Personen, Gütern und Nachrichten dient. Der Verkehr berührt dabei alle Bereiche des menschlichen Lebens sowie wirtschaftliche, persönliche, kulturelle und staatliche Interessen. Dem Begriff „Verkehrswesen" werden Fragen der Verkehrstechnik, des Verkehrsrechtes und der Verkehrswirtschaft zugeordnet.

Die ökonomischen Probleme des Verkehrs können betriebswirtschaftlicher oder volkswirtschaftlicher Art sein. Eine Reduzierung der Betrachtung auf lediglich eine Sichtweise widerspricht jedoch dem Grundgedanken dieses Buches, das bestrebt ist, im Sinne einer systemischen Betrachtung die Vernetzung des Systems „Verkehr" im Allgemeinen und des Systems „Speditionsunternehmen" im Besonderen aufzuzeigen und die einzelnen Themenbereiche einer ganzheitlichen Betrachtung zugänglich zu machen.

Dieser Ansatz zwingt jedoch auch zu einer Systemabgrenzung, die in diesem Buch auf Fragen des Systems „Güterverkehr" erfolgt ist und dort insbesondere die Rolle der Speditionsunternehmen im „System Güterverkehr" betrachtet.

Die Güterverkehrsmärkte befinden sich in einem strukturellen Umbruch. Wirtschaftliche und politische Rahmenbedingungen verändern sich in einer bisher nie da gewesenen Dynamik. Die Folge ist ein ständig wachsender Druck auf die Leistungsfähigkeit und Leistungsbereitschaft der in diesem volkswirtschaftlichen Bereich tätigen Mitarbeiter und Manager.

Diese Dynamik und damit verbundene Komplexität führt dazu, dass Manager immer häufiger mit der Frage konfrontiert werden, nach welchen Prinzipien ihre Unternehmen zu gestalten sind, um die gegebene Komplexität und Dynamik angemessen bewältigen zu können.

Güterverkehrsunternehmen stehen auf Grund ihrer starken volkswirtschaftlichen Verknüpfung unter dem besonderen Druck der Politik und der öffentlichen Meinung. Gerade die Fragen nach dem Umgang mit den ökologischen Herausforderungen rücken immer mehr in den Mittelpunkt.

Das vorliegende Buch ist als Handbuch für Studierende und Praktiker zu sehen. Es wird der Versuch unternommen, die Besonderheiten der speditionellen Dienstleistung im dynamischen Umfeld der Güterverkehrswirtschaft auf ein betriebswirtschaftliches Fundament zu stellen. Neben einem geschichtlichen Rückblick und einer Beschreibung sowohl der externen als auch der internen Produktionsfaktoren zur Erstellung speditioneller Dienstleistungen werden aktuelle Managementkonzepte und Managementinstrumente dargestellt. So wird auf Basis eines wertorientierten Managementansatzes ein Kennzahlensystem entwickelt zur Erfassung und Bewertung der Wertbeiträge von Kontrakten im strategischen Geschäftsfeld „Kontraktlogistik". Im Bereich der operativen Unternehmensführung werden die besonderen Herausforderungen im Marketing und im betrieblichen Rechnungswesen fallbezogen entwickelt, dabei unter besonderer Berücksichtigung der Prozessorientierung. So werden auch die Ergebnisse einer Prozesskostenanalyse in Speditionsunternehmen aufgezeigt. Im Rahmen einer ausführlichen Umfeldanalyse werden alle strategischen Managementkonzepte als auch die operativen Managementinstrumente und Methoden im Kontext der Güterverkehrswirtschaft unter besonderer Berücksichtigung der Speditionsbranche und der Speditionsunternehmen dargestellt.

Die Dynamik in diesem Wirtschaftsbereich erlaubt nur Momentaufnahmen bei Verwendung von Graphiken und Schaubildern.

Inhaltsverzeichnis

Abbildungsverzeichnis

Tabellenverzeichnis

Abkürzungsverzeichnis

(Aufgeführt sind die im Text verwendeten Abkürzungen mit Ausnahme von Firmennamen und
Literaturabkürzungen)

ACP	Average Costs per Person
ADSP	Allgemeine deutsche Spediteurbedingungen
AÖSP	Allgemeine österreichische Spediteurbedingungen
APV	Adjusted Present Value
AWB	Air way bill
B/L	Bill of Lading
BAF	Bunker Adjustment Factor
BMVIT	Bundesministerium für Verkehr, Innovation und Technologie
BSL	Bundesverband Spedition und Logistik eV
BSP	Bruttosozialprodukt
BVE	Bruttoverkehrsertrag
CAF	Currency Adjustment Factor
CEMT	European Conference of Ministers of Transport
CLECAT	European Organization for Forwarding and Logistics
CLV	Customer Lifetime Value
CM	Category Management
CMR	Übereinkommen über die Beförderung im internationalen Straßengüterverkehr
COTIF	Übereinkommen über den internationalen Eisenbahnverkehr

CR	Commodities Rates
CVA	Cash Value Added
DCF	Discounted Cash Flow
DGR	Dangerous Goods Regulations
DVZ	Deutsche Verkehrszeitung
EBIT	Earnings before Interests and Taxes
ECR	Efficient Consumer Response
EDI	Electronic Data Interchange
ER	Efficient Replenishment
ER CIM	Einheitliche Rechtsvorschriften für den Vertrag über die internationale Eisenbahnbeförderung von Gütern
EUL	Efficient Unit Load
EVA	Economic Value Added
EVO	Eisenbahnverordnung
FCF	Free Cash Flow
FCL	Full Container Load
FCT	Forwarder Certificate of Transport
FIATA	Internationale Föderation der Speditionsorganisationen
GCR	General Cargo Rates
GSM	Global System for Mobile Communication
HGB	Handelsgesetzbuch
HS	Harmonisiertes System
I+K	Informations– und Kommunikationstechnologie

IAS	International Accounting Standards
IHK	Internationale Handelskammer
IRU	Internationale Straßentransportunion
KEP	Kurier-, Express- und Paketdienst
KN	Kombinierte Nomenklatur
LCL	Less Container Load
LDL	Logistische Dienstleister
M/G	Maß -/ Gewichtsverhältnis
MTC	Internationale multimodale Güterbeförderung
NOA	Net operating assets
NOPAT	Net operating profit after taxes
NSTR	Nomenclature uniforme de marchendise pour les statistique de transport
NVOCC	Non Vessel Operating Owing Common Carrier
ÖBB	Österreichische Bundesbahn
ÖKOMBI	Österreichische Gesellschaft für den kombinierten Verkehr
ÖVKB	Österreichische Verkehrskreditbank
PLP	Party logistics provider
POS	Point of Sale
QR	Quick Response
RKT	Reichskraftwagen Tarif
RZZ	Rat für die Zusammenarbeit auf dem Gebiet des Zollwesens

SCM	Supply Chain Management
SCOR	Supply Chain Operations Reference
SCR	Specific commodities rules
SP	Sammelumschlagspunkt
SZR	Sonderziehungsrechte
TARIC	Integrierter Tarif der Europäischen Gemeinschaften
TB/L	Through Bill of Lading
TEU	Twenty Foot Equivalent Unit
TRG	Transportrechtsreform
TUL	Transport, Umschlag, Lager
UIC	Internationale Eisenbahnunion
URL	Uniform Resource Locator
US-GAAP	US Generally Accepted Accounting Principles
VA	Verkehrsaufkommen
VAC	Value Added per Customer
VAP	Value Added per Person
VP	Verteilumschlagspunkt
WACC	Weighted average costs of capital
WB	Wertbeitrag
WCO	Weltzollrat
WTO	World Trade Organization

1 Verkehrswirtschaften – eine besondere Form des „Wirtschaftens"

Die Aktivitäten eines Menschen werden wesentlich von seinen Bedürfnissen und Motiven geprägt. Neben den Grundbedürfnissen, die durch Triebe realisiert werden, gibt es eine Reihe von sozialen Bedürfnissen. Der Antrieb bzw. die psychische Energie zur Befriedigung dieser Bedürfnisse wird durch Motivation hergestellt. Motiv und Motivation sind Begriffe, die zur Erklärung von menschlichem Verhalten benutzt werden. Ein Motiv ist ein Beweggrund, der hinter einem bestimmten Verhalten steht. Der Begriff Motivation beinhaltet das Zusammenspiel mehrerer Motive in einer konkreten Situation, einschließlich der Erwartungen darüber, ob diese Motive befriedigt werden können (Zielerreichung).

Grundmotivationen lassen sich in mehrere Klassen einteilen:

- Ehrgeiz
- Machtstreben
- Soziale Bedürfnisse
- Neugier

Alle diese Motivationen sind grundsätzlich in jedem Menschen vorhanden. Die Stärke einer Motivation im konkreten Einzelfall setzt sich aber über diese Grundmotivation hinaus aus zwei weiteren Faktoren zusammen:

- Erfolgsaussichten
- Subjektiver Wert[1] eines Ziels

Paradigmatisch für die Motivationspsychologie ist das Erwartungs-Wert-Modell. Motivation ist hiernach das Produkt aus subjektiver Wahrscheinlichkeit (das erstrebte Ziel zu erreichen) und subjektivem Wert (des Ziels). Hieran wird schon deutlich, wie beide Faktoren – Person und Situation – ineinander greifen. Meine Bewertung eines Ziels (z.B. eine bestandene Statistikprüfung) hängt zum einen davon ab, welchen Wert mir meine Umgebung nahe legt (z.B. „du musst die bestehen, sonst kannst du nicht

---

[1] Im Steuerrecht ist als subjektiver Wert derjenige Wert festzustellen, den der Empfänger den Dienstleistungen beimisst, die er sich verschaffen will, und deren Wert dem Betrag entspricht, den er zu diesem Zweck aufzuwenden bereit ist (EuGH-Urteil vom 3.Juli 2001 Rs.C-380/99, Bertelsmann, UR 2001, 346, Rdnr.23).

weiterstudieren"), zum anderen davon, wie wichtig mir selbst dieses Ziel ist (z.B. „ob ich weiterstudieren kann, ist mir eigentlich egal").

Ähnliches gilt für die Erwartung. Der eine ist optimistischer, der andere pessimistischer – aber die Informationen aus der Umgebung legen doch eine gewisse Tendenz nahe (z.B. „die Prüfung hat bis jetzt jeder geschafft").

Der subjektive Wert ist zudem der Motivationsfaktor, der am stärksten variiert.

Menschliches Leben ist – in der Regel – wesentlich geprägt durch ein elementares Spannungsverhältnis:

> Unseren vielfältigen und umfangreichen Bedürfnissen stehen nur begrenzte Mittel gegenüber, die zur Befriedigung dieser Bedürfnisse unmittelbar verfügbar sind.

Zwei Wege können eine Lösung aufzeigen:

- es werden nicht alle Bedürfnisse befriedigt und/ oder
- die verfügbaren Mittel werden entsprechend vermehrt

Alle Entscheidungen, die festlegen, welche Bedürfnisse in welchem Umfang befriedigt werden und welche Mittel in welchem Umfang vermehrt (produziert) werden, nennt man **wirtschaftliche Entscheidungen**.

.....**Wirtschaften** heißt also, **entscheiden**, welchen Bedürfnissen welche Mittel zugewiesen werden

---

Wir gehen davon aus, dass Konsumenten (Verbraucher) eine voneinander unterschiedliche, differenzierte Bedürfnisskala haben. Nach der **Motivationstheorie von Maslow** gibt es fünf wesentliche Motive, die menschlichem Verhalten zugrunde liegen: physiologische (fundamentale) Bedürfnisse wie Durst, Hunger, Schlaf, Bedürfnisse nach Sicherheit, Zugehörigkeit, Wertschätzung und Selbstverwirklichung. Nach Maslow sind diese Bedürfnisse hierarchisch in Form einer Pyramide angeordnet und setzen jeweils die Befriedigung niedrigerer Bedürfnisse voraus.

Nach der **Zweifaktorentheorie von Herzberg** gibt es Faktoren, die motivieren („Motivatoren"), wie Leistung, Anerkennung, die Arbeit selbst, Verantwortung, Beförderung, sowie „Hygienefaktoren", die nicht motivieren, doch Unzufriedenheit schaffen, wenn sie nicht „stimmen" (Personalpolitik, Kontrolle, Verdienst, zwischenmenschliche Beziehungen, Arbeitsbedingungen).

Jedes Mittel, das Bedürfnisse hervorrufen kann, befriedigt auch Bedürfnisse.

Mittel zur Bedürfnisbefriedigung sind Güter oder Dienstleistungen[2]. Die Eigenschaft eines Gutes oder einer Dienstleistung, Bedürfnis hervorzurufen, nennt man Nutzen.

Das Ergebnis des Wirtschaftens lässt sich in Haushalten und Betrieben beobachten.

- Der Konsum der Haushalte zeigt, welche der Bedürfnisse befriedigt wurde

- Die Produktion der Betriebe macht sichtbar, welche Mittel (Güter und Dienstleistungen) vermehrt wurden.

Inwieweit nun Haushalte und Betriebe wirtschaftliche Entscheidungen selbständig treffen können, hängt vom jeweiligen Wirtschaftssystem (Wirtschaftsordnung) ab, in das sie eingebunden sind. Grundsätzlich unterscheidet man zwei Arten von Wirtschaftssystemen:

- die Zentralverwaltungswirtschaft

- die Marktwirtschaft

In einer Marktwirtschaft planen die Haushalte und Unternehmen selbständig Konsum und Produktion. Beide lassen sich von Eigeninteressen leiten. In Wahrnehmung ihrer Interessen entfalten die eigenverantwortlich handelnden Wirtschaftseinheiten Angebot und Nachfrage nach Gütern und Dienstleistungen. Anbieter und Nachfrager treffen sich an den Märkten, wo sie im Wettbewerb untereinander und mit der anderen Marktseite ihre Pläne in Abstimmung bringen. In marktwirtschaftlichen Wirtschaftsordnungen ist daher die Selbständigkeit für das Treffen wirtschaftlicher Entscheidungen – mit gewissen Einschränkungen – gegeben.

---

[2] Im britischen Unterhaus wurde um 1900 eine Abstimmung zur Abschaffung des Patentamtes durchgeführt, weil die Abgeordneten der Meinung waren, alle wesentlichen Erfindungen seien bereits gemacht worden.

Nach diesen allgemeinen Ausführungen stellt sich nun die Frage, wie sich dieser Sachverhalt in der Verkehrswirtschaft darstellt und was dann „das Verkehrswirtschaften " bestimmt.

Welches sind die „Bedürfnisse", die durch das Angebot der Verkehrsbetriebe befriedigt werden und damit zum **„Verkehrswirtschaften"** *führen?*

Allgemein kann man formulieren, dass alle Betriebe, die das Bedürfnis nach Raum- und Zeitüberwindung ausgleichen, zu den Anbietern eines Verkehrsmarktes zählen, alle Konsumenten, die nach Angeboten zur Raum- und/oder Zeitüberwindung suchen, zu den Konsumenten oder Nachfragern. Ein Spannungsverhältnis ist solange nicht gegeben, solange genügend Mittel zur Raum- und/oder Zeitüberwindung gegeben sind.

Der Unterschied zwischen Raumüberwindung und Zeitüberwindung besteht darin, dass bei der Raumüberwindung ein physischer Gegenstand (auch menschlicher Körper) den Ort verändert, während bei der Zeitüberwindung versucht wird, in gewissem Sinn die Zeit zu verändern, indem der Zeitpunkt eines Angebotes und der Zeitpunkt der Nachfrage nach diesem Angebot möglichst nahe zusammen zu bringen ist. Im Bereich der Nachrichten ist die Raum- und Zeitüberwindung bereits vollständig durch moderne Kommunikations- und Informationstechnik verwirklicht. In allen Fällen von Gütern wird die Zeitüberwindung durch „die Funktion Lagern" erfüllt. Dienstleistungen können nicht transportiert und gelagert werden. Die Leistungserstellung (Produktion) und die Leistungsverwertung (Absatz) fallen zeitgleich an. Es besteht keine Puffermöglichkeit zur Überbrückung von Nachfrageschwankungen.

Von einem Bedarf wird dann gesprochen, wenn das vorhandene Bedürfnis nach Raum- und/oder Zeitüberwindung durch Angebote (verfügbare Mittel) befriedigt werden kann. Dies sind in erster Linie Transport- und Lagerangebote. Neben den klassischen Bedürfnissen nach Raum- und Zeitüberwindung kann in Güterverkehrsmärkten vermehrt ein „logistisches Bedürfnis" definiert werden. Logistische Bedürfnisse und die dafür angebotenen Dienstleistungen sind vielfältig. Sie bieten den Anbietern auf Güterverkehrsmärkten interessante Möglichkeiten, neue logistische Dienstleistungen zu entwickeln und anzubieten.

Grundsätzlich entstehen Angebote aber nur dann, wenn der erkannte Bedarf auch mit Kaufkraft verknüpft ist. Unter Kaufkraft versteht man die Menge an Gütern und

Dienstleistungen, die man mit einer Geldeinheit kaufen kann. Sie ist abhängig von den Preisen. Die Kaufkraft nimmt daher zu, wenn die Preise sinken (Deflation); sie nimmt ab, wenn die Preise steigen (Inflation).

Angebot und Nachfrage werden am Markt ausgeglichen, wo letztlich der Kunde nach einem subjektiv empfundenen und gegebenenfalls objektiv messbaren Preis-Leistungsverhältnis entscheidet, ob der Bedarf befriedigt wird.

Abbildung 1: Zusammenhang Bedürfnis – Bedarf – Nachfrage

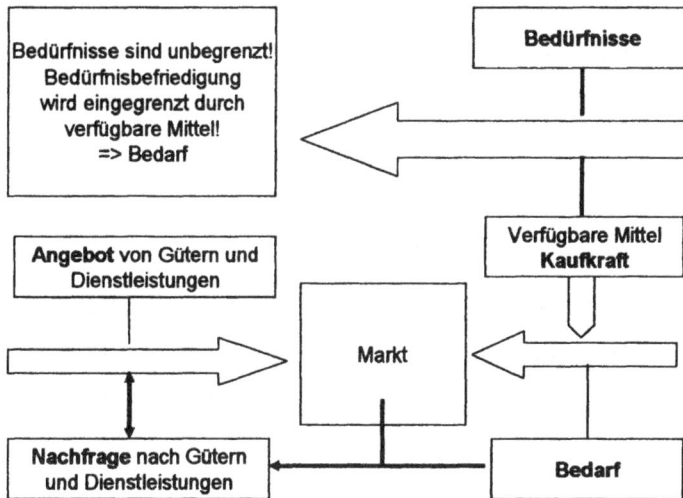

Es müssen also 3 Bedingungen erfüllt sein, damit aus Bedürfnissen Nachfrage entsteht:

- Das Bedürfnis muss mit einem Gut oder einer Dienstleistung befriedigt werden können.

- Das Gut oder die Dienstleistung muss knapp sein.

- Zur Befriedigung des Bedürfnisses muss Kaufkraft vorhanden sein.

Verkehrswirtschaften bedeutet demnach, wirtschaftliche Entscheidungen darüber zu treffen, ob die angebotenen Verkehrsleistungen zur Raum- und Zeitüberwindung und zur Befriedigung logistischer Bedürfnisse einen Mehrwert oder Nutzen schaffen, der über dem dafür zu zahlenden Preis (Gegenleistung) liegt.

Sofern dieses Spiel von Angebot und Nachfrage die Raum- und Zeitüberwindung von Gütern betrifft, wird es auf den Güterverkehrsmärkten „gespielt".

Eine Beschreibung des Marktes hängt wesentlich vom Leistungsangebot der Güterverkehrsbetriebe ab. Traditionell ist der Güterverkehrsmarkt der Hauptmarkt für Güterverkehrsunternehmen. Aber gerade unter Berücksichtigung der neuen Herausforderungen an so genannte logistische Dienstleister öffnen sich auch völlig neue Märkte, die durch die erfassten Warenbewegungen nicht ausreichend beschrieben sind. So ist beispielsweise das Angebot von Finanz- oder Versicherungsdienstleistungen nicht zwangsläufig mit Warenbewegungen verknüpft und wird dennoch von logistischen Dienstleistern angeboten.

Worin liegen aber nun die Besonderheiten des „Verkehrswirtschaften in Güterverkehrsmärkten" gegenüber den wirtschaftlichen Entscheidungen anderer Wirtschaftszweige?

Die Betonung der so genannten Besonderheiten des Verkehrs gegenüber anderen Wirtschaftssektoren beruht auf folgenden Überlegungen:

Sie erbringen ihre Leistung für Dritte, abgesehen von den Fällen des Eigenbedarfs (Werksverkehr, Individualverkehr). Die Verkehrsleistung weist bestimmte arteigene (als die Besonderheiten bezeichnete) Merkmale auf, die in Summe ein charakteristisches Bild zeichnen.

- Wird die Verkehrsleistung zum Zeitpunkt der Erstellung nicht nachgefragt, geht sie verloren (Verkehrsleistungen können nicht gelagert werden).

- Die Nachfrage nach Verkehrsleistung ist abgeleitete Nachfrage und wird vom konsumtiven oder produktiven Bedarf anderer Wirtschafts- und Gesellschaftsbereiche determiniert.

- Verkehrsleistung ist vielfach Leistungsverbundenheit verschiedener Arten von Verkehrsleistungen oder von Verkehrsleistung und sonstigen Dienstleistungen.

- In Bezug auf die Richtung der Verkehrsströme treten Unpaarigkeiten in den Verkehrsströmen auf.

- Konkurrenz besteht nicht nur zwischen den Verkehrsbetrieben eines Verkehrsträgers, sondern auch zwischen den einzelnen Verkehrsträgern.

- Ebenso herrschen Spannungsverhältnisse zwischen Werkverkehr und gewerblichem Verkehr.

- Die oft hohe Anlagenintensität vieler Verkehrsträger bewirkt ein starres Angebot und eine ausgeprägte Fixkostenstruktur.

- Der Verkehrssektor ist wegen seiner Bedeutung für andere Wirtschafts- und Gesellschaftsbereiche reges Betätigungsfeld für Eingriffe der öffentlichen Hand.

- Der Verkehr kann anderen Wirtschafts- und Gesellschaftsbereichen entscheidende Entwicklungsimpulse vermitteln (Gestaltungskraft des Verkehrs) und wird seinerseits von diesen bestimmt.

- Die Angebotsstruktur ist durch ein Nebeneinander von öffentlichen und privaten Verkehrsbetrieben gekennzeichnet.

- Der Verkehr bewirkt neben seinem unzweifelhaft vorhandenen Nutzen auch negative Umweltwirkungen durch den Bau und Betrieb der Verkehrsinfrastrukturen.

Auch das europäische Parlament spricht in diesem Zusammenhang von Besonderheiten des Verkehrs, denen nach Artikel 75 des EWG-Vertrages bei der Gestaltung einer europäischen Verkehrspolitik Rechnung getragen werden soll.[3]

1.1 Historische Veränderungen der Raum-Zeitstruktur

Betrachtet man die menschliche Entwicklung, so zeigt sich, dass das Bedürfnis nach Raumüberwindung lange nicht existiert hat, da alle Mittel zur Bedürfnisbefriedigung, nämlich der menschliche Bewegungsapparat, vollständig und im ausreichenden Umfang zur Verfügung standen.

Nachdem die Territorien zur Befriedigung der menschlichen Grundbedürfnisse zu klein wurden, kam der Wunsch nach schnellerer und effizienterer Raumüberwindung. Technische und andere Hilfsmittel wurden erfunden und genutzt. Das Rad, die Kraft der Tiere und in der Zeit der Industrialisierung die Dampfmaschine. Die Anwendungen, die zur Raum- und Zeitüberwindung erfunden wurden, boten jenen, die solche Lösungen suchten, einen größeren Nutzen, als die dafür zu erbringende

---

[3] Diese Besonderheiten des Verkehrs wurden bereits 1961 im Artikel 75 EU-Vertrag aufgelistet und werden in den folgenden Kapiteln genauer erläutert.

Gegenleistung. Diese einzelwirtschaftliche Entscheidung wurde von jedem Nachfrager selbst getroffen unter Abwägung und Vergleich der angebotenen Möglichkeiten. Ein grundsätzliches Problem zeigte sich jedoch schon bald in der Tatsache, dass die einzelwirtschaftlichen Anbieter von Leistungen zur Raum- und Zeitüberwindung in großem Umfang von volkswirtschaftlichem Gut, nämlich Grund und Boden, den Straßen, den Wasserwegen und der Luft profitierten, ohne dafür entsprechende Gegenleistungen erbringen zu müssen. Luft und Wasser waren sowieso freie Güter, Grund und Boden in ausreichendem Maße vorhanden. So war es verständlich, dass die politische Meinung entstand, die Nutzung von Angeboten zur Überwindung von Raum und Zeit sei ein allgemeines Recht jedes Mitglieds einer Volkswirtschaft und damit sei auch die Notwendigkeit verknüpft, diesen Bereich durch staatliche Rahmenregelungen zu ordnen.

Aus historischer Sicht wurde sowohl in Europa als auch in den USA der Begriff „Regulierung " bzw. „Regulation" im Rahmen der Debatte über die Kontrolle der monopolistischen Eisenbahnen gegen Ende des 19.Jahrhunderts geprägt. Im deutschsprachigen Raum geht der Begriff „Regulierung" auf Sax (vgl.1918, S.113 f. und Dick 1993, S.7) zurück, der die öffentliche Regulierung privater Unternehmen im Sinne direkter staatlicher Einflussnahmen als geeignetes Mittel für eine gestaltende, gemeinwirtschaftliche Aufgabenerfüllung beurteilte.[4]

Die Regulierungen ökonomischer Prozesse im Güterverkehrsmarkt waren vorwiegend in folgenden Bereichen festzustellen:

- Marktzutritt und/oder Marktaustritt (z.B. Konzessionierungen im Gewerberecht)

- Produktionsmengen und/oder Produktionskapazitäten (z.B. Kontingentierungen von LKW Fahrten im bilateralen Gütertransport zwischen Österreich und der BRD vor 1992)

- Preise (z.B. gebundene Tarife wie der früher in der BRD gültige Reichskraftwagentarif-RKT für Straßengütertransporte sowie eine Vielzahl weiterer Tarife im Eisenbahnverkehr und in der Luftfahrt)

- Qualität und/oder Geschäftsbedingungen (z.B. Beförderungsbedingungen und die Vielzahl rechtlicher Regelungen im Güterverkehr)

---

[4] Staatliche Regulierungsmaßnahmen sollen Fehlallokation von Ressourcen ausgleichen (vgl. Ihde 1991, S.156f.).

- Kontrahierungszwang (z.B. die Beförderungspflicht der staatlichen Eisenbahnen)

Der deutsche und österreichische Verkehrsmarkt, historisch bedingt eher restriktiv und interventionsinvasiv, wurde im Zuge der Liberalisierungen im EU-Binnenmarkt weitestgehend dereguliert. Aus der Vielzahl der Veröffentlichungen zu Themen der Deregulierungen in der Verkehrswirtschaft[5] lassen sich fünf verkehrspolitische Hauptgrundsätze feststellen:

- Gleichbehandlung der verschiedenen Verkehrsmittel durch den Staat

- Finanzielle Selbsterhaltung der verschiedenen Verkehrsmittel

- Kommerzielle Handlungsfreiheit der Verkehrsunternehmen

- Wahlfreiheit der Konsumenten von Verkehrsleistungen

- Volkswirtschaftlich richtige Koordination von Verkehrsinvestitionen

Aufgrund der starken Verflechtung des Verkehrs mit anderen gesellschaftlichen Teilsystemen können Maßnahmen der Verkehrspolitik den Zielerreichungsgrad in den übrigen Bereichen einer Volkswirtschaft positiv oder negativ beeinflussen. Ein aktuelles Beispiel stellt die Konfliktsituation dar zwischen dem außenpolitischen Ziel eines von Grenzhindernissen jeglicher Art befreiten Warenaustausches und dem verkehrspolitischen Ziel der Behinderung des mit ausländischen Fahrzeugen durchgeführten Straßengütertransitverkehrs, wie die seit Jahren geführten Diskussionen über die Regulierung des Straßengütertransit durch Tirol zeigen.

Mit dem im Januar 2002 vom BMVIT veröffentlichten Generalverkehrsplan Österreich soll „...die Wettbewerbsfähigkeit unseres Landes nachhaltig verbessert und die Attraktivität des Wirtschaftsstandortes Österreich weiter erhöht werden."(BMVIT 2002, S. III). Der zentrale Leitsatz ist die „nachhaltige Mobilität", ein Begriff, mit dem u.a. folgende Ziele und Grundsätze im Generalverkehrsplan verbunden werden:

- Stärkung des Wirtschaftsstandorts Österreich durch Ausbau der Verkehrsinfrastruktur und Abbau der Unterschiede in der Erreichbarkeit der Bundesländer

---

[5] Vgl. hierzu insgesamt Faller (1999) S.13 – 40; Aberle (1997) S.89 – 144 und zugehörige Literatur; Köberlein (1997) S.3 - 23; Meyer (1976) S.61 – 82.

- Effizienter und bedarfsgerechter Ausbau der Verkehrsnetze (Strecken und Knoten)

- Förderung der nachhaltigen Mobilität durch Veränderung des Modal Split [6]

- Sicherstellung der Finanzierung durch Nutzer und Interessenten bei Entlastung der öffentlichen Haushalte

Auf europäischer Ebene könnte mit dem „Weißbuch zur Gemeinsamen Verkehrspolitik " (vgl. EU 2001, passim) eine Neuorientierung stattfinden, sofern die Beschlüsse von den Mitgliedsstaaten gefasst werden. Das Weißbuch enthält, mit dem Zeithorizont 2010 mehr als 60 Maßnahmen, die schwerpunktmäßig ausgerichtet sind auf die Wiederbelebung des Schienenverkehrs, die Verwirklichung der Intermodalität, den Ausbau des transeuropäischen Netzes sowie eine wirksame Tarifierungspolitik z.B. durch Harmonisierung der Infrastruktur-Benützungsabgabe, Ermöglichung der Querfinanzierung umweltfreundlicher Verkehrsträger und Harmonisierung der Kfz-Steuern (vgl. BMVIT 2002, S.11). Damit werden politische Rahmenbedingungen definiert, die erhebliche Dynamik in diesem Teilsystem der Volkswirtschaft auslösen werden und damit einen wesentlichen Gestaltungsparameter für einzelwirtschaftliche Entscheidungen darstellen.

1.2   Geschichte der Spedition im Umfeld der Güterverkehrswirtschaft

Die Geschichte der Speditionsunternehmen ist durch einige Besonderheiten gekennzeichnet, die bereits Hinweise darauf geben, wie aus vorhandenen Bedürfnissen neue Angebote im Markt entstehen. Die räumliche Übertragung von Gütern kann zweifellos nicht als eine Erscheinung der Neuzeit betrachtet werden. Es ist vielmehr eine Tatsache, dass bereits seit Menschengedenken Gütertransporte verschiedensten Umfangs stattfanden, welche zwangsläufig auch einer entsprechenden Organisation bedurften.

Als klassische Beispiele von derartigen Transporten gelten die Bewegungen der riesigen Steinkolosse zum Bau der ägyptischen Pyramiden vor rund 5000 Jahren.

---

[6] Der Modal Split gibt üblicherweise die prozentuale Aufteilung der Verkehrsmittelnutzung an. Dabei wird die Güterverkehrsleistung auf die Verkehrsträger Straßengüterverkehr, Eisenbahnen, Binnenschifffahrt und Rohrfernleitungen verteilt (vgl. Darstellung und statistische Daten beim ÖSTAT und EUROSTAT). Der im Generalverkehrsplan im Bereich Güterverkehr verwendete Begriff Modal Split bezieht sich nur auf das Verhältnis Verkehrsträger Schiene zu Gesamtverkehr Schiene + Strasse in Prozent.

Derartige Granitblöcke aus den Steinbrüchen Oberägyptens wurden ca. 800 Kilometer Nil abwärts nach Giseh gebracht.

Über die Frage, ob bereits in den alten Kultur- und Handelsvölkern wie den Griechen, Phöniziern und Ägyptern das Speditionsgeschäft als eine vom Transport getrennte und wirtschaftlich betriebene Organisationseinheit existierte, ist man noch heute im Ungewissen (vgl. Vadnai, 1925 S.13).

Von der Geschichte her liegt der Grund zur Entstehung des Speditionswesens zu einem großen Teil im mittelalterlichen Stapelrecht, wonach ankommende Waren in einer dazu privilegierten Stadt durch den Frachtführer zum öffentlichen Verkauf anzubieten waren.[7] Zwecks Umgehung solcher Vorschriften und Bestimmungen wurden oft ortsansässige Bürger dazwischengeschaltet, denen die Ware bloß scheinbar übereignet wurde, sie dann aber gegen Entgelt in eigenem Namen für Rechnung Dritter weiter versandten.

Das Stapelrecht war häufig gekoppelt mit dem so genannten Umschlagsrecht, das verlangte, dass die Weiterbeförderung des Gutes nicht mit den bis dahin verwendeten Fahrzeugen erfolgte, sondern Fahrzeuge städtischer Fuhrleute einzusetzen waren. Es liegt auf der Hand, dass auch hieraus eine Menge organisatorischer Aufgaben erwuchsen, welche jemand im Interesse der Verlader wahrzunehmen hatte (vgl. Wabersinke 1975, S.5-6).

Dies änderte sich mit dem Aufkommen der „Strackfuhrleute", welche von den Bestimmungen des Stapel- und Umschlagsrechtes befreit waren und somit ihre Ladungen durchlaufend über mehrere Gebiete hinweg befördern konnten. Diese Entwicklung brachte es mit sich, dass auch die dazu notwendigen „speditionellen" Hilfsfunktionen immer mehr gewerbsmäßig ausgeübt wurden. Obwohl diese „Hilfsfunktionäre" als Ballenbinder, Auf- und Ablader, Karrenbinder, Fasszieher u.a.m. auftraten, umfassten ihre Tätigkeitsgebiete Aufgaben, welche bis heute dem Spediteur zukommen, wie z.B. genaue Kenntnis einschlägiger Handels- und Zollvorschriften, Verantwortung für die Einhaltung zulässiger Ladegewichte usw.

Das ständig wachsende Bedürfnis nach Güteraustausch führte im 16. und 17. Jahrhundert zum Aufkommen des Fuhrmannsgewerbes, welches die

---

[7] Vgl. beispielhafte Berichte von deutschen Städten im internet:
URL: http://www.hann-muenden.net/spontan/geschiwi.html (Stadt Münden) oder
URL: http://www.archivpaedagogen.de/bremen/stapel.html (Stadt Bremen)

Güterbeförderung mit Fracht- oder Geleitbrief über weite Strecken hinweg ausführen durfte. Daraus erwuchs die Notwendigkeit zur Schaffung von Stellen, genannt „Güter-Bestätter ", welche die Transportnachfrage mit dem Angebot koordinierten. Ihnen oblag die durch den Transport sich ergebenden organisatorischen Aufgaben, wie Notierung von Transportwünschen und Zuteilung dieser Waren auf die Fuhrleute nach der Reihe ihres Eintreffens, Kontrolle der beförderten Güter, Berechnung von Frachten und Gebühren, Auszahlung von Fuhrlöhnen, Veranlassung der Auslieferung ankommender Waren, Frachtgelder und Zölle einziehen lassen usw. Aufgrund seines Aufgabenkataloges und dem Zeitpunkt seines Auftretens ist der „Güter-Bestätter" die erste – uns bekannte – dem heutigen Speditionswesen ähnliche Berufsgruppe in der Geschichte.

„In Basel ist bereits im 16. Jahrhundert von einer Speditionsfirma die Rede, jedoch wie damals noch üblich, in Kombination mit dem Handel"(Vadnai 1925, S.22 – 23).

Fuhrmänner, Säumer, Kraxenträger und Bötinnen waren die Vorläufer der Frachtführer (Benvenuti 1998, S.94 – 151).

Benvenuti stellt in seinem Buch lebendig und mit zeitgenössischen Dokumenten und Bildern belegt die bewegte Geschichte der Säumer und Fuhrleute aus den Alpenregionen dar. Sie wickelten den Warenverkehr ab zwischen den großen Handelszentren im Norden und Süden der Alpen. Für den Schutz der Kaufleute, Säumer und Fuhrleute und den Unterhalt der Handelswege waren die einzelnen Gebietsherren (Grafen, Fürsten, Bischöfe) verantwortlich, wofür sie dann auch vom Kaiser oder König das Recht zugesprochen bekamen, Zölle oder Weggelder von den Durchreisenden einzuheben. Schon früh schlossen sich die Säumer und Fuhrleute im gesamten Alpenraum zu so genannten Porten (Fuhrmannszünften) zusammen. Der Beruf der „Stracksäumer" entstand aus dem Wunsch, die Waren möglichst direkt und ohne Umladen zwischen den größeren Umschlagsplätzen im Norden und Süden zu verfrachten.

„Alle Wege führen nach Rom und das römische Reich reicht so weit, so weit seine Straßen reichen" (Benvenuti 1998, S.28).

Die Entwicklung und das Heranwachsen der Spediteure verliefen nicht überall genau gleich (vgl. Seiler 1981, S.34f.). In Frankfurt am Main entstand das Speditionsgewerbe im Zusammenhang mit dem Kommissions- und Bankwesen. Frankfurter Spediteure verstanden es, den sehr lebhaften Warenverkehr mit dem Süden (flandrische und holländische Tücher nach der Schweiz und Italien sowie italienische Seidenwaren nach Belgien, Holland und England) über Frankfurt zu lenken. „Der Kaufmann brauchte eine sachkundige Person, die die Vermittlung zu dem ihm unbekannten Fuhrmann herstellte und dessen Qualität und Zuverlässigkeit zu beurteilen vermochte" (Voigt 1965, S.427f.).

Die Funktion des Spediteurs war in ihrem Ursprung also eine Art Vermittlungsfunktion oder Kommissionsfunktion, eine Tatsache, die sich auch in der Definition des Spediteurs im HGB (Handelsgesetzbuch) wieder findet (HGB § 407 (1); § 425).

Ein Zeitzeuge schrieb zu dem Verhältnis Spediteur - Frachtführer:

„So sehr nützlich das Institut der Spediteure (die nur das Frachtgeschäft für eine längere Wegstrecke übernehmen) für den Frachtfuhrmann sein kann, so drückend kann es für ihn werden, wenn er der Willkür unbilliger Spediteure anheim fällt" (Seiler 1981, zitiert nach Sombart 1903, S.293).

Es gab also schon vor Beginn der Industrialisierung und des Eisenbahnzeitalters Spediteure, die den Transport von Waren durch ganz Europa vermittelten oder übernahmen und mit Spediteuren in anderen Ländern zusammenarbeiteten und es gab schon damals ein nicht immer unproblematisches Verhältnis zwischen Spediteuren und Frachtführern.

Die Spedition Gebrüder Weiss, Österreichs größtes Speditionsunternehmen in privater Hand, kann auf eine mehr als 500 jährige Geschichte zurückblicken. Im Jahr 1330 werden die Wizze (Weiss) erstmals in einer Steuerliste des Stiftes St.Gallen genannt. 1445 erfolgte die erste urkundliche Nennung des Mailänder Boten (Vis & Spehler, Fussach). 1788 wird Johann Wolfgang von Goethe vom Mailänder Boten auf der Rückfahrt seiner ersten Italienreise sicher nach Fussach gebracht. Er bezahlte damals 122 Gulden. In den Jahren 1872 – 1914 baut das Unternehmen Filialen in der Donaumonarchie, unter anderem in Wien, Venedig, Genua und Triest.

Auf wissenschaftlicher Grundlage wurde 1995 die Geschichte einer der weltweit größten Speditionen, nämlich der Spedition Schenker, von der Gründung 1872 bis zur Umwandlung in eine Aktiengesellschaft 1931 dargestellt (vgl. Matis, H. 1995 passim). Sie zeigt nicht nur die eigenwilligen Unternehmerpersönlichkeiten dieser Zeit wie z.B. Gottfried Schenker, sondern auch die bereits damals kreativen Entwicklungen neuer Leistungsangebote wie den speditionellen Sammelverkehr.

Ein Historiker unserer Tage schrieb über den 1901 verstorbenen Gottfried Schenker: „Er gehörte zu den großen Pionieren der Wirtschaft des 19. Jahrhunderts und erlangte großes Ansehen weit über die Grenzen Österreich-Ungarns hinaus." Gottfried Schenker legte den Grundstein für die zukunftsorientierte Vernetzung von Transportmitteln, die Nutzung der Informationstechnologie und die globale Präsenz des Unternehmens. Auf seinen Prinzipien beruht der Erfolg von Schenker seit über 125 Jahren.

Eine umfassende Darstellung der Geschichte der Schweizer Spedition findet sich bei Zeilbeck (2004, passim).

2 Güterverkehr und Güterverkehrswirtschaft

Begriffe wie Verkehrswirtschaft, Verkehrslogistik und Verkehrsbetriebswirtschaftslehre sind keine feststehenden und konsistenten Begriffe. Ebenso wie die Betriebswirtschaftslehre unterliegen auch sie einer ständigen Veränderung, insbesondere getrieben durch die enge Verflechtung des Themas „Verkehr" mit den wirtschaftlichen Entwicklungen einer Volkswirtschaft, mit den technologischen Veränderungen und den ökologischen Anforderungen der Gesellschaft.

2.1 Einordnung der Verkehrswirtschaft in die Betriebswirtschaftslehre

Allgemeine Betriebswirtschaftslehre befasst sich mit den Problemen und betrieblichen Erscheinungen, die den Betrieben aller Wirtschaftszweige gemeinsam sind. Zusätzlich wird noch zwischen betriebswirtschaftlicher Theorie und Betriebspolitik (angewandte Betriebswirtschaftslehre) unterschieden. Die betriebswirtschaftliche Theorie richtet sich auf die Erkenntnisse des Betriebsprozesses, die angewandte Betriebswirtschaftslehre auf die Gestaltung des Betriebsprozesses.

Spezielle Betriebswirtschaftslehren beschäftigen sich entweder mit den betriebswirtschaftlichen Problemen einzelner Wirtschaftszweige (institutionelle Gliederung, also z.B. Industriebetriebslehre, Handelsbetriebslehre, Bankbetriebslehre, Verkehrsbetriebslehre usw.) oder konzentrieren sich in ihrer wissenschaftlichen Forschung auf einzelne Funktionen eines Betriebes (funktionale Gliederung, also z.B. Beschaffung, Produktion, Absatz, Personal, Organisation usw.).

Abbildung 2: Gliederungssystematik der Betriebswirtschaftslehre

Funktionale und spezielle Betriebswirtschaftslehren

Allgemeine Betriebswirtschaftslehre					
institutionell / funktional	Industrie	Handel	Banken	Verkehr	usw.
Unternehmens-führung					
Controlling					
Produktion					
Marketing					
Finanzierung					
usw.					
Betriebswirtschaftliche Methoden					

Anders als in anderen institutionellen Betriebswirtschaftslehren ist die Verkehrswirtschaft durch eine Unzahl staatlicher, verkehrspolitischer Einflussnahmen geprägt. Dadurch waren in der Vergangenheit betriebswirtschaftlichen Entscheidungsbereichen wie z.B. der Preisbildung durch den engen gesetzmäßigen Spielraum unternehmenspolitische Schranken gesetzt.[8]

Erst mit der zunehmenden Liberalisierung der Verkehrsmärkte durch die Verkehrspolitik trat ein allmählicher Wandel ein. Damit entwickelt sich auch die Verkehrswirtschaftslehre immer mehr zu einer umfassenden angewandten Betriebswirtschaftslehre.

Nicht verschweigen kann man die ständige Diskussion darüber, ob derartige Gliederungen der weiteren Entwicklung der betriebswirtschaftlichen Forschung förderlich sind oder sie sogar behindern. Nimmt man einen pessimistischen Standpunkt ein, so lässt sich aus der durch die Notwendigkeit zur Vertiefung spezieller Fragen geborenen speziellen Betriebswirtschaftslehre ableiten, dass die Verlockung zur Separation und zur geistigen Abschottung sehr groß ist. Der Studierende wird mit Einzelfakten vollgepackt und schwebt, trotz dieses Gewichtes zwischen den Wolken

---

[8] So war die Festsetzung und Aufhebung der Tarife bei den österreichischen Bundesbahnen abhängig von der Genehmigung des Bundesministeriums für öffentliche Wirtschaft und Verkehr.

ohne Verbindung zum Fundament. Das hier dargestellte Spezialistentum findet seinen Gegenpol in Japan, wo die weitgehend bevorzugte Universitätsausbildung die zum Generalisten ist.

Eine Verkehrsbetriebswirtschaft muss daher konkrete Aussagen für die Praxis enthalten, in welcher Form generell bestimmte wiederkehrende betriebswirtschaftliche Fragestellungen unter dem Gesichtspunkt der Ergebnisverbesserung des Gesamtunternehmens angegangen werden müssen. Ergebnisorientierung ist dabei einer der wichtigsten Bereiche, die ein Verkehrsunternehmen im Rahmen der strategischen Unternehmensführung zu definieren hat, um die Veränderung der Märkte und die damit verbundene steigende Komplexität und Herausforderung an die Unternehmensführung zu bewältigen.

2.2 Gesamtsystem Güterverkehr

„Unter einem System versteht man eine Menge von geordneten Elementen mit Eigenschaften, die untereinander durch Beziehungen verknüpft sind und erst gemeinsam eine Funktion erfüllen. Die Art und Menge dieser Relationen zwischen den Systemelementen und ihrer Anordnung bilden die Struktur des Systems (Schubert 2000, S.89).[9]

Das Verkehrssystem einer Volkswirtschaft dient der Beförderung von Personen, Gütern und Nachrichten. Die dafür notwendigen Mittel sind

- Ortsfeste Anlagen (Infrastruktur)

- Bewegliche Anlagen (Verkehrsmittel)

- Technologische Prozesse

Verkehrswirtschaft wird als Gesamtheit der Einrichtungen bzw. Elemente und Maßnahmen zur Beförderung von Personen, Gütern und Nachrichten im Raum definiert (vgl. Kaspar 1998, S.1).

Aus diesen sehr allgemeinen beschreibenden Merkmalen eines Verkehrssystems soll in folgender Darstellung der Versuch unternommen werden, die komplexen

---

[9] Diese Definition entspricht der allgemeinen Definition von Systemen in der Systemtheorie, die „....als formale Wissenschaft von der Struktur, den Verknüpfungen und dem Verhalten von Systemen als geordnete Gesamtheit von Elementen eine Abkehr von einseitigen Betrachtungsweisen ermöglicht und...ein integrierendes, vernetztes Denken in interdisziplinären Dimensionen [fördert]." (Kaspar 1998, S.1)

Zusammenhänge und die Verflechtung von Wirtschaft, Gesellschaft, Technologie, Ökologie im Gesamtsystem „Güterverkehr" darzustellen.

Abbildung 3: Gesamtsystem „Güterverkehr"

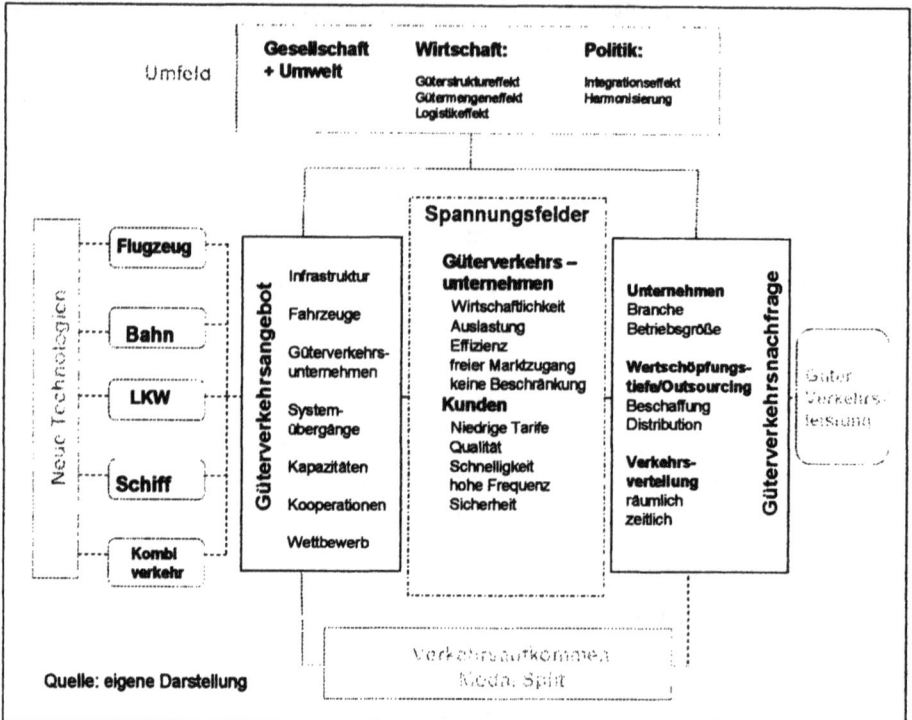

Quelle: eigene Darstellung

Die Einflussfaktoren der Güterverkehrsnachfrage sind zunächst von den beeinflussenden Faktoren des Güterverkehrsangebotes zu unterscheiden. Die Nachfrage nach Güterverkehrsleistungen wird durch ökonomische Strukturveränderungen in Industrie und Handel bestimmt. Technisch-organisatorische Veränderungen wirken hingegen verstärkt auf das Verkehrsangebot. Das Gesamtsystem wird sowohl auf der Angebots- wie auf der Nachfrageseite von politisch-rechtlichen, sozio-kulturellen und ökologischen Rahmenfaktoren beeinflusst. Die unterschiedlichen Einflussfaktoren beeinflussen Verkehrsaufkommen und Modal Split.

2.2.1 Einflussfaktoren Umfeld

2.2.1.1 Ökonomischer Strukturwandel – Umfeld Wirtschaft

Der ökonomische Strukturwandel ist durch eine Reihe verschiedener Einzelentwicklungen gekennzeichnet. Im Nachfolgenden sollen jene wichtigen Entwicklungen skizziert werden, die güterverkehrliche Folgewirkungen zeigen.

Der Güterstruktureffekt beschreibt die verkehrlichen Auswirkungen eines steigenden Anteils von hochwertigen Konsum– und Investitionsgütern bei gleichzeitiger Stagnation oder sogar absolutem Produktionsrückgang in der Grundstoffindustrie.[10] Dieser Effekt bewirkt, dass das Verkehrsaufkommen an bestimmten Gütern wie beispielsweise Kohle, Stahl, Erze und Baustoffe relativ oder sogar absolut sinkt. Zudem weisen bestimmte Güter Verkehrsaffinitäten zu bestimmten Verkehrsträgern auf, die so den Modal Split beeinflussen. Daraus lässt sich ableiten, dass „straßenaffine" Güter steigen werden, während „bahn - und schiffsaffine" Massengüter stagnieren bzw. sinken werden.

Die so genannte Wertigkeit der Güter kann auch durch die Kennzahl „Wertedichte" (=Wert per kg) ermittelt werden, die als aggregierte Größe eine erste Einschätzung des bilateralen Warenaustausches zwischen zwei Staaten im Hinblick auf die Warenstruktur bzw. Güterarten zulässt. So zeigt beispielsweise eine Auswertung der Handelsstatistik der Schweiz eine Wertedichte im Export von 10,719 €/kg gegenüber 3,996 €/kg im Import, während Österreich im Export nur eine Wertedichte von 2,254 €/kg und im Import von 2,970 €/kg aufweist – Datengrundlage 1994 (Herry 1999, S.33). Derartige Kennzahlen weisen Anbieter von Güterverkehrsleistungen auf die unterschiedlichen Warenströme hin und können Anstoß sein für weitere detaillierte Mengenanalysen nach Warengruppen.[11]

Die Grundlage für derartige Analysen bildet die Erfassung der Warengruppen im Rahmen eines eindeutig definierten Warenverzeichnisses. Dieses „Harmonisierte System zur Bezeichnung und Codierung von Waren [HS]", herausgegeben vom Rat für die Zusammenarbeit auf dem Gebiet des Zollwesens (RZZ), definiert mit seinen

---

[10] Die unterschiedliche Entwicklung der Wirtschaftssektoren kann aus der Güterverkehrsstatistik abgeleitet werden, die das Transportaufkommen in Tonnen nach Warenarten verteilt, vgl. Michaletz (1994) S.24.
[11] Ziel derartiger Untersuchungen ist es u.a., die (Un-) Paarigkeit von Verkehrsströmen festzustellen. Diese Berechnungen kommen in einem so genannten „Paarigkeitsindex (vgl. Ihde 1991, S.138) zum Ausdruck, der für die Planung von Transportleistungsangeboten der Güterverkehrsunternehmen relevant ist. Die Berechnung erfolgt durch Input-Output Tabellen.

sechsstelligen Ziffern, zu dem EU-einheitlich weitere zwei Stellen hinzukommen, alle Warenarten zu einer „Kombinierten Nomenklatur" (KN).[12] Diese KN, die in allen EU-Ländern angewandt wird, entspricht den Kapiteln 1 - 97 des Warenverzeichnisses für die Außenhandelsstatistik.

Durch die Gliederung in diesem Warenverzeichnis kann auf die einzelnen Warenpositionen geschlossen werden, wobei folgende Unterteilungen enthalten sind:

- Zweistellig bezifferte Hauptkapitel (Kapitel 1 - 76 und 78 - 99)

- ca. 1.250 vierstellig bezifferte HS-Positionen

- ca. 11.000 achtstellige Warennummern

Die Warennummern entsprechen den ersten acht Stellen der elfstelligen nationalen Zolltarifnummern. Die so erfassten Warenströme sind eine wichtige Grundlage für Warenstromanalysen im Bereich des Güterverkehrs.

Andere Untersuchungen im Bereich der Distributionslogistik (Wildemann 1997, S.47-55) belegen eine Entwicklung nicht nur in Richtung höherwertiger Güterarten, sondern auch in Richtung eines Rückgangs der durchschnittlichen Gewichte pro Transportauftrag.

Die beschriebenen Effekte führen zu einer Güterverkehrsnachfrage in Richtung kleinerer, individualisierter Güter von hohem Wert. Daraus können erhöhte Anforderungen für Anbieter von Verkehrsleistungen abgeleitet werden im Hinblick auf Schnelligkeit, Termintreue, Flexibilität und Qualität der Verkehrsleistung im Sinne einer Wertsicherung. Tendenziell kann dieser Effekt eine Anteilsverschiebung im Modal Split in Richtung Straßengüterverkehr bewirken und ist vermutlich auch Ursache für die rasante Entwicklung im Bereich der KEP Verkehre.[13]

---

[12] KN=Kombinierte Nomenklatur zum EU Tarif (TARIC). Die für statistische Zwecke und Berechnungen notwendige Zusammenfassung der Güterbewegungen wird durch Klassifizierungen erreicht, die Warengruppen nach einfachen Kriterien wie die stoffliche Beschaffenheit und den Grad der Be- und Verarbeitung zusammenfassen. Die statistische Erfassung der Warenbewegung in Europa erfolgt durch INTRASTAT und EXTRASTAT. Statistische Auswertung nach Warenklassen sowie alle relevanten Informationen über den Außenhandel finden sich im Internet. Wichtige URL: http://europa.eu.int/ ,http://www.oestat.gv.at, http://www.wk.or.at
[13] In den Jahren von 1995 bis 1999 wuchs die Sendungsanzahl der KEP Branche (Kurier -, Express- und Paketdienste) in der BRD um durchschnittlich 5,4 % pro Jahr, wobei die 3 Teilsegmente unterschiedliche Wachstumsraten aufweisen; vgl Manner (2001) S34f. Auch in einer jüngeren Studie der Technischen Universität Darmstadt (vgl. Elbert R./Gomm M. in: Pfohl(Hrsg) 2003, S.90) bestätigt sich diese Entwicklung neuerlich. Gemessen wurde die Veränderung des

Der Gütermengeneffekt (Wachstumseffekt) beschreibt die relative Änderung des Transportaufkommens zur relativen Änderung des realen Bruttosozialprodukts, gemessen mit der Kennzahl „Transportelastizität"[14].

Ein Elastizitätskoeffizient von e>1 bedeutet, dass die Änderung des Transportaufkommens größer ist als die relative Änderung des realen Bruttosozialproduktes (BSP). Bei einem Wert von e<1 ist die relative Mengenänderung kleiner als die relative Änderung des BSP. Ihde (vgl. 1991, S.123f.) hat in diesem Zusammenhang Untersuchungen durchgeführt und folgenden mathematischen Zusammenhang zwischen Verkehrsaufkommen (VA) und Bruttosozialprodukt (BSP) errechnet:

$$\frac{d\ln VA}{d\ln BSP} = 1{,}01785 - 0{,}00329t + 0{,}00005t^2$$

Unter Beachtung einer immer effizienter werdenden Verkehrsorganisation und Verkehrsabwicklung ist es ein verkehrspolitisches Ziel, eine globale Transportelastizität über alle Verkehrsträger von <1 zu erreichen, umso die Kapazitätsengpässe in der Verkehrsinfrastruktur besser aufzufangen. Betrachtet man die Entwicklung in Westeuropa in der Vergangenheit, so fällt auf, dass die Entkoppelung von Wirtschaftswachstum und Wachstum des Verkehrsaufkommens nicht stattgefunden hat. Auch die Prognosen bis zum Jahr 2015 zeigen keine wesentliche Veränderung (vgl. Gotrian J./Lutz I., in Pfohl (Hrsg) 2003, S 71- 76).

Die Verbreitung des logistischen Denkansatzes in Industrie und Handel führte zum so genannten Logistikeffekt. Der Logistikeffekt beschreibt die verkehrsträgerspezifischen Auswirkungen der Umsetzung moderner logistischer Konzeptionen in Industrie und Handel. Die Auswirkungen sind insbesondere durch die gestiegenen Ansprüche der Verlader an die Leistungserstellung der Güterverkehrsbetriebe festzustellen. Charakteristisch ist vor allem in den letzten drei Dekaden die kontinuierliche Ausweitung der von Anbietern von Güterverkehrsleistungen wahrgenommenen Aufgaben[15]. Es ist auch festzustellen, dass der Logistikeffekt generell den

---

Anteils kleiner Sendungen am gesamten Transportaufkommen. Danach wird der heutige Anteil von 35,4% am gesamten Transportaufkommen bis zum Jahr 2007 auf 41,4% wachsen.

[14] Untersuchungen dazu bei Aberle (1997) S 26 f.; Ihde (1991) S.123f.; umfassend wurde diese Thematik behandelt von Gleissner (1967).

[15] In den 70er Jahren beschränkte man sich noch weitgehend auf die Transport-, Lager- und Umschlagstätigkeit, in den 80er Jahren wurde dann Logistik als Querschnittfunktion gesehen, die der Optimierung funktionsübergreifender Abläufe diente. Diese Entwicklung mündete schließlich in

Güterstruktureffekt hinsichtlich der Position der Verkehrsträger verstärkt. Die Affinität zum Straßengüterverkehr ist auch in diesem Bereich sehr hoch (vgl. Aberle 1997, S.85). Die Gründe liegen in der höheren Verkehrswertigkeit des LKW. Zur Erfassung der verkehrsträgerspezifischen Leistungsfähigkeit ist von Voigt (vgl. 1973, S.69f.) der Begriff der Verkehrswertigkeit geprägt worden. Nach Voigt prägen folgende sieben Eigenschaften die Leistungsfähigkeit von Verkehrsträgern:

- Massenleistungsfähigkeit

- Schnelligkeit

- Fähigkeit zur Netzbildung

- Berechenbarkeit

- Häufigkeit der Verkehrsverbindungen

- Sicherheit

- Bequemlichkeit

Diese Reduktion auf sieben Eigenschaften zur Bewertung der Leistungsfähigkeit von Verkehrsträgern ist allerdings unzureichend, wie von Aberle/Hamm ausführlich am Beispiel des Straßengüterverkehrs erörtert wurde (vgl.1987, S.33f.). Die Eigenschaften bieten aber erste Hinweise, welche Leistungsanforderungen von Seiten der Nachfrager an Leistungsanbieter gestellt werden.

Im Zuge der Verschärfung der abfallwirtschaftsrechtlichen Regelungen ist künftig auch von einem **Entsorgungslogistikeffekt** auszugehen. Im Mittelpunkt steht ein integrierter logistischer Güterkreislauf, also die Umsetzung eines konsequenten Kreislaufgedankens mit allen Folgewirkungen für den Güterverkehr.

2.2.1.2   Politische Veränderungen

Die wesentlichste politische Dynamik wurde einerseits durch die Realisierung des EU Binnenmarktes und andererseits durch die damit verbundenen Deregulierungen und Liberalisierungen [16] der europäischen Verkehrsmärkte verursacht. Ausdruck dieser

---

den 90er Jahren in den Aufbau und die Optimierung von kundenorientierten Wertschöpfungsketten, welche gegenwärtig stark unter dem Fokus des supply chain management gesehen werden.
[16] Das EuGH-Urteil vom 22.Mai 1985 markiert einen Wendepunkt in der Verkehrspolitik der europäischen Gemeinschaft, weil nach dem Urteilsspruch die Liberalisierung der europäischen Verkehrsmärkte eingeleitet wurde. Vgl. Köberlein (1997) S.291f.

Dynamik ist die Vielzahl der Veröffentlichungen der europäischen Kommission aber auch der im Januar 2002 veröffentlichte Generalverkehrsplan Österreich.

Mit dem Integrationseffekt werden die Auswirkungen der Liberalisierungen und Deregulierungen in der Europäischen Union im Zuge der europäischen Integration und der Öffnung Osteuropas beschrieben.[17] Auch auf weltweiter Ebene im Rahmen der WTO (World Trade Organization = Nachfolgerin des GATT – General Agreement on Tarifs and Trade) ist ein Abbau von politischen und administrativen Hemmnissen festzustellen. Größer werdende Märkte und veränderte Standortentscheidungen werden einen Wachstumsschub bewirken.

Die wirtschaftliche Integration führt damit auch zu steigender Nachfrage nach Verkehrsleistungen innerhalb der EU aber auch International. Das Schlagwort der Globalisierung oder des "world wide sourcing" verdeutlicht diese Entwicklung. Liberalisierung und Öffnung der Märkte wirken auf die Güterverkehrsunternehmen jedoch auch negativ. So hat die Preisfreigabe in der BRD im Jahre 1994 zu einem starken Gewinneinbruch der überwiegend mittelständisch strukturierten Güterverkehrsbranche geführt, ähnlich wie in Österreich bei Speditionsunternehmen durch den überwiegenden Ausfall des Zollgeschäftes teils dramatische Umsatz– und Gewinneinbrüche festgestellt wurden.

Der Wegfall der Kabotage[18] und der Kontingentierungen führte zu erhöhtem Wettbewerb, wobei gerade im Bereich der Steuern (Kfz- und Mineralölsteuer) die immer noch nicht erfolgte Harmonisierung die Wettbewerbsbedingungen verzerrt.

Ein weiteres Feld der Harmonisierung und Integration ist die Schaffung gemeinsamer Standards für Maße und Gewichte von Verkehrsmitteln sowie arbeitsrechtliche Mindeststandards (Lenkzeiten für LKW Fahrer). [19]

---

[17] Zur EU Osterweiterung hat die österreichische Verkehrswirtschaft durch die Interessensvertretung „Wirtschaftskammer" ein Positionspapier veröffentlicht (Nov. 1997 online im Internet: URL: http://www.wk.or.at/bsv/Internet/papier.htm (Stand: 10.2002). In diesem Positionspapier wurde auch eine Stellungnahme der österreichischen Speditionsbranche veröffentlicht. Dabei wurde auf 3 EU – Rechtsakte hingewiesen, die besondere Beachtung im Rahmen der Beitrittsverhandlungen finden sollten: RL 82/470: Maßnahmen zur Förderung der tatsächlichen Niederlassungsfreiheit und des freien Dienstleistungsverkehrs in bestimmten Hilfsgewerben des Verkehrs; RL 3820/85 Richtlinien über die Harmonisierung bestimmter Sozialvorschriften im Straßenverkehr; VO 3821/85: Verordnung über das Kontrollgerät.
[18] Kabotage = verbotener Drittlandsverkehr: bezeichnet die Durchführung eines kommerziellen Transportes innerhalb eines fremden Hoheitsgebietes durch ein ausländisches Unternehmen. Vgl. van Suntum (1986) S.21
[19] Im Auftrag der Wirtschaftskammer Österreich, Fachverband Güterbeförderung, hat das Beratungsunternehmen PROGNOS eine Bestandsaufnahme zu den Einsatzbedingungen von

2.2.1.3   Gesellschaft und Umwelt – ökologisch und sozio-kulturell

Aufgrund seiner hohen Anteile im Güterverkehr sowie aufgrund seiner spezifischen negativen ökologischen Folgen steht der Straßenverkehr im Mittelpunkt kritischer Betrachtungen. Durch die beschriebenen Effekte im Güterverkehr kommen die Stärken des Straßengüterverkehrs noch stärker zum Tragen. Diese Entwicklung ist politisch nicht gewollt[20]. Die Gründe sind vermutlich unterschiedlich. Die verkehrspolitische Priorität zu Gunsten des Schienenverkehrs ist wahrscheinlich weniger volkswirtschaftlich getragen als ein Ausdruck einer Werthaltung. Ein wesentlicher Aspekt in der Diskussion ist die Frage der gerechten Verteilung der durch die Verkehrsträger verursachten Folgekosten (vgl. Faller 1999, S.451 – 460). Unklar dabei ist die Wirkung von diesen ökologisch begründeten Maßnahmen der Umverteilung der Gütertransporte auf die Schiene. Klar ist die Wirkung dieser Maßnahmen im Hinblick auf steigende Kosten und sinkende Produktivität der Güterverkehrsunternehmen, die den Verkehrsträger Straße nutzen z.B. durch zusätzliche oder erhöhte Bemautung von Wegstrecken sowie Reduktion der verfügbaren Transportzeiten durch verschärfte Einführung von Fahrverbotszeiten. Eine Steigerung des Schienen–Anteils von heute ca. 8% auf die Zielsetzung der EU Kommission von 20% für 2020 oder gar 40%, wie die Kommission mit dem Hinweis auf das Vorbild USA für möglich hält, wird Verkehrsprobleme neuer Art bringen. Auf dem europäischen Forum Alpach skizzierte Allemeyer[21] (2002): „…Entweder man gestaltet alle Hauptmagistralen des Schienenverkehrs kreuzungsfrei oder man schafft erhebliche neue Zerschneidungen, Umwege und produziert neue Wartezeiten für den Straßenverkehr in den Regionen.“

Die Güterverkehrsunternehmen befassen sich auch proaktiv mit dieser Problemstellung. So hat die Kühne Stiftung[22] bereits 1992 ein Forschungsprogramm initiiert unter dem Titel „Transport und Umwelt“. Dabei wurde deutlich, dass die Fokussierung auf die Optimierung der Transportfunktion allein nicht ausreicht, um die

---

LKW´s in verschiedenen Ländern Europas erstellt. vgl. Prognos (1998). Dabei wurden auch die unterschiedlichen Wettbewerbsbedingungen im Bereich der Steuern und Abgaben, der Sozialvorschriften, der Marktordnungsregelungen und der technischen Auflagen verglichen und die z.T. erheblichen, wettbewerbsverzerrenden Regelungen aufgezeigt.

[20] Eh. Verkehrsminister Kaspar von Einem erklärte anlässlich der Verkehrsministerkonferenz in A-6800 Feldkirch im September 1997, dass die freie Wahl der Verkehrsträger güterabhängig beschränkt werden sollte z.B. Schrott nur auf der Bahn.

[21] Allemeyer ist Univ. Prof. am Institut für Verkehrswissenschaft an der Universität Münster und hat diese Aussage anlässlich seines Vortrages im Expertenforum getätigt.

[22] Eine Stiftung in der BRD, die vom Speditionskonzern Kühne & Nagel getragen wird.

Interdependenzen zwischen Logistik und Umwelt unter mikro- und makroökonomischen Gesichtspunkten hinreichend zu berücksichtigen (vgl. Baumgarten et al.1998, passim).[23] Vielmehr ist es notwendig, unternehmensübergreifend zu denken und kooperative Prozess- und Wertschöpfungsketten zu gestalten.

2.2.2 Einflussfaktoren „neue Technologien"

Die technologische und infrastrukturelle Entwicklung betrifft in erster Linie die Leistungsverbesserungsmöglichkeiten der Verkehrsanbieterseite. Wirkungen sind:

- Größere Geschwindigkeiten der Verkehrsmittel

- Erhöhung der Massenleistungsfähigkeit

- Zunahme spezialisierter Verkehrsmittel

- Größere Netzbildungsfähigkeit, insbesondere im Straßengüterverkehr

- Günstigere Kostenstrukturen

Dem stehen vermehrt Kapazitätsbeschränkungen der Verkehrsinfrastruktur gegenüber, die durch ständige Zunahme der Verkehrsdichte feststellbar sind.

Im Auftrag des BMVIT wurde in Österreich im Jahr 2000 ein Impulsprogramm gestartet unter dem Projektnamen „MOVE – Mobilität & Verkehrstechnologie", dessen „…Hauptziel ist, durch Innovation den österreichischen Güterverkehr effizienter, ökologischer und sozialverträglicher zu gestalten" (Traugott, 2000, S.3). In diesem Bericht ist auch eine Übersicht über die Vielzahl der nationalen und internationalen F&E Aktivitäten erarbeitet (vgl. 2000, S.35f.), aus dem die Bedeutung der technischen Entwicklungen im Güterverkehr abgeleitet werden kann.

Neben der technologischen Entwicklung ist vor dem Hintergrund eines mittelfristig deutlich ansteigenden Volumens für Güterverkehrsunternehmen an vielen Standorten auch ein Ausbau bzw. eine Modernisierung der vorhandenen Lagerflächen und Lagerhallen notwendig. Voraussetzung für derartige Logistikzentren ist eine Anbindung des Mikrostandortes an alle relevanten Verkehrsträger. Dabei steigen die

---

[23] Die österreichische Wirtschaftskammer hat (aktualisiert am 28.2.2000) eine „Innsbrucker Erklärung zur Bewältigung des Güterverkehrs im Jahr 2000 plus" verfasst und Stellungnahme zu politischen und ökologische Fragen bezogen, online im Internet: URL:http://www.wk.or.at/bsv/Internet/innsbruck.htm (Stand: 10.2001).

Anforderungen an die Gebäude erheblich. Es müssen nicht nur bestimmte Höhen- und Traglasteigenschaften erfüllt werden, sondern es sollten auch Erweiterungsflächen und Andockmöglichkeiten von mehreren Seiten vorhanden sein. Im Zuge der logistischen Herausforderung kommen zusätzliche Kommissionierflächen für Vormontagen oder Produktionsaufgaben hinzu. Am wichtigsten dürfte aber zukünftig sein, dass eine moderne Kommunikationsausstattung gegeben ist, die eine sekundenschnelle Datenübertragung rund um den Globus ermöglicht.

2.2.3   Entwicklung der Güterverkehrsnachfrage

„Als Bestimmungsfaktoren der Nachfrage nach Güterverkehrsleistungen können zunächst jene Faktoren bezeichnet werden, die ausschlaggebend sind für die Realisierung des Wunsches nach Raum- und Zeitüberwindung (Köberlein 1997, S.53f.)". Die Anzahl der Determinanten ist sehr groß und umfasst einerseits ökonomische Faktoren wie Preis, Qualität, Flexibilität usw. der Leistungsangebote, als auch raumstrukturelle Faktoren wie Standorte der Unternehmen, Netzwerke usw. Unter Berücksichtigung der letzten 30 Jahre zeigt sich jedoch eine starke Beeinflussung der Nachfrageentwicklung durch den beschriebenen Logistikeffekt. Zentraler Diskussionspunkt ist die Optimierung des Spannungsfeldes – Steigerung des Servicegrades versus Kostenreduktion.

„Ein wesentlicher Ansatz ist die Konzentration auf Kernkompetenzen, der operativ in Make-or-Buy Analysen und Fremdvergaben umgesetzt wird"(Mehldau 1999, S.846).

Für diese, unter dem Begriff „Outsourcing" [24] bekannt gewordene Entwicklung gibt es aus Sicht der Nachfrager eine Vielzahl von Gründen, logistische Leistungen an spezialisierte Dritte zu vergeben. Dazu zählen auszugsweise:

- Variabilisierung von Fixkosten

- Vermeidung von Investitionen in eigene Logistiksysteme

- Reduktion von Komplexität in Abläufen und Organisation

In einer im Auftrag des BVL durchgeführten Untersuchung (vgl.Baumgarten/Wolff 1999, S.49, vgl. Baumgarten 2000, S.1) wurden 3 Outsourcing Schwerpunkte im

---

[24] Outsourcing wird abgeleitet von „outside resourcing" und bedeutet „Fremdbeschaffung". Unter Outsourcing ist die Vergabe von Leistungen, die bisher im Unternehmen mit eigenen Produktionsmitteln erstellt wurden, nach „außen" an dritte Lieferanten und Dienstleister zu verstehen – outside resourcing (vgl. Gabler 2001 Stichwort: Outsourcing).

Bereich der Logistik unterschieden. Der klassische Umfang betrifft Funktionen wie Transport und Lagerhaltung mit dem primären Ziel der Kosteneinsparung, begründet durch „economies of scale" auf Seiten der Logistikdienstleister. Dieser Bereich wurde mit „Physical Distribution Management Functions" umschrieben. Zusätzliche Schwerpunkte werden unter dem Begriff „Extended Logistics Functions" outgesourced. Hierzu zählen u.a. der innerbetriebliche Transport, Produktionsplanung und -steuerung sowie Auftragsabwicklung. Hauptgrund dieser Entwicklung ist die weitere Focussierung der Verlader auf das Kerngeschäft. Der dritte Schwerpunkt kann mit dem Begriff „Advanced Logistics Functions" umschrieben werden. Er umfasst Supply Chain Management Funktionen wie Recycling und Abfallmanagement, Customer Service sowie Informations- und Kommunikationssysteme. In allen Fällen greift eine derartige Maßnahme wesentlich in die Strukturen eines Unternehmens ein und bestimmt die Wertschöpfungstiefe des Unternehmens. Die Untersuchung zeigte aber auch, dass mehr als 50% der Befragten Outsourcingschwerpunkte im Bereich der „Physical Distribution Management Functions" sehen.

Diese Entwicklung zwingt die Anbieter von Güterverkehrsleistungen zu Anpassungsaktivitäten sowohl im Hinblick auf die physische Anpassungsflexibilität [25] als auch die Bereitschaft, das Leistungsprofil dem Anforderungsprofil des Nachfragers anzupassen – „Prinzip der Passung"(vgl. Buchholz 1998, S.38).

2.2.4 Entwicklung des Güterverkehrsangebotes

2.2.4.1 Die Vielzahl der Leistungsangebote

Eine Betrachtung des Sektors Verkehr in einer Volkswirtschaft lässt sofort erkennen, dass eine Vielzahl von Güterverkehrsangeboten feststellbar ist. Die Angebote können nach unterschiedlichen Kriterien segmentiert werden:

- nach Art des Beförderungsobjekts in Personenverkehr, Güterverkehr und Nachrichtenverkehr

- nach Einteilung des Verkehrs in Verkehrsträger, wobei auf die Art des benutzten Verkehrsweges Bezug genommen wird, also Straßen-, Schienen-, Luft- und Seeverkehr.

---

[25] Darunter versteht Aberle (1997) S.454 die Anpassung der Güterverkehrsleistung im Bereich der Transportrythmen, Fahrzeugtypen, Transportsicherheiten und Dispositionsspielräume.

- nach der räumlichen Ausdehnung des Verkehrsvorganges in Nah- und Fernverkehr

- nach dem Produktionszweck in Werkverkehr und gewerblichem Verkehr

- nach dem gesetzlichen Beförderungsanspruch in öffentlichen und nicht-öffentlichen Verkehr

- nach der Art des Beförderungsvorganges in gebrochenem und ungebrochenem Verkehr

Ein weiteres Kriterium ergibt sich, wenn lediglich die Funktion der Raumüberwindung betrachtet wird. Dieser Teilmarkt kann als der klassische Transportmarkt angesehen werden. Gütertransportstatistiken weisen die beförderten Gütermengen und die durchschnittlich zurückgelegten Entfernungen für den Transport der Gütermengen aus. Mögliche Maßgrößen zur Beschreibung dieses Marktes sind daher Transportaufkommen in Tonnen, Transportleistung in Tonnenkilometer, Fahrleistung in LKW-Km und Verkehrsaufkommen in LKW-Fahrten. Bei anderen Märkten und/oder Verkehrsträgern werden als Maßgrößen z.B. die Anzahl der beförderten Container in TEU [26] oder das Volumengewicht[27] in der Luftfracht zugrunde gelegt.

Eine Erweiterung dieses Kriteriums nach den Leistungsarten Umschlags- und Lagerleistungen berücksichtigt auch die Zeitfunktion. Die Maßgrößen zur Erfassung dieses Marktes sind meist der Umsatz aus Umschlags- und Lagerleistungen sowie Lagerbestandsgrößen. Zur Bewertung des in Lagerbeständen gebundenen Kapitals werden neben dem Durchschnittsbestand auch Lagerbestände während der Bewegung (Unterwegsbestände, movement inventories, pipeline inventories) berücksichtigt (vgl. Pfohl 1990, S. 99).

Die dynamische technische Entwicklung im Bereich der Informations- und Kommunikationstechnik aber auch der starke Trend zur Globalisierung hat in den letzten Jahren sowohl eine Spezialisierung auf Leistungssegmente und damit eine zusätzliche Marktsegmentierung gebracht, als auch Markterweiterungsmöglichkeiten um Leistungsbereiche, die nicht den klassischen Raum- und

---

[26] TEU wird als Maßeinheit für einen 20´Fuß ISO Norm Container verwendet.

[27] Dabei handelt es sich um die Berücksichtigung des frachtpflichtigen Gewichtes (im Gegensatz zum Effektivgewicht), das durch die Berücksichtigung von festgelegten Maß -/ Gewichtsrelationen errechnet wird. So ist in der Luftfracht für 1 cbm Volumen mindestens 166 kg frachtpflichtiges Gewicht zu bezahlen.

Zeitüberwindungsangeboten zuordenbar sind. Beispiele dafür sind die von Speditionsunternehmen schon seit langem erbrachte Dienstleistung zum weltweiten Umgang mit den außenhandelsrechtlichen Bestimmungen (z.B. der Umgang mit zollrechtlichen Bestimmungen) als auch völlig neue Leistungsbereiche in Wertschöpfungsketten, wo durch Unternehmen des Güterverkehrsmarktes neuartige Koordinationsaufgaben übernommen werden.[28] Dieser Markt für logistische Dienstleistungen ist auf Grund der Unterschiedlichkeit der Angebote nur schwer zu beschreiben.[29]

2.2.4.2 Industrialisierung des Güterverkehrs

Der Strukturwandel im Gütertransport umfasst sowohl neue Konzepte der Organisation und Steuerung von Gütertransporten als auch umfangreiche technische Veränderungen. Das neue Ideal im Güterverkehr ist nicht mehr der einzelne Transport von Gütern von einem Ort A zu einem Ort B, sondern die Steuerung von Güterflussprozessen. Logistik, Just in time, hoher Lieferservice, bestandslose Produktion, Zentrallagerhaltung und 24 Stunden Service sind nur einige Stichworte, die diese neue Dimension der Steuerung von Gütertransporten beschreiben.

Der Prozess der Industrialisierung innerhalb der Güterverkehrsbetriebe kann anhand mehrerer technisch-organisatorischer Ebenen beschrieben werden:

- Gerätemechanisierung und –automatisierung

- Prozessmechanisierung

- Transportkettenrationalisierung

- Logistische Integration

Die Industrialisierung des Güterverkehrs wird damit auch die Produktionsformen der Erstellung von Güterverkehrsleistungen verändern. Es ist denkbar, dass es zu einer standardisierten Massenproduktion von logistischen Dienstleistungen kommen wird

---

[28] Beispiele dieser Leistungspakete sind z.B. im Bereich der Textillogistik zu finden, wo Verkehrsunternehmen von der Bestellung der Textilen in Fernost bis zur Regalbedienung in der Filiale des europäischen Handelshauses sämtliche Koordinations- und Überwachungsaufgaben übernehmen.
[29] Ihde (1991) S.11-15 erweitert die klassischen Funktionen der Raum – und Zeitüberwindung mit dem Begriff der logistischen Problemlösung. Dabei handelt es sich nicht nur um einen nochmals erweiterten Leistungsumfang, sondern um eine geänderte Betrachtungsweise. „Logistische Problemlösungen sind komplexe, vergängliche oder nachhaltige, somit institutionalisierte Funktionsbündel."

und auch zur Herausbildung entsprechender Unternehmen, die den Charakter von
Transportfabriken haben werden. Eine weitgehende Mechanisierung und teilweise
Automatisierung der Transport-, Umschlag- und Lagerprozesse sowie EDV-gesteuerte
Produktionsabläufe sind Kennzeichen der Produktion. Beispiele für diese Entwicklung
sind die europäischen und internationalen Express- und Paketdienste (KEP) sowie die
Systemverkehre multinationaler Transportkonzerne.[30]

2.2.4.3 Veränderungen der Wettbewerbsstrukturen

Während im reinen Transportgeschäft auf nationaler und europäischer Ebene eine
hohe Wettbewerbsintensität herrscht, ist bei Logistikleistungen, insbesondere solchen,
die flächendeckende Europa- oder weltweite Transporte erfordern, die Anzahl der
Wettbewerber überschaubar. Bei so genannten „European Players" handelt es sich
um Unternehmen, die Jahresumsätze von 500 Mio € aufwärts erreichen. Nach einer
Studie der deutschen Verkehrsbank haben in der BRD mittlerweile ca. 20
Unternehmen diesen Status erreicht. Dazu zählen große Speditionsunternehmen wie
Panalpina, Schenker oder Kühne & Nagel sowie die Deutsche Post. Der Umsatz aller
am österreichischen Markt aktiven logistischen Dienstleister beläuft sich auf etwa 5 - 6
Mrd. €, wobei die 14 größten Unternehmen ca. 84% des Branchenumsatzes
erwirtschaften (ohne Berücksichtigung der österreichischen Post). Eine besondere
Stellung hat die im Jahr 1999 als 100% ÖBB Tochter gegründete Speditions Holding
AG. Zielsetzung dieses ÖBB Unternehmens ist die Positionierung unter den Top-
Playern am europäischen Markt in den nächsten 5 Jahren. Im Jahr 2000 erzielte die
Speditionsholding einen Umsatz von ca. 230 Mio €.[31]. Außereuropäische,
insbesondere amerikanische Dienstleister sind ebenfalls auf dem Sprung nach
Europa, wobei Unternehmen wie TNT ja bereits seit Jahren in Europa tätig sind.
Generell lassen sich folgende Entwicklungen definieren:

- Wachsender Wettbewerb durch den Integrationseffekt, z.B. durch neue
  Wettbewerber aus osteuropäischen Niedriglohnländern

---

[30] Das Produktionssystem der Paketdienst-Unternehmen beruht auf einem hohen
Standardisierungsgrad des externen Faktors (= Paket), indem Maße und Gewichte begrenzt
werden und auf diese Weise ein hoher Automatisierungsgrad des Produktionsprozesses im Bereich
Förder– und Umschlagstechnik ermöglicht wird.
[31] Ein Überblick über die Top Player in der EU wurde in Logistik Heute (1-2/2000, S.36f.)
veröffentlicht auf Basis einer Studie der Gemini Consulting und der GVB Studie Top 100 von Klaus
(2000).

- Unterschiedliche Steuerbelastungen der Verkehrsträger in den EU Ländern und unterschiedliche Förderungspolitik z.B. Portugal

- Integrators [32] als Wettbewerber

- Angebote von kompletten logistischen Lösungen durch Großspeditionen (Tendenz zur Fusionierung)

- Bildung von Netzwerken (strategischen Allianzen)

- Carrier [33] entwickeln eigene Vermarktungsstrategien (Reedereien , Bahnen, Air Lines)

Speditionen stehen außerdem im Wettbewerb mit den Logistikabteilungen größerer Handels- und Industrieunternehmen, die entweder im Bereich des Werkverkehrs eigene Netzwerke aufgebaut haben oder ihre Logistikabteilungen zu Werksspeditionen umgewandelt haben. Beispiele sind Bertelsmann, Quelle Versand oder die Firma Caterpillar, deren Tochter Cat-Logistics sowohl ihre Nachfragemacht im Transportbereich als auch ihr logistisches Know How im Bestandsmanagement dazu nutzt, externen Kunden logistische Dienstleistungen anzubieten.

2.2.4.4   Entwicklung neuer Leistungsangebote in Güterverkehrsbetrieben

Analysen und Lösungen von zukunftsorientierten Problemen der Verkehrswirtschaft verlangen eine Beschäftigung mit den logistischen Entwicklungen in der produzierenden und Handel treibenden Wirtschaft (Logistikeffekt).

Gerade diese Entwicklungen haben direkte Konsequenzen für die strategische Ausrichtung von Güterverkehrsbetrieben. Den einzelnen Unternehmenstypen von Güterverkehrsbetrieben bieten sich unterschiedliche Ansatzmöglichkeiten, sich diesen Herausforderungen zu stellen. So kann eine Ausweitung der Geschäftstätigkeit auf Bereiche festgestellt werden, die zuvor den Speditionen vorbehalten waren. In anderen Fällen können Akquisitionen oder Kooperationen beobachtet werden, die auf europäischer Ebene das addierte Umsatzvolumen der 10 größten Logistikdienstleister von 1997 – 1999 von ca. 27 Mrd. € auf 47,5 Mrd. € gesteigert hat. Dieser Trend hält an und lässt sich auch in Österreich beobachten. Beispiele hierfür sind die Akquisitionen

---

[32] Integrator: darunter ist der Typus Transportunternehmen zu verstehen, die Haus – Haus Verkehre im Bereich von Dokumenten und Paketen anbieten. Prominenteste amerikanische Integrators sind FedEx und UPS.
[33] Carrier umschreibt die Transportunternehmen, die als Frachtführer definiert werden, z.B. Bahnverwaltungen und reine Straßengüterverkehrsunternehmen.

des Luxemburger Logistikkonzerns Thiel Logistik AG. Im Sommer 2000 hat Thiel die
Unternehmen Delacher und Quehenberger übernommen, Anfang des Jahres 2002
die deutsche Birkart Globistics AG. Damit dürfte der Marktanteil der zur Thiel-Gruppe
gehörenden Unternehmen in Österreich inzwischen bei ca. 10% liegen verbunden mit
einer wesentlichen Erweiterung der bis dahin angebotenen logistischen
Dienstleistungen.

Zu den Logistikherausforderungen, die von Speditionsunternehmen zunehmend
wahrgenommen werden, zählen Leistungsangebote im Bestandsmanagement, in der
Kommissionierung, Distribution, Verpackungsentsorgung, in der Implementierung und
im Betrieb von IT-Systemen oder in so operativen Leistungen wie die Archivierung von
Dokumenten.

Grundsätzlich gilt für alle Speditionsunternehmen, dass ihre Leistungsangebote das
simultane Erreichen der drei strategischen Zielgrößen nämlich Zeit, Qualität und
Produktivität bzw. Wirtschaftlichkeit (vgl.Horvath/ Brokemper 1999 S. 524,)
unterstützen helfen sollen. Dabei ist der Unterschied zwischen Produktivität und
Wirtschaftlichkeit zu beachten. Wirtschaftlichkeit ist das Verhältnis von bewerteten
Leistungen zu Kosten. „...ein produktives Unternehmen [ist] nicht a priori
wirtschaftlich...[wie] am Beispiel von sicherlich sehr produktiven Produktionsstandorten
in Westeuropa veranschaulicht werden kann, die wegen ihrer hohen
Lohn(neben)kosten nach Osteuropa verlagert werden. Die dortige Produktivität mag
zwar nicht mit der im Westen konkurrieren, was aber oft durch niedrige Lohnkosten im
Sinne der Wirtschaftlichkeit mehr als Wett gemacht wird (Zäpfel 2000 b, S.29)". Dieses
Spannungsfeld zwischen Produktivität und Wirtschaftlichkeit lässt sich auch auf die
Situation im gewerblichen Bereich von Speditionsunternehmen übertragen. Hoher
Arbeitsproduktivität gut ausgebildeter Mitarbeiter stehen Mitarbeiter gegenüber, die
sich durch niederes Lohnkostenniveau auszeichnen.

Die logistischen Dienstleistungen, die von Güterverkehrsbetrieben angeboten werden,
sind also danach auszurichten, dass sie einen wesentlichen Beitrag zur Zielerreichung
ihrer Auftraggeber leisten. Zugleich sollten nur solche logistischen Dienstleistungen
angeboten werden, die vom Kunden auch erkennbar und gewünscht sind. Und dies
kann von Kunde zu Kunde und von Branche zu Branche unterschiedlich sein.

Beim Prozess der Leistungserstellung bewegt sich das Güterverkehrsunternehmen im
Spannungsverhältnis von Massenleistung (Prinzip der Massenfertigung in der

Industrie zur Ausnutzung der economies of scale) und der individuell zugeschnittenen Leistung (i.S. einer Einzelfertigung in der Industrie) (vgl. Grüner 1997, S.75 f.).

Zur Lösung dieses Spannungsverhältnisses haben sich in der Praxis Verkehrssysteme entwickelt, die standardisierte Abläufe mit hohem Automatisierungsgrad anbieten, unabhängig davon, wie individuelle Kundenwünsche definiert sind (Beispiel KEP Dienste) und Logistiklösungen für nachfrageabhängige Einzelleistungen im Rahmen von unternehmensspezifischen Outsourcing Projekten, wo die gesamte logistische Dienstleistung individuell auf einen nachfragenden Kunden ausgerichtet wird. Eine Möglichkeit der Optimierung liegt in diesem Fall in der „economies of scope"[34], d.h. den Nutzen dieser individuell ausgerichteten logistischen Einzelleistung auch anderen Kunden in vergleichbarer Ausgangslage zugänglich zu machen oder bestehende standardisierte Leistungssysteme zu stärken, um damit die gewünschten „Verbundeffekte" zu realisieren.

---

[34] economies of scale = Größeneffekte; economies of scope = Verbundeffekte

3   Statistische Erfassung des Güterverkehrs

Die statistische Erfassung des Verkehrsgeschehens stellt eine Grundvoraussetzung für verkehrspolitisches Handeln dar. So liefert die Verkehrsstatistik wichtige verkehrsspezifische Indikatoren über Entwicklungsunterschiede in der Wirtschaft verschiedener geographischen Regionen. Der Verkehr als Objekt statistischer Erfassung hat eine lange Tradition. Die Verkehrsstatistik gehört zu den ältesten Zweigen der amtlichen Statistik. Die statistischen Daten sind nach einheitlichen Gesichtspunkten gegliedert:

- Institutionen (Daten über Unternehmen, Beschäftigte, Umsatz)

- Verkehrswege und Verkehrslinien, Betriebseinrichtungen

- Verkehrsmittel (Fahrzeug- und Behälterbestände)

- Verkehrsleistungen

- Verkehrssicherheit

Die reinen Transportleistungen sind im Bereich des Güterverkehrs die am besten dokumentierten Aktivitäten. Sie bilden die Datengrundlage zur Bewertung der Verkehrsnachfrage nach einzelnen Verkehrsträgern und bilden auch die Grundlage zur Ermittlung von Güterverkehrsprognosen.

Betrachtet man die Veröffentlichungen und wissenschaftlichen Arbeiten zum Thema „Verkehrsmodelle", so zeigt sich, dass insbesondere im Bereich der Verkehrsplanung eine Vielzahl von Modellen entwickelt wurde und wird. Im Rahmen der Verkehrsplanung werden Prognosemodelle des künftigen Verkehrsgeschehens unter Verwendung unterschiedlicher Verfahren erstellt. Allen gemeinsam sind die mathematische Abbildung und die Berücksichtigung eines 4 stufigen Entwicklungsverfahrens.

- Erstellen eines Verkehrserzeugungsmodells (Anzahl Fahrten, Quellverkehr, Zielverkehr, wie viel Fahrten und Wege usw.)
- Erstellen eines Verkehrsverteilungsmodells (Zielwahl, wohin?)
- Erstellen eines Verkehrsaufteilungs- oder Verkehrsmittelwahlmodells (Verkehrsmittelwahl, Modal Split, mit welchem Verkehrsmittel?)
- Erstellen eines Verkehrsumlegungs- oder Verkehrswegewahlmodells (Routenwahl, auf welchem Weg?)

Aufbauend auf den Grundlagen der Verkehrsplanung und den zugrunde gelegten Verkehrsmodellen wird versucht, Handlungsansätze zur Gestaltung von Verkehrssystemen, Verkehrsnetzen, Verkehrsanlagen und des Verkehrsmanagements zu erarbeiten.

Der umfassendere Begriff zur gesamten quantitativen Verkehrsforschung ist der Begriff der Verkehrsökonometrie. Verkehrsökonometrie [35] befasst sich mit der mathematischen Formulierung verkehrswirtschaftlicher Zusammenhänge und ist somit ein Teil der Ökonometrie. Ein bedeutendes Instrument der Verkehrsökonometrie ist die Verwendung von Matrizen. Die Verkehrsmatrizen bilden z.B. die Grundlage für Verkehrsverflechtungsmodelle und sind damit das Ergebnis der Abstraktion als Grundlage eines Modellansatzes.

Der Güter– und Leistungstausch zwischen den verschiedenen volkswirtschaftlichen Bereichen bilden den Gegenstand des allgemeinen Verflechtungsmodells. Leontief (vgl. 1966 passim) bezeichnet das Modell auch Input-Output Modell. Die Leontiefsche Input-Output Analyse bezieht sich auf einen Zeitpunkt und ist somit ein statisches Modell. Dadurch, dass Leontief derartige Momentaufnahmen zu verschiedenen Zeitpunkten (Jahren) durchführte, wurde diese statische Methode zur komparativen Statistik erweitert. Modelliert man die **Entwicklung eines Verkehrssystems**, so wird es notwendig, dynamische Modelle einzuführen. Auch Richter (vgl.1999, S.415) unterscheidet 3 Modellgruppen bei der mathematischen Modellierung von Transportsystemen im Rahmen der Transportsystemanalyse:

- Modelle auf der Grundlage der Verkehrsmatrix, die z.B. Strukturaussagen über Transportsysteme ermöglichen
- Transportentwicklungsmodelle, bei denen transportspezifische Größen in Abhängigkeit von der Zeit dargestellt werden
- Allgemeine Abhängigkeitsmodelle, insbesondere Nachfragemodelle, bei der transportspezifische Größen von sachlichen Einflussfaktoren und von der Zeit abgebildet werden.

Eine übersichtliche Darstellung der Methoden zur Modellrechnung im Güterverkehr ist im Rahmen der Forschungsarbeiten aus dem Verkehrswesen im Mai 1999

---

[35] Vgl. umfassende Darstellung des Themas in: Richter (1995) S.10 – 20.

erschienen.[36] Die dort dargestellte Modellrechnung wurde zur Prognose des Güterverkehrs für 2015 in Österreich durchgeführt als Basis für einen österreichischen Bundesverkehrswegeplan. Grundlage dafür war die Entwicklung eines Güterverkehrsmodells zur Berechnung der Prognose. Das entwickelte Güterverkehrsmodell setzte sich aus einem analytischen, funktionalen und einem heuristischen Modellteil zusammen. Der funktionale Modellteil beinhaltete 3 Basismodelle:

- die Verkehrserzeugung und Verkehrsverflechtung
- die Verkehrsaufteilung (Modal-Split) und
- die Verkehrsumrechnung und Verkehrsumlegung

Die Behandlung der Verkehrsverflechtung wurde differenziert nach:

- Binnenverkehr (Inlandsverkehr)
- Quellverkehr nach Westen und Quellverkehr nach Osten
- Zielverkehr nach Westen und Zielverkehr nach Osten
- Transitverkehr (West-West, West-Ost, Ost-West, Ost-Ost)

sowie nach fünf Warengruppen, einer Verdichtung der vom österreichischen statistischen Zentralamt bzw. vom Amt für Statistik der europäischen Kommission (EUROSTAT) verwendeten 10 Kapitel des NSTR[37].

Das heuristische Modell dieser Verkehrsanalyse befasste sich mit jenen Einflussgrößen auf den Güterverkehr, die im funktionalen Modell, das als mehrdimensionales Regressionsmodell angelegt war, zu wenig zur Auswirkung gelangten. Im Wesentlichen wurden folgende externen Größen betrachtet und beurteilt:

- die Entwicklung von so genannten Wertedichten, die den Wert der transportierten Güter per kg zum Ausdruck bringen [38]
- die Entwicklung des Außenhandels

---

[36] Vgl. Herry (1999) S.17 – 34. Im Auftrag des Bundesministeriums für Wissenschaft und Verkehr in Wien wurde 1998 eine Expertengruppe beauftragt, eine Methode zur Modellrechnung Güterverkehr zu erarbeiten, die ein wesentliches Element zur Erstellung des Bundesverkehrswegeplanes darstellte. Ein ausführlicher Projektbericht wurde im Band 89 der „Forschungsarbeiten aus dem Verkehrswesen" veröffentlicht.
[37] Güterverzeichnis für die Verkehrsstatistik: NSTR = Nomenclature uniforme de marchandise pour les statistiques de transport.
[38] Hier wurde der bereits erörterte Güterstruktureffekt bewertet.

- die Ostverschuldung

- die EU Erweiterung

- die Einführung des EURO

Für die Güterverkehrsprognose wurden neben einem so genannten Referenzfall, dessen betrachtete Rahmenbedingungen als „ sicher" galten, drei weitere Planfälle gerechnet, die zwar die Rahmenbedingungen des Referenzfalles beibehielten, jedoch erweiterte oder ergänzende Rahmenbedingungen aufgenommen haben. Das zusammengefasste Ergebnis zeigte dann folgendes Bild:

Abbildung 4: Beispiel einer Modellrechnung Güterverkehr

Folgende Tabelle zeigt die Hauptergebnisse aus den Berechnungen im Überblick.

Hauptergebnisse des Güterverkehrs in Österreich im Überblick

		ANALYSE 1994			Referenzfall 2015		
		Transportaufkommen in Mio. Tonnen	Transportleistung [1]) in Mio. Tkm	Fahrleistung in Lkw-km [1]) bzw. Zug-km	Transportaufkommen in Mio. Tonnen	Transportleistung [1]) in Mio. Tkm	Fahrleistung in Lkw-km [1]) bzw. Zug-km
Straße	Absolut	256	17.400	3.687	414	32.318	6.507
	Absoluter Zuwachs				158	14.918	2.820
	%-Steigerung				61,5%	85,7%	76,5%
Schiene	Absolut	63	12.424	58	115	20.865	88
	Absoluter Zuwachs				52	8.441	30
	%-Steigerung				83,0%	67,9%	52,6%
Summe	Absolut	319	29.824		529	53.183	
	Absoluter Zuwachs				210	23.359	
	%-Steigerung				65,7%	78,3%	

		Planfall 1 2015			Planfall 2 2015		
		Transportaufkommen in Mio. Tonnen	Transportleistung [1]) in Mio. Tkm	Fahrleistung in Lkw-km [1]) bzw. Zug-km	Transportaufkommen in Mio. Tonnen	Transportleistung [1]) in Mio. Tkm	Fahrleistung in Lkw-km [1]) bzw. Zug-km
Straße	Absolut	385	29.860	5.872	386	30.284	5.869
	Absoluter Zuwachs	129	12.460	2.185	129	12.884	2.183
	%-Steigerung	50,3%	71,6%	59,3%	50,5%	74,0%	59,2%
Schiene	Absolut	142	24.999	100	130	23.139	95
	Absoluter Zuwachs	79	12.575	43	67	10.715	37
	%-Steigerung	125,7%	101,2%	74,0%	106,5%	86,2%	63,8%
Summe	Absolut	527	54.859		515	53.423	
	Absoluter Zuwachs	208	25.035		196	23.599	
	%-Steigerung	65,1%	83,9%		61,5%	79,1%	

		Planfall 3 2015		
		Transportaufkommen in Mio. Tonnen	Transportleistung [1]) in Mio. Tkm	Fahrleistung in Lkw-km [1]) bzw. Zug-km
Straße	Absolut	365	26.279	5.324
	Absoluter Zuwachs	109	8.879	1.637
	%-Steigerung	42,4%	51,0%	44,4%
Schiene	Absolut	153	27.298	107
	Absoluter Zuwachs	90	14.874	50
	%-Steigerung	143,6%	119,7%	86,1%
Summe	Absolut	518	53.577	
	Absoluter Zuwachs	199	23.753	
	%-Steigerung	62,3%	79,6%	

1) Bei Transport- und Fahrleistung im Straßengüterverkehr sind nur die Bundesstraßen A, S und B berücksichtigt

master endergebnisse.xls-Hauptergebnisse   Herry 1997

Aus diesen Prognosen ist das mögliche Wachstum des Transportaufkommens
(gemessen in Tonnen), das Wachstum der Transportleistung (gemessen in Tonnen-
km) sowie das Wachstum der Fahrleistung (gemessen in Zug- bzw. Straßenkilometer)
für das Jahr 2015 ableitbar, getrennt nach den Verkehrsträgern Straße und Schiene
(Modal Split). Im Vergleich zum Ausgangsjahr 1994 zeigt sich ein
Transportmengenzuwachs bis 2015 von 61,5 % - 65,1%, je nach betrachtetem
Planfall.

Eine weitere umfassende Analyse von Verkehrsleistungsdaten in Österreich,
Deutschland, Frankreich, Ungarn im Vergleich zu den USA wurde im Auftrag der
Kammer für Arbeiter und Angestellte in Wien ebenfalls von Herry Verkehrsplanung
durchgeführt. Neben der Erfassung von Verkehrsleistungsdaten standen die
Erarbeitung von Transportkosten und Transportpreisen der verschiedenen
Verkehrsträger im Mittelpunkt dieser Untersuchung. Zielsetzung war es, „...über
relevante verkehrswirtschaftliche Kennziffern zu verfügen, mit denen die Position der
verschiedenen Verkehrsträger soweit dargestellt werden kann, dass daraus
Schlussfolgerungen für notwendige Maßnahmen abgeleitet werden können (Herry
2001, S.7)".

Wichtige Datenquellen für die Beurteilung von geographischen Märkten aus der Sicht
des Güterverkehrs sind die statistischen Länderdaten. Kenngrößen, die von
Bedeutung sind:

- Bruttoinlandsprodukt (BIP) – Aussage über die Wirtschaftskraft eines Landes

- Einwohnerzahl

- Branchenschwerpunkte

- Warenaustausch in Warenwerten und Tonnen

- Verkehrsträgerspezifische Daten (Straße, LKW , Kombiverkehr)

Generell bieten Daten des österreichischen statistischen Zentralamtes gute
Informationen für die Analyse von Warenströmen zwischen den verschiedenen
europäischen Staaten aber auch zwischen Österreich und Drittländern.
Mengenbezogene Daten am Beispiel der Ein- und Ausgänge gemäß
Intrastaterfassung:

Abbildung 5: Warenströme in der Statistik

Österreichs Warenhandel im EU-Binnenmarkt nach Ursprungs- und Bestimmungsland INTRASTAT 1997

Land	Eingänge		Versendungen	
	Mio öS	**Tonnen**	**Mio öS**	**Tonnen**
Belgien/Luxemburg	18.971	649.918	12.318	421.336
Dänemark	5.444	86.793	5.458	144.472
Deutschland	329.323	14.653.641	250.855	10.980.685
Finnland	4.973	290.108	4.276	83.504
Frankreich	36.980	931.852	29.480	922.702
Griechenland	1.738	80.757	3.187	161.735
Großbritannien	24.051	344.029	29.640	587.071
Irland	3.533	28.403	1.693	20.812
Italien	66.804	3.215.599	59.317	7.204.799
Niederlande	26.229	836.678	19.292	747.143
Portugal	4.646	78.071	2.985	62.041
Schweden	10.543	429.676	9.027	236.600
Spanien	11.842	338.152	16.139	291.637
Summe	**545.077**	**21.963.677**	**443.667**	**21.864.537**

Quelle: ÖSTAT (ISIS)

Eine weitere Detaillierung der Analyse dieser Warenströme bietet eine Gliederung nach Ländern und Warengruppen nach NSTR.

Abbildung 6: Länder- und Warengruppenanalyse

Exporte nach Warengruppen aus Vorarlberg (A)

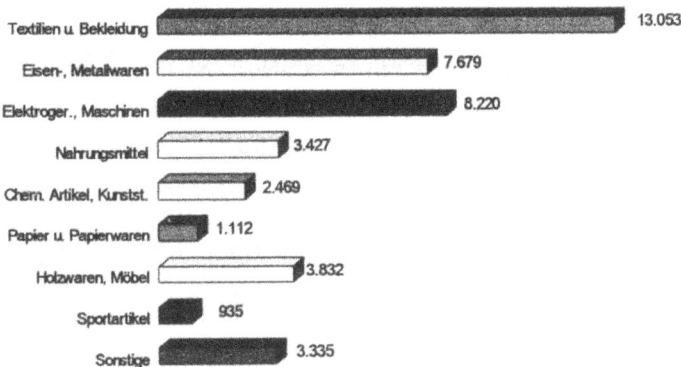

Textilien u. Bekleidung	13.053
Eisen-, Metallwaren	7.679
Elektroger., Maschinen	8.220
Nahrungsmittel	3.427
Chem. Artikel, Kunstst.	2.469
Papier u. Papierwaren	1.112
Holzwaren, Möbel	3.832
Sportartikel	935
Sonstige	3.335

4   Grundlagen speditioneller Dienstleistungsproduktion

4.1   Der Begriff der „Dienstleistung"

4.1.1   Sachleistung versus Dienstleistung

Versucht man die Eigenschaften zu beschreiben, die einen Unterschied zwischen Sach- und Dienstleistung aufzeigen, kann folgende Gegenüberstellung gemacht werden:

Abbildung 7: Eigenschaftsunterschiede von Sach- und Dienstleistungen

Sachleistung	Dienstleistung
• Materiell • Vor dem Kauf zeig- und prüfbar • Produktion dem Konsum zeitlich vorgelagert • Produktion, Verkauf und Konsum sind räumlich getrennt • Bei Kauf erfolgt Eigentumsübertragung • Transportierbar • Kann wiederverkauft werden • Zwischenglieder zwischen Produzent und Kunde/Käufer möglich	• Immateriell • Vor dem Kauf weder zeig- noch prüfbar • Nicht lagerfähig • Konsum und Produktion erfolgen zeitgleich • Produktion, Konsum und oft auch Verkauf erfolgen am gleichen Ort • i.d.R. kein Eigentumstransfer • Nicht transportierbar • Nicht wiederverkäuflich • i.d.R. direkter Kontakt von Produzent zum Kunden, der im allgemeinen am Leistungsvollzug teilhat

Quelle: Grüner (1997) S.10

Aus dieser Gegenüberstellung wird schon ersichtlich, dass die Versuche einer Definition des Begriffs „Dienstleistung" zumeist in einer Auflistung von Merkmalen enden, was Dienstleistungen nicht sind, nämlich die Produktion eines materiellen Gutes.

Die enumerative Aufzählung von konkreten Beispielen ist ebenfalls ein Versuch, den Begriff Dienstleistung zu definieren. [39] Problematisch dabei ist, dass die Liste der

---

[39] Eine derartige Aufzählung von Dienstleistungsbeispielen findet sich z.B. bei Langeard (1981) S.233 – 240.

Dienstleistungsvarianten immer länger wird und vor allem bei neu generierten Dienstleistungen eine Trennung zwischen Sach- und Dienstleistung nicht zweifelsfrei sein kann. Der Ansatz, die Dienstleistung durch Trennung von der Sachleistung zu definieren, führt dazu, dass alles, was nicht in den 1. und 2. Sektor passt, dem tertiären Sektor zugeordnet wird. Dieses 3 Sektoren Modell [40] ist zwar Basis der amtlichen Statistiken, vermittelt jedoch den Eindruck, dass die Unterscheidungskriterien eindeutig sind. Levitt spricht in diesem Zusammenhang daher auch von der Existenz eines „hidden service sector" (vgl. Levitt 1976, S.63–74), da z.B. alle unternehmensintern erbrachten Dienstleistungen wie Marktforschung, Softwareentwicklung usw. nicht erfasst sind.

Die Ergebnisse der Dienstleistungsarbeit werden in der einschlägigen Literatur meist mit 3 wesentliche Merkmale beschrieben [41]

- Die Integration eines „ externen Faktors"[42] im Leistungserstellungsprozess. Der externe Faktor kann dabei unterschiedliche Erscheinungsformen aufweisen (Menschen mit unterschiedlichem Einbezug von Aktivitäten, Tieren, Objekten) wobei zwischen materiellen (z.B. Transportgegenständen) und immateriellen (Rechte, Nominalgüter, Informationen) Objekten unterschieden wird (vgl. Klose 1999, S.7f.).
- Ein weiteres Element von Dienstleistungen ist deren weitgehende Immaterialität. Dienstleistungen bestehen zumeist in ihren Hauptbestandteilen aus Leistungen, die nicht transport- und lagerfähig sind.
- Schließlich sind bei Dienstleistungen die Leistungserstellung und die Leistungsverwertung (Absatz) identisch (uno actu Prinzip).

Diese scheinbar klare Abgrenzung wird in der Literatur kontroversiell diskutiert. [43]

Die kontroversielle Auseinandersetzung zwischen Sach- und Dienstleistung löst sich auf, wenn Leistungen als Leistungsbündel oder **Leistungssysteme**[44] definiert werden,

---

[40] Das 3 Sektoren Modell definiert den **primären Sektor** mit Land- und Forstwirtschaft, den **sekundären Sektor** mit Bergbau, Elektrizität und Wassergewinnung und verarbeitendes Gewerbe, den **tertiären Sektor** mit Handel, Verkehr, Kreditinstitute, Versicherungen, freie Berufe, sonstige Dienstleistungen.
[41] Vgl. stellvertretend für viele Autoren; Littek (1991) S.265 – 282.
[42] Der externe Faktor trägt der Tatsache Rechnung, dass zur Erbringung der Dienstleistung ein Subjekt oder Objekt erforderlich ist, an dem ein Dienst verrichtet werden kann.
[43] Vgl. Otto (1993) S.66 und die dort in Fn.242 zitierte Literatur.
[44] Gudehus (1999, S.9) definiert: „...Ein allgemeines Leistungssystem erfüllt Leistungsaufträge und führt nach gleichen oder wechselnden Strategien an physischen und informatorischen Objekten materielle und immaterielle Transformationen aus."

und derart beim Leistungsempfänger einen Nutzen erzeugen. Leistungssysteme lösen die Probleme des Kunden umfassend; sie tragen zu seinem Erfolg bei (vgl. Bieger 1997, S.12-39).

Die Orientierung am Kundenbedürfnis durch Analyse der Märkte und Erkennen der künftigen Anforderungen des Kunden wird im strategischen Management als „market based view" Ansatz[45] bezeichnet. Wird dieser Ansatz mit dem „ressourced based view" Ansatz[46] verknüpft, bei dem die Analyse der spezifischen Unternehmensressourcen und die Bestimmung von erforderlichen Kompetenzen im Vordergrund steht, so führt dies zum marktorientierten Kernkompetenzansatz, der die Unternehmensfähigkeiten (What business are we capable of?) mit den Kundenbedürfnissen verknüpft (What business are we really in?) (vgl. Belz 2000, S.56, vgl. Homp 2000, S.107f). Die Perspektive „von außen nach innen" wird der traditionellen Perspektive „von innen nach außen" gleichgesetzt. Aus der Sicht des Leistungssystems eines Unternehmens findet eine Integration dieses Denkansatzes im so genannten 3 Ebenen Modell von Engelhardt (vgl. Engelhardt 1993, S.395 – 426) statt.

Abbildung 8: 3 Ebenenmodell nach Engelhardt et al.

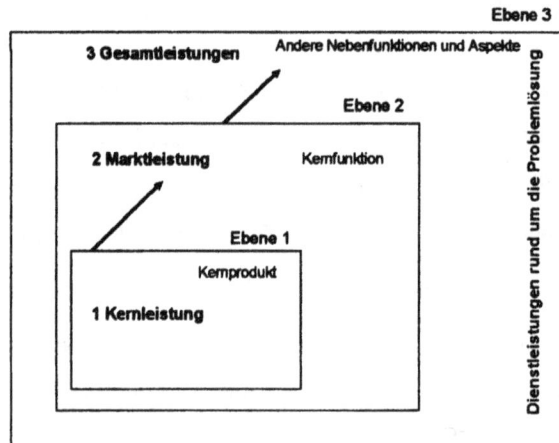

Quelle: In Anlehnung an Englhardt,W.H.(1993): S. 395 – 426

---

[45] Market based view = Frage nach der Struktur der Märkte und der richtigen Positionierung der Unternehmung in diesen Märkten; wichtiger Vertreter: Porter (1980).
[46] Ressources based view = Frage nach der richtigen Ressourcenkombination, wichtige Vertreter: Barney (1991), Hinterhuber (1996), Prahalad/Hamel (1994).

Die Kernleistung umfasst dabei jene Kernprodukte, die auch als verkaufsmäßige Einheit der Dienstleistung gelten und gewährleistet somit eine grundlegende Funktionalität. Die Erweiterung dieser Kernleistung mit Zusatzleistungen, die auch vom Kunden wahrgenommen werden, erweitert die Kernleistung zur Marktleistung. Welche **Gesamtleistung** schließlich vom Kunden auf Dauer den Zuspruch erhält, wird durch eine Vielzahl von Nebenaspekten festgelegt, wie schnelles und müheloses Erledigen von auftretenden Problemen, die Art der laufenden Kundenbetreuung oder eine Art genereller Servicefähigkeit.

4.1.2 Produktionsorientierte und konsumorientierte Dienstleistungen

Das zeitlich und örtliche Zusammenfallen von Produktion und Konsum (uno actu Prinzip) einer Dienstleistung führte in der theoretischen Diskussion zu der Vorstellung, dass dadurch Dienstleistungsarbeit in gewisser Weise nicht zu rationalisieren ist, da es nichts Stoffliches gebe, an dem technische Produktionssteigerungsprozesse ansetzen könnten (vgl. Bienzeisler 2000, S.13 – 20). So ist die Leistung eines Frisörs noch fast genauso produktiv wie vor 30 Jahren. Diese Betrachtung führt dazu, dass zwischen einer produktionsorientierten und konsumorientierten Dienstleistung zu differenzieren ist. Homburg und Garbe (vgl. 1996, S.253 – 282) unterscheiden beispielsweise zwischen investiven Dienstleistungen, d.h. als Nachfrager treten Organisationen und Unternehmen auf, und konsumtiven Dienstleistungen mit Haushalten als Nachfrager.

In der Literatur sind zwei Hauptprinzipien von Dienstleistungsrationalisierung zu erkennen:

- Technische Rationalisierung durch den Einsatz neuer Techniken und weiterer Qualifizierung der Arbeitskräfte. Darunter ist vor allem der Einsatz neuartiger IuK-Technik gemeint.

- Eingriffe in die Organisationsstrukturen, Reorganisation und Konzentration auf Kernaufgaben

4.2 Leistungserstellung bzw. Dienstleistungsproduktion

Aus der Sicht des Produktionsprozesses kann bei der Erstellung von Dienstleistungen ebenfalls das Modell der Produktionsfaktoren verwendet werden (vgl. Scheuch, 2002, S.13f). Unter externen Produktionsfaktoren werden solche verstanden, die vom Abnehmer oder Nutzer einer Dienstleistung eingebracht werden. Interne Produktionsfaktoren stellen jene Faktoren dar, die nötig sind, um die Dienstleistung in

Kombination mit dem externen Faktor zu erstellen. Stehen die internen Produktionsfaktoren für mehrere Produktionsvorgänge zur Verfügung, spricht man von Potenzialfaktoren.

Abbildung 9: System der Produktionsfaktoren

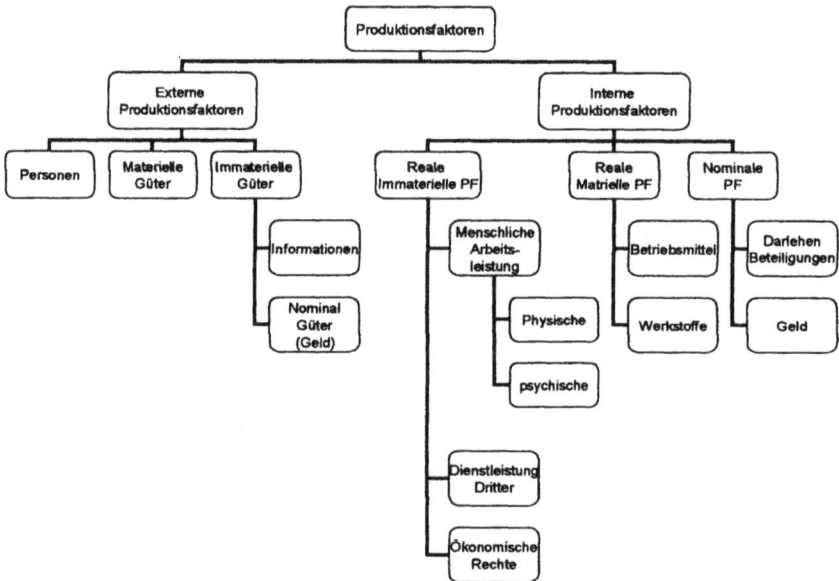

```
                          Produktionsfaktoren
            ┌───────────────────┴───────────────────┐
      Externe                                  Interne
  Produktionsfaktoren                     Produktionsfaktoren
  ┌──────┬────────┬──────────┐      ┌──────────┬──────────┬──────────┐
Personen Materielle Immaterielle   Reale        Reale      Nominale
         Güter      Güter          Immaterielle PF  Matrielle PF   PF
                       │              │              │              │
                   Informationen  Menschliche    Betriebsmittel  Darlehen
                       │          Arbeits-                        Beteiligungen
                   Nominal        leistung
                   Güter              │              │              │
                   (Geld)         Physische      Werkstoffe       Geld
                                      │
                                  psychische

                                  Dienstleistung
                                  Dritter

                                  Ökonomische
                                  Rechte
```

Betrachtet man nun den eigentlichen Produktionsprozess von Dienstleistungen wird im Allgemeinen in die beiden Bereiche Vorkombination und Endkombination gegliedert.

Die **Vorkombination** umfasst dabei den Aufbau des Leistungspotentials bis zu einer definierten Stufe der Leistungsbereitschaft, während in der Endkombination die unmittelbare Leistungserstellung unter Einbeziehung der externen Faktoren erfolgt.

Eines der zentralen Probleme der Phase Vorkombination stellt die bedürfnisgerechte Verfügbarkeit des Kapazitätspotentials beim Anbieter dar als wesentliches Leistungs- und Qualitätsmerkmal, das vom Nachfrager wahrgenommen wird. Das Management von Ressourcen und Kapazitäten stellt speziell für jene Dienstleistungen eine Herausforderung dar, die sich durch einen hohen Fixkostenanteil an den Gesamtkosten auszeichnen und deren Wert im Falle der Nichtabnahme verfällt. Bieger hat diesen Zusammenhang in folgender Graphik anschaulich dargestellt.

Abbildung 10: Nachfrageschwankungen und ökonomische Effekte

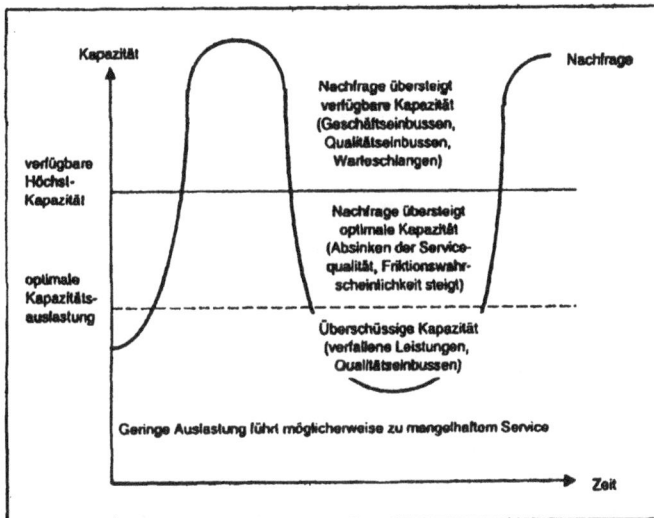

Quelle: Bieger Thomas (2000): S. 104

Schlechtes Management bedeutet daher entgangener Ertrag aufgrund von Kapazitätsengpässen und/oder entgangener Ertrag aufgrund von schlechter Preispolitik. Die Möglichkeiten durch preispolitische Maßnahmen Kapazitäten besser zu managen wurde in der Luftfahrt unter dem Titel Yield Management (vgl. Corsten/Stuhlmann 1999, S.79f.) bekannt.[47] Dieser Ansatz versucht, Kapazitätsplanungs– und -steuerungsaufgaben über aktive Preispolitik zu verbessern. Als Folge der Deregulierung des Luftverkehrsmarktes wurde bereits in den 80er Jahren in den USA von den Fluggesellschaften versucht, durch differenzierte Preispolitik ihre Kapazitäten besser auszulasten und so die Umsätze zu maximieren. Diese Entwicklung ist seit einigen Jahren auch in Europa feststellbar sowohl bei den Luftfahrtgesellschaften als auch bei den europäischen Bahnverwaltungen.

Die **Endkombination** ist durch das Eintreten des externen Faktors in den Produktionsprozess gekennzeichnet und initiiert damit den Leistungsprozess. Treten materielle oder immaterielle Objekte (im Gegensatz zu Personen) als externe Faktoren auf, so weist die Dienstleistungsproduktion eine enge Verwandtschaft mit der „klassischen" Produktion auf. Dies trifft in Güterverkehrsunternehmen als

---

[47] Eine umfassende Darstellung dieses Managementansatzes im Bereich des Verkehrs findet sich bei Meister (2000 passim). Darin schlagen die Autoren vor, das Road Pricing zu einem Markt für Mobilitätsleistungen mit dem Regulativ des Preises weiterzuentwickeln. Yield Management als System zur Verkehrsoptimierung.

Dienstleistungsunternehmen zu. Als externer Faktor gilt das zu transportierende oder zu lagernde Gut. Am Beispiel der Durchführung einer Transportleistung sei dieser Zusammenhang dargestellt.

Abbildung 11: Vor- und Endkombination bei der Erstellung der Transportleistung

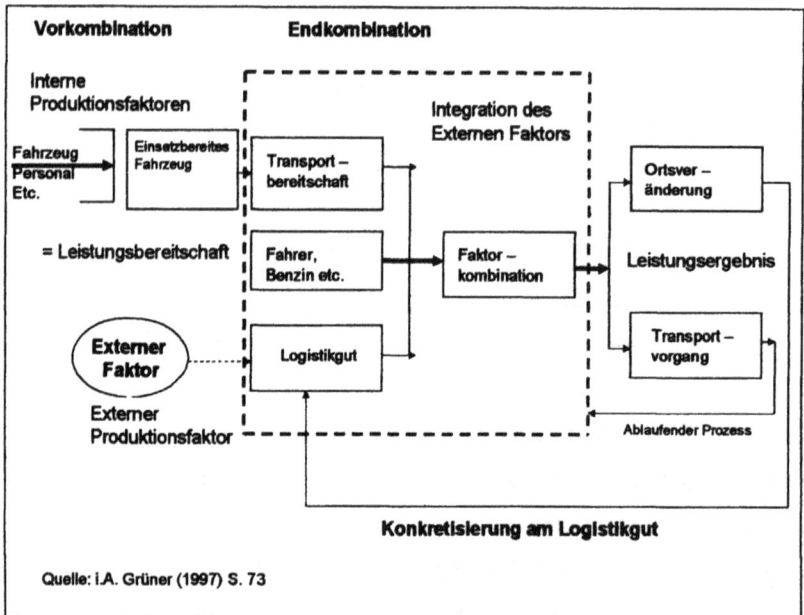

Quelle: i.A. Grüner (1997) S. 73

Die Kernleistung in Güterverkehrsunternehmen ist i.d.R. die Transport- und/oder Lagerleistung, die Marktleistung umfasst alle Dienstleistungen, die im Zusammenhang mit der Kernleistung zusätzlich als Leistungspaket angeboten werden, die Gesamtleistung ist schließlich die vom Kunden wahrgenommene Dienstleistung.

4.3   Dimensionen der Dienstleistung und konstitutive Merkmale

Ein weiterer Ansatz zur Definition von Dienstleistungen ist eine Betrachtung der Dimensionen im Sinne einer phasenorientierten Betrachtung. Ausgangspunkt sind dabei die bereits dargestellten Bereiche Vorkombination und Endkombination.

„Die Betrachtung der drei Dimensionen (bzw. Phasen) von Dienstleistungen ermöglicht eine umfassende Untersuchung des komplexen Dienstleistungsbegriffes" (Grüner, 1997, S.19).

Abbildung 12: Dimensionsorientierte Betrachtung von Dienstleistungen

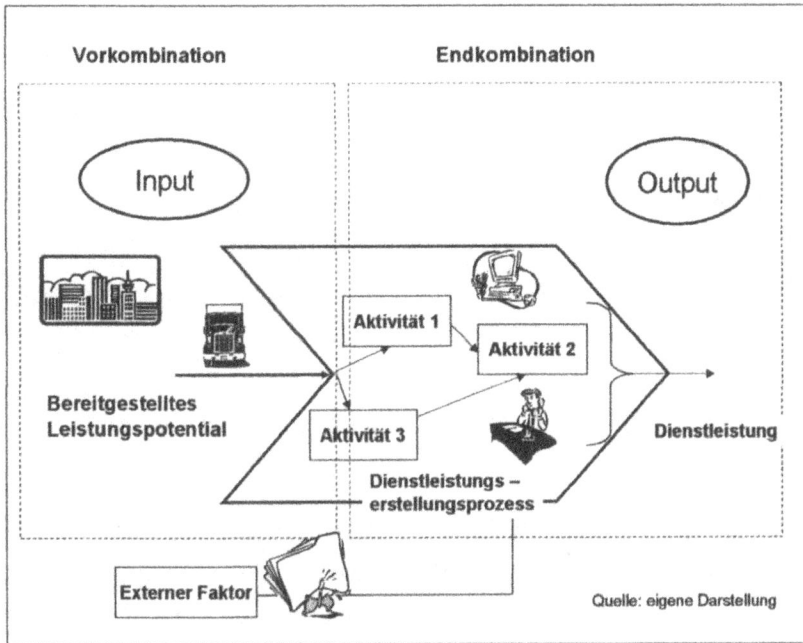

Die Phase Vorkombination umschreibt die Inputseite, die Phase Endkombination den Transformationsprozess und die Outputseite, die vom Kunden wahrgenommen wird.

4.3.1 Potenzialorientierte Dimension

Der Bereich Vorkombination oder Input wird durch **potenzialorientierte** Aspekte der Dienstleistungsproduktion bestimmt. Typische Merkmale sind:

- Dienstleistung als menschliche oder maschinelle Leistungsfähigkeit und Leistungsbereitschaft, mit der am Nachfrager eine gewollte Änderung bewirkt oder ein Zustand erhalten werden soll.

- Immaterielles Leistungsversprechen ist Gegenstand des Leistungsvertrages.

- Die Leistungsbereitschaft ist autonom planbar.

- Hohes Kaufrisiko von Dienstleistungen, da das Leistungsergebnis oft nicht vorhersehbar ist.

Die Potenzialdimension verweist auf die Fähigkeit und die Bereitschaft des Unternehmens, die notwendigen Potenziale oder Ressourcen für die Erstellung einer Dienstleistung bereitzustellen.

Dabei ergeben sich besondere Schwierigkeiten, weil:

- für Dienstleistungen keine Puffermöglichkeit zur Überbrückung von Nachfrageschwankungen besteht,

- in den meisten Fällen davon auszugehen ist, dass eine Änderung der zur Verfügung stehenden Potenziale durch sprungfixe Kosten erkauft werden müssen (Investitionen ins Anlagevermögen).

Es kann deshalb nie das Ziel eines Dienstleistungsunternehmens sein, seine Potenziale so zu maximieren, dass sämtliche Spitzenbelastungen aufgefangen werden können, sondern es muss immer ein ökonomisches Optimum angestrebt werden (vgl. Bieger 2000, S.259). Als eine Handlungsmaxime kann das „ökonomische Prinzip" als Verhältniszahl von Output zu Input gelten. Dieses Prinzip gilt auch als Kennzahl zur Messung der Produktivität oder Effizienz von eingesetzten Produktions- und/oder Potenzialfaktoren.

Nach Seicht (vgl. 1995, S.403f.) versteht man unter **Kapazität** das qualitative und quantitative Leistungsvermögen von Betriebsmitteln (Potenzialfaktoren) und Arbeitskräften. Sie kann in ein Leistungsaufnahmevermögen, z.B. die Kapazität eines Lagers gemessen in Palettenstellplätzen oder in ein Leistungsabgabevermögen (z.B. die maximale Sortierkapazität einer Paketsortieranlage gemessen in Pakete pro Stunde) bestehen.

Die Maßgrößen dieser Potenziale sind Mengenangaben über Kapazitäten der eingesetzten Potenzialfaktoren.

Die qualitative Betrachtung des Leistungsvermögens der eingesetzten Potenzialfaktoren beinhaltet die **Problemlösungsfähigkeiten**, die den Problemlösern eines Unternehmens zur Verfügung stehen, um Kundenprobleme zu lösen und ist eng verknüpft mit dem bereits erwähnten Konzept der Kernkompetenzen (vgl. Seicht 1995, S.9).

Eine weitere potenzialorientierte Sichtweise der Leistungen der Verkehrswirtschaft kommt in der Unterscheidung der Begriffe „**Marktleistung**[48] und Betriebsleistung" zum Ausdruck (vgl. Gürtlich et al.1991, S.201f.). Unter Betriebsleistung wird dabei die angebotene Leistung eines Verkehrsbetriebes verstanden, unter Marktleistung wird dagegen die am Markt tatsächlich abgesetzte Leistung verstanden.

---

[48] Marktleistung ist nicht im Sinne der Definition des 3 Ebenenmodells von Engelhardt zu verstehen, sondern als die Leistung, die im Markt abgesetzt werden kann, also verkaufte Nutzlasttonnen oder Lagerplätze.

Die Beschreibung der Betriebsleistung entspricht dem Kapazitätsbegriff (vgl. Gürtlich et al.1991, S.12) und ist der Phase der Vorkombination bei der Erstellung einer Dienstleistung zuzuordnen.

Die Marktleistung zielt auf eine Ermittlung der Beschäftigung oder Auslastung z.B. der eingesetzten Verkehrsmittel ab. Im Güterverkehr ist einerseits die Auslastung der eingesetzten Verkehrsmittel wie LKW, Wechselpritsche, Container usw. gemessen in Kilo (= Ladungsgewicht) zu verstehen, wobei bei einer differenzierten Betrachtung zusätzlich zwischen frachtpflichtigem[49] und effektivem Gewicht zu unterscheiden ist. Andererseits ist auch die Fahrauslastung zu beachten, eine Kenngröße, die den Anteil der so genannten Leerfahrten misst und die im Bereich Transport so genannte Leerkosten verursacht (vgl. Zäpfel/Piekarz 2000b, S.32). Bei der Bewertung von derartigen Beschäftigungskennzahlen als Leistungskennzahlen ist auf die Trennung von Nutzlastkilometern (mit Last gefahrene Kilometer), Fahrzeugkilometer (Last- und Leerkilometer) und dem Ladungsgewicht zu achten. Diese Leistungsdaten des Güterverkehrs werden, wie bereits beschrieben, auch gesamtwirtschaftlich erhoben. Betriebsintern wird zusätzlich das Ladungsvolumen erhoben, um das Verhältnis von effektivem zu frachtpflichtigem Gewicht zu kennen, das für eine optimale Verkehrsmitteleinsatzplanung eine wichtige Information darstellt.

Lt. Seicht (vgl. 1995, S.403) versteht man unter Beschäftigung die zeitliche Nutzung verfügbarer Kapazitäten eines Potentialfaktors. Daraus folgt, dass zur Bewertung der Beschäftigung oder Auslastung auch andere Potenzialfaktoren wie z. B. die menschliche Arbeitskraft herangezogen werden können. Die zentrale Größe, die in der Praxis zum Einsatz kommt, ist die laufende Ermittlung der Arbeitsproduktivität als Verhältniszahl von Output (z.B. gemessen in Anzahl abgefertigter Positionen oder Aufträgen) zu eingesetzter Arbeitszeit.

4.3.2   Prozessorientierte Dimension

Im Mittelpunkt dieser Sichtweise steht der Prozess der Leistungserstellung. Ein Prozess kann dabei als die Abfolge von Aktivitäten verstanden werden, die einen oder mehrere Inputs zur Herstellung eines Outputs gebrauchen mit einem Wert für den

---

[49] Das frachtpflichtige Gewicht definiert ein bestimmtes Mindestverhältnis an zu zahlendem Gewicht pro Kubikmeter Laderaum in Abhängigkeit vom eingesetzten Verkehrsträger. So liegt dieses Verhältnis z.B. in der Luftfracht bei 1 cbm = mindestens 166 kg zahlbar. Dadurch werden die unterschiedlichen Maß- /Gewichtsverhältnisse von Gütern berücksichtigt (z.B. Bettfedern und Bandstahl).

Kunden, innerhalb oder außerhalb des Unternehmens. Dabei können Prozesse, die einen wahrnehmbaren Kundennutzen bringen, unternehmensspezifisch, einmalig, schwer imitierbar und nicht substituierbar sind, als Kernprozesse bezeichnet werden. Erfüllen Prozesse derartige Kriterien, so sind sie Quelle nachhaltiger Wettbewerbsvorteile. Sie sollten von den so genannten Supportprozessen oder unterstützenden Prozessen getrennt werden, da diese keine strategische Bedeutung besitzen (vgl. Osterloh 2000, S.34f.).

Kosten, Zeit, Qualität und Flexibilität sind in der Literatur als die wesentlichen Prozessziele definiert.[50]

Als wichtige Kennzahl bezüglich der Zeit wird in der Literatur vor allem die Durchlaufzeit erwähnt.[51] Die Durchlaufzeit ist definiert als die „ gesamte Zeitspanne von der Eingangsschnittstelle bis zur Ausgangsschnittstelle eines Prozesses" (Gaitanides 1994, S.68).

Die Hauptkomponenten bei der Betrachtung der gesamten Durchlaufzeit sind die Bearbeitungszeit, die Liegezeit und die Transfer- oder Transportzeit. Dies gilt für materielle Vorgänge (Produktionsprozess eines Gutes) genauso wie für immaterielle Vorgänge (Informationsprozess).

Qualität als Prozessparameter bemisst sich an der Konformität des Outputs eines Prozesses zu definierten Vorgaben externer oder interner Kunden bzw. nachgelagerter Prozesse, ausgedrückt in Prozent (%). Um die Qualität eines Prozesses messbar zu machen, ist demnach die Definition einer Outputnorm erforderlich, d.h. die vom Kunden erwarteten Leistungen müssen erhoben und definiert sein.

Die Betrachtung von Prozessen in Verkehrsbetrieben ist nicht neu (vgl. Klaus 1998, S.434 – 441). Eine Idee von Klaus war, in Anlehnung an den Begriff der „generischen Strategien" von Michael Porter (vgl. 1980, S.63f.) so genannte „generische" Prozesse zu identifizieren, die in allen Unternehmen wiederkehren.

---

[50] Vgl. dazu umfassende Literatur wie beispielsweise Gaitanides (1994); Fuhrmann (1998), Bogaschewsky (1998).
[51] Vgl. Eversheim W.: Prozessorientierte Unternehmensorganisation, Heidelberg/New York 1996 S.28f., Gaitanides 1994, S.68f., Lamla J.: Prozessbenchmarking, München 1995 S. 110 f, Österle 1995, S.161f.

Wolf entwickelte auf Grundlage der von Klaus beschriebenen generischen Unternehmensprozesse ein Prozessmodell für Transportdienstleister (vgl. Wolf 1999, S.114 – 124).

Abbildung 13: Generische Prozesse nach Klaus

Idea - to - Market: 〉〉〉〉	_Technologische Leistungsfähigkeit für den Kunden nutzbar machen _Anpassung an die technologischen Veränderungen _Maßnahmen zur marktorientierten Ausrichtung des Unternehmens ergreifen
Need - to - Sale: 〉〉〉〉	_Marktbearbeitende Maßnahmen (Neukundenwerbung und Kunden-betreuung) _Erarbeitung von Problemlösungen für den Kunden, Preise und Konditionen _Aufbau stabiler Beziehungen zu Kunden und Mitarbeitern _Bereitstellung der von Kunden gewünschten Dienstleistungen und Ressourcen
Order - to - Payment: 〉〉〉〉	_Auftragsannahme (reibungslose Entgegennahme, Flexibilität bei Änderungen) _kundenspezifische und qualitativ hochwertige Durchführung des Kundenauftrages bis zur Rechnungslegung
Records - to - Plans: 〉〉〉〉	_Planung und Budgetierung _Controlling, Buchhaltung und Berichtswesen

Quelle: eigene Darstellung

Der Prozess der Leistungserstellung ist auch mit der Frage verbunden, wie stark die Prozesse der Speditionen mit den Prozessen der Kunden verknüpft werden. Diese Entscheidung trifft der Kunde. Buchholz nennt es das „Prinzip der Passung". Dieses Prinzip besagt, dass der Leistungsanbieter unterschiedliche Möglichkeiten zur Kombination seiner Systemkomponenten besitzt, dass aber nur bestimmte Kombinationen dem Anforderungsprofil des Nachfragers entsprechen.

Der Nachfrager hat die Möglichkeit, sich mit einem Anforderungsprofil zufrieden zu geben, das sich am Durchschnitt seiner Bedürfnisse orientiert und damit in der Regel von einer großen Zahl von Anbietern erfüllt werden kann oder sein Anforderungsprofil so spezifisch zu definieren, dass nur eine geringe Anzahl von Anbietern in Frage kommt für passgenaue Leistungsangebote (vgl. Buchholz 1998, S.37f.).

4.3.3 Ergebnisorientierte Dimension

Im Focus der Ergebnisdimension steht das Ergebnis des Leistungserstellungsprozesses und zwar aus der Sicht des Kunden. In diesem Sinne handelt es sich um eine Betrachtung der Wirkung des Leistungserstellungsprozesses[52].

Die Leistungswirkung am Leistungsobjekt „Logistikgut" ist entweder eine Raumüberbrückung (Transportleistung), eine Verbindung von Raum- und Zeitüberbrückung (Transport- und Lagerleistung) oder eine Erweiterung im Sinne einer Veränderung des Logistikobjektes durch Mehrwertdienste direkt am Objekt (Etikettierung im Textilbereich, Assembling, Qualitätskontrollen) oder indirekt durch Zusatzleistungen wie Finanzdienstleistungen. Die Leistungswirkung kann durch standardisierte Leistungen für einen anonymen Markt erfolgen oder durch individualisierte Leistungen für einzelne Kunden.

Ein Kunde wird sich für das Leistungsangebot entscheiden, das den höchsten, erwarteten Wertgewinn ermöglicht. „Der Wertgewinn ergibt sich für den Kunden aus dem Unterschied zwischen Wertsumme und der Kostensumme des Angebotes" (Kotler/Bliemel 1999, S.49). Die Wertsumme setzt sich aus einer Reihe von Einzelfaktoren zusammen wie dem Wert der Dienstleistung, dem Wert, der durch das Image des Unternehmens generiert wird oder dem Wert, den Mitarbeiter durch ihre Beratungsleistung erzeugen. Die Kostensumme ist nicht nur die monetäre Größe der Dienstleistung. Nach Kotler/Bliemel (vgl. 1999, S.50) gehören die künftig zu erwartenden Kosten des Kunden an Zeit, Energie und psychischem Aufwand ebenso dazu.

Nach Backhaus (vgl. 1992, S.19) kann sich die Wirkung des Leistungserstellungsprozesses auch im Grad der Kundenzufriedenheit ausdrücken. Kundenzufriedenheit ist die subjektive Bewertung spezifischer Merkmale der Dienstleistung durch den Kunden.[53] „Die Messung der Zufriedenheit kann sich auf beliebige Aspekte oder Faktoren des Austauschverhältnisses zwischen Kunden und Unternehmen beziehen" (Wolf 1999, S.63).

---

[52] Dehler (2001) hat in seiner Arbeit u.a. den Versuch unternommen, die Wirkung der Logistikleistung auf den wirtschaftlichen Erfolg des Unternehmens festzustellen und kommt zum Ergebnis, dass durch eine im Vergleich zum Wettbewerb bessere angebotene Logistikleistung eine signifikant hohe Beeinflussung auf die Erfolgsdimensionen Markterfolg, Anpassungsfähigkeit und wirtschaftlicher Erfolg ausgeht.
[53] Kotler definiert Zufriedenheit „…als Empfindung des Kunden durch seinen Vergleich von wahrgenommenem Wertgewinn…und erwartetem Wertgewinn…"(Kotler/Bliemel 1999, S.53).

Abbildung 14: Messung der Kundenzufriedenheit zur Regulation der Leistung

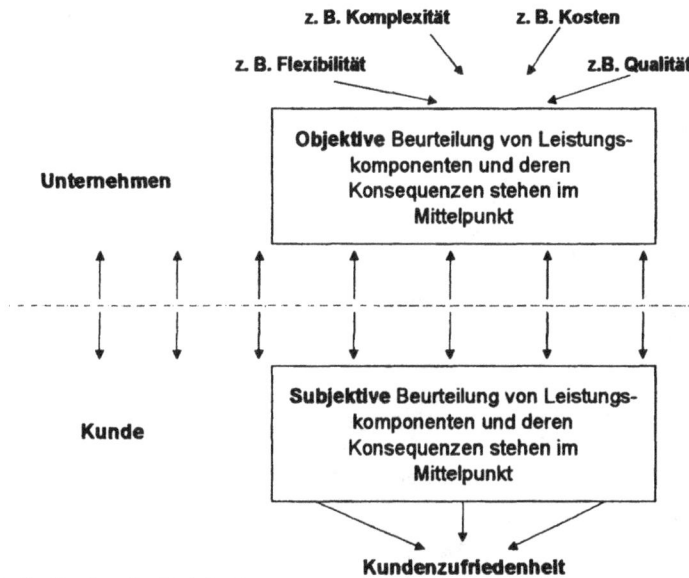

z. B. Komplexität　　　z. B. Kosten

z. B. Flexibilität　　　　　　　　z.B. Qualität

Unternehmen

Objektive Beurteilung von Leistungs-
komponenten und deren
Konsequenzen stehen im
Mittelpunkt

Kunde

Subjektive Beurteilung von Leistungs-
komponenten und deren
Konsequenzen stehen im
Mittelpunkt

Kundenzufriedenheit

Quelle: Homburg/Rudolph S. 44

In der betriebswirtschaftlichen Literatur wurde eine Vielzahl von konzeptionellen und betriebswirtschaftlichen Beiträgen zur Operationalisierung der Dienstleistungsqualität veröffentlicht.[54]

In einer 1992 durchgeführten empirischen Untersuchung wurden Einzelfaktoren in ihrer Bedeutung zur Bewertung der Dienstleistungsqualität aus Kundensicht erhoben (vgl. Zeithaml/Parasuraman/Berry 1992, S.31f.). Aus einem Sample von ca. 1900 Kunden in unterschiedlichen Dienstleistungsbereichen wurden 5 Faktoren ermittelt, die den Wert der Dienstleistungsqualität bestimmen. Die wichtigste Erkenntnis aus dieser Untersuchung war, dass neben der eigentlichen Leistungserstellung der Dienstleistung weiche Faktoren wie Zuverlässigkeit und Entgegenkommen die subjektive Wahrnehmung der Zufriedenheit bestimmen. Diese Erkenntnis ist durchaus auf die unterschiedlichsten Dienstleistungsbereiche anwendbar.

---

[54] Übersicht der Modelle in Engelke (1997, S.89f.).

Abbildung 15: Bewertungsfaktoren von Dienstleistungsqualität aus Kundensicht

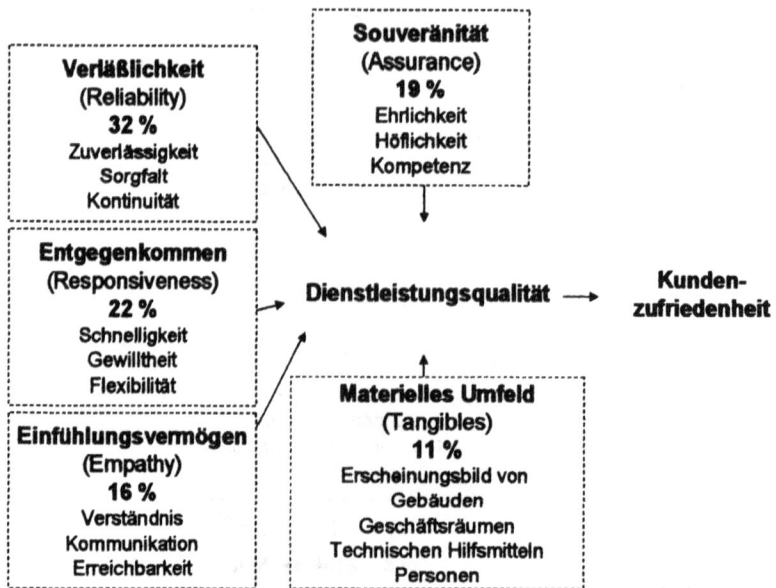

Quelle: in Anlehnung an Zeithaml/Parasuraman/Berry 1992

Eine wichtige Zielgröße zur Operationalisierung der Dienstleistungsqualität ist also eine Art wahrgenommene Dienstleistungsqualität als das subjektive Urteil eines Kunden über die Gesamtheit der Eigenschaften einer Dienstleistung (vgl. Homburg/Kebbel 2001, S.482). Dabei ist nicht nur das Gesamturteil von Interesse, sondern auch deren Struktur. Die von Homburg (vgl. 2001, S.488f.) durchgeführte empirische Untersuchung des Zusammenhanges von Komplexität einer Dienstleistung, Qualität und Kundenbindung kommt zu folgendem Ergebnis:

- Die wahrgenommene Komplexität von Dienstleistungen ist ein Konstrukt aus der Anzahl der Dienstleistungselemente und deren Heterogenität.

- Die wahrgenomme Dienstleistungsqualität wird durch die 3 Dimensionen Potenzial-, Prozess- und Ergebnisqualität bestimmt. Empirisch bestätigt wurde ein starker Einfluss der Potenzialqualität auf die Prozess- und Ergebnisqualität sowie der Prozessqualität auf die Ergebnisqualität. Die Ergebnisdimension beeinflusst das Gesamturteil direkt, die beiden anderen Dimensionen nur indirekt.

- Es besteht ein deutlich positiver Zusammenhang zwischen wahrgenommener Dienstleistungsqualität und Kundenbindung.

Ein ähnliches Modell zur Erfassung der Einflussfaktoren für „Kundenbindung" wird auch in dem von Kreutzer Fischer & Partner (vgl.1998, S.8) entwickelten multikausalen, kybernetischen Indikatorenmodell zur Einschätzung künftiger Marktentwicklungen verwendet. Das Modell findet Anwendung bei der Modellierung von Verhaltensmustern von Speditionskunden zur Prognose künftiger Auftragslagen.

Abbildung 16: Beziehungsgeflecht zur Erklärung von Kundenbindung

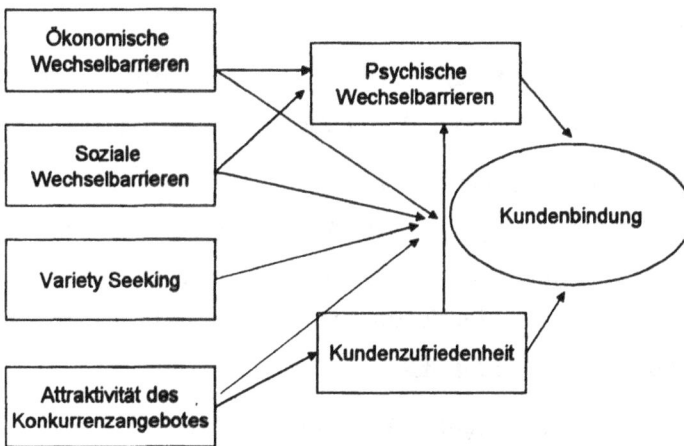

Quelle: Kreutzer Fischer & Partner (1998) S.8

Im Gegensatz zu herkömmlichen mathematisch-statistischen Prognosen ermöglicht das Verfahren, laut Beschreibung durch die Modellierer, das Miteinbeziehen von qualitativen Kriterien wie Verhaltensmuster, gesellschaftlich-soziale Trends und auf Anbieterebene vor allem den wichtigen Indikator Kundenbindung. Für die Bewertung der Kundenbindung wurden die im obigen Modell angeführten Einflussfaktoren gewählt (vgl. Fischer et al. 1998, S. 6).

Kundenbindung bezieht sich auf die Geschäftsbeziehung zwischen Anbieter und Nachfrager, wobei die anbieterorientierte Sichtweise sich auf die Aktivitäten des Anbieters bezieht, die Geschäftsbeziehungen enger zu gestalten, die nachfragerorientierte Sichtweise mit dem Begriff Kundenloyalität gleichgesetzt werden kann. Für die Praxis bedeutet dieses Ergebnis, „...dass der größte `Hebel` zur Verbesserung des Gesamturteils und damit der Kundenbindung die Ergebnisqualität ist" (Homburg 2001, S.496).

Im Rahmen der Schriftenreihe LOGISTIK der Kühne und Nagel-Stiftung wurde eine jüngste empirische Untersuchung zum Thema „Kundenbindung in der Logistik" (vgl. Wallenburg 2004, passim) veröffentlicht. In dieser empirischen Studie hatten sich 234 deutsche Unternehmen aus verschiedensten Branchen als Kunden von Logistikdienstleistern beteiligt. In dem von Wallenburg entwickelten Modell wurden 3 Kundenbindungsdimensionen betrachtet:

- Wiederbeauftragung

- Zusatzbeauftragung

- Weiterempfehlung

Im Modell wurden 14 Faktoren identifiziert, die Einfluss auf die drei Kundenbindungsdimensionen haben. Diese Faktoren berücksichtigten Aspekte der

- Leistung und Zusammenarbeit (z.B. Zufriedenheit gemessen in Preiszufriedenheit, Zusammenarbeitszufriedenheit, Gesamtzufriedenheit, Leistungsqualität gemessen in Potenzialqualität, Prozessqualität, reibungslose Leistungserstellung, Problembehebung, Flexibilität, Ergebnisqualität), Verbesserungsstreben, Fairness und Aspekte der

- psychologischen und sozialen Wechselbarrieren wie Vertrauen gemessen in organisationalem Vertrauen und personalem Vertrauen, Commitment (Verbundenheit und Verpflichtung) und Aspekte der

- ökonomischen Wechselbarrieren wie direkte Wechselkosten, spezifische Investitionen, Beziehungsintensität sowie Kommunikations- und Informationsintensität und Alternativen.

Dabei zeigte sich bei 7 Faktoren, dass sie im untersuchten Kontext nicht relevant sind. Markante Aussagen dieser empirischen Untersuchung sind:

- Zwischen den Einflussfaktoren der Kundenbindung zeigt sich eine hohe Verflechtung, die auch komplexe Untersuchungsmethoden verlangen.

- Der Preis der Logistikdienstleistung hat insgesamt nur eine geringe Bedeutung für die Kundenbindung.

- Der Zusammenhang zwischen der Kundenzufriedenheit und der Kundenbindung fällt insgesamt nur moderat aus. Dieses Ergebnis überrascht, da bisher immer ein enger Zusammenhang zwischen Kundenzufriedenheit und Kundenbindung angenommen wurde.

- Vertrauen in den logistischen Dienstleister (LDL) als Ganzes als auch in den jeweiligen Hauptansprechpartner des LDL steigt mit zunehmender Leistungsqualität, Zusammenarbeitszufriedenheit und Kommunikations- und Informationsintensität. Diese 3 Größen sind wesentlich für die Entstehung von Vertrauen.

- Den größten Gesamteinfluss auf die Kundenbindung hat die Leistung des LDL. Dabei wird das Ergebnis der Leistungserstellung nur dann verbessert, wenn eine höhere Potenzialqualität auch tatsächlich die Prozessqualität erhöht.

„Die Fokussierung auf den Preis, der innerhalb der Outsourcing-Diskussion einen hohen Stellenwert einnimmt, ist für die LDL nicht zielführend. Aufgrund seiner direkten und vor allem kurzfristigen Wirkung ist der Preis insbesondere zur Initiierung und Etablierung von Geschäftsbeziehungen wichtig. Bei bestehenden Geschäftsbeziehungen kommt dem Preis auf Dauer nur eine begrenzte Bedeutung zu..." (Wallenburg 2004, S 266).

4.4 Segmentierung speditioneller Dienstleistung in der Literatur und Praxis

Eine Literaturumschau bedarf einer gewissen Methodik bzw. Systematik. Sie sollte sicherstellen, dass die wichtigen Aspekte erkennbar sind. Die Kriterienwahl zur Filterung der wichtigen Aspekte ist immer subjektiv und niemals vollständig. Popper (vgl. 1994, S.47f.) erklärt diese Tatsache mit der unüberschaubaren Mannigfaltigkeit der verschiedenen Aspekte der Welt, die dazu führt, dass Wissenschaftler Reduktionisten sein müssen. Es wird also die Analyse der Literatur in diesem Buch im Sinne einer Reduktion stattfinden, der ein persönlicher Standpunkt zugrunde liegt. Die Analyse wird daher auch nie vollständig sein können.

Die verschiedenen Aspekte der im nachfolgenden Überblick gegebenen Definitionen der Leistungen von Speditionsunternehmen dienen einem doppelten Zweck: zum Einen zeigen sie die Vielfalt der Facetten des Begriffs auf, zum Anderen ermöglichen sie, zu einem späteren Zeitpunkt einzelne der hier aufgezeigten Dimensionen für strategisch bedeutende Geschäftsfelder wie z.B. für das strategische Geschäftsfeld „Kontraktlogistik" zu vertiefen.

Engelhardt et al. sprechen in ihrem 3 Ebenen Modell von Kernleistung, Marktleistung und Gesamtleistung. Die Kernleistung als verkaufsmäßiges Produkt entspricht den in den meisten Speditionsunternehmen verwendeten Begriffen zur Beschreibung der so genannten „Relationen". Diese Relationen definieren und beschreiben in erster Linie klassische TUL-Leistungen. Beispielhafte Definitionen dieser Tätigkeitsbereiche der Speditionsbetriebe finden sich in einer Auflistung des BSL:

Abbildung 17: Tätigkeitsbereiche der Speditionsunternehmen in der BRD

TÄTIGKEITSBEREICHE DER SPEDITIONSBETRIEBE (in %)*	LEISTUNGS-BEREICH	LEISTUNGS-SCHWERPUNKT
Spediteursammelgutverkehr Straße		
-Versand	41,3	21,6
-Empfang	35,0	18,2
Spediteursammelgutverkehr Bahn:		
-Versand	4,4	1,4
-Empfang	4,8	1,5
Paket- und Expreßdienste	11,1	4,6
Befrachtung fremder Lkw	63,1	21,9
-deutsche Lkw	61,2	18,8
-ausländische Lkw	42,2	14,3
Güterfernverkehr mit eigenen Lkw (Selbsteintritt)	47,4	29,4
Speditionsnahverkehr/-rollfuhr	51,8	21,4
DB-Stückgut-Hausverkehr/ Expreßgut-Rollfuhr	7,8	3,9
Internationale Spedition		
-Export	55,1	24,1
-Import	49,2	20,8
Luftfrachtspedition		
-Export	23,9	11,9
-Import	21,6	10,4
Seehafenspedition		
-Export	17,1	7,8
-Import	15,7	7,2
Zollabfertigung	45,2	12,2
Binnenschiffahrtsspedition	6,6	2,1
Binnenumschlagsspedition	5,6	2,6
Möbelspedition	9,5	4,6
Distributionslagerei	39,5	16,5
Massengutlagerei	8,3	3,3
Getreide- und Futtermittellagerei	3,7	2,0
Gefahrgutabfertigung	31,2	5,9
Absatzlogistik	24,0	11,0
Beschaffungslogistik	19,3	7,8

Mehrfachnennungen möglich

Quelle: BSL (1996) S. 15

Diese Tätigkeiten umfassen die von Stabenau (vgl. 1994, S.15) definierten Funktionen für Verkehrsunternehmen, nämlich Dispositions- und Beförderungsfunktionen, Ergänzungs- bzw. Komplementärfunktionen wie Umschlagen, Lagern, Sammeln, Verpacken und Informieren sowie Sonderfunktionen wie Verkaufsförderung, Kundendienste im Auftrag des Versenders, Versicherungsberatung, Zollbehandlung sowie Kreditfunktionen. In der Zuordnung von Funktionsträgern zu diesen Funktionen sind es nach Stabenau die Spediteure, die mehr oder weniger umfangreich all diese Funktionen anbieten.

Eine ähnliche Sichtweise speditioneller Dienstleistungen findet sich bei Rumpf (vgl. 1997, S.72). Dort wird zwischen speditioneller Kernleistung, Verrichtungsleistung und Logistikberatungsleistung unterschieden.[55]

Die speditionelle Kernleistung entspricht dabei weitestgehend der Dispositionsfunktion[56] eines Speditionsunternehmens, die Verrichtungsleistung umschreibt die bei Stabenau beschriebenen Beförderungs- und Ergänzungs- und Sonderfunktionen, wobei der Bereich der Beratungsleistung bei Stabenau nicht explizit umschrieben wird.

Abbildung 18: Arten speditioneller Dienstleistungen nach Rumpf

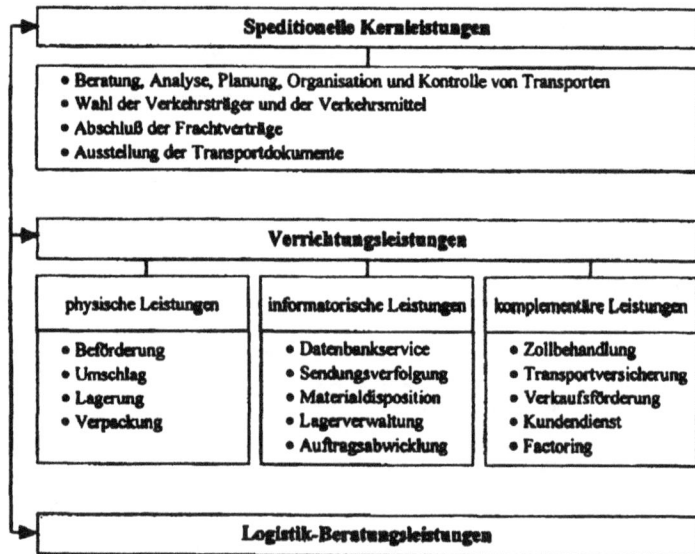

Speditionelle Kernleistungen
• Beratung, Analyse, Planung, Organisation und Kontrolle von Transporten • Wahl der Verkehrsträger und der Verkehrsmittel • Abschluß der Frachtverträge • Ausstellung der Transportdokumente

Verrichtungsleistungen		
physische Leistungen	informatorische Leistungen	komplementäre Leistungen
• Beförderung • Umschlag • Lagerung • Verpackung	• Datenbankservice • Sendungsverfolgung • Materialdisposition • Lagerverwaltung • Auftragsabwicklung	• Zollbehandlung • Transportversicherung • Verkaufsförderung • Kundendienst • Factoring

Logistik-Beratungsleistungen

Quelle: Rumpf (1997) S.72

Beide Ansätze folgen eher einer ressourcenorientierten (ressource based) Betrachtung von Leistungssystemen. In ihrer Beschreibung werden notwendige Ressourcen und Potenziale definiert, die für die Leistungserstellung notwendig sind wie Verkehrsträger, Technik und Infrastruktur und Managementwissen. Bezieht man

---

[55] In verkürzter Form werden unter diesem Aspekt logistische Dienstleistungen differenziert nach Kernleistungen (TUL-Transport, Umschlag, Lager) und value added services (Mehrwertdienste).
[56] Darunter ist wieder die im § 407 Abs. 1 HGB definierte Besorgungsfunktion zu verstehen.

die Marktorientierung (market based view) in die Betrachtung mit ein, so spielen die Kundenbedürfnisse die entscheidende Rolle. Diese Orientierung kann sich im Integrationsgrad der Leistung eines Speditionsuntemehmens in die Aufbau- und/oder Ablauforganisation des Kunden widerspiegeln (informatorische und/oder organisatorische Integration). Die Spannweite reicht von Leistungen mit hoher Individualisierung, meist auf wenige Großkunden ausgerichtet mit langfristigen Geschäftsbeziehungen, auch als Systemdienstleistung[57] definiert, bis zu Leistungen, die für einen anonymen Markt erstellt werden und als Einzeldienstleistungen bezeichnet werden (vgl. Rumpf 1997, S.80 – 87; Rendez 1992, S.23 – 27).

Bezogen auf eine systemorientierte Betrachtung, bei der der Leistungserstellungsprozess als Leistungssystem definiert wird, kann das Leistungssystem offen sein für andere Kunden oder geschlossen in der Form, dass das Leistungssystem nur auf einzelne Kunden abgestimmt und zugänglich ist (dediziert) (vgl. Buchholz et al.1998, S.39 – 46, Fuhrmann 1993, S.86 – 93). Systemdienstleistungen, die auch einem anonymen Markt angeboten werden, werden bei Rumpf (vgl. 1997, S.79) als Verbunddienstleistungen bezeichnet. Dahinter steckt die Überlegung, dass sowohl eine Einzeldienstleistung als auch eine Systemdienstleistung aus einzelnen Komponenten besteht, die in unterschiedlicher Kombination schließlich eine vom Kunden wahrgenommene Marktleistung[58] ergibt.

---

[57] Vgl auch die Definition von Logistikdienstleistern nach Gudehus (1999).
[58] Im Sinne des 3 Ebenen Modells von Engelhardt et al.

Abbildung 19: Speditionelle Dienstleistung und Kundenorientierung

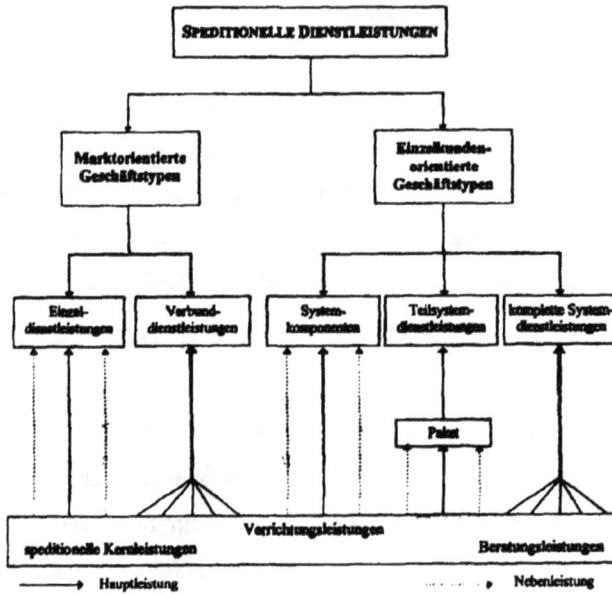

Quelle: Rumpf (1997) S.80

Im Jahre 1995 wurde von Cooper (vgl.1995, S.164) ein „Logistics service Heptagon"
beschrieben, dessen 7 Vektoren jeweils eine Merkmalsklasse logistischer
Dienstleistungen beschrieb. Die Merkmalsklassen (mit ihren Unterklassen) waren
,Raum' (global, continental, international, regional, local), **,Kapazitäten'** (common
user, shared user, customer dedicated), **,Management'** (in-house, third-party-logistics
architect), **,Tätigkeiten'** (transport, storage, inventory management, combinations),
,Kundenservice' (premium, high, standard), **,Informationstechnologie'** (Computer
integrated logistics, co-ordinated IT, fee-standing IT), und ' **logistische Funktionen'**
(complete supply chain, work in progress, procurement, distribution). Kobler (vgl. 1997,
S. 182) entwickelte mit Bezug auf das Heptagon eine vereinfachte Matrix mit den
beiden Merkmalen 'Carrier size' und 'Level of service customization'.

Abbildung 20: Klassifizierung von Logistikdienstleistungen nach Kobler

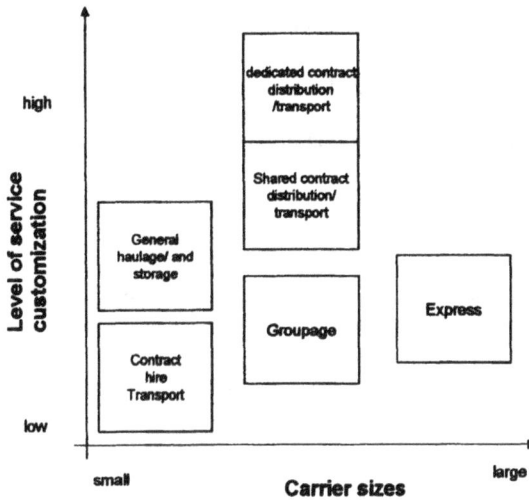

Quelle: in Anlehnung an Kobler 1997, S. 182

Aus den bisher beschriebenen Modellen können nun folgende wesentliche Elemente der speditionellen Dienstleistung beschrieben werden:

Segmentierung nach Systemkomponenten

Die Beschreibung der Leistungssysteme in der Praxis hängt stark vom Selbstverständnis der Unternehmen ab. So ist gerade bei den Global Playern der Branche eine Focussierung auf die Bereiche Landverkehre, Luft- und Seefracht und logistische Systeme fest zu stellen[59], also die Bereiche, die man den Kernleistungen zurechnet. Die Umschreibung von Leistungen wie „Risk & Insurance Management/Security; PanProjekts; Global Accounts; Information Technology" (vgl. Panalpina 2000, S.24 – 41) weisen auf besondere Kompetenzen hin in speziellen Leistungsbereichen und können den Marktleistungen bzw. einer speditionellen Gesamtleistung zugeordnet werden. Das von Engelhardt (1993, S.395) verwendete 3 Ebenenmodell ist gut geeignet, die wesentlichen Systemkomponenten der speditionellen Dienstleistung zu ordnen und einen Rahmen zu bieten, der in der Lage ist, Kern– und Marktleistungen zu einer Gesamtleistung zu verknüpfen, also eine Dienstleistung, die schlussendlich vom Kunden als Ganzes wahrgenommen wird.

---

[59] Vgl. beispielhaft Unternehmensprospekte von Schenker, Danzas und Panalpina.

Gleichzeitig bietet diese Betrachtung die Möglichkeit, die zur Leistungserstellung notwendigen Ressourcen und Kompetenzen zu definieren, die die Grundlage der Leistungsbewertung durch den Kunden darstellen.

Segmentierung nach dem Integrationsgrad

Dieses Kriterium betrachtet die Marktorientierung der Dienstleistung und kann zusammenfassend wie folgt dargestellt werden:

Abbildung 21: Integrationsformen speditioneller Dienstleistungen

Integrationsgrad speditioneller Leistungen

Einzelleistungen — Kombination von Einzelleistungen

Standardleistung — Leistungspakete — Systemleistung

- Dispositionshoheit beim Auftraggeber
- Isoliert erbrachte logistische Leistung
- Standardisierte Leistungserstellung
- Optimierung der Einzelleistungen
- Kurze Vertragsdauer

- Disposition seitens des Auftraggebers
- Zusammenstellung von Einzelleistungen unter Koordination des Leistungsanbieters
- Befriedigung logistischer Bedürfnisse diverser Auftraggeber
- Optimierung des Leistungspaketes

- Individuelle logistische Systemleistung
- Umfassende Lösung für logisitsche Problemstellungen spezifischer Auftraggeber
- Übernahme bedeutender logistischer Funktionen sowohl in quantitativer wie in qualitativer Hinsicht
- Übernahme weitreichender dispositiver Funktionen durch Systemanbieter
- Optimierung des gesamten ganzheitlichen Systems von Einzelleistungen

Quelle: eigene Darstellung

Unter Berücksichtigung der verschiedenen Organisationsformen der Kundenintegration (vgl. Sydow 2000) können die speditionellen Dienstleistungen vergleichbar mit der Rolle der Güterverkehrsunternehmen im Sinne der 3PLP und 4PLP, nach dem Grad der Kundenintegration, konkretisiert durch die Organisationsformen Markt (informationelle Integration), Netzwerk (Kooperation und Wettbewerb) und Hierarchie (Konzern), beschrieben und definiert werden (vgl. die Ausführungen in Kap.5).

Segmentierung aus „systemischer" Sicht

Bucholz unterscheidet in seinem Ansatz[60] nach den Zugangsmöglichkeiten ins logistische Leistungssystem der Güterverkehrsunternehmen. Er spricht von offenen Systemen und dedizierten Systemen. Das Merkmal „Zugang zum System" ist der Betrachtung nach dem Grad der Kundenintegration sehr nahe, focussiert jedoch stärker auf die Anzahl der Unternehmen, die im Leistungssystem zusammen arbeiten. So kennzeichnet die Offenheit die Zugänglichkeit für jeden Verlader, wobei sich die Offenheit in einem dedizierten System auch nur für einen Verlader beschränken kann. Die grundsätzliche Gestaltung der Logistiksysteme differenziert Buchholz nach der Fähigkeit, ob die angebotenen Leistungssysteme modular aufgebaut sind, so dass sie in der Lage sind, auch auf kundenindividuelle Bedürfnisse angepasst zu werden. Buchholz (vgl.1998, S.38) spricht in diesem Zusammenhang vom „Prinzip der Passung", das bedeutet, dass die Dienstleister künftig durch die Gestaltung ihrer Module immer mehr in der Lage sein müssen, ihr Leistungsprofil dem Anforderungsprofil der Verlader anzupassen, was schlussendlich dazu führen könnte, dass Leistungssysteme nur für einen Kunden (single user) ausgerichtet sind. Netzsysteme sind dadurch gekennzeichnet, dass sie vom logistischen Dienstleister durchgängig geplant, gesteuert und kontrolliert werden. Sie stellen ein umfassendes, in sich systemhaftes Leistungsangebot dar, das geprägt ist durch standardisierte Gestaltung der Strukturen und Abläufe. Typische Beispiele sind die KEP Dienste oder Systemverkehre.[61] Beispiele der Zuordnung von Leistungssystemen und Typen von Güterverkehrsunternehmen zeigt die Übersicht von Buchholz:

---

[60] Buchholz spricht davon, dass mit den Merkmalen offene/dedizierte und Modul/Netzsysteme das Leistungsspektrum der Güterverkehrsunternehmen aus „systemischer" Sicht strukturiert werden kann.
[61] Eine umfassende Beschreibung „systemhafter" Leistungsangebote im Luftfrachtmarkt unter der Bezeichnung „integrierte Systemangebote" wurde von Schneider/Schnetkamp (1994) veröffentlicht.

Abbildung 22: Ausprägungsbeispiele logistischer Leistungssysteme

System- ausprägungen	Modul - Systeme	Netz- Systeme
Offene Systeme	Gebietsspediteur mit Umschlagterminal Ladungs-/ Teilladungsverkehre Fachspediteur, z. B. Flüssigkeits-, Kfz-Transporte	Sammelgutdienste, KEP-Dienste Textillogistik für hängende Ware Kühlgutdienste
Dedizierte Systeme	JIT-Lieferketten mit/ohne EBL Gebietsspediteur mit Regionallager oder Regio-Warenhotel Übernahme spezialisierter Werkverkehre	Transshipmentkonzept für Handelsketten Markenartikeldistribution mit EDL oder Distributionszentren Textillogistik mit Fashion-Center

Quelle: Buchholz et al. (1998) S.45

Eine Sichtung der speditionellen Leistungssysteme in der Praxis zeigt, dass mit den Kriterien Systemkomponenten (Leistungsbreite), Integrationsgrad (Leistungstiefe) und Systemzugang alle Leistungsangebote gut beschreibbar sind. Das schließt nicht aus, dass Speditionsunternehmen versuchen, ihre Dienstleistungen in einer möglichst logistiknahen Darstellung zu vermitteln. Ein Beispiel ist das von der börsennotierten Thiel-Gruppe entwickelte Managementebenen-Modell. Das Gesamtleistungsangebot von Einzel- bis Systemdienstleistung wird in 5 Ebenen aufgeteilt. Das so erfasste Leistungsspektrum dient auch zur strategischen Ausrichtung des Unternehmens.

Abbildung 23: Managementebenen (ME) der Thiel Logistik AG

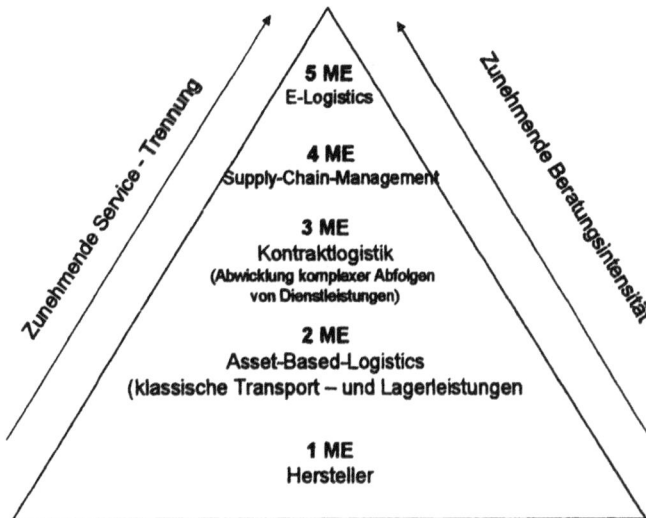

Zunehmende Service - Trennung

Zunehmende Beratungsintensität

5 ME
E-Logistics

4 ME
Supply-Chain-Management

3 ME
Kontraktlogistik
(Abwicklung komplexer Abfolgen
von Dienstleistungen)

2 ME
Asset-Based-Logistics
(klassische Transport – und Lagerleistungen

1 ME
Hersteller

Quelle: Thiel Logistik AG (2000) S 42

„Mit der Ausrichtung... auf hochwertige, komplexe Systemlogistik demonstriert das Unternehmen seine Innovationsbereitschaft und Zukunftsorientierung. Das Wachstum von margenstarken Bereichen durch Erschließung neuer Märkte, Ausbau von bestehenden Geschäftsfeldern sowie nationale und internationale Expansion zielen auf die Verschiebung des Schwerpunktes auf die Ebenen 4 und 5. Innerhalb der nächsten Jahre soll die Umsatzverteilung des Konzerns die Konzentration auf Supply-Chain-Management und E-Logistics widerspiegeln" (Thiel AG 2000, S.42).

D.Logistics, ebenfalls ein börsennotiertes Unternehmen, definiert sich selbst als 4 PLP und beschreibt die Kernleistung mit „.....Planung und Steuerung aller logistischen Aktivitäten vom Lieferanten bis zum Endkunden" (vgl. D.Logistics 2000, S.6). Die definierten Geschäftsfelder sind branchenausgerichtet und werden in definierten geographischen Märkten angeboten.

Abbildung 24: Leistungssysteme der D.Logistics AG

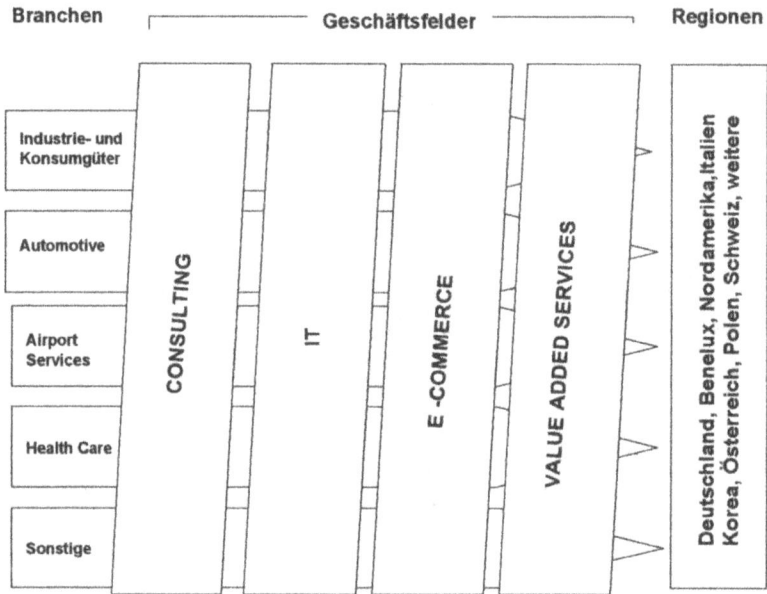

Branchen   Geschäftsfelder   Regionen

Industrie- und Konsumgüter

Automotive

Airport Services

Health Care

Sonstige

CONSULTING

IT

E -COMMERCE

VALUE ADDED SERVICES

Deutschland, Benelux, Nordamerika, Italien Korea, Österreich, Polen, Schweiz, weitere

Quelle: D. Logistics (2000) S.6

Im bereits erwähnten EU Projekt PROTRANS wurden die Leistungssegmente von 30 Third Party Logistics Providern in Europa mittels eines teilstandardisierten Fragebogens untersucht. Dabei wurden folgende Leistungssegmente und deren Gewichtung erarbeitet:

Abbildung 25: Leistungssegmente nach Untersuchung PROTRANS

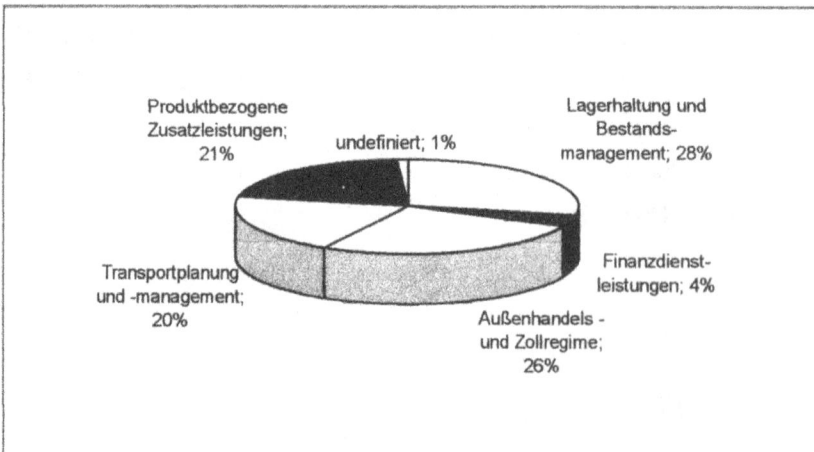

Produktbezogene Zusatzleistungen; 21%

undefiniert; 1%

Lagerhaltung und Bestands- management; 28%

Transportplanung und -management; 20%

Finanzdienst- leistungen; 4%

Außenhandels - und Zollregime; 26%

5   Unternehmenstypologie und Merkmale von Speditionsunternehmen

Nach dem italienischen Zeitwort „spedire" (abfertigen, befördern) wäre eigentlich jeder beliebige Versender von Waren, sei es für eigene oder für fremde Rechnung, ein Spediteur. Das dem Hauptwort Spediteur zugrunde liegende Zeitwort ist jedoch das lateinische Zeitwort „expedire", das, verwandt mit dem Hauptwort pes, pedis, der Fuss, die Bedeutung hat, „den Fuß frei zu machen, den Fuß aus den Fesseln zu befreien" aber auch „Schwieriges ausführen" oder „zum Kampf rüsten". Damit kann tatsächlich eine Tätigkeit umschrieben werden, die von Speditionsunternehmen ausgeübt wird, nämlich seinem Kunden über die Schwierigkeiten beim Versand hinwegzuhelfen, ihn aus gewissen, dem Verkehr anhaftenden Fesseln zu befreien.

5.1   Differenzierungskriterien

Die gesetzliche Definition „Spediteur" (§ 407 HGB) drückt diese sehr allgemein umschriebene Aufgabe aus, indem von „besorgen" gesprochen wird, also eine organisierende, vermittelnde oder auch dispositive Tätigkeit (vgl. Ihde 1991, S.38), die sich vor allem durch Kommunikation und Wissen über die besten Ressourcen zur jeweiligen Problemlösung auszeichnet. Die Tätigkeit des „Disponierens" gilt als zentrale Aufgabe im Rahmen der speditionellen Leistungserstellung (vgl. Böseler 2000, S.41).

Diese klassische Funktion des Spediteurs stellt in der heutigen Branchenstruktur jedoch eine Minderheit dar. Im § 412 HGB[62] wird dem Spediteur die Möglichkeit eingeräumt, selbst als Frachtführer im Rahmen des Selbsteintrittsrechts tätig zu werden. Auch die Tätigkeit des Lagerhalters[63] wurde Schritt für Schritt von Spediteuren übernommen.

Strukturdaten aus Untersuchungen des Bundesverband Spedition und Lagerei e.V. (heute unter der Bezeichnung: Bundesverband Spedition und Logistik e.V.) belegen,

---

[62] §412 Abs 1 Der Spediteur ist, wenn nicht ein anderes bestimmt ist, befugt, die Beförderung des Gutes selbst auszuführen.
§412 Abs 2 Macht er von dieser Befugnis Gebrauch, so hat er zugleich die Rechte und Pflichten eines Frachtführers oder Verfrachters; er kann die Provision, die bei Speditionsgeschäften sonst regelmäßig vorkommenden Kosten sowie die gewöhnliche Fracht verlangen.

[63]§416 HGB: Lagerhalter ist, wer gewerbsmäßig die Lagerung und Aufbewahrung von Gütern übernimmt.

dass von den Spediteuren das Selbsteintrittsrecht in hohem Ausmaß genutzt wird (BSL 1996, S.17).

Die unterschiedlichen Tätigkeiten von Frachtführern und Spediteuren beispielsweise, wurden im Rahmen einer Untersuchung der Universität Linz bei 280 Schülern aus BHS, AHS und Handelsschulen abgefragt (vgl. Horvath 1998, S.2). 39% der Interviewpartner konnten keine korrekte Antwort geben.

„Eine einheitliche Typologie von Unternehmen in der Verkehrswirtschaft , getrennt nach Frachtführerbetrieben, Umschlagsbetrieben, Lagereibetrieben, Speditionen, Maklereien und Agenturen gibt es nicht" (Stabenau 1994, S.27, vgl. Ihde 1991, S.35). Die Schüler sind also nicht alleine in der Schwierigkeit, Unternehmen der Güterverkehrswirtschaft voneinander zu unterscheiden.

Es stellt sich die Frage, ob eine Differenzierung von Güterverkehrsunternehmen heute überhaupt noch von Bedeutung ist?

Im Rahmen der Deregulierungen und Liberalisierungen im EU Binnenmarkt ist der Marktzugang zum Güterverkehrsmarkt nicht mehr in dem Maße reglementiert, wie noch vor wenigen Jahren.[64] Im Bereich des Privatrechtes insbesondere bei Verkehrsträgerhaftungsfragen sind jedoch erhebliche Unterschiede zwischen Frachtführern, Eisenbahnverwaltungen, Luftfahrtgesellschaften, Reedereien und Speditionen festzustellen. Diese gesetzlichen Regeln betreffen alle privatrechtlichen Verträge zwischen Verladern und Güterverkehrsunternehmen und beeinflussen damit die Rahmenbedingungen, innerhalb derer ein Güterverkehrsunternehmen agiert. Im Zuge der Transportrechtsreform 1998 wurde im Bereich der Beförderungs- und Lagerleistungen die gesetzliche Haftungsregel nach Frachtrecht und Lagervertragsrecht verbindlich. Ziel der Reform war eine möglichst vollständige Integration nationalen, deutschen Transportrechts in das Handelsgesetzbuch (vgl. Schindhelm 1998, S.10f.). Neu für Speditionsunternehmen ist dabei die grundsätzliche Orientierung des speditionsrechtlichen Haftungssystems an der Konzeption des Frachtrechtes. Bestehende rechtliche Unterschiede sollten abgebaut werden. Die Möglichkeiten der weitgehenden Haftungsbeschränkungen durch die Vereinbarungen auf Basis der AÖSP (ADSP in der BRD) wurden damit weitestgehend aufgehoben

---

[64] Eine ausführliche Beschreibung über den Stand 1990 der verschiedenen öffentlich-rechtlichen und privatrechtlichen Rahmenbedingungen in Österreich findet sich in: Gürtlich et al.(1990) S. 36 – 120 . Die privatrechtlichen Rahmenbedingungen sind auch heute im Wesentlichen noch gültig, wie z.B. CMR, COTIF usw.

und die AÖSP (ADSP) haben damit an Bedeutung verloren. Auswirkungen hat diese Entwicklung auch auf die haftungsrechtliche Gestaltung von Logistikverträgen.[65] Zwei zentrale Begriffe sind von Bedeutung. Der Logistikvertrag als ein Vertrag, der haftungsrechtlich einen Rahmenvertrag für künftige, gleichartige Leistungen des Spediteurs darstellt und der Spediteur als **Generalunternehmer,** der auf Grund der engen Zusammenarbeit und Verzahnung mit dem Projektpartner den Status eines Generalunternehmers des Transports erhält. Im Schadensfall bedeutet dies, dass der Spediteur auch dann haften soll, wenn der Schaden durch einen „Subunternehmer" verursacht wurde bzw. die Obhutshaftung für Verlust und Beschädigung im Zusammenhang mit Lagertätigkeiten gegeben ist. Der Begriff Obhutshaftung beschreibt die Verantwortung des Spediteurs und/oder Frachtführers für die Unversehrtheit und die vertragsmäßige Ablieferung fremder Waren am Bestimmungsort, die diese zur speditionellen Abwicklung oder zur Beförderung übernommen haben. Betroffen ist hier also der gesamte Zeitraum, währenddessen Spediteur und Frachtführer Waren Dritter in ihrer Obhut haben. Damit entsteht ein erhebliches Großschadensrisiko z.B. durch Feuerschaden und Einbruch/Diebstahl. Die Komplexität dieser Thematik würde jedoch den Umfang dieses Buches sprengen und wird daher nur dann weiterbehandelt, wenn es zum Verständnis bestimmter Zusammenhänge notwendig ist.

Ein weiterer Aspekt, der eine Differenzierung von Güterverkehrsunternehmen notwendig erscheinen lässt, sind die externen Effekte der Güterverkehrsnachfrage und im besonderen Ausmaß der Logistikeffekt. Dabei ist von Bedeutung, wie die verschiedenen Güterverkehrsunternehmen ihre Leistungsangebote an die veränderten Marktanforderungen angepasst haben und welche Rolle dabei die Speditionsunternehmen spielen. Dies kann einen Hinweis geben auf die Rollen, die die verschiedenen Güterverkehrsunternehmen künftig übernehmen werden.

Pfohl spricht von „.....Speditionsfunktionen als Kern und Keimzelle für Logistikunternehmen" (Pfohl 1990, S.207). Dabei versteht er die Transportleistung als integrierenden Bestandteil aller logistischen Aufgaben. Nach Fuhrmann (1993, S.63) „....darf diese Aussage jedoch nicht zu dem Fehlschluss führen, dass den Spediteuren eine „quasi-natürliche" Kompetenz im Bereich Logistik zuzusprechen ist. Diese

---

[65] Seit 1998 sind allerdings weitere, erhebliche Harmonisierungen des Verkehrsrechts im Gange. Eine zusammenfassende Übersicht über die grundsätzlichen Veränderungen für Speditionen im Bereich der Haftung findet sich bei Thonfeld (1998, passim), Müglich (2002, passim), Koller (2004, passim).

Einschätzung ist sogar gefährlich, da sie darüber hinwegtäuscht, dass die nachgefragte Logistikkompetenz [zunächst] wirklich aufgebaut werden muss."

Transportleistungen als integrierende Bestandteile von logistischen Aufgaben können von allen Güterverkehrsunternehmen angeboten werden. Eine Differenzierung ergibt sich in diesem Leistungsbereich aus der von Voigt beschriebenen Verkehrswertigkeit bzw. der verkehrsträgerspezifischen Leistungsfähigkeit. Diese „Verkehrsträgeraffinität" im Bezug auf die Transportleistung hat zur Folge, dass die Merkmale der Verkehrswertigkeit zu einer Differenzierung der Güterverkehrsunternehmen führen. In diesem Punkt nehmen die Speditionsunternehmen eine besondere Rolle ein. Gemäß der gesetzlichen Definition ihrer Tätigkeit handeln sie verkehrsträgerneutral. Damit hat die Verkehrsträgeraffinität bei der Gestaltung von Leistungsangeboten durch Speditionen keine wesentliche Bedeutung. Bretzke stellt fest, dass „…das eigentlich Neue [von logistischen Aufgaben, Anm. Verf.] darin zu sehen ist, dass der Spediteur aktiv an einem Problemlösungsprozess seiner Kunden teilnimmt und ein Problembewusstsein aufbaut, um Alternativen zu den vorgefundenen Bedingungen zu entwickeln" (Bretzke 1986 zitiert nach Fuhrmann 1993, S.63). Eine derartig definierte Rolle des Spediteurs macht auch die Aussage in der Beschreibung des Berufsbildes „Speditionskaufmann" verständlich, in der der Spediteur als „der Architekt des Transports" umschrieben wird.

In der modernen Terminologie werden …„Unternehmen, deren Primäraufgabe die Erstellung logistischer Dienstleistungen ist, [werden] als Logistikdienstleister oder Logistikunternehmen bezeichnet" (Giesa/Kopfer 2000, S.43 – 53; Zöllner 1990, S.7; Rendez 1992, S.20f.; Freichel 1992, S.10).

Dieses Verständnis der logistischen Aufgabe von Güterverkehrsunternehmen haben viele Güterverkehrsunternehmen aufgegriffen, um an diesem „neuen Markt" teilzuhaben. Es ist zu vermuten, dass darin eine Ursache für die seit 1997 stattfindende Fusionswelle zu suchen ist. Besonders auffällig waren die Fusionen von europäischen Postorganisationen mit LDL wie z.B. die Deutsche Post mit Danzas, aber auch das Eindringen in den klassischen Speditionsmarkt durch Eisenbahngesellschaften wie die ÖBB mit dem Kauf österreichischer Speditionsunternehmen. Klaus stellt daher die Frage, „…ob und wie es den Unternehmen mit Historien im Post-, Bahn-, Energie- und Kapitalmanagementbereich gelingen wird, eine Zahl von z.T. sehr heterogenen neuen Geschäften in, für diese Unternehmen fremden Welten der Spedition, der Kontraktlogistik und personenorientierter weiterer Logistik-Dienstleistungsgeschäfte zu beherrschen. Die Wahrscheinlichkeit ist hoch, dass es teure Fehlschläge und Rückzüge geben wird" (Klaus 2000, S.24).

Die Differenzierungskriterien für „logistische Dienstleister" im Unterschied zu Speditionsunternehmen im klassischen Sinn sind daher genauer zu betrachten. Eine Möglichkeit liegt darin, die bereits bei der Differenzierung der speditionellen Dienstleistung verwendeten Kriterien zugrunde zu legen.

Die **Leistungsbreite** wird in der Literatur auch nach Systemkomponenten definiert. Rendez (vgl. 1992, S.6f.) definiert die Systemkomponenten mit den Leistungen Transport, Lagerung, Umschlag, Kommissionierung und Feinverteilung. Dies entspricht auch weitestgehend der weit verbreiteten Definition der „TUL Logistik" (vgl.Klaus 2000, S.25f.). Freichel (vgl. 1992, S.11) unterscheidet aus dieser Betrachtung heraus zwischen Komponenten- und Systemdienstleister. Systemdienstleister sind Unternehmen, die umfangreiche, ganzheitliche Problemlösungen für umfangreichere Aufgaben der Logistik anbieten und erarbeiten, was dem bereits von Bretzke formulierten Gedanken der aktiven Problemlösungskompetenz sehr nahe kommt.

Gudehus (vgl. 1995, S.28 und 1999, S.834) verwendet ebenfalls den Begriff des Systemdienstleisters. Er grenzt diesen Unternehmenstyp jedoch ab zu den Unternehmenstypen Einzeldienstleister und Verbunddienstleister. Jedem dieser Unternehmenstypen ordnet er beschreibende Merkmale zu. Diese beschreibenden Merkmale beziehen sich nicht nur auf die Beschreibung des Leistungsumfangs (Leistungsbreite), sondern ordnen den Unternehmenstypen auch notwendige Ressourcen zur Leistungserstellung zu, typische Ausrichtungen auf Branchen, Güter oder Frachtarten, einen typischen Kundenkreis und die Intensität der Zusammenarbeit mit den typischen Kunden gemessen an der vertraglichen Vereinbarung und der Bindungsdauer[66].

---

[66] Eine vergleichbare Typisierung von Logistikdienstleistern findet sich bei Oelfke (2000 S.437), der zusätzlich den Begriff des Spezialdienstleisters einführt und damit auf Spezialisierungen im Hinblick auf Transportgut oder begrenzten Kundenkreis (z.B. Banken für Werttransporte) hinweist.

Abbildung 26: Eigenschaften und Merkmale von Logistikdienstleistern

Merkmale	Einzeldienstleister	Verbund-dienstleister	System-dienstleister
Leistungsumfang	Einzelleistungen Transport, Umschlag, Lager	Verbundleistungen Speditions- und Frachtketten	Systemleistungen Lager -, Distributionssysteme
Ressourcen **Know How**	Transportmittel Logistikbetriebe Techn. Spezialwissen	Transportnetzwerke Umschlagterminals Technik, DV, I+K, Organisation	Logistiknetzwerke Logistikzentren Logistik, DV, I+K, Planung, Projektmanagement
Ausrichtung	Fachspezifisch Güter, Regionen, Relationen, regional, national	Leistungsspezifisch Frachtarten, Netzwerke, national, global	Kundenspezifisch Branchen, Kunden, Standorte, Funktionen, regional, national, global
Kundenkreis	Klein, temporär, wechselnd	Groß, anonym, veränderlich	Wenige Großkunden, gleichbleibend
Ausschreibung **Vertrag**	Anfrage, Auftrag, Auftragsbestätigung	Anfrage/Ausschreibung, Rahmenvereinbarung	Ausschreibung, Absichtserklärung (LOI), Dienstleistungsvertrag
Bindung	kurz	mittel bis 1 Jahr	lang 3 – 10 Jahre

Quelle: Gudehus (1999) S. 834

Die bereits erwähnte **Leistungstiefe** als weiteres Differenzierungskriterium für „logistische Dienstleistungen" kann auch als Grad der Integration beim Kunden definiert werden. In einer Studie von Baumgarten/Walter (vgl. 2000, S.57) wird festgestellt, dass bereits 56,9 % aller von ihnen befragten Unternehmen mit ihren Lieferanten und 73,6% mit ihren Kunden vernetzt sind. Nach Angaben des BSL setzten im Jahr 2000 63% der Betriebe EDI ein. Bis 2004 soll diese Quote bereits auf 80% ansteigen.

Der Grad der Integration wird, wie bereits dargestellt, im Allgemeinen zur Typologie von Leistungssystemen bei Dienstleistungsunternehmen verwendet (vgl. Meffert 1998, S.48, Sydow 2000, S.22). Er wird definiert als jegliche Form einer Einbindung eines externen Faktors in den Leistungserstellungsprozess.[67] Sydow (vgl. 2000, S.26) unterscheidet 3 unterschiedliche Organisationsformen der Kundenintegration. Eine so genannte „marktliche Organisationsform" beschränkt sich auf die informationelle Integration. Diese Form findet im Umfeld der Speditionsunternehmen überall dort statt,

---

[67] Von betriebswirtschaftlichem Interesse ist einerseits der Nutzen, der durch Integration entsteht (z.B. Differenzierungspotentiale), andererseits aber auch die nicht unerheblichen Kosten (z.B. Transaktionskosten).

wo durch EDI-Systeme Datenaustausch zwischen Kunde und Spedition erfolgt. Wesentliche Anwendungen sind z.B. der Austausch von Frachtdokumenten, Datenaustausch zur Verrechnung von Leistungen oder abgestimmte Barcodesysteme (vgl. Hoffmann 1998, S.34f.).

Wenn es jedoch auf die Integration von komplexerem Wissen ankommt, reicht eine reine Marktbeziehung nicht aus. So kommt es insbesondere in den Fällen des Outsourcings von Dienstleistungen zu einer Kundenintegration auf „Netzwerkbasis" (vgl. Sydow 2000, S.25). Diese Form der Kundenintegration ist geprägt durch aktive Einflussnahme auf und Mitwirkung an der Dienstleistungsproduktion im Sinne von Key Account Management und Lead User Konzepten. Prägendes Merkmal ist eine intensive Zusammenarbeit in allen Phasen der Leistungserstellung bei einzelnen Kunden. Dies führt oft zu formellen oder informellen Regeln der Zusammenarbeit, zu gemeinsamer Nutzung und Entwicklung von Ressourcen wie z.B. unternehmensübergreifende Personalschulung. Außer von Vertrauen und Kontrolle sind diese Beziehungen auch durch eine Koexistenz von Kooperation und Wettbewerb geprägt. Mit diesem scheinbaren Widerspruch lebt das klassische Speditionsunternehmen schon immer. In dem meisten Fällen führt auch der Logistikdienstleister nicht alle Leistungen vollständig alleine durch. Er bedient sich vielmehr Subdienstleister (Subcontractor), die aber in anderen Geschäftsfeldern durchaus Wettbewerber sein können. Die hohe Relevanz von Koordinationsleistungen erfordert daher entsprechende Kompetenz im Management derartiger Netzwerke.

Abbildung 27: Beziehungen in Logistikservicenetzwerken

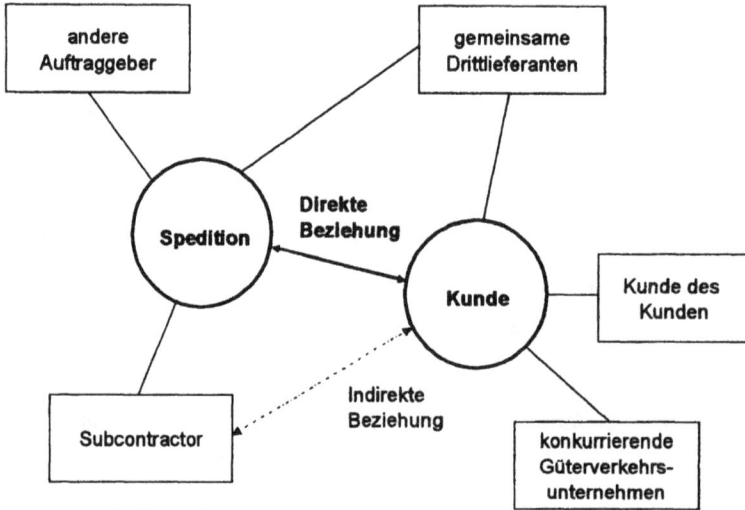

Quelle: eigene Darstellung in Anlehnung an Engelsleben (1999) S. 156

Diese Situation wird auch mit dem Kunstwort „Coopetition" beschrieben als Verbindung der Wörter „Competition" und „Cooperation". Damit soll zum Ausdruck gebracht werden, dass Konkurrenz und Wettbewerb Zusammenarbeit nicht ausschließt. Gute Transparenz der Strukturen und Prozesse sowohl zwischen Kunde und Dienstleister als auch zu nachgeordneten Subdienstleistern ist daher eine der wesentlichen Erfolgsfaktoren bei der Gestaltung derartiger Netzwerke. Anhand von Vorgabewerten sind die Anforderungen an die Beteiligten im Netzwerk zu formulieren und zu quantifizieren.

Die dritte Organisationsform von Kundenintegration stellt eine hierarchische Beziehung dar, die dann vorliegt, wenn die Koordination mittels einheitlicher Leitung und quasi per Anweisung erfolgt, wie etwa im Falle des Konzerns. Derartige Modelle finden sich in der Praxis in der Form so genannter „Werksspeditionen"[68], die meist aus

---

[68] Diese Bezeichnung ist eng verknüpft mit dem Begriff „Werksverkehr", da zumeist Industrie- und Handelsunternehmen mit großem, eigenem Werksverkehr über den Weg der Gewerbeberechtigung zum Frachtführer auch die Gewerbeberechtigung zum Spediteur anstrebten.

Industrie- oder Handelskonzernen[69] ausgelagerte Logistikabteilungen sind mit eigener Ergebnisverantwortung (Profit Center).

„Ein hoher Grad an Integration ist [...] als ein wesentlicher Indikator für einen Logistikdienstleister zu verstehen" (Fuhrmann 1993, S.63).

Die stärkere Integration der Güterverkehrsunternehmen in die Prozesse der Unternehmen hat bereits in den 80er Jahren zu dem Begriff „3 PL" (Third Party Logistics) bzw. „3 PLP" (Third Party Logistics Provider) geführt. "….The term third party logistics (3 PL) was initially used in the late 1980s as a description of outsourcing, subcontracting, logistical activities (SULOGTRA 2001, Workpackage 3, S.201)". Das Frauenhofer Institut (vgl. Weidt 2002) definiert den 3 PLP „…als einen Outsourcing Partner, der möglichst das ganze Warenwertschöpfungsketten-Management und dazu Aufgaben wie TUL-Prozesse und Mehrwertdienste (value-added-services) wie z.B. Konfektionierung oder Montage für den Auftraggeber übernimmt".

In dem von der Europäischen Kommission unterstützten Projekt PROTRANS wird u.a. die Rolle der „Third Party Logistics Service Providers [3 PLP] and their Impact on Transport" analysiert. Aus der Vielzahl der Definitionen, die in der Literatur zu finden sind, wurde für das Projekt PROTRANS folgende Definition der 3 PL Leistung zugrunde gelegt:

> „Third-party logistics (3PL) are activities carried out by an external company on behalf of a shipper and consisting of at least the provision of management of multiple logistics services. These activities are offered in an integrated way, not on a stand-alone basis. The cooperation between the shipper and the external company is an intended continuous relationship". (PROTRANS 2001, Workpackage 1, S.23)

Diese Unternehmen wurden im Projekt PROTRANS nach einer Vielzahl beschreibender Merkmale erfasst. Diese Merkmale waren:

- Ursprünglicher Geschäftszweck des 3 PLP

- Branchenzugehörigkeit der Kunden von 3 PLPs

- in welchem Bereich der supply chain tätig (upstream or downstream)

- Netzwerkstruktur

---

[69] Jüngste, diesbezügliche Entwicklung ist die Gründung der KQN-Logistics als Zusammenführung der Logistikleistungen des Karstadt-Quelle Konzerns zum „Full Service Provider". Mit der Öffnung für das Drittgeschäft erhofft sich der Konzern Skalen- und Qualitätseffekte (vgl. Muckelberg 2002, S.55).

- Leistungsbereiche, die abgedeckt werden, in welcher Entscheidungsebene (strategic/structural/functional/implementation)

- Verkehrsträgernutzung

- Unternehmensgröße der 3 PLPs (Umsatz, Mitarbeiter, Anzahl Niederlassungen usw), geographische Standorte

- Grad der Vernetzung in Logistiknetzwerken

Das Projekt PROTRANS hat in dieser Form 30 europäische 3 PLPs identifiziert und beschrieben.

Das Kriterium „Grad der Integration" als bestimmendes Merkmal des logistischen Dienstleisters und der logistischen Dienstleistung wurde weiterentwickelt. Das Konzept der 4 PL gilt als logische Weiterentwicklung und Übertragung der logistischen Denkweise im Sinne des Supply Chain Managements auf einen logistischen Dienstleister. Es handelt sich ursprünglich um ein Konzept von Anderson Consulting, wobei Anderson einen 4 PLP definiert als „...a supply chain integrator that assembles and manages the ressources, capabilities, and technology of its own organisation with those of complementary service providers to deliver a comprehensive supply chain solution (Anderson 2002)".

Auf Basis eines durchgängigen, alle Akteure der Supply Chain verbindenden Informations- und Kommunikationssystems, soll der 4 PLP die beteiligten Partner koordinieren und durch Abstimmung der Warenflüsse und Ressourcen in der Supply Chain für eine hohe Effektivität und Effizienz sorgen. Im Idealfall besitzt der 4 PLP keine eigenen logistikspezifischen physischen Ressourcen, wie Lager- oder Transportkapazitäten, sondern greift auf Kapazitäten der entsprechenden Anbieter zurück, z.B. von 3 PLP's (vgl. Neher 2001, S.52f.). In diesem Punkt nähert sich der Unternehmenstyp wieder sehr der ursprünglichen Vorstellung der Tätigkeit eines Spediteurs als „Besorger von Dienstleistungen".[70]

Das Frauenhofer Institut beschreibt den 4 PLP als einen Logistikdienstleister, der die Planung, Steuerung und das Management von Supply Chains oder Netzwerken für Industrie und Handel anbietet. Dabei unterscheidet Weidt (2002, S. 15) einerseits den

---

[70] Die großen Logistikdienstleister versuchen das 4 PL Konzept mit einem Lösungsmodell unter dem Namen „Lead Logistics Provider" zu kontern mit dem Marketinggedanken des „One Stop Shopping" (vgl. Muckelberg, 2002, S.57).

Grad der organisatorischen Integration und andererseits den Grad der informatorischen Integration. Mit Hilfe dieser 2 Hauptmerkmale zur Beschreibung der X Party Logistics Provider lässt sich folgende Matrix erstellen (vgl. Weidt 2002, S.15):

Abbildung 28: Vom Transporteur zum logistischen Dienstleister

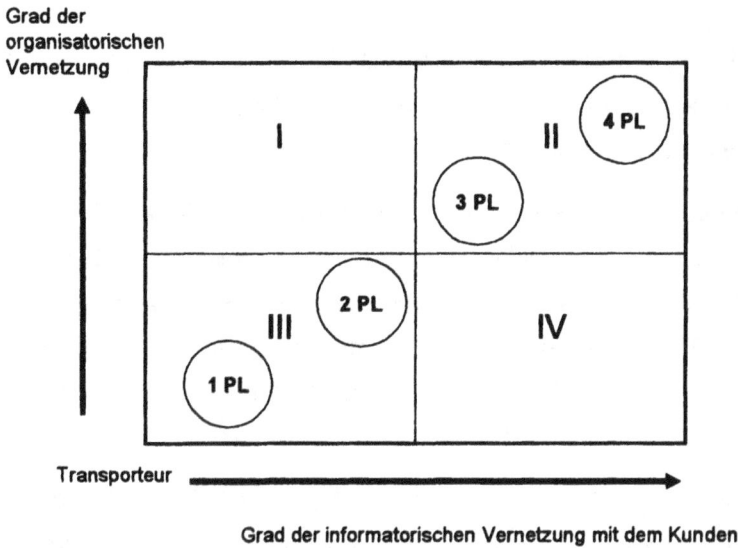

Grad der
organisatorischen
Vernetzung

	I		II 4 PL

Transporteur ⟶

Grad der informatorischen Vernetzung mit dem Kunden

Quelle: eigene Darstellung in Anlehnung an Weidt (2002)

Aus Gründen der Neutralität und Flexibilität verzichten 4 PL-Dienstleister oft bewusst auf „assets" und nutzen stattdessen die Strukturen und Netzwerke etablierter klassischer Logistik-Dienstleister. Das breite Spektrum an logistischen Dienstleistungen zwingt 4PL-Dienstleister geradezu, sich in Unternehmensnetzwerken zu organisieren (vgl. Franke, 2002, S.19f.).

Aus diesen Ausführungen kann abgeleitet werden, dass die Abgrenzung von Speditionsunternehmen zu anderen Güterverkehrsunternehmen kein definitorisches Problem ist, sondern in erster Linie von der Ausgestaltung der Leistungsangebote im Hinblick auf deren Vielfalt und von deren Grad der Integration zum Kunden abhängt. Die 3 unterschiedlichen Organisationsformen der Kundenintegration sind ein erster Maßstab zur Bewertung des Intergrationsgrades. Nach Smekal (vgl.2002, S.44) entscheidet der Spediteur durch die Übernahme bestimmter Dienstleistungen, ob er klassischer Spediteur, 3 PLP oder 4 PLP ist. Danzas beschreibt beispielsweise seine Funktion als 4 PLP so: .....Darüber hinaus will Danzas sich via Deutsche Post World Net als 4th Party Logistics Provider (4 PLP) etablieren, d.h. als Supply-Chain-

Integrator die Ressourcen, Leistungsangebote und Technologien der eigenen Organisation mit den Zusatzdienstleistungen anderer Organisationen zusammenführen, um umfassende Lösungen entlang der gesamten Logistikkette zu entwickeln und zu implementieren"(vgl. Danzas 2000, S.5).

5.2   Strukturdaten der Speditionsbranche in Österreich

Nach einer Erhebung der Bundessektion Verkehr (vgl. Wirtschaftskammer 1998, S. 13 – 19) ergibt sich folgende wesentliche Erkenntnis (Bereinigung der Daten nach Güterverkehrszuordnung Stand 1996):

Ca. 50 % der in der Bundessektion Verkehr gemeldeten Betriebe können dem Güterverkehr zugeordnet werden. Diese 5127 Betriebe werden mit 4095 Betrieben, also 80 % von Betrieben des Güterbeförderungsgewerbes (Straßengüterverkehr) beherrscht. Mit 775 Betrieben oder 15 % folgen bereits die Speditionen. Der Rest ist von der Anzahl der Betriebe vernachlässigbar. Dies ist durch die Monopolstruktur der Bahn- und Luftfahrtsunternehmen beeinflusst.

Betrachtet man jedoch die Anzahl der Beschäftigten nach Mitgliederkategorien, so zeigt sich, dass von den137172 Beschäftigten in den 5127 erfassten Betrieben 53 % oder 73354 Beschäftigte bei den 42 Bahnunternehmen zu finden sind, dominiert von den Beschäftigten bei den ÖBB: Mit 38046 Beschäftigten oder 28% folgt der Bereich der Straßengüterbeförderer, gefolgt von 17013 Beschäftigten oder 12% im Bereich der Speditionen.

Ein weiteres sehr typisches Bild in der Unternehmensstruktur der Güterverkehrswirtschaft[71] zeigt sich bei Betrachtung der Anzahl Mitarbeiter nach Betriebsgrößen. Von insgesamt 10192 erfassten Betrieben beschäftigen 80 % weniger als 9 Mitarbeiter und nur gut 1 % beschäftigt mehr als 100 Mitarbeiter. Diese Situation führt z.B. dazu, dass für Untersuchungen zu strategischen Managementkonzepten i.d.R. nur eine sehr kleine Zahl von ca. 100 Betrieben der österreichischen Güterverkehrswirtschaft in Betracht kommt.[72]

---

[71] Unter Berücksichtigung aller in der Sektion Verkehr gemeldeten Betriebe inkl. Seilbahnen, Bus- und Taxiunternehmen.
[72] Nach einer Untersuchung der BSL im Jahr 2000 entfallen von 3300 Mitgliedsbetrieben (Speditionen) in der BRD 84% auf Unternehmen mit weniger als 100 Mitarbeitern. Die „Top 10" in der BRD sind die deutsche Post Gruppe, Schenker, Kühne & Nagel, ABX Gruppe, Dachser,

Diese Strukturdaten können einen Hinweis darauf geben, dass die Übernahme bestimmter logistischer Dienstleistungen auch von der Betriebsgröße des Leistungsanbieters abhängt.

Nach dieser Untersuchung entfielen 65% aller Geschäfte auf den nationalen Bereich, 35 % auf den internationalen Bereich. Bei diesen internationalen Geschäften fallen knapp 80% auf den EU Raum, etwa 10 % auf Osteuropa und beinahe 8% auf Übersee.

Der Gesamtumsatz im Untersuchungszeitraum 1997 lag bei den Speditionsunternehmen bei 32 Mrd ATS. In dieser Ziffer war ein Anteil von ca. 15 % österreichischer Eingangsabgaben beinhaltet. Zu den umsatzstärksten Speditionsunternehmen zählten die Speditionen Schenker & Co AG, LKW Walter AG, Gebrüder Weiss GmbH, Quehenberger, Kühne & Nagel, Augustin GmbH, Danzas, Panalpina, Lagermax, Hödlmayer, Schachinger, Express, Delacher und Welz.

Im Untersuchungszeitraum wurden von den Speditionen insgesamt 60.793 Verkehrsmittel eingesetzt, wobei sich nur ca. 15 % im Besitz der Spediteure befanden. Dies verdeutlicht die bereits aufgezeigte Rolle des Vermittlers, des Unternehmers, der den Warenfluss plant, organisiert und steuert. Bei der Wahl der eingesetzten Verkehrsträger entfielen 64 % auf die LKW Beförderung, 18 % auf die Bahn und ca. 5 % auf den kombinierten Verkehr.

In Österreich wurden 1997 von den Spediteuren knapp eine halbe Mio m^2 gedeckte Lagerflächen angeboten.

5.3 Organisationen und Verbände

FIATA, die internationale Föderation der Speditionsorganisationen wurde am 31.5.1926 in Wien als Gewerbeorganisation der Spedition mit der Absicht gegründet, die Interessen des Speditionsgewerbes weltweit zu fördern bzw. zu schützen. Die FIATA ist eine so genannte NGO – „non governmental organization".

Die FIATA ist weltweit die größte private Organisation im Transportwesen. Sie wird als Repräsentant des Speditionsgewerbes von vielen Regierungsorganisationen und Regierungsstellen sowie von privaten Organisationen auf dem Gebiet des

Hellmann und Fiege Gruppe. Nicht berücksichtigt sind die weiteren Fusionen im Jahr 2001 und 2002 z.B. durch die Thiel Gruppe.

Verkehrswesens anerkannt, wie z.B. der internationalen Handelskammer (IHK) in Paris, der International Air Transport Association (IATA), der internationalen Eisenbahnunion (UIC), der internationalen Straßentransportunion (IRU), dem Weltzollrat (WCO), der World Trade Organization (WTO) usw.

Auf europäischer Ebene sind die Speditionsunternehmen im CLECAT (European Organisation for Forwarding and Logistics) organisiert. Es vertritt die Interessen der Mitgliedsverbände aus den Mitgliedsstaaten der europäischen Union bei der Kommission, dem Ministerrat, dem europäischen Parlament und allen angeschlossenen Organen. Das CLECAT unterstützt die Bemühungen, Harmonisierungsdefizite in der EU zu beseitigen und einen fairen Wettbewerb in Europa zu sichern. Ihr Sitz ist in Brüssel.

National sind die Spediteure im Fachverband Spedition & Logistik der Wirtschaftskammer Österreich organisiert. Der Fachverband hat in seinem Leitbild folgende übergordneten Aufgaben und Ziele definiert:

- Wirksame Interessenvertretung und gesellschaftspolitisches Engagement

- Unparteiische und kompetente Koordination der Unternehmensinteressen

- Zielgruppenorientierte Serviceleistungen

- Vordenker und Impulsgeber für seine Mitglieder

- Kontinuierliche Öffentlichkeitsarbeit für die österreichische Spedition

Wichtige verbandspolitische Arbeiten sind

- Kollektivvertragliche Verhandlungen inklusive arbeitsrechtliche Auskünfte

- Aus- und Weiterbildungangebote inklusive Befähigungsprüfung zum Speditionskaufmann

- Verpackungsverordnung und Verhandlungsführung mit der ARA

- Strukturdatenerhebungen sowie

- Öffentlichkeitsarbeit

Die Besonderheit der Pflichtinteressensvertretung von Selbständigen in der Wirtschaftskammer führt zu einer vollständigen Mitgliedschaft aller im Speditionsgewerbe in Österreich tätiger Unternehmen.

Daneben hat sich in Österreich noch der Zentralverband Spedition & Logistik etabliert als Interessensgemeinschaft namhafter österreichischer Speditionsunternehmen. Dieser Verband ist vergleichbar mit dem seit 125 Jahren existierenden Verein deutscher Spediteure, mittlerweile als „Bundesverband Spedition und Logistik (BSL)" bekannt. Immerhin vertritt dieser Dachverband 16 Landesverbände mit ca. 3000 Mitgliedsbetrieben. Seine wichtigste Aufgabe versteht der Verband im Service, mit dem Ziel, den Unternehmen der Branche die tägliche Arbeit zu erleichtern. Die föderative Verbandstruktur, eine enge Zusammenarbeit mit dem „Ehrenamt" und unbürokratische Organisationsstrukturen schaffen die dafür erforderliche Verbindung zu den Mitgliedern vor Ort.

Je nach Rollenverständnis der Speditionsunternehmen sind die Betriebe insbesondere, wenn sie als Frachtführer im Selbsteintritt tätig werden, auch eng mit den Verbänden des Straßengüterverkehrs verbunden, in Österreich der Fachverband Güterbeförderung/AISÖ, international die IRU. Im Rahmen der Tätigkeit als IATA Agent sind die Spediteure auch mit dieser Organisation verbunden.

6   Externer Produktionsfaktor – Transport- und Lagergut

Gegenstand einer speditionellen Dienstleistung ist das Logistikgut, das als externer Produktionsfaktor der Dienstleistung zu bezeichnen ist. Als Logistikgut kommen "Personen, Tiere, materielle und immaterielle Güter" in Betracht. Der externe Faktor „Personen" spielt bei der Erstellung einer speditionellen Dienstleistung keine Rolle. Der externe Faktor „immaterielle Güter" (Informationen, Geld) hängt vom Leistungsangebot des Speditionsunternehmens ab. Als wichtigster externer Produktionsfaktor kann das Logistikgut als „materielles Gut" in der speditionellen Dienstleistung definiert werden.

Werden einer logistischen Aufgabenstellung als Ziele die – wiederholt in der logistischen Literatur aufgezählten – "Seven R's" zugrunde gelegt – „which means ensuring the availability of the right product, in the right quantity and the right condition, at the right place, at the right time, for the right customer, at the right cost" – so verbergen sich dahinter Sicherheitsansprüche und die Forderung, zuvor definierte Leistungsmerkmale exakt zu erfüllen.

Für die Auswahl und Festlegung von Transport-, Umschlags- und Lagerleistungen spielt das Transport- und Lagergut also eine entscheidende Rolle.

Grundsätzlich sind Transport- und Lagergüter entweder feste, flüssige oder gasförmige Stoffe.

Der Transport von flüssigen und gasförmigen Stoffen wird meist in Rohrleitungen geführt und fällt damit in das Gebiet der Verfahrenstechnik. Werden Flüssigkeiten oder Gase unter bestimmtem Druck in Behälter verschiedenster Art abgefüllt, so behandelt man sie wie feste Stoffe unter Beachtung entsprechender Transport- und Lagervorschriften. In diesem Themenbereich findet man die Vielzahl der Vorschriften über den Umgang mit gefährlichen Gütern. So ist der Hersteller derartiger Güter beispielsweise verpflichtet, die Stoffzusammensetzung und den Umgang im Falle einer Gefahr schriftlich zu deklarieren (Gefahrgut Unfallmerkblätter). Diese Information begleitet das Gut auf all seinen Wegen.

Feste Transport- und Lagergüter werden in Schüttgut und Stückgut eingeteilt.

Schüttgut[73] ist stückiges, körniges oder staubiges Massengut, das eine Fließfähigkeit aufweist und während des Transports i.d.R. seine Gestalt ändert. Typisches Schüttgut ist Erz, Kohle, Müll, Sand, Zement, Kies, Getreide usw. Ein wesentliches Kriterium für Transport und Lagerung ist die Kenntnis über die physikalischen und chemischen Eigenschaften des Gutes. Diese Eigenschaften dienen zur Materialklassifikation nach

- Formbeschaffenheit (Korngröße und Form)

- Zusammenhalt des Schüttgutes (Fließverhalten)

- chemisch-physikalische Eigenschaften (explosiv, brennbar, klebrig usw.)

- Temperatur und Luftfeuchtigkeit

Alles **feste Transportgut**, das während des Transports seine Gestalt nicht ändert, wird als **Stückgut**[74] bezeichnet. Auch hier lassen sich nach bestimmten Kriterien Eigenschaften definieren, die dann zu einer Materialklassifikation führen. Solche Eigenschaften sind z.B.:

- geometrische (Länge, Breite, Volumen, stab/ringförmig usw.)

- physikalische und chemische (zerbrechlich, explosiv, giftig, brennbar usw.)

- spezifische   (stapelbar,   klappbar,   unterfahrbar,   verderblich, temperaturempfindlich usw.)

In der Transportwirtschaft wird unter Stückgut auch ein bestimmter Gewichtsbereich von Transportgütern verstanden. Der Grund liegt in der unterschiedlichen Tarifierung von Stückgütern und Ladungen aber auch in der unterschiedlichen Technik in der Manipulation dieser Güter.

6.1 Transport-, Lager- und Ladehilfsmittel

In der Logistik werden unter einer Logistikeinheit materielle Objekte (Logistikgüter) verstanden, die in unterschiedlicher Größe und Zusammensetzung die verschiedenen Stationen der Logistikkette durchlaufen (vgl. Gudehus 1999, S.323). Lose Waren, Produkte, Sendungen, Frachtstücke, Leergut oder andere Fülleinheiten zum Befördern, Heben und Lagern werden in Ladungsträgern zu Ladeeinheiten gebündelt. Für den außerbetrieblichen Transport werden Logistikeinheiten in Transport- oder

---

[73] Vgl. DIN ISO 3435
[74] Vgl. DIN ISO 3569

Ladehilfsmitteln zu Transporteinheiten zusammengefasst. Über kürzere Entfernungen führen Flurförderzeuge oder Förderanlagen den Transport der Ladeeinheiten durch. Hieraus resultiert die Aufgabe der Ladeeinheitenoptimierung.

Abbildung 29: Füll- und Ladeeinheiten in der Logistikkette

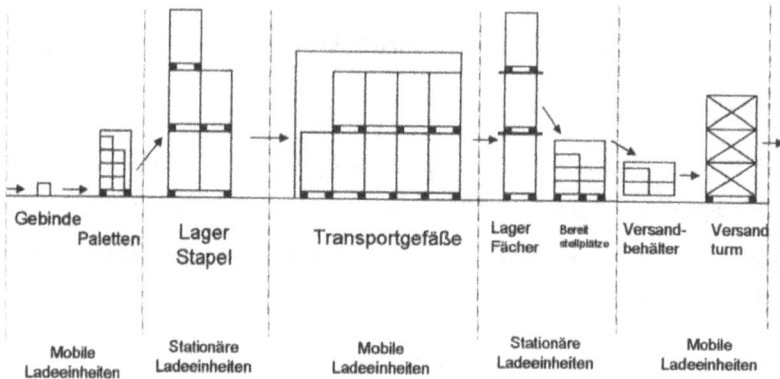

Quelle: vgl. Gudehus 1999, S.322

Unter Fülleinheiten werden die zusammengefassten Logistikeinheiten verstanden und als Ladeeinheiten die resultierenden Logistikeinheiten in den verschiedenen Stufen der Verpackungshierarchie. Am Beispiel der Konsumgüterindustrie kann dieser Zusammenhang folgendermaßen dargestellt werden:

Abbildung 30: Logistikeinheiten und Verpackungsstufen

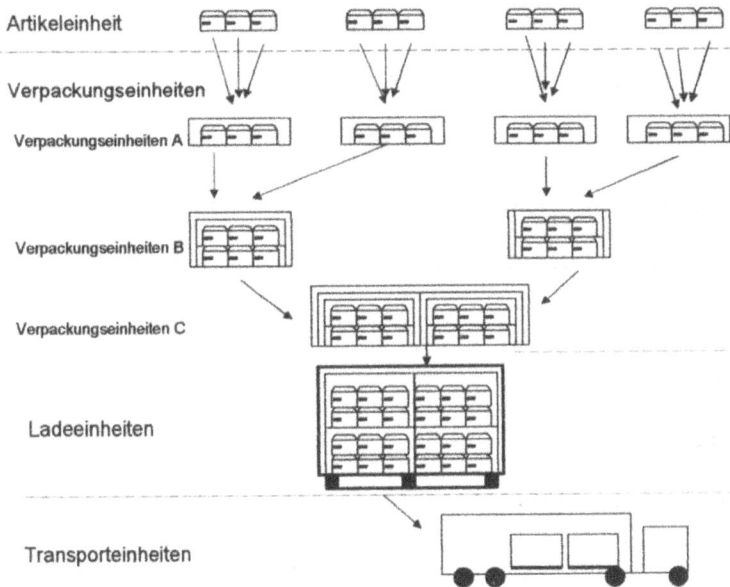

Transport-, Lager- und Ladehilfsmittel umfassen Hilfsmittel zur Bildung uniformer logistischer Einheiten. Dabei werden einheitliche, möglichst standardisierte Maße und möglichst lange Lebensdauer angestrebt. Sie schaffen die Voraussetzungen für Mechanisierung und Automatisierung im Material- und Güterfluss.

Eine erste Unterscheidung kann nach

- nicht unterfahrbaren und

- unterfahrbaren Hilfsmitteln getroffen werden.

Nicht unterfahrbar sind z.B. Karton, Kisten, Schachteln, Kleinbehälter usw. Sie können Eigenschaften wie stapelbar, schlag- und stoßfest, faltbar usw. besitzen.

Gerade im Hinblick auf den Einsatz als Mehrwegebehälter ist die technische Entwicklung nicht stehen geblieben. Die wichtigsten unterfahrbaren Ladehilfsmittel sind

- Flachpalette

- Boxpalette

- Sonderpaletten

Im Bereich der Großbehälter hat der Container als genormter Großbehälter einen enormen Stellenwert erreicht. Man unterscheidet im Wesentlichen:

- ISO-Normcontainer (hauptsächlich im Überseebereich im Einsatz)

- DB/ÖBB-Binnencontainer oder auch so genannte Eurotainer

- WAB-Wechselaufbauten nach BDF-Norm

- Sondercontainer wie Abrollcontainer usw.

Eine andere Möglichkeit zur Strukturierung stellt die Unterscheidung in:

- Paletten

- Behälter

- forminstabile

- sonstige Förderhilfsmittel

dar. Sonstige Förderhilfsmittel sind z.B. Rollen und Drahtgebinde. Von besonderer Bedeutung im schweren Stückgutbereich ist die Vierweg Flachpalette mit den Abmessungen 800 mm x 1.200 mm. Die Tragfähigkeit der Palette beträgt 1.000 kg. Für Güter, die keinen Stapeldruck aufnehmen können, ist die Gitterboxpalette geeignet.

Abbildung 31: Systematik von Ladehilfsmitteln

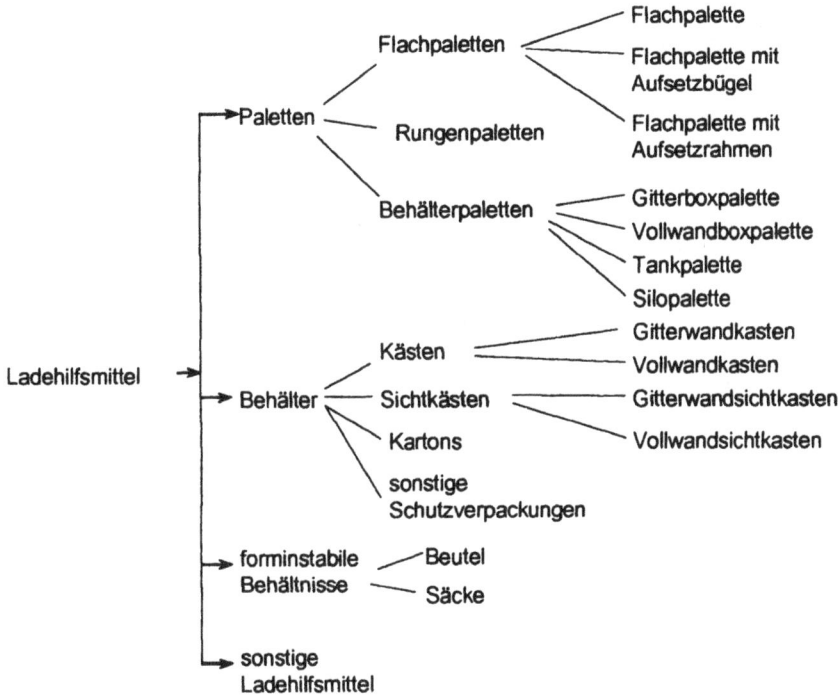

Ladehilfsmittel
- Paletten
  - Flachpaletten
    - Flachpalette
    - Flachpalette mit Aufsetzbügel
    - Flachpalette mit Aufsetzrahmen
  - Rungenpaletten
  - Behälterpaletten
    - Gitterboxpalette
    - Vollwandboxpalette
    - Tankpalette
    - Silopalette
- Behälter
  - Kästen
    - Gitterwandkasten
    - Vollwandkasten
  - Sichtkästen
    - Gitterwandsichtkasten
    - Vollwandsichtkasten
  - Kartons
  - sonstige Schutzverpackungen
- forminstabile Behältnisse
  - Beutel
  - Säcke
- sonstige Ladehilfsmittel

Paletten gelten auch als „Vehikel der Logistik". Sie haben jedoch die unangenehme Eigenschaft, ganze fördertechnische Anlagen lahm legen zu können. Bei automatischen Fördersystemen werden an die Ladehilfsmittel qualitative Mindestanforderungen gestellt. Ragt z.B. ein Nagel aus dem Holz oder fehlen gar Teile einer Palette, führt dies zu Störungen im automatisierten Materialfluss. Mit Hilfe von Palettenprüfeinrichtungen werden die geforderten Formen überprüft. Geeignete Sensoren kontrollieren die Höhe und die Breite der Ladung, während Kufen- und Freiraumkontrollen das Ladehilfsmittel prüfen.

Wer sich nicht selbst um Bereitstellung, Rückführung, Reinigung und Reparatur kümmern will, der ist mit einem Pool-System gut beraten. Derartige „Mehrweg-Transportverpackungssysteme" werden am Markt unter unterschiedlichen Namen angeboten. Ein bekanntes, in Europa stark verbreitetes System ist z.B. der Chep Palettenpool, der branchenübergreifend ein komplettes Paletten-Tauschsystem anbietet.

Der Siegeszug der EURO Palette resultiert aus der Normierung, die die Basis bildet für eine Vielzahl von möglichen modularen Verpackungen.

Abbildung 32: Die EURO Palette mit modularer Verpackung[75]

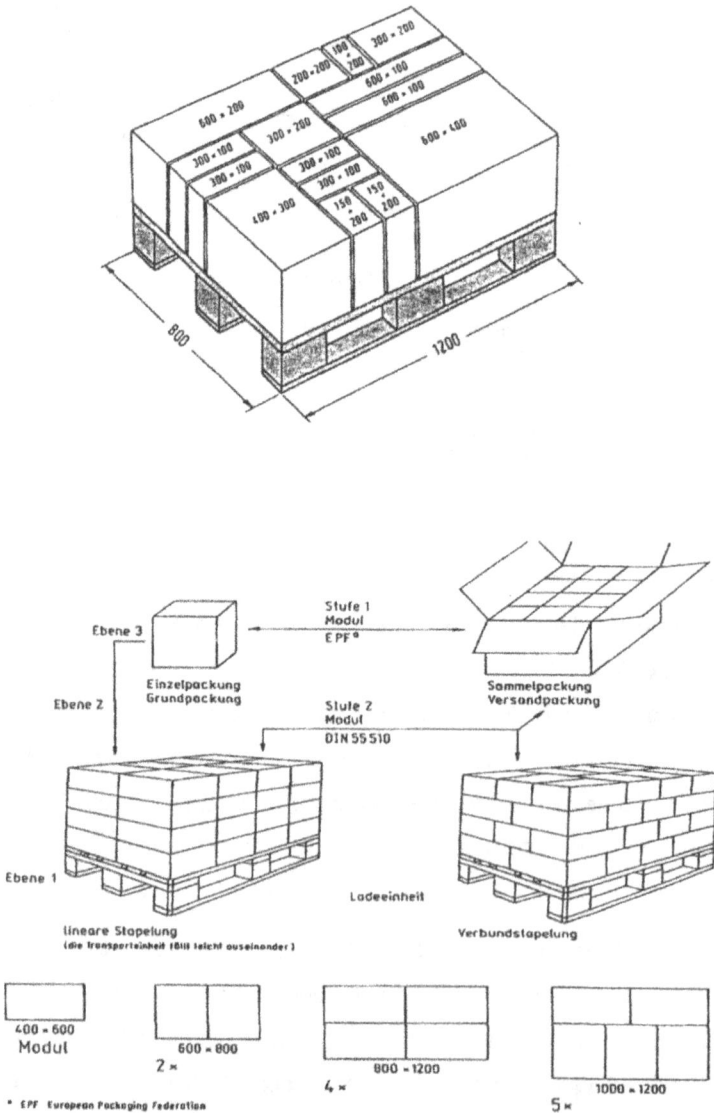

6.2 Verpackung und Verpackungsfunktion

Das Selbstbedienungssystem, der Trend zu kleineren Haushalten, zunehmendes Angebot an Gütern usw. haben ein enormes Wachstum der Verpackungsindustrie bewirkt. Gleichzeitig hat der Gesetzgeber im Rahmen der Verpackungsverordnung und des Abfallwirtschaftsgesetzes Regeln erlassen, um die Sammlung und Verwertung der Verpackungsabfälle zu steuern. Daraus ergeben sich zusätzliche Anforderungen an die Logistik. Im §2 (1) VerpackVO 1996 gelten als Verpackung alle Packmittel, Packhilfsmittel, Paletten oder Erzeugnisse, aus denen unmittelbar Packmittel oder Packhilfsmittel hergestellt werden. Packmittel sind Erzeugnisse, die dazu bestimmt sind, Waren oder Güter für Verkehrs-, Lager-, Transport-, Versand- oder Verkaufszwecke zu umschließen oder zusammenzuhalten. Packhilfsmittel sind Erzeugnisse, die zum Zweck der Verpackung zusammen mit Packmitteln insbesondere zum Verpacken, Verschließen, Versandfertigmachen und zur Kennzeichnung einer Ware oder eines Gutes dienen.

Als Transportverpackungen definiert die Verpackungsverordnung Verpackungen wie Fässer, Kisten, Säcke, Paletten, Schachteln, geschäumte Schalen, Schrumpffolien oder ähnliche Umhüllungen.

Verkaufsverpackungen sind Verpackungen wie Becher, Beutel, Blister, Dosen, Eimer, Fässer, Flaschen usw., die vom Letztverbraucher in dessen Auftrag bis zum Verbrauch der Waren oder Güter verwendet werden.

Entscheidend ist die Verpflichtung der Hersteller, Importeure, Abpacker und Vertreiber von Transport- und Verkaufsverpackungen die unentgeltliche Rücknahme von Transport- und Verkaufsverpackungen. Das betroffene Unternehmen kann sich durch Abschluss einer Entpflichtungs- und Lizenzvereinbarung mit einem ARA System entpflichten. Das ARA System übernimmt das Sammeln, Sortieren und Verwerten der Verpackungsabfälle seiner Lizenzpartner. Um die Lizenzpartnerschaft zu kommunizieren, berechtigt die ARA ihre Lizenzpartner zur Nutzung des „grünen Punktes". Die Kosten der Teilnahme richten sich nach dem tatsächlichen Aufwand, den die einzelnen Packstücke im Sammel- und Verwertungskreislauf verursachen. Sie sind davon abhängig, welche Packstoffe und welche Verpackungsmengen von den jeweiligen Unternehmen in Verkehr gesetzt werden. Dieser Kostenfaktor führt zum verstärkten Einsatz von Mehrwegverpackungen. Mehrwegtransportverpackungen sind Transportverpackungen, die mehrfach verwendet werden können. Die Intensität der werden. Die am Markt angebotenen „Paletten-Poolsysteme" sind eine Form von Mehrwegtransportverpackungssystemen.

Klassischerweise hat die Verpackung verschiedene Funktionen wahrzunehmen.

Abbildung 33: Funktionen der Verpackung

Lager und Transportfunktion	Schutzfunktion gegen	Rationalisierungsfunktion	Identifikations-Verkaufsfunktion	Verwendungsfunktion
Ausnutzung von Lager-/Ladeflächen	Mengenverlust	Einheiten beim Verpacken	Kennzeichnung (Menge, Preis, Art)	leicht zu öffnen
Zusammenfassung Zu Einheiten	Verunreinigung	flächen- und raumsparend beim Transport und Lagern	Vorsichtsmarkierung	wiederverschließbar
Vereinfachung Der Manipulation	Klima	gutes Handling	Gebrauchsanleitung	wiederverwendbar
Widerstandsfähigkeit gegen TUL	Beschädigung	mechanisierbar automatisierbar	Werbung	umweltfreundlich
	Gefährdung der Umwelt		Optische Gestaltung	dualer Punkt
	TUL Beanspruchung			hygienisch

Die grundsätzliche Unterscheidung in Transport- und Verkaufsverpackung ist nicht immer eindeutig vorzunehmen. Gerade aber im Bereich der Transportverpackung ist die Kreativität der Unternehmen gefragt, um die sehr oft auftretenden Zielkonflikte zwischen umweltfreundlich, kostengünstig und kundengerecht auszugleichen.

Neben der Unterscheidung in Transport- und Verkaufsverpackung werden noch folgende Begriffe unterschieden:

Primärverpackungen: sie werden auch als Endverbrauchereinheit bezeichnet und sind häufig im Einzelhandel anzutreffen z.B. 1 Tafel Milka Alpenmilch 300 g

Sekundärverpackungen: dabei handelt es sich um sog. Handelseinheiten. Sie umschließen in der Regel mehrere Primärverpackungseinheiten, also z.B. 10 Tafeln Milka Alpenmilch 300 g

Tertiärverpackungen: hier handelt es sich um die eigentliche Transportverpackung, also Paletten, Rollcontainer usw.

Eine besondere Herausforderung im Rahmen der Verpackung, insbesondere auch der Sekundärverpackung ist die sog. Modularisierung. In Österreich werden z.Z. mehr als 700 verschiedene Grundmaße von Sekundär- und Tertiärverpackungen eingesetzt, die praktisch nicht aufeinander abgestimmt sind und dadurch eine effiziente Lagerung und optimal ausgelastete Transportmittel verhindert. Gerade im Zusammenhang mit der Umsetzung von ECR Konzepten wird dieses Thema intensiv behandelt und Empfehlungen erarbeitet (Efficient Unit Loads).

7 Verkehrsträger – interne Produktionsfaktoren von Speditionsunternehmen

Als Produktionsfaktoren werden in der Betriebswirtschaftslehre die Einsatzgüter angesehen, die für den Produktionsprozess benötigt werden oder ihn beeinflussen. Diese Definition ist für die Dienstleistungsproduktion nicht ausreichend. Gerade bei Dienstleistungsproduktionen spielen Dienstleistungen und Informationen als Produktionsfaktoren eine entscheidende Rolle. Immaterielle Wirtschaftsgüter wie Lizenzen, Rechte und Patente aber inbesondere die menschliche Arbeitsleistung haben als Inputfaktoren eine besondere Bedeutung. Rohstoffe kommen bei Dienstleistungsproduktionen nicht zum Einsatz, wohl aber Betriebsmittel und Werkstoffe in Form von Hilfs- und Betriebsstoffen.

Bei den internen Produktionsfaktoren handelt es sich um diejenigen Faktoren, die für die Dienstleistungserstellung als Inputfaktoren autonom von den Beschaffungsmärkten bezogen werden (vgl. Maleri 1997, S. 132). Das Vorliegen eines externen Produktionsfaktors ist unabdingbare Voraussetzung für die Dienstleistungsproduktion. Das Charakteristikum des externen Produktionsfaktors ist, dass er durch den Dienstleistungsnachfrager in den Produktionsprozess eingebracht wird bzw. dem Dienstleistungsersteller temporär überlassen wird. Der wesentliche Unterschied zu den internen Produktionsfaktoren ist also darin zu sehen, dass er sich damit der Disponierbarkeit durch den Dienstleistungsersteller entzieht.

Im Gegensatz zur Sachgüterproduktion muss im Falle der Dienstleistung der Nutzen dem Dienstleistungsempfänger unmittelbar zugänglich gemacht werden. Dabei handelt es sich stets um unproduzierte Leistungen, also Leistungsversprechen, bei denen der Abnehmer bzw. Käufer der Dienstleistung letzlich nur hoffen kann, dass der Schuldner dieses Leistungsversprechens willens und in der Lage ist, das geschuldete Versprechen in gewünschtem Umfang und in der erwarteten Qualität zu erfüllen.

Die internen Produktionsfaktoren bei Speditionsunternehmen sind die Beschaffung von Transport-, Umschlag-, Lagerleistungen und sonstige Dienstleistungen, unabhängig davon, ob sie zugekauft oder selbsterstellt werden. Überwiegend werden diese Leistungen bei den Verkehrsträgern beschafft. Um Leistungsversprechen abzugeben, müssen daher vom Leistungsersteller bestmögliche Informationen über die Inputfaktoren vorliegen.

Betrachtet man die Grundstruktur von Verkehrssystemen, so ergeben sich immer Güterflüsse folgender Art:

Abbildung 34: Grundstruktur von Verkehrssystemen

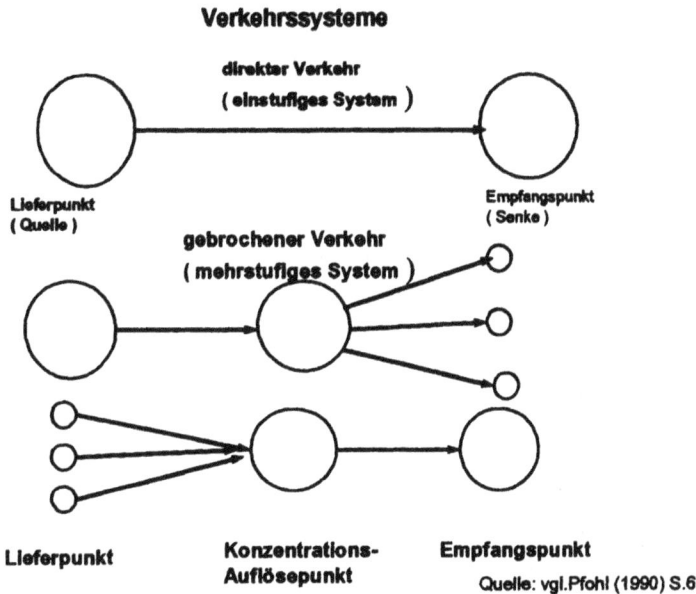

Verkehrssysteme

direkter Verkehr
(einstufiges System)

Lieferpunkt
(Quelle)

Empfangspunkt
(Senke)

gebrochener Verkehr
(mehrstufiges System)

Lieferpunkt

Konzentrations-
Auflösepunkt

Empfangspunkt

Quelle: vgl.Pfohl (1990) S.6

Charakteristisch ist das Ineinandergreifen von Bewegungs- und Lagerprozessen. Die Grundfunktionen bleiben aber immer die Raum- und Zeitveränderung von Gütern.

Neben dem Güterfluss benötigen diese Prozesse auch immer den Austausch von Informationen, so dass Güterfluss immer mit Informationsfluss verbunden ist.

Bei der Verknüpfung von logistischen Informationssystemen geht es um die Gestaltung dieser Schnittstellen.

Verkehrssysteme zur Gestaltung der externen Güterflüsse stellen den weitesten Begriff dar. Sie bestehen aus mindestens einem Verkehrsträger oder auch aus verschiedenen Verkehrsmitteln und verschiedenen Verkehrsträgern. So erfasst das Verkehrssystem „kombinierter Verkehr" die effiziente Transportabwicklung durch Nutzung mehrerer Verkehrsträger (etwa Schiene/Straße), durch Einsatz spezieller Transportbehälter (Container, Wechselaufbauten) sowie spezielle bauliche Einrichtungen zum Umschlagen dieser Behälter (Kombiterminals). Eine mögliche Gliederung der Güterverkehrssysteme zeigt folgende Abbildung:

Abbildung 35: Gliederungssystematik von Güterverkehrssystemen

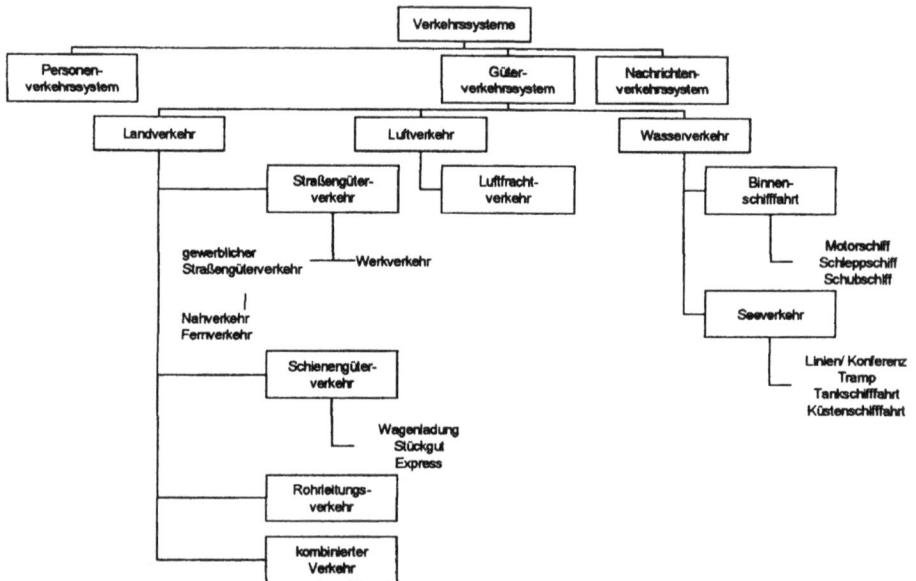

Zur Beschreibung der Güterverkehrssysteme sind mindestens folgende Aspekte zu berücksichtigen:

<u>Rechtliche Grundlagen:</u>

Die Vielzahl der Regulierungen im Verkehrsbereich aber auch die besonderen Anforderungen an die im System verknüpften Verkehrsträger erfordert eine Differenzierung nach öffentlich-rechtlichen und privatrechtlichen Aspekten. Öffentlich-rechtliche Grundlagen befassen sich mit jenen gesetzlichen Grundlagen, die den Marktzugang für Verkehrsträger und Güterverkehrsunternehmen regeln, wie beispielsweise mit der Frage, welche Voraussetzungen erfüllt sein müssen, damit ein Luftverkehrsunternehmen gegründet werden kann oder mit den gesetzlichen Grundlagen für Betriebsbewilligungen oder Konzessionserteilungen. Die privatrechtlichen Grundlagen befassen sich in erster Linie mit den vertragsrechtlichen Grundlagen. Darunter fallen Beförderungs-, Lager- und jede Form von Dienstleistungsverträgen.

<u>Wirtschaftliche Grundlagen</u>

Sie umfassen die Beschreibung der Leistungsangebote der einzelnen Verkehrsträger sowie Aspekte der Preis- und Tarifgestaltung.

<u>Technische Grundlagen</u>

Die technische Entwicklung stellt eine der Kräfte dar, die im Bereich der Verkehrsträger ständigen Veränderungsdruck erzeugen. Sie wird auch wesentlich getrieben durch sich ständig verändernde rechtliche Rahmenbedingungen. Besonderem Druck unterliegt seit Jahren die Verkehrstechnik des Straßengüterverkehrs. Zusätzlich werden die Verkehrsträger durch technische Entwicklungen im Bereich der Informations- und Kommunikationstechnologie beeinflusst. Speditionsunternehmen zeichnen sich dadurch aus, dass sie verkehrsträgerneutral agieren.

7.1 Allgemeine Grundlagen

Die Frachtgeschäfte zählen nach HGB §1 zu den Handelsgewerben. So gilt der Frachtführer als Istkaufmann und unterliegt in vollem Umfang den Rechtsvorschriften des HGB. Das Frachtgeschäft ist durch das „Gesetz zur Neuregelung des Fracht -, Speditions- und Lagerrechts" (Transportrechtsreformgesetz – TRG) von 1998 grundlegend geändert und weitgehend vereinheitlicht worden. Die z.T. mehr als einhundert Jahre alten unterschiedlichen Teiltransportrechte wurden bereinigt und in enger Anlehnung an die CMR (Übereinkommen über den Beförderungsvertrag im internationalen Straßengüterverkehr von 1956) vereinheitlicht. Damit wurde auch versucht, die Wettbewerbsbedingungen der verschiedenen Verkehrsträger anzupassen.

Verkehrssystemunabhängige Grundlagen befassen sich mit Themen, die grundsätzliche Aspekte und Regeln beschreiben und die von den jeweiligen Verkehrsträgern unabhängig sind. Darunter sind transportrechtliche Aspekte und Aspekte der Frachtberechnung zu verstehen.

Ein wichtiger Punkt im Transportrecht ist die Frage der **Haftung für Waren- und Vermögensschäden** der am Transport Beteiligten (Verkehrsträgerhaftung).

Bei Verkehrsträgerhaftungsfragen ist immer zwischen dem Prinzip der **Gefährdungshaftung** und der **Verschuldenshaftung** zu unterscheiden.

Gefährdungshaftung bedeutet, dass für den Verkehrsträger von der Übernahme des Gutes bis zur Übergabe des im Frachtbrief eingetragenen Ortes eine Haftung für gänzlichen oder teilweisen Verlust oder für Beschädigung des Gutes gegeben ist und zwar unabhängig davon, ob ein Verschulden vorliegt oder nicht.

Die Haftung ist lediglich durch taxativ im Gesetz aufgezählte Haftungsausschlussgründe ausgenommen.

Verschuldenshaftung bedeutet, dass für das Entstehen des Schadens ein Verschulden vorliegen muss. Dies gilt beispielsweise für die Haftung des Spediteurs für Vermögensschäden[76], wenn der Schaden durch die Sorgfalt eines ordentlichen Kaufmanns nicht abgewendet werden konnte (HGB §461(2)).

Die Anwendbarkeit der Haftungsbestimmungen im Frachtrecht setzt das Vorliegen eines Frachtvertrages voraus. Das HGB unterscheidet Frachtführer und Spediteure, woraus sich auch die oft problematische Abgrenzung eines Frachtvertrages zu einem Speditionsvertrag ergibt. Mit der Transportrechtsreform hat diese Abgrenzung jedoch an Bedeutung verloren, da das Speditionsrecht auf die Haftungsbestimmungen des Frachtrechts verweist (HGB § 461). Verwendet der Spediteur jedoch die AÖSP (ADSP) als Rechtsgrundlage, gelten andere Haftungsregeln.

Die Gefährdungshaftung ist daher nach dem österreichischen Privatrecht ein erweitertes Haftungsprinzip, das im Transportprivatrecht weitgehend üblich ist. Damit verbunden ist jedoch auch eine Begrenzung der Haftung nach oben (Haftungshöchstgrenze). Im TRG §431 ist definiert:

„(1)...zu leistende Entschädigung...auf einen Betrag von 8,33 Rechnungseinheiten [SZR][77] für jedes Kilogramm des Rohgewichtes der Sendung begrenzt". Unter Rohgewicht ist das Bruttogewicht der gesamten Sendung zu verstehen.

---

[76] Vermögensschäden sind keine Warenschäden. Es handelt sich um Schäden, die sich aus der Besorgertätigkeit des Spediteurs ergeben. Beispiele sind Schäden aus fehlerhaften Abschlüssen von Fracht- und anderen Verträgen, Fehler in der Zolldeklaration und daraus entstehende fehlerhafte Abgabenbescheide, fehlerhafte Dokumentation und dadurch Nichtbeachtung von Terminvereinbarungen usw.

[77] SZR = Sonderziehungsrecht. Es handelt sich um eine Recheneinheit des internationalen Währungsfonds. Sie enthält feste Beträge der wichtigsten Weltwährungen Euro, Dollar, Yen und britisches Pfund und wird täglich neu festgesetzt. 1 SZR entspricht ca. 1,2 €.

Als zum Schadenersatz verpflichtende Leistungen nennt das HGB § 425 auf der einen Seite die Beschädigung oder den Verlust des Gutes, auf der anderen Seite die Lieferfristüberschreitung. Unter Beschädigung versteht man eine innere oder äußere Substanzverletzung des Gutes, die eine Wertminderung zur Folge hat. Entscheidend ist dabei eine auf objektiven Kriterien beruhende wirtschaftliche Betrachtungsweise.

Die Haftungshöchstgrenze wegen Überschreitung der Lieferfrist ist auf den dreifachen Betrag der Fracht begrenzt. Die Fracht ist das nach dem Vertrag geschuldete Entgelt für die jeweilige Sendung.

Ein Verlust liegt vor, wenn das Gut zerstört wurde oder nicht auffindbar ist. Möglich ist auch ein Teilverlust, wenn Zahl, Menge, Gewicht oder Volumen der beförderten Güter bei der Ablieferung geringer sind als bei der Übernahme. Bei Verlust des Gutes ist der Wert am Ort und zur Zeit der Übernahme zur Beförderung zu ersetzen. Für die Bestimmung des Wertes ist zunächst auf den Marktpreis des Gutes abzustellen. Der Marktpreis ist der Durchschnittspreis, den ein Gut gleicher Art und Güte ohne Berücksichtigung der besonderen Verhältnisse des konkreten Falles im Handelsverkehr erzielen würde. Güter, die nicht regelmäßig gehandelt werden, haben keinen Marktpreis. Für diese Güter ist der gemeine Wert anzusetzen. Darunter versteht man den Preis, den eine unvoreingenommene Person für das Gut gewöhnlich ausgeben würde. Üblich ist hier eine Schätzung durch einen Sachverständigen.

Zu beachten sind die Fristen für Mängelrügen. Bei äußerlich erkennbaren Schäden muss eine unmittelbare Rüge bei Ablieferung des Gutes erfolgen. Allgemeine Angaben ohne jegliche Beschreibung des Schadens reichen nicht aus. Die Rüge wegen eines Schadens, der äußerlich nicht erkennbar ist, muss spätestens 7 Tage nach der Ablieferung schriftlich erfolgen. Erfolgt keine Rüge, wird vermutet, dass das Gut in vertragsmäßigem Zustand ausgeliefert wurde. Etwas Gegenteiliges hat der Anspruchsteller zu beweisen (Beweislastumkehr).

HGB § 425 fordert für eine Haftung kein Verschulden. Als Ausgleich sehen die § 426, 427 HGB, wie bereits erwähnt, besondere Haftungsbeschränkungen und Haftungsausschlüsse vor.

Frachtberechnungsgrundlagen spielen bei der Verwendung von Tarifen der Verkehrsträger eine Rolle. Dabei ist auf die Unterscheidung von **tatsächlichem** oder **Effektivgewicht** und **frachtpflichtigem Gewicht** zu achten. Für so genannte

„sperrige Güter" wird von den Verkehrsträgern meistens ein Maß/Gewichtsverhältnis festgelegt, so dass auf 1 Gewichtskilogramm nur ein bestimmtes Maximum an Volumenseinheiten entfallen darf.

Dieses Maß/Gewichtverhältnis ist bei den verschiedenen Verkehrsträgern unterschiedlich definiert. Einerseits soll damit der Unterschiedlichkeit von Transportgütern bei der Inanspruchnahme von Laderaum Rechnung getragen werden (1 cbm Stahl hat ein anderes Gewicht als 1 cbm Bettfedern), andererseits soll damit auch die unterschiedliche Leistungsfähigkeit der Verkehrsträger im Hinblick auf Unterschiede in der Nutzlast und im Ladevolumen berücksichtigt werden.

Am Beispiel der Luftfracht wurde diese Volumenseinheit auf 6000 cm^3 je Kilogramm festgesetzt. Wird dieses Maximum überschritten, so ist die Frachtberechnung aufgrund der errechneten Volumenseinheiten vorzunehmen. Berechnet werden dann die so genannten Volumen-Kilogramm. Zur Ermittlung des Volumens werden die Außenmaße der Sendung miteinander multipliziert. Die so erhaltene Summe wird durch 6000 dividiert.

Beispiel:

Sendungsgröße:

> 3 Pakete Handelwaren
> Gesamtgewicht 110,4 kg brutto
> Dimension 70 cm Länge x 80 cm Breite x 50 cm Höhe pro Paket

Berechnung des Volumensgewichtes:

$$\frac{(70cm \times 80cm \times 50cm)}{6000cm^3 / kg} \times 3 \text{ Pakete} = 140 \text{ kg Volumensgewicht}$$

Da nun das Volumensgewicht höher ist als das effektive (tatsächliche) Gewicht von 110,4 kg wird für die Frachtberechnung das höhere Volumensgewicht zugrunde gelegt.

In offiziellen Tarifen werden meist auch Mindestfrachten festgelegt. Für eine Wagenladung im Bahnverkehr wird beispielsweise das frachtpflichtige Gewicht von mindestens 6000 kg berechnet. Der Tarif sieht Tarifsätze für 6,10,15,20 und 25 Tonnen vor. Diese Tarifstufen werden auch Wagenladungsklassen genannt.

Liegt das Gewicht eines Gutes zwischen zwei Gewichtsstufen z.B. 7500 kg, so wird zur Berechnung der Fracht sowohl nach dem teureren 6-to Satz mit dem tatsächlichen Gewicht, als auch nach dem billigeren 10to Satz, jedoch mit der Berechnungsgrundlage von mindestens 10 to berechnet. Die billigere Fracht aus den beiden Berechnungen ist dann gültig.

Diese Art der Frachtberechnung wird auch als „alternative Frachtberechnung" bezeichnet.

7.2   Güterverkehr der Bahn

7.2.1   Privatrechtliche Rahmenbedingungen

Der wichtigste privatrechtliche Vertrag, der bei der Beförderung von Gütern auf der Bahn mit den Eisenbahngesellschaften abgeschlossen wird, ist der Beförderungsvertrag.

Beförderungsverträge werden auch mit allen anderen Verkehrsträgern abgeschlossen.

Da es in Österreich wie in den meisten Staaten kein einheitliches Recht für Beförderungsverträge gibt, muss zur Beurteilung jeweils eine Vielzahl hauptsächlich verkehrsartbezogener Gesetze herangezogen werden.

Am 9.Mai 1980 wurde im Rahmen einer diplomatischen Schlussakte ein „Übereinkommen über den internationalen Eisenbahnverkehr (COTIF)" geschaffen, dessen Inkraftsetzung mit 1.5.1985 in Österreich erfolgte. Zwischen den Staaten, die dieses Übereinkommen unterzeichnet und ratifiziert haben, gilt es als völkerrechtlicher Vertrag.

Einen festen Bestandteil Anhang B dieses Übereinkommens bilden „die einheitlichen Rechtsvorschriften für den Vertrag über die internationale Eisenbahnbeförderung von Gütern (ER CIM)". Die CIM gelten für alle Gütersendungen, die mit durchgehendem Frachtbrief auf einen Weg aufgegeben werden, der die Gebiete mindestens zweier COTIF-Mitgliedstaaten berührt.

Die Liberalisierung im Eisenbahnverkehr hat auch zur Revision der ER CIM geführt. Angestrebt wurde eine möglichst weitgehende Harmonisierung mit dem für andere Verkehrsträger geltenden internationalen Beförderungsrecht, insbesondere mit der für den internationalen Straßengüterverkehr geltenden CMR. Der künftige internationale

Eisenbahngüterbeförderungsvertrag ist ein Konsensualvertrag, wobei der Frachtbrief nur mehr ein Beweisdokument ist. Für das gemeinschaftliche/gemeinsame Versandverfahren der EG/EFTA ist der Frachtbrief auch Zolldokument.

Die Beförderungspflicht im internationalen Eisenbahngüterverkehr wurde aufgehoben ebenso die damit eng verbundene Tarifpflicht.

Bei Eisenbahntransporten ist die Höhe der Entschädigung mit 8,33 SZR (Sonderziehungsrechten) je Kilogramm Rohgewicht begrenzt, zuzüglich Fracht, Zölle und sonstiger aus Anlass der Beförderung des Gutes bezahlter Beträge.

Ist durch **Überschreitung der Lieferfrist**[78] nachweislich ein Schaden entstanden (Warenschäden eingeschlossen), so ist die Entschädigung mit dem Dreifachen der Fracht nach oben begrenzt.

Soweit eine Haftung der Eisenbahn vorliegt und auf **grobe Fahrlässigkeit** zurückzuführen ist, verdoppeln sich die jeweils vorhandenen Höchstbeträge, bei **Vorsatz** entfällt jede Beschränkung.

7.2.2   Wirtschaftliche Rahmenbedingungen

7.2.2.1   Leistungsangebote der Eisenbahnen

Wagenladungsverkehr:

Der wesentlichste Leistungsbereich der Eisenbahnen sowohl national als auch international ist die Abwicklung von Wagenladungen. Ladungsverkehre bezeichnen den Transport von Massengütern, Containern und kundenbezogenen Komplett- und Teilladungen. Unter Ladung wird die Gesamtheit aller Güter im Laderaum eines Transportmittels verstanden. Direkte Ladungsverkehre sind dadurch gekennzeichnet, dass Liefer- und Empfangspunkte in einem direkten Lauf ohne Wechsel des Transportmittels miteinander verbunden sind. Eine Ladung kann aber auch z.B. bei Containertransporten oder LCL Containern in der Luftfracht über Sammel- und Verteilknoten abgewickelt werden.

---

[78] Lieferfrist = Frist innerhalb der der Frachtführer die Beförderung durchzuführen und zu vollenden hat (§ 428 HGB).

Abbildung 36: Ladungsverkehre

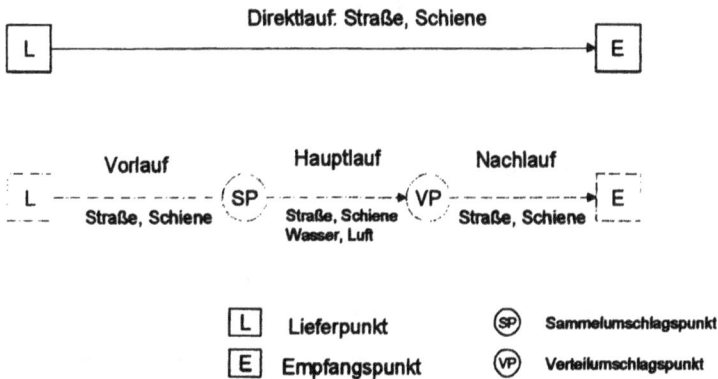

Quelle: vgl. Sänger (2004, S.59)

Es ist dabei nicht notwendig, sich nur auf die von den Bahnen angebotenen Wagentypen zu beschränken. Eine Reihe von so genannten Waggonvermietungsgesellschaften bieten die unterschiedlichsten Wagentypen an, die gerade bei Sondertransporten mit Übermaßen gute technische Lösungen anbieten.

Privatwagen können sowohl im nationalen als auch im internationalen Eisenbahnverkehr eingesetzt werden. Privatwagen sind auf den Namen eines Privaten aufgrund eines Einstellungsvertrages bei einer Eisenbahn eingestellte und mit dem Zeichen „P" versehene Güterwagen. Hauptsächlich eingesetzt werden derartige Güterwagen bei spezialisierten Produkten, die besondere Güterwagentypen benötigen, so z.B. in der chemischen Industrie bei Schüttgut, in der Automobilindustrie oder der Bergbauindustrie.

Entscheidend für jeden im Eisenbahngüterverkehr eingesetzten Waggontyp ist die Verwendbarkeit der Güterwagen auch außerhalb des Streckennetzes der eigenen Bahnverwaltung. Ausnahmen sind Privatbahnen, die auf eine derartige Einsetzbarkeit keinen Wert legen wie z.B. Schmalspurstrecken, die für Ausflugsfahrten genutzt werden.

Die Güterwagen müssen also nach internationalen Richtlinien gebaut sein, damit sie nicht nur die gleiche Spurweite benützen, sondern auch zu ausländischen Zugsgarnituren angehängt werden können.

Um den Warentransport rationell abwickeln zu können, hat man sich auf ein Wagenmietsystem geeinigt, so dass inländische Wagen im Ausland und umgekehrt benützt werden können.

Stückgutverkehr:

Stückgüter sind einzeln verladbare Güter bzw. Packstücke wie Kisten, Karton, Fässer und Paletten. Das Gegenteil sind Massengüter.

Der wohl bekannteste nationale Stückgutverkehr in Österreich ist der Bahnexpress. Dieser Stückgutverkehr bietet dem Verlader garantierte Lieferzeiten von 24 - 48 Stunden. Zuschlagfristen und bestimmte in den Bahnexpressbedingungen genannte Umstände können die Lieferzeit verlängern wie z.B. Überlastung von Knotenbahnhöfen.

Bei diesem Angebot der Bahnen handelt sich um einen Haus - Haus Verkehr, das heisst, dass die Bahn die Abholung und Zustellung der Stückgutsendung unter Ihrer Verantwortung durchführt.

Selbstanlieferung beim Abgangsbahnhof ist möglich, frei Ankunftsstation zur Selbstabholung durch den Empfänger jedoch im Gegensatz zum früheren Stückgutverkehr nicht mehr.

Stückgutsendungen per Bahn können auch in Bahnsammelverkehren abgewickelt werden. Dabei handelt es sich um Leistungsangebote der Speditionen, die die Stückgutsendungen ihrer Kunden sammeln und in Wagenladungen an bestimmte Bestimmungsbahnhöfe versenden. Dort werden diese Stückgüter durch die Empfangsspedition in der Fläche verteilt, d.h. den Empfängern zugestellt.

Kombinierte Verkehre:

Auch dieses Leistungsangebot wird zum Teil von Bahnen angeboten. Der gesamte Themenkomplex wird jedoch in einem eigenen Kapitel dargestellt.

Umladeverkehr:

Gegenwärtig sind etwa 70 % des Weltschienennetzes (dieses beträgt derzeit 1.250.300 km) einschließlich der meisten europäischen Eisenbahnen mit der

Spurweite 1435 mm ausgestattet, die auch als "Normalspur" bezeichnet wird. Daneben bestehen noch die Schienennetze der "Breitspur", auf denen der Eisenbahnverkehr Finnlands, der GUS sowie Spaniens und Portugals abgewickelt wird.

Beim Übergang zwischen den Eisenbahnen verschiedener Spurweite sind Umladevorgänge erforderlich. In Abhängigkeit von der Beschaffenheit der Güter erfolgt die Umladung unter Anwendung differenzierter Technologien. Vielfach wird der arbeitsintensive Umladeverkehr durch „Umspuren" ersetzt (Auswechseln der Radsätze auf solche der anderen Spurweite). Auch für den Übergang auf Schmalspurbahnen (Zillertaler Verkehrsbetriebe, Achenseebahn u.a.) sind Umladungen oder so genanntes „Aufschemeln" der normalspurigen Güterwagen vorgesehen.

Grundsätzlich hat die Bahn zur Steigerung ihrer Leistungsfähigkeit einen Widerspruch zu lösen.

- So hängt die Nutzung der Wagenladungsverkehre stark von der Anbindung der Versender und Empfänger durch Gleisanschlüsse an das Schienennetz ab, so genannte AGL = Anschlussgeleise.

- Der Stückgutverkehr wiederum stellt besondere Anforderungen an die zur Auflösung und Konzentration der Stückgüter dienenden Bahnhöfe. Dieser Trend zur Konzentration des Stückgutumschlages auf eine geringere Anzahl von Knotenpunkten bedingt eine höhere Kooperation der Bahn mit dem Straßengüterverkehr, um die Flächenbedienung für den Stückgut-Hausverkehr gewährleisten zu können.

Die Konsequenz daraus ist, dass mittlerweile in Österreich der größte Straßengüterverkehrsbetrieb die Österreichische Bundesbahn ist.

7.2.2.2   Tarifstruktur und Anwendung

Stückguttarif:

Der Stückguttarif definiert die Transportkosten für Sendungen unter 6000 kg.

Das Maß/Gewichtsverhältnis, das von den Bahnen verwendet wird, liegt bei 1 cbm = 150 kg frachtpflichtiges Gewicht mindestens zahlbar.

Die Tarifgrundlage bildet der BahnExpress Tarif, der für definierte Gewichtsstufen ausgerechnete Frachten anbietet. Der Tarif ist außerdem in 10 Zonen eingeteilt, die über Postleitzahlen definiert sind.

In jedem Tarif der Bahnen sind auch immer Nebengebühren definiert, die gerade im internationalen Bahnverkehr zu beachten sind und zu zusätzlichen Kosten führen können.

Aber auch im Bahnverkehr ist der geschaffene Tarif den Spielregeln des Marktes unterworfen mit dem Ergebnis, dass die Bahnen immer mehr besondere Kundenabmachungen treffen und den Preis als absatzpolitisches Instrument voll zum Einsatz bringen.

7.2.2.3   Informations- und Dokumentationssysteme

Der Frachtbrief ist das Vertragsdokument zwischen Bahn und Versender.

Im nationalen Wagenladungsverkehr werden EVO Frachtbriefe, im internationalen Bahnverkehr CIM Frachtbriefe und im BahnExpressverkehr eigene BahnExpressscheine verwendet.

Immer jedoch ist der Absender verpflichtet, den Frachtbrief vollständig auszufüllen.

Der Abschluss des Vertrages ist erfolgt, sobald die Bahn das Gut mit dem Frachtbrief zur Beförderung angenommen hat. Hinsichtlich der Zahlung der vom Absender übernommenen Kosten wird auch die Möglichkeit der zentralen Frachtberechnung von den Bahnen angeboten.

Für Sendungen zwischen den GUS und Österreich wird beim Bahntransport ein eigener Frachtbrief verwendet (SAT–Frachtbrief), dessen Besonderheit die Zweisprachigkeit (kyrillische Schriftzeichen) ist und somit Fehlversendungen vermeiden helfen soll.

Weiters ist zu beachten, dass im internationalen Bahnverkehr der CIM Frachtbrief auch als Zollbegleitpapier anerkannt ist und somit nicht noch ein zusätzliches Zolldokument erstellt werden muss.

Die Eisenbahnen unterhalten auch ein Waggonverfolgungssystem, das EDV-unterstützt, jederzeit Informationen über den Verbleib der nach Waggonnummern definierten Güterwagen ermöglicht.

7.3 Straßengüterverkehr

In allen Industrieländern hat der Straßengüterverkehr einen sehr hohen Anteil im „Modal split", d.h. in der Aufteilung des Güterverkehrsaufkommens auf die einzelnen Verkehrsträger.

Im Hinblick auf den Binnenmarkt, die geöffneten Ostgrenzen und nicht zuletzt auf die Liberalisierungen im Verkehrsbereich deuten alle Prognosen darauf hin, dass sich der Straßengüterverkehr weiterhin mit 2-stelligen Zuwachsraten entwickeln wird.

7.3.1 Öffentlich-rechtliche Rahmenbedingungen

Das Güterbeförderungsgesetz kennt 2 Konzessionsarten:

- **Güternahverkehr** und

- **Güterfernverkehr.**

Güternahverkehr liegt vor, wenn ein Gut innerhalb der Nahverkehrszone, das ist innerhalb eines Umkreises mit einem Radius von 65 km, gemessen in der Luftlinie von dem für die Ausübung des Gewerbes in Aussicht genommenen Standort, oder wenn die Fahrt über die Nahverkehrszone hinausgeht, auf einer Strecke von höchstens 110 Straßenkilometern befördert wird, wobei die Be- oder Entladestelle innerhalb des Umkreises liegen muss (Stichfahrt).

Güterfernverkehre sind, sagt das Güterbeförderungsgesetz, alle Beförderungen, die nicht unter die Nahverkehrsdefinition fallen. Eine Berechtigung zum Güterfernverkehr berechtigt aber auch zur Ausübung des Güternahverkehrs.

Im Ausnahmekatalog des Güterbeförderungsgesetzes sind so genannte Kleintransporte geregelt:

„Güterbeförderungen mit Kraftfahrzeugen, deren höchste zulässige Nutzlast 600 kg nicht übersteigt."

Dieses Gewerbe ist lt. Österreichischem Gewerberecht ein Anmeldungsgewerbe, oder besser gesagt, ein freies Gewerbe, das man lediglich bei der jeweils zuständigen Gewerbebehörde anzumelden hat.

Zu beachten ist, dass das Güterbeförderungsgesetz für die gewerbsmäßige Beförderung von Gütern mit Kraftfahrzeugen des Straßenverkehrs durch Beförderungsunternehmen und für den Werkverkehr mit solchen Fahrzeugen gilt.

7.3.2   Privatrechtliche Rahmenbedingungen

Der gewerbliche Straßengüterverkehr ist gekennzeichnet durch eine Reihe von Gesetzesregelungen und Reglementierungen, die sowohl den Marktzugang als auch die Ausübung des Gewerbes betreffen.

In geringerem Ausmaß betreffen diese Regelungen den Werkverkehr, schränken ihn jedoch auf andere Art ein. So müssen die Güter, die mit dem Werksverkehrsfahrzeug transportiert werden, in einem Zusammenhang mit dem Unternehmen stehen.

Das ist anders als beim gewerblichen Straßengüterverkehr, der Güter eines Dritten übernimmt, um sie von einem Absender zu einem Empfänger zu transportieren. Dennoch ist der Anteil des Werkverkehrs beispielsweise in der BRD bei ca. 50%, allerdings schwerpunktmäßig dem Nahverkehr zuzuordnen.

Die Betriebsgrößen der gewerblichen Straßengüterverkehrsbetriebe sind in Österreich und der BRD sehr ähnlich, d.h. ca. 80% der Betriebe sind Kleinunternehmen mit nicht mehr als 6 Fahrzeugen, 20% sind Mittel- und Großbetriebe.

Mit der Schaffung des „Übereinkommens über den Beförderungsvertrag im internationalen Straßengüterverkehr – CMR " wurde im Jahre 1956 die wichtigste Rechtsgrundlage im Straßengüterverkehr eingeführt. Am 27.7.1990 wurde mit Bundesgesetz Nr.459 die Art.2 bis 30 und 32 bis 41 der CMR durch Einfügung eines §439a in das HGB auch auf den österreichischen nationalen Straßengüterverkehr ausgeweitet.

Die CMR ist verbindlich zu beachten, wenn bei einer entgeltlichen Beförderung von Gütern auf der Straße der Ort der Übernahme des Gutes und der für die Ablieferung vorgesehene Ort in zwei verschiedenen Staaten liegen, von denen mindestens einer ein Vertragsstaat ist.

Das Haftungsprinzip nach CMR ist eine **Gefährdungshaftung** (Obhutshaftung).

Wie in der CIM wird der Beförderungsvertrag in einem Frachtbrief festgehalten. Der Frachtbrief ist Beweisurkunde und dient bis zum Beweis des Gegenteils als Nachweis für den Abschluss und den Inhalt des Beförderungsvertrages.

Wie bei der Eisenbahn haftet der Frachtführer für gänzlichen oder teilweisen Verlust und für die Beschädigung des Gutes, sofern diese zwischen dem Zeitpunkt der Übernahme des Gutes und dem seiner Ablieferung eintreten, sowie für Lieferfristüberschreitung.

Er ist von dieser Haftung - wie bei der Eisenbahn - befreit, wenn ein Schaden oder eine Lieferfristüberschreitung aus Verschulden des Verfügungsberechtigten, durch dessen Weisung, durch besondere Mängel des Gutes oder durch Umstände verursacht ist, die er nicht vermeiden und dessen Folgen er nicht abwenden konnte. Hier hinein fällt die höhere Gewalt.

Ein Mangel an dem für die Beförderung verwendeten Fahrzeug ist kein Haftungsbefreiungsgrund.

Die besonderen Gefahren, die eine Befreiung von der Haftung des Frachtführers begründen, sind analog zu jenen von Art.36 CIM formuliert. Es sind dies:

- Verwendung von offenen, nicht planengedeckten Fahrzeugen,

- Fehlen oder Mängel der Verpackung, wenn eine Verpackung als Voraussetzung für die schadenfreie Beförderung erforderlich ist,

- Behandlung, Verladen, Verstauen oder Ausladen des Gutes durch den Absender, den Empfänger oder durch Dritte,

- natürliche Beschaffenheit gewisser Güter (Bruch, Rost, innerer Verderb usw.),

- ungenügende oder unzulängliche Bezeichnung oder Numerierung der Frachtstücke und

- Beförderung lebender Tiere.

Die Beweislast, dass ein Haftungsbefreiungsgrund vorliegt, obliegt jedoch dem Frachtführer.

- Für gänzlichen oder teilweisen Verlust der Güter hat der Frachtführer vollen Schadenersatz bis zu einer Höhe von 8,33 Sonderziehungsrechten je kg Rohgewicht des fehlenden Gutes zu leisten.

- Für aus Lieferfristüberschreitung nachweisbar entstandene Schäden haftet der Frachtführer nur bis zur Höhe der Fracht.

- Für äußerlich erkennbare Schäden muss bei der Ablieferung des Gutes an den Empfänger ein konkreter schriftlicher Vorbehalt im Frachtbrief angebracht werden. Nicht äußerlich erkennbare Schäden binnen sieben Tagen, Sonntage und gesetzliche Feiertage nicht eingerechnet, jedoch ebenfalls schriftlich.

Ansprüche aus der CMR verjähren in einem Jahr.

7.3.3   Wirtschaftliche Rahmenbedingungen

7.3.3.1   Leistungsangebot des Straßengüterverkehrs

Die Trennung des Straßengüterverkehrs auf Grund z.B. gewerberechtlicher Richtlinien in Güternah-, Güterfern- und Werkverkehr hat bei der Beurteilung von Straßengüterverkehrssystemen an Bedeutung verloren. Es zeichnet gerade den Straßengüterverkehr aus, dass sehr viele vom Markt geforderte Leistungen konkurrenzfähig zu anderen Verkehrsarten angeboten und die Leistungen den sich ständig verändernden Ansprüchen angepasst werden können.

Kriterien wie Vielseitigkeit des Transportmittels, Zuverlässigkeit, Spezialisierungsmöglichkeit, Verfügbarkeit und Kontrollierbarkeit sind Kriterien, die im Straßengüterverkehr in hohem Ausmaß vorhanden sind.

Ist der gewerbliche Straßengüterverkehr jedoch nicht in der Lage oder nicht bereit, sich diesen Anforderungen der verladenden Wirtschaft anzupassen, greift die Wirtschaft zum Eigen- oder Werkverkehr, auch wenn dieser im Hinblick auf Kosten aufwendiger sein sollte.

Der in immer größerem Umfang festzustellende Trend zu kleineren Sendungsgrößen hat in den letzten Jahren die Anzahl von Expressverkehren auf der Straße sprunghaft ansteigen lassen.

Paketdienste, Dokumentenversand, Expressverkehre mit garantierten Lieferzeiten bei Geld zurück Garantien schießen wie Pilze aus dem Boden. Auch haben sich die Leistungsangebote des Straßengüterverkehrs im Hinblick auf die eingesetzten Techniken weiter spezialisiert.

Kühltransporte, Schüttgut- und Flüssigtransporte, Volumentransporte mit Großraumfahrzeugen u.a. werden am Markt angeboten. Aber auch ursprüngliche Bahnsammelverkehre der Speditionen sind auf LKW-Sammelverkehre umgestellt worden, mit der flexiblen Möglichkeit der Streckenverteilung von Sendungen bestimmter Größenordnung ohne Umschlag über Terminals.

Verkehrstechnik

Die Entwicklung in der Verkehrstechnik ist in jüngster Zeit durch Maßnahmen im Bereich der Einschränkung des Transitverkehrs durch Österreich geprägt. Die technische Entwicklung im Bereich Lärmentwicklung und Abgasreduzierung wurde durch diese Gesetze sprunghaft vorwärts getrieben.

Diese Regelungen bestimmen jedoch nur einen Teil der Verkehrstechnik. Einen weiteren und wesentlichen Teil legen die Straßenverkehrsordnungen fest, in denen Maße und Gewichte der zugelassenen Fahrzeuge festgeschrieben werden.

International sind diese Normen sehr unterschiedlich. Sie unterliegen auch ständigen Neuerungen und Anpassungen.[79]

Diese unterschiedlichen Maß- und Gewichtsgrenzen zwingen die Güterbeförderungsunternehmen zu Hilfskonstruktionen in der Fahrzeugtechnik, je nachdem, welche Relationen bzw. Fahrtstrecken und Einsatzgebiete für den jeweiligen Unternehmer vorherrschen.

Der EG-Binnenmarkt hat in diesem Bereich zumindest für Mitgliedsländer mehr Einheitlichkeit gebracht. Die derzeitigen unterschiedlichen technischen Normen in einzelnen EU - Ländern sollen weiter vereinheitlicht werden.

Inwieweit sich diese Vereinheitlichung auch auf Arbeitsrecht, Sozial- und besonders Steuerrecht beziehen wird, ist noch unklar. Die derzeitigen Regelungen schaffen Ungleichgewichte innerhalb des Verkehrsträgers Straße aber auch zwischen den Verkehrsträgern Schiene/Straße.

7.3.3.2 Tarife und deren Anwendung

In Europa (EU) besteht im Straßengüterverkehr Tariffreiheit. Dies war nicht immer so. Der Reichskraftwagentarif – RKT galt in der BRD viele Jahre als gebundener Margentarif, der die Tarife für Transportleistungen auf der Straße innerhalb einer bestimmten Bandbreite festlegte.

Die Liberalisierungen in der EU und die damit verbundene Abschaffung der Tarifgebundenheit und die Abschaffung des Kabotageverkehrs haben zu einem starken Preisverfall im Straßengüterverkehr geführt. Viele Unternehmen mussten wieder betriebswirtschaftliches Denken üben und sich mit Themen der Kosten- und Leistungsrechnung befassen. So wurde wieder rasch erkannt, dass ein wichtiges und bereits bei Bahntarifen erkanntes Kalkulationselement das Maß/Gewichtsverhältnis

---

[79] In Schweden liegt die max. zulässige Länge eines Lastzuges bei 24,00 m, die Breite bei 2,60 m und einer nicht festgelegten Höhe. Demgegenüber liegt die max. Länge eines Lastzuges in Italien bei 18,75 m, die max. zulässige Breite bei 2,55 m und die max. zulässige Höhe bei 4 m.

einer Sendung ist. Dieses Kalkulationselement wird wieder verstärkt in jedem Angebot von Straßengüterverkehrsunternehmen definiert. Das häufigste Maß/Gewichtsverhältnis ist im Straßengüterverkehr 1 cbm = 300 kg. Es resultiert aus der Tatsache, dass ein LKW mit 14 Lademetern eine durchschnittliche max. Nutzlast von 24000 kg hat. Das durchschnittlich verfügbare Volumen liegt bei 70 cbm. Somit ergibt sich ein frachtpflichtiges Gewicht pro cbm von 342 kg, abgerundet 300 kg.

7.3.3.3 Informations- und Dokumentationssysteme

Der Beförderungsvertrag im Straßengüterverkehr ist der CMR Frachtbrief. Der Frachtbrief dient in erster Linie als Beweisurkunde. Wenn keine Vorbehalte vermerkt sind, wird angenommen, dass das Gut einschließlich Verpackung bei Übernahme in äußerlich gutem Zustand war und dass die Anzahl, Zeichen und Nummern der Frachtstücke mit den Frachtbriefangaben übereinstimmen. Der Frachtbrief kann auch als Sperrpapier verwendet werden, wenn der Absender während des Beförderungsvorganges eine nachträgliche Verfügung ausspricht. Er kann verlangen, dass der Frachtführer das Gut nicht weiterbefördert, es an den genannten Empfänger nicht ausliefert u.a. Der Frachtführer macht sich schadenersatzpflichtig, wenn er die gesperrte Sendung an den Empfänger ausliefert und damit die nachträgliche Verfügung nicht beachtet.

Die moderne Kommunikationstechnik erlaubt mittlerweile eine Vielzahl von mobilen Kommunikationsmöglichkeiten zwischen dem Disponenten und dem Fahrer eines LKW (Mobiltelefon und Fax) sowie ausgereifte Ortungsmöglichkeiten des jeweiligen Standortes des Fahrzeuges. Die Kooperation und Kommunikation mit dem Fahrer erfolgt in der Regel mündlich per Telefon oder schriftlich per Fax oder mittels EDI über eine Schnittstelle der Speditionssoftware. Die Informationssysteme nutzen zur Übertragung der Informationen die Technik GSM (Global System for Mobile Communication). Durch die Verbesserung der Bandbreite mittels Einsatz von z.B. GPRS und UMTS entstehen neue Möglichkeiten, wobei neue Techniken nicht zwangsläufig zu einer Verbesserung führen müssen[80].

---

[80] Die UNI Leipzig hat gemeinsam mit dem Informatik Centrum Dortmund ein vom BMBF (Bundesministerium für Bildung und Forschung) gefördertes Projekt bearbeitet, das sich mit dem „Einsatz von mobiler Kommunikation in der Speditionslogistik" auseinandergesetzt hat.

7.4 Kombinierter Verkehr

Der Begriff kombinierter Verkehr ist in der Literatur durch ein breites Spektrum unterschiedlichster Definitionen erschlossen. Vier Elemente sind jedoch charakteristisch für dieses Güterverkehrssystem:

> **das Transportgefäß,**
>
> der gesamte Transport eines Gutes vom Versender bis zum Empfänger wird mit Hilfe genormter Ladeeinheiten durchgeführt,
>
> **die Transportkette,**
>
> die Beförderung der genormten Ladeeinheit wird durch mehrere Verkehrsträger durchgeführt,
>
> **ungebrochener Verkehr,**
>
> beim Wechsel der Verkehrsträger wird nur die genormte Ladeeinheit umgeschlagen, nicht das Transportgut selbst,
>
> **Multimodalität,**
>
> das bedeutet, dass die genormte Ladeeinheit zwischen den Verkehrsträgern und Verkehrsmitteln uneingeschränkt ausgetauscht und umgeschlagen werden kann.

Unter Berücksichtigung dieser 4 Grundelemente unterscheidet man nun folgende Transporttechniken im kombinierten Verkehr:

Abbildung 37: Multimodale Transportsysteme

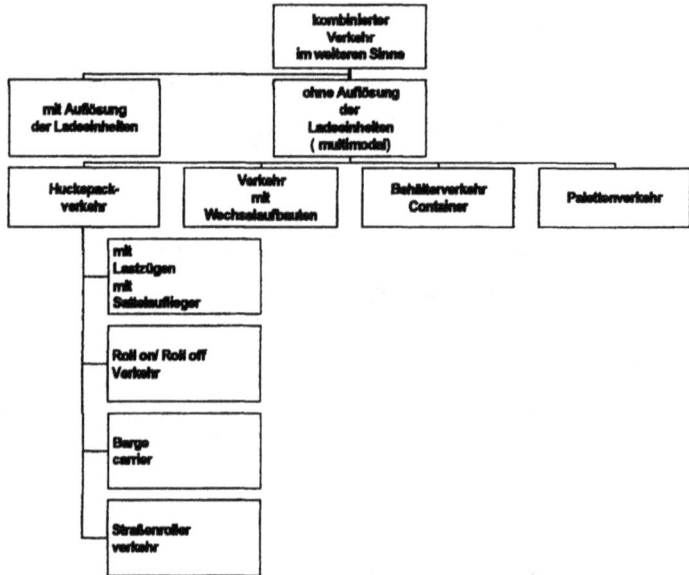

7.4.1   Öffentlich - rechtliche Rahmenbedingungen

Die kontinuierliche Aufwärtsentwicklung des kombinierten Verkehrs in Europa hat auch in Österreich am 1.6.1983 zur Gründung einer Gesellschaft geführt, in der Verlader, Spediteure, Frächter und Bahn zusammenwirken.

Der gemeinsame Nenner heißt ÖKOMBI Österreichische Gesellschaft für den kombinierten Verkehr Ges.m.b.H & Co KG.

Bis zur Gründung dieser Gesellschaft wurde der Huckepackverkehr von der Bahn alleine abgewickelt. Die zunehmende Bedeutung stellte jedoch an Organisation und Abwicklung neue Ansprüche.

Erstens sollte dem einzelnen Teilnehmer mehr Mitsprache eingeräumt werden, zweitens galt es eine Art Einkaufsgemeinschaft zu schaffen, und drittens ging es darum, eine „Pufferzone" zwischen Huckepackbetreibern und der Bahn zu bilden.

Eine neutrale Stelle also, die garantiert, dass vertrauliche Geschäftsunterlagen nicht in die Hand eines Konkurrenten kommen.

Das gleiche Problem stellte sich auch in vielen anderen europäischen Staaten. Dort entschloss man sich daher schon wesentlich früher, eigene Huckepack-Gesellschaften zu gründen.

Die ÖKOMBI besorgt alles, was mit dem Eisenbahntransport im Zusammenhang steht. Sie übernimmt den Wechselaufbau, Sattelauflieger oder LKW-Zug am Abgangsterminal, fertigt ihn ab und verrechnet den Transport mit der Bahn, besorgt die Verladung auf einen Waggon und stellt die Ladeeinheit am Bestimmungsterminal zur Abholung bereit. Sie vermittelt also die Umschlagsleistung auf den Terminals und die Transportleistung der Bahn.

Zwei Bedingungen müssen jedoch erfüllt werden:

- jeder Huckepackteilnehmer muss die allgemeinen Geschäftsbedingungen der ÖKOMBI und die der UIRR anerkennen und zwar auch dann, wenn er kein Kommanditist ist und

- jeder Huckepackteilnehmer muss am ÖKOMBI Stundungsverfahren der österreichischen Verkehrskreditbank (ÖVKB) teilnehmen, um eine reibungslose und unbürokratische Frachtzahlung zu gewährleisten.

Die Entwicklungen der jüngsten Vergangenheit zeigen jedoch, dass die Eisenbahnen als Carrier in diesem System ihre Rolle neu definieren. Die Entwicklung ist noch im Gange, es bleibt abzuwarten, ob sich dadurch die betriebswirtschaftliche Situation der ÖBB verbessert und wie die großen internationalen Speditionsunternehmen reagieren werden.

7.4.2   Privatrechtliche Rahmenbedingungen

Die rechtliche Situation im kombinierten und besonders im multimodalen internationalen Güterverkehr erweist sich als sehr kompliziert, da eine verbindliche Normfestlegung fehlt für die unterschiedlichen Rechtsbeziehungen der am multimodalen Verkehrssystem beteiligten Verkehrsträger.

Mit dem Willen nach einer Änderung wurde am 25.5.1980 in Genf im Rahmen einer UNO Konferenz das „Übereinkommen über die internationale multimodale Güterbeförderung (MTC)" geschaffen.

Dieses Übereinkommen bedarf allerdings für seine Inkraftsetzung der Ratifizierung durch Regierungen von mehr als 30 Vertragsstaaten. Solange dies nicht erfolgt ist, gelten im multimodalen Gütertransport die transportrechtlichen Grundlagen der jeweiligen Verkehrträger.

Eine wesentliche Zielsetzung des vorerwähnten Übereinkommens liegt gerade in der Harmonisierung des für die einzelnen Verkehrsarten unterschiedlichen internationalen Transportrechtes, und hierbei insbesondere die unterschiedlichen Haftungsregelungen der einzelnen Verkehrsträger.

7.4.3   Wirtschaftliche Rahmenbedingungen

Die österreichische Verkehrspolitik misst dem kombinierten Verkehr besondere Bedeutung bei und hat ein umfangreiches Paket verschiedenster Förderungsmaßnahmen geplant, um Marktposition und Attraktivität des kombinierten Verkehrs, insbesondere im alpenquerenden Straßengüterverkehr über den Brenner zu verbessern. Gerade der kombinierte Verkehr ist die Chance, die Attraktivität der Eisenbahnen wieder zu erhöhen. Alle bisherigen Erfahrungen haben gezeigt, dass der Nutzen und die Wirtschaftlichkeit umso stärker zum Tragen kommen, je größer die Beförderungsdistanz ist. Daher muss alle Anstrengung unternommen werden, gerade im internationalen Güterverkehr dieses Verkehrssystem verstärkt zu nutzen. Leider gibt es Bundesländer in Österreich, die einen beträchtlichen Standortnachteil haben, wie ein Blick auf das internationale IC- bzw. KLV - Netz zeigt. Die Anbindung Vorarlbergs an dieses Netz auf der Nord-Süd Achse ist beispielsweise nur mit einem Vorlauf auf der Straße von ca. 200 km möglich. Für die Ost-West Achse bietet die ÖBB gute, leistungsfähige Verbindungen an.

7.4.3.1   Leistungsangebote des kombinierten Verkehrs

Unter Berücksichtigung der bereits definierten Möglichkeiten des kombinierten Verkehrs sollen nun einige Leistungsangebote detaillierter dargestellt werden.

Die Huckepack-Verkehre im weiteren Sinne umfassen den **Roll-on-Roll-off** Verkehr. Diese spezielle Transportmöglichkeit wird auch als Huckepackverkehr zur See bezeichnet und weist in den letzten Jahren hohe Zuwachsraten auf. Der Vorteil liegt darin, dass die Be- und Entladung von selbstfahrenden oder geschleppten Fahrzeugen über eigene abklappbare Laderampen in kürzester Zeit möglich ist. Funktionell kann in diesem System eine logische und konsequente Fortsetzung der Technologie des Fährschiffes gesehen werden. Um eine bessere Nutzung zu erreichen, erfolgt der Einsatz von Mehrzweckschiffen, so genannten CON/RO Schiffen, die für Containerverladung und Roll on/Roll off Verkehre Verwendung finden. Sehr stark entwickelt haben sich in diesem Verkehrssystem alle Verkehre mit Skandinavien, besonders mit Finnland und Schweden.

Ein weiterer Huckepack-Verkehr zur See stellt der **Lash-Verkehr** dar, ein System, bei dem Leichter, sog. „**Barges**" an Bord des Schiffes transportiert werden. Im Bestimmungshafen lässt der Lash-carrier die Barges zu Wasser. Die schwimmfähigen Container können mit einem Portalkran auf See abgeladen und in Häfen mit geringer Wassertiefe zum Kai, aber auch flussaufwärts zu einem Binnenhafen, gezogen werden.

Zum Huckepack-Verkehr im weiteren Sinne zählt auch der **Straßenrollerverkehr,** ein System, bei dem 2- und auch 4-achsige Eisenbahnwaggon auf Straßenrollern auf der Straße vom Bestimmungsbahnhof zur Entladestelle befördert werden oder umgekehrt. Die Straßenroller erreichen bei maximaler Auslastung ein Gesamtgewicht von bis zu 60 Tonnen, ein Gewicht also, das eine spezielle Routenführung benötigt und daher auch streckenbewilligungspflichtig ist.

Huckepack-Verkehr im eigentlichen Sinn bezieht sich im Wesentlichen auf 3 Techniken:

Huckepack -Technik A:
Der Fahrer steuert sein Fahrzeug vorwärts über eine Auffahrrampe auf sehr niedrige Spezialwaggons.

Huckepack-Technik B:
Sattelanhänger werden mit einem Kran in die Waggons gehoben oder rückwärts über eine Rampe auf die Waggons gefahren.

Huckepack-Technik C:
Wechselbehälter von 6m, 7m, 8m oder 12m werden mit einem Kran auf die Waggons aufgesetzt.

Abbildung 38: Techniken im Kombi - Verkehr

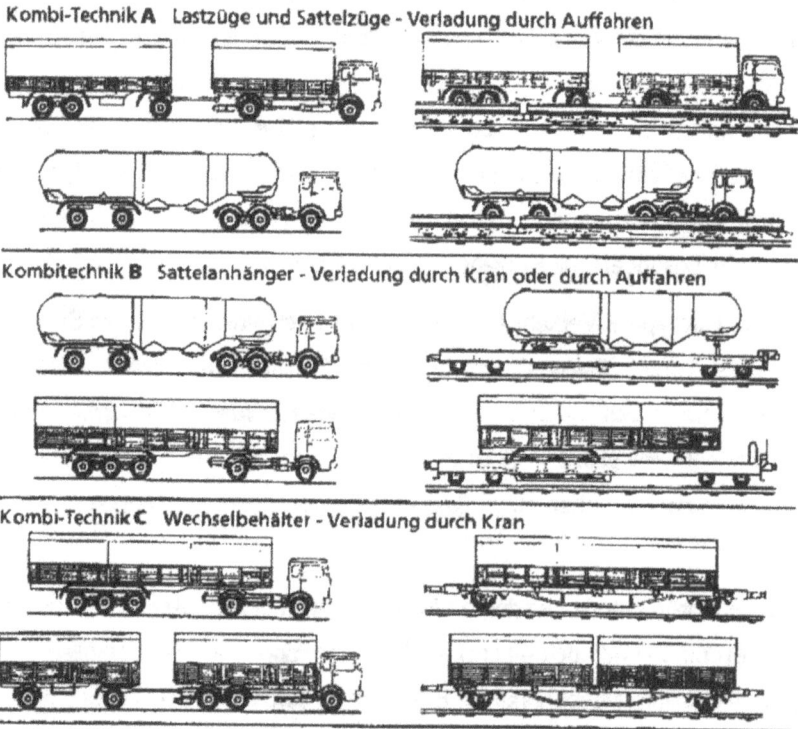

Kombi-Technik A   Lastzüge und Sattelzüge - Verladung durch Auffahren

Kombitechnik B   Sattelanhänger - Verladung durch Kran oder durch Auffahren

Kombi-Technik C   Wechselbehälter - Verladung durch Kran

Im Falle der Huckepack-Technik A können die Fahrzeuge von den Fahrern begleitet werden, man spricht dann von der rollenden Landstraße. Die Huckepack-Techniken B und C sind vom Fahrer unbegleitet.

Die am weitesten verbreitete und sicher auch erfolgreichste Innovation in Güterverkehrssystemen war die Einführung des Containers. Hintergrund der Entwicklung war der Gedanke, eine stabile Verpackung in Standardgröße zu schaffen. Mit Hilfe geeigneter Umschlagplätze (Terminals) konnten rasche Bewegungsabläufe bei minimaler Schadenshäufigkeit Verwirklichung finden. So konnte der Hafen Hamburg für das Jahr 2003 einen neuen Rekord im Seegüterumschlag vermelden, der im Wesentlichen auf einer fast 10% Steigerung des Containerumschlags beruhte. Insgesamt wurden in Hamburg im Jahr 2003 insgesamt 78,9 Millionen Tonnen allein an containerisierten Gütern umgeschlagen.

Container weisen Eckbeschläge auf, in die das Ladegeschirr eines Kranes oder eines mobilen Umschlaggerätes einrastet und die der Sicherung während des Transportes dienen. Ferner sind Container an der Unterseite vielfach mit Gabelstaplertaschen ausgerüstet. Sie weisen in der Regel keine Stützfüße auf.

Bei den genormten Containern sind 2 Hauptgruppen zu unterscheiden:

- **Überseecontainer und**

- **Binnencontainer oder Eurotainer.**

Die Überseecontainer werden noch zusätzlich in ISO - Container und NON-ISO Container eingeteilt.

Diese Unterscheidungen sind im Hinblick auf die später noch darzustellenden Maße und Gewichte entscheidend.

Die wichtigste Organisation zur Vermarktung der kombinierten Transporte mit Container und Wechselaufbauten ist die Gesellschaft „Intercontainer". Sie wurde 1967 von 11 europäischen Eisenbahnen und der Gesellschaft „Interfrigo" gegründet. Seitdem ist die Anzahl der Mitgliedsbahnen auf 23 gestiegen. Da Intercontainer in erster Linie die Interessen der Eisenbahnen wahrzunehmen hat, ist es deren wichtigste Aufgabe, kombinierte Transporte mit Containern und Wechselaufbauten auf dem Schienennetz zu fördern.

Intercontainer tritt dem Kunden gegenüber als globaler Gesprächspartner für ganz Europa auf. Um die organisatorische Beförderungsabwicklung zu vereinfachen, wird zwischen Intercontainer und der Kundschaft nur eine Transporturkunde benützt, der sog. „Intercontainer-Übergabeschein".

Bei der Beistellung von Wagenmaterial wird Intercontainer direkt tätig. Die Gesellschaft verfügt über einen eigenen Wagenpark.

Neben dem traditionellen interkontinentalen Markt hat Intercontainer mit der Schaffung des europäischen Containerpools eine neue Geschäftsdimension eingeführt. Mit der Entwicklung des Pool-Konzeptes auf Ebene des Haus-Haus Transports mit Containergestellung ist Intercontainer in eine echte Marktlücke gestoßen. Die verwendeten Container haben sich dabei den im Straßengüterverkehr mit Sattelaufliegern gebräuchlichsten Maßen angepasst.

7.4.3.2 Verkehrstechnik

Neben den anlässlich der Definition bereits dargestellten verschiedenen Verkehrstechniken stellt sich im kombinierten Verkehr ein besonderes Problem der Maße und Gewichte.

Die Vorteile des Transports von Gütern, die zu standardisierten, genormten Ladeeinheiten zusammengefasst werden, sind seit langem bekannt.

Vorteile sind z.B. wirtschaftlicher Umschlag, leichtes Handling, bessere Nutzung des Raums, leichtere Lagerung usw.

Eine einzel- und gesamtwirtschaftlich vorteilhafte Integration von Ladeeinheiten in den Transportprozess ist aber nur dann möglich, wenn die Transport-, Umschlag- und Ladevorgänge mit Ladeeinheiten durchgeführt werden, die auf allgemein anerkannten und international standardisierten Abmessungen beruhen.

Die gegenwärtig am meisten in Verwendung stehende Ladeeinheit ist die 800 x 1200 mm Palette, die sog. EURO - Palette. Durch die Standardgröße dieser Flachpalette wurde in Europa die Gründung von nationalen und internationalen Palettenpools[81] erst möglich.

Wie bereits erwähnt, unterscheidet man im Containerverkehr zwischen Überseecontainern und Binnencontainern.

Sowohl die unterschiedlichen Ursprünge als auch die unterschiedliche Verwendung haben zu verschiedenen Maßen und Gewichten geführt.

Binnencontainer sind ebenfalls genormt. Der Unterschied liegt darin, dass der Binnencontainer breiter und höher ist, die Längen stimmen mit den genormten Übersee ISO-Containern überein. Er entspricht mit seiner Breite von 2,5 m der max. zulässigen Breite von Straßenfahrzeugen und dem Lichtraumprofil der Eisenbahnen. Somit passt er sich optimal den Gegebenheiten der europäischen Verkehrsinfrastruktur an.

Die gebräuchlichsten im Überseeverkehr verwendeten Container sind die ISO-Container, wobei ca. 96% aller eingesetzten ISO-Container der Serie 1 mit 20 oder 40

---

[81] Das Palettentauschverfahren erlaubt den Tausch von EUR Paletten Zug um Zug. Getauscht werden nur einwandfreie Paletten gleicher Bauart. Rechtliche Grundlage dieses Verfahrens in der BRD sind die von der DB Cargo 1997 definierten „Allgemeinen Bedingungen über den Tausch von EUR Paletten mit den Eisenbahnen (ATB)".

Fuß Länge sind. Die Innenabmessung der ISO-Container zeigt jedoch, dass ein optimales Laden von 800 x 1200 mm Paletten nebeneinander nicht möglich ist. Die Innenbreite erlaubt keine sinnvolle Beladung ohne erheblichen Stauraumverlust, der durch Verkeilen der Zwischenräume ausgeglichen werden muss.

Standardcontainertypen in der Seefracht:

Box 20´

Abmessungen innen: 590 x 234 x 239 cm payload ca. 22 Tonnen

Box 40´

Abmessungen innen: 1203 x 234 x 239 cm payload ca. 26,5 Tonnen

High Cube (40´)

Abmessungen innen: 1203 x 234 x 271 cm payload ca. 26,5 Tonnen

Open Top Container 20´

Abmessungen innen; 590 x 233 x 236 cm (ohne Überhöhe) payload ca. 18,2 Tonnen

Open Top Container 40´

Abmessungen innen: 1202 x 232 x 233 cm (ohne Überhöhe) payload ca. 26,3 Tonnen

Refrigerated Container (20´und 40´auch High Cube)

Spezialcontainer wie: Bulk Container, Ventilated Container, Open Side Container, Flat Rack (mit Querwänden), Plattform

Bei einem kompletten Container (FCL = Full Container Load) wird das Gesamtgewicht inclusive Tara angegeben.

Für die Entwicklung des Containerverkehrs waren großteils die US Reedereien maßgebend. Die Entwicklung des Wechselaufbaus wurde hingegen von der Kraftfahrzeugindustrie bzw. dem Straßengüterverkehrsgewerbe beeinflusst.

Damit wird verständlich, dass es eine enorme Vielzahl von Längen von Wechselaufbauten gibt, die sich vorwiegend an den Fahrzeugkonfigurationen der einzelnen LKW Hersteller orientiert.

Wechselaufbauten werden nur im nationalen und internationalen Straßengüterverkehr, im kombinierten Verkehr und im Fährverkehr verwendet, kaum in der

Binnenschifffahrt. Im Überseeverkehr können sie nicht eingesetzt werden, da sie nicht stapelbar sind und auch nicht die geforderte Festigkeit für die Verwindungskräfte während des Seetransports aufweisen.

Ebenso wie Wechselaufbauten sind Sattelauflieger ihrem Wesen nach Straßenfahrzeuge, die im kombinierten Verkehr eingesetzt werden können. Grundsätzlich ist zwischen kranbaren und nicht kranbaren Sattelaufliegern zu unterscheiden. Kranbare Typen können sowohl im unbegleiteten als auch im begleiteten kombinierten Verkehr eingesetzt werden, nicht kranbare nur im begleiteten (rollende Landstraße).

Die Breite der Sattelauflieger beträgt wie bei jedem Straßenfahrzeug 2,5 m (Ausnahme Kühlsattelfahrzeuge 2,6 m), die Höhe 4,0 m. Abzüglich der Reifenhöhe und des Abstandes zwischen Reifenoberkante und Ladefläche ergibt sich eine Ladehöhe von etwa 2,7 m.

Neben den angeführten Standardtypen stehen noch zahlreiche Spezialausführungen für die unterschiedlichsten Transportaufgaben in Verwendung. So etwa Kühlcontainer, Open Top Container, Tankcontainer, Schüttgutcontainer usw.

Wie bereits erwähnt stimmen die Innenbreiten der ISO Container (2,33 m) nicht mit denen der Binnencontainer überein. Es ist daher als Konsequenz eine neue ISO Container Breite vorzuschlagen.

Die Empfehlung der European Conference of Ministers of Transport (CEMT) lautet daher, dass künftige Containerserien auf den Maßen von Paletten (1000 x 1200; 800 x 1200 mm) und derem Vielfachen aufbauen sollen.

Durch die Möglichkeit in den USA, 2,90 m hohe, 2,60 m breite und über 40 Fuß lange Container zu transportieren, finden sich diese High Cube Container zunehmend in europäischen Häfen. Da diese Container im europäischen Inlandsverkehr nicht transportiert werden können, muss die Fracht in den Seehäfen zeit- und personalaufwendig umgeschlagen werden.

Container mit einer Höhe von 2,90 m können im Schienen- und Straßenverkehr nur auf Spezialfahrzeugen transportiert werden. Die Ladefläche darf nicht höher als 90 cm über der Straßenoberfläche liegen. Container mit einer Länge von mehr als 40 Fuß bereiten im Straßenverkehr Probleme, da die höchstzulässige Länge von Sattelzügen bei 16 m liegt.

Es muss Aufgabe der internationalen Normungsinstitute sein, tragfähige Kompromisse zwischen den Möglichkeiten der Verkehrsinfrastruktur und den Bedürfnissen der verladenden Wirtschaft und der Verkehrswirtschaft zu finden.

7.4.3.3 Informations- und Dokumentationssysteme

Die zu verwendenden Beförderungspapiere hängen in der Regel von der gewählten Art des kombinierten Transports ab.

Der Containerverkehr wird unter Verwendung von Eisenbahnfrachtbriefen oder von Intercontainer Übergabeschein durchgeführt. Es handelt sich überwiegend um einen Schienentransport.

Huckepack-Verkehre sind in der Regel Straßengüterverkehre und es sind daher auch CMR Frachtbriefe zu verwenden. Der Beförderungsvertrag auf der Schiene wird meist mit den nationalen Kombiverkehrsgesellschaften abgeschlossen, die ein eigenes Beförderungspapier verwenden, wie z.B. den ÖKOMBI Frachtbrief.

Als Gesamtbeförderungsdokumente im kombinierten Verkehr treten häufig Dokumente auf, die als „Combined Transport Bill of Lading " ausgewiesen werden. Zu beachten ist, dass Spediteure FIATA Combined Transport Bills of Lading zeichnen können. Dabei treten die Spediteure dann tatsächlich als Gesamtbeförderer auf. Diese Dokumente können übertragbar oder nicht übertragbar sein und haben daher den Charakter von Konnossementen.

Zu beachten ist weiters, dass ein FIATA FCT (Forwarders Certificate of Transport) kein übertragbares Wertpapier darstellt und den Spediteur auch nicht als Frachtführer ausweist.

Da die meisten kombinierten Verkehre Bahntransporte einschließen, können über die Identifikationsnummern der Container und Wechselpritschen alle Bahninformationssysteme genutzt werden.

Eines der bekanntesten ist die „Transinfo – Internationale Informationsstelle". Die Zielsetzung dieser Institution liegt in der Steigerung der Attraktivität des Schienengüterverkehrs unter Ausbau von Überwachungs- und Informationssystemen. Kernstück ist die Verwirklichung der Kommunikation über mehrere Bahnverwaltungen hinweg.

7.5 Luftfrachtverkehr

Die wirtschaftliche Entwicklung des Weltluftverkehrs ist in den letzten Jahren durch unterschiedliche Wachstumsraten gekennzeichnet. So weisen die Luftfrachtstatistiken von österreichischen Flughäfen seit dem Jahr 2000 eine Rückgang bzw. eine Stagnation des Aufkommens aus.

Unterschiedlich ist die Entwicklung in der BRD. Das Frachtaufkommen in Frankfurt erreichte im März 2004 ein historisches Hoch. Noch nie wurde seit Bestehen des Airports während eines Monats mehr Fracht umgeschlagen, insgesamt 154.248 Tonnen (plus 7,3 Prozent). Wachstumsmotor waren vor allem die Frachtmengen auf den Interkontinental-Routen, hier boomte besonders das Nahost-, Lateinamerika- und Afrika-Aufkommen mit deutlichen zweistelligen Zuwachsraten. Insgesamt stieg das Luftfracht-Aufkommen in Frankfurt von Januar bis März um 7,8 Prozent auf 406.570 Tonnen.

Alle Prognosen deuten darauf hin, dass das Wachstum mit jährlich 10% mehr Passagieren und Fracht weitergeht.

Andererseits werden die Grenzen dieses Wachstum auch immer deutlicher. Der Ausbau oder Neubau von Flughäfen ist nur noch beschränkt möglich. Lärmschutz, Raumordnungsgesetze u.a. lassen Erweiterungsprojekte praktisch schon im Vorfeld der Diskussionen ersticken.

Dazu kommen vermehrte Forderungen nach Beschränkungen der Betriebszeiten, vor allem in den Nachtstunden. Betriebswirtschaftlich ist aber ein möglichst durchgängiger Einsatz des modernen, teuren Fluggerätes notwendig, wenn man bedenkt, dass z. B. jedes der bei der AUA eingesetzten Mittelstreckenflugzeuge mit ca. 150 Plätzen einen Anschaffungswert von ca. 90 Mio € hat.

Eine weitere Schwierigkeit in den letzten Jahren, bedingt durch starkes Wachstum, zeigte sich in der Flugverkehrskontrolle (air traffic control), Schwierigkeiten, die gerade in Europa zu zahlreichen Verspätungen geführt haben.

Sicherlich sind noch Verbesserungspotenziale vorhanden. So können durch Verringerung der Sperrgebiete für militärische Flüge und durch eine Internationalisierung der Luftverkehrskontrolle im Rahmen der europäischen Flugsicherungsorganisation Eurocontrol in den nächsten Jahren Verbesserungen erreicht werden. Dennoch bleibt die Tatsache, dass auch im Flugverkehr Wachstumsgrenzen immer sichtbarer werden.

7.5.1 Privatrechtliche Rahmenbedingungen

Die privatrechtliche Grundlage im Luftverkehr bildet das „ Warschauer Abkommen" (WA), das Abkommen zur Vereinheitlichung von Regeln über die Beförderung im internationalen Luftverkehr. Das Abkommen wurde am 12.10.1929 von 23 Staaten in Warschau gezeichnet. Am 28.9.1955 erfolgte die Anpassung an die Entwicklung der Nachkriegszeit, die Festlegung eines Zusatzes, der als sog. „Haager Protokoll" im August 1963 in Kraft trat.

In diesem Abkommen sind im Wesentlichen folgende Punkte geregelt:

- die einheitliche Gestaltung der Beförderungsdokumente bei der Güterbeförderung, im speziellen der Luftfrachtbrief, sowie

- die Haftung des Luftfrachtführers bei Körperschäden, Sachschäden, Verspätungsschäden

Das Warschauer Abkommen mit allen Änderungen wird durch das „Akommen zur Vereinheitlichung von Regeln über die Beförderung im internationalen Luftverkehr", kurz „Montrealer Abkommen 1999" ersetzt. Das Abkommen trat am 4.11.2003 in Kraft.

Im Rahmen des Montrealer Abkommens gilt der Grundsatz der **Verschuldenshaftung.** Dies bedeutet, dass der Luftfrachtführer lediglich dann für einen Schaden haftet, wenn dies auf sein Verschulden zurückzuführen ist.

Für Verspätung haftet der Luftfrachtführer künftig aus vermutetem Verschulden. Um einer Haftung zu entgehen, muss er nachweisen, alle zumutbaren Maßnahmen getroffen zu haben, um die Verspätung zu vermeiden. Kann er den Beweis nicht führen, wird Verschulden angenommen. Die Haftungshöchstsumme für Verlust, Beschädigung oder Verspätung wird gegenüber dem Warschauer Abkommen leicht herabgesetzt. Sie ist nun künftig auf ca. 20 €/kg beschränkt, auch wenn das Gut einen weit höheren Wert hatte. Bei Vorsatz sowie bewusster Fahrlässigkeit erhöht sich der Haftungsumfang auf den vollen Schaden.

Die Reklamationsfristen enden bei äußerlich erkennbaren Schäden mit der Annahme durch den Empfänger, bei äußerlich nicht erkennbaren Schäden unverzüglich nach Kenntnis, jedoch spätestens 14 Tage nach Annahme des Gutes.

Die Verjährungsfrist beträgt 2 Jahre.

Im Montrealer Übereinkommen wird der so genannte "verbotene Luftersatzverkehr" den Regeln des Luftrechts unterworfen. Ein verbotener Luftersatzverkehr liegt dann vor, wenn der Luftfrachtführer vertragswidrig Güter mit dem LKW, der Bahn oder dem Schiff transportiert anstatt vereinbarungsgemäß mit dem Flugzeug. Solche verbotene Ersatzbeförderung unterliegt künftig der begrenzten Haftung des Montrealer Übereinkommens. Hatte dagegen der Absender dem Carrier erlaubt, z.B. den LKW statt des Flugzeugs einzusetzen, bleibt es aus deutscher Sicht bei der bisherigen Regelung: Tritt ein Schaden auf der Landstrecke ein, richtet sich die Haftung des Carriers nach Landfrachtrecht. Das sieht eine unbegrenzte Haftung bei Leichtfertigkeit und Vorsatz vor.

Der Luftfrachtvertrag wird zwischen Absender (shipper) und Luftfrachtführer (carrier) abgeschlossen und ist seiner Rechtsnatur nach ein Werkvertrag. Der Empfänger ist an einem solchen Vertrag nicht direkt beteiligt. So kann der Empfänger allein durch den Luftfrachtvertrag nicht zur Frachtzahlung gezwungen werden. Sie ergibt sich üblicherweise aus dem zwischen ihm und dem Absender geschlossenen Kaufvertrag.

Der Luftfrachtführer unterliegt keiner Beförderungspflicht. Er kann den Abschluss eines Beförderungsvertrages verweigern.

Für die Beförderung des Gutes wird ein Luftfrachtbrief (air way bill = AWB) ausgestellt.

Der Luftfrachtbrief ist die vom Absender oder in seinem Namen ausgefertigte Urkunde, die den Beweis für den zwischen dem Absender und dem Luftfrachtführer geschlossenen Vertrag zur Güterbeförderung auf Flugstrecken erbringt.

Gleichzeitig dient er als:

- Beweis für den Empfang der Güter zur Beförderung

- Versandliste (Bordereau), auf welcher die Begleitpapiere und ggf. besondere Anweisungen des Absenders eingetragen sind

- Frachtrechnung

- Versicherungsbescheinigung, sofern eine Versicherung gedeckt worden ist

- Zolldokument für die Belange der Zollbehörden bei der Ausfuhr, Durchfuhr und Einfuhr

- Auslieferungsbestätigung

Der Luftfrachtbrief ist ein Begleitpapier, aber kein sog. Traditionspapier wie z.B. das Konnossement. So kann der Inhaber eines Konnossements jederzeit über die Ware verfügen, der Besitzer eines Luftfrachtbriefes jedoch nicht. Sein Verfügungsrecht endet in dem Augenblick, in dem der Empfänger nach Avisierung des Frachtgutes eine Verfügung über die weitere Behandlung der Ware an die ausliefernde Fluggesellschaft erteilt.

Der Luftfrachtbrief (**Air way bill**) ist auch nicht begebbar, jedoch **bankfähig**. Er kann nicht an **Order** ausgestellt werden, sondern der Empfänger muss namentlich mit genauer Anschrift genannt werden.

Der Luftfrachtbrief ist weltweit genormt und besteht aus einer Reihe von numerierten Formularen gleichen Inhalts.

Der Absender haftet für die Richtigkeit und Vollständigkeit der Eintragungen.

7.5.2 Wirtschaftliche Rahmenbedingungen

Die bedeutendsten Luftfrachtgesellschaften haben sich zur „International Air Transportation (IATA)" zusammengeschlossen. Hauptzweck der IATA ist es zu gewährleisten, dass der Luftfrachtverkehr sicher, schnell und mit höchster Effizienz abgewickelt wird.

Der IATA sind die einheitlichen Luftfrachttransportdokumente, der Luftfrachtbrief, der Flugschein für Passagiere und der Luftgepäckschein zu verdanken.

Aber nicht zuletzt spielt sie auch eine wichtige Rolle in der Tarifgestaltung sowie bei der Ausarbeitung der Beförderungsbedingungen. Sie kann als Preiskartell angesehen werden. Ihre Beschlüsse werden in der IATA - Verkehrskonferenz gefasst.

Die Interessen der IATA werden durch Agenten vertreten, zur Hauptsache Spediteure. IATA Agent kann werden, wer sich durch entsprechende Ansuchen verpflichtet:

- ein jährliches Mindestaufkommen aufzuliefern
- ein eigenes Büro besitzt
- über geschultes Personal verfügt
- kreditwürdig ist
- und die IATA Rules einhält

Die Einhaltung der IATA-Beschlüsse (Resolutionen) wird zur Verhinderung von unlauterem Wettbewerb durch ein Überwachungsbüro laufend kontrolliert.

7.5.2.1   Leistungsangebote der Airlines

Die eingesetzten Verkehrsmittel für die Abwicklung von Gütertransporten sind bei allen Airlines gleich. So können Passagiermaschinen, reine Frachtmaschinen (NUR-Carrier) oder kombinierte Passagier- und Frachtmaschinen eingesetzt werden.

Spediteure bieten heute Luftfrachtsammelverkehre an und haben auch eigene Flugzeuge zur Abwicklung von weltweitem Dokumentenversand im Einsatz z.B. TNT, DHL, UPS oder FEDEX.

Insbesondere bei den Tarifen können Sammelverkehre Kostenvorteile erbringen.

7.5.2.2   Tarife und Anwendung

Der internationale Luftfrachttarif ist grundsätzlich ein Staffeltarif, das heisst, dass die Preisdifferenzierung als absatzpolitisches Instrument eingesetzt wird. Die Luftfrachtraten gelten grundsätzlich vom Abgangsflughafen zum Bestimmungsflughafen und nicht vice versa.

Tarife, die zwischen zwei Ländern Anwendung finden, werden im Zuge von Verkehrskonferenzen im Schoße der IATA festgelegt. Diese Tarife werden jedoch erst dann gültig, wenn sie von allen betroffenen Regierungen genehmigt sind. Die Liberalisierung innerhalb der EU hat auch auf diesem Sektor zu den bekannten Preisturbulenzen der letzten Jahre geführt. Der internationale Luftfrachttarif TACT (= The Air Cargo Tariff) ist die Grundlage für die Tarifberechnung. In diesem Tarif werden folgende 3 Verkehrskonferenzgebiete unterschieden:

Verkehrsgebiet 1 (TC1): Nord-, Mittel- und Südamerika

Verkehrsgebiet 2 (TC2): Europa, Afrika und Nahost

Verkehrsgebiet 3 (TC3): Fernost und Australien

Die Raten, die auf Verkehrskonferenzen beschlossen werden, gelten derzeit jeweils für 1 Jahr.

Die Ratenstruktur der IATA gliedert sich in 4 Hauptratengruppen:

- allgemeine Frachtraten oder **General Cargo Rates** (GCR) für alle Warengattungen

- **Warenklassenraten** (commodities oder CR) für bestimmte Warengattungen (lebende Tiere, Wertsendungen, Zeitungen usw.)

- **Spezialfrachtraten** (Specific commodities rates = SCR) für bestimmte Güter auf gewissen Strecken

- **ULD Tarife** (Unit Load Device Charges)

Die Raten gelten von Punkt zu Punkt (Flughafen zu Flughafen) und werden in Kilogramm oder Pfund ausgedrückt. Bei der Ermittlung der Fracht ist zu beachten, dass die Rangordnung der Raten eingehalten wird.

Spezialraten (SCR) haben Vorrang vor Warenklassenraten (CR) und allgemeinen Raten (Ausnahme: eine Q-Rate wäre günstiger als die SCR oder CR). Allgemeine Frachtraten werden nur angewendet, wenn es weder SCR bei einem bestimmten Gewicht noch eine CR gibt.

Im Rahmen der allgemeinen Frachtraten gibt es **Mindestfrachtraten**, die entstehen, um dem Bemühen gerecht zu werden, auch die Beförderung und Abfertigung von Kleinsendungen für die Fluggesellschaft einigermaßen rentabel zu gestalten.

Der Spediteur kann durch Sammeln von Kleinsendungen die Gewichtsstaffeln ausnützen, wodurch für den einzelnen Verlader niedrigere Kosten entstehen, die jedoch in der Regel mit weniger Abflügen und teilweise mit Laufzeitverzögerungen verbunden sind.

Nach den Mindestfrachtraten oder der Minimumgebühr sind die **Normalraten** zu nennen, die für Sendungen bis zu 45 kg zur Anwendung gelangen, sowie die Normalraten über 45 kg mit einem damit verbundenen Mengenrabatt. Man nennt dies **N-Raten unter 45 kg, sowie Q-Raten für Quantityraten über 45 kg.**

Über diese Mengenrabatte hinaus gibt es für einzelne Verkehrsgebiete weitere Gewichtsstaffeln, nämlich ab 100, 200, 500 kg und darüber.

Bisher wurden nur von publizierten direkten Raten gesprochen, so genannten „Airport of Departure bis Airport of Destination". Es sind aber nicht bei jedem Abflughafen Raten zu allen Flughäfen der Welt publiziert. Daher müssen solche Raten entweder als „ADD-ON" Amounts kombiniert oder mit „unpublished Rates" konstruiert werden.

Die Luftverkehrsgesellschaften haben beim Aufbau der Ratenstruktur schon sehr früh erkannt, dass ein gewisses Maß an Flexibilität notwendig ist.

Daher entstand das System der Spezialraten. Das sind Raten, die auf bestimmten Strecken für bestimmte Warengüter anwendbar sind. Für die Anwendung wird dabei ein Mindestgewicht pro Sendung vorgeschrieben. Jeder Verlader kann über die ihm beliebige Luftfrachtgesellschaft die Einführung einer neuen Spezialrate beantragen.

Ein weiterer Ratentyp stellt die Warenklassenrate dar, die in Prozent zu den Normalraten ausgedrückt werden. Warenklassenraten sind nicht auf einzelne Strecken festgelegt, sondern gelten jeweils für ein gesamtes Verkehrsgebiet. So existieren derzeit Warenklassenraten für z.B. lebende Tiere, Zeitungen, Zeitschriften und Bücher.

Schlussendlich gibt es noch den „**ULD – Tarif**". Für die Beförderung eines bestimmten Behälters von einem benannten Ort A zu einem benannten Ort B wird eine festgelegte Gebühr erhoben. Voraussetzung ist, dass Absender und Empfänger die Behälter selbst be- und entladen. Dieser Tarif ist meist die Basis für Sammelluftfracht der Spediteure.

Bei jeder Sendung ist daher im Luftfrachtbereich die Ratenpriorität zu prüfen oder durch Spezialisten prüfen zu lassen.

Einen besonderen Stellenwert in der Luftfracht haben die „Dangerous Goods Regulations" (DGR). Sofern die Güter überhaupt zum Flugverkehr zugelassen sind, müssen sie nach den DGR so verpackt werden, dass eine Gefahr für das Gut selbst, das Gesamtladungsgut und das Ladepersonal, die Flug Crew und für das Flugzeug ausgeschlossen wird.

7.6 Seeverkehr und Binnenschifffahrt

Seefracht wird überwiegend für Sendungen mit großem Volumen, großen Mengen, geringeren Werten und bei ausreichender Lieferzeit verwendet. Während der Seestrecke sind die Sendungen bis zu 28 Tagen (je nach Entfernung) unterwegs.

Die Seeschifffahrt hat besonders durch den Trend der Containerisierung ein enormes Größenwachstum zu verzeichnen. Aber nicht nur die Ladekapazität der Schiffe ist gewachsen, auch die Infrastrukturen in den Seehäfen musste diesem Trend Rechnung tragen. So hat heute jeder größere Seehafen einen eigenen Containerhafen zum Lagern und Manipulieren der Container. Auch die Verbindung dieser Containerhäfen mit dem Hinterland wird immer wichtiger.

Die Binnenschifffahrt hat bis heute von dieser Entwicklung nicht profitieren können. Eine Trendwende ist jedoch erkennbar und gerade im Hinblick auf den Rhein - Main - Donaukanal und dem ökologischen Aspekt dieses Verkehrsträgers kann ihm eine bessere Zukunft prognostiziert werden.

7.6.1 Privatrechtliche Rahmenbedingungen

Die gesetzliche Grundlage für den Seefrachtverkehr ist im HGB (5. Buch – Seehandel, § 476 – 905) geregelt. Die Basisbestimmungen wurden jedoch den **„Haager Regeln"** entnommen, die bereits eine genaue Definition des Konnossementinhaltes enthielten. In den Jahren 1967 und 1968 entstanden aus dem Bedürfnis einer Weiterentwicklung die sog. „Visby Regeln", in deren Rahmen unter anderem der Haftungsumfang der Verfrachter etwas erweitert wurde.

Nach den Visby Rules liegt die Haftungshöchstgrenze bei 666,67 SZR (Sonderziehungsrechte) je Einheit bzw. 2 SZR je kg nach Wahl des Anspruchsstellers.

Zu beachten ist, dass 1 TEU als 1 Packstück zählt und die Haftung daher bei maximal 666,67 SZR liegt.

Die Reklamationsfristen liegen bei sofort bzw. 3 Tagen für äußerlich nicht erkennbare Schäden.

Eine Besonderheit in der Seeschifffahrt stellt die **Havarie grosse** dar. Eine **„general average"** oder große Havarie liegt vor, wenn Schiff und Ladung sich in gemeinsamer Gefahr befinden und der Kapitän versucht, die Bedrohung durch geeignete Maßnahmen abzuwenden. Der Gesamtschaden, der durch diese Maßnahme entsteht, wird im Verhältnis

Fracht : Ladung : Schiff

aufgeteilt. Alle Havariebeteiligten bezahlen den Schaden mit ihrem Anteil.

Hieraus begründet sich für den Seetransport die unerlässliche Eindeckung einer Transportversicherung.

Der Frachtvertrag in der Seeschifffahrt wird durch die Ausstellung eines Konnossements (Bill of lading) abgeschlossen. Der Formularsatz besteht meist aus 3/three Orginalen (full set). Sobald das erste Orginal (1/3) präsentiert wird, verlieren die anderen 2/3 automatisch ihre Gültigkeit. Das Orginal muss auf Seite 1 (Rückseite auf kleingedruckten Text) indossiert werden (Stempel/Unterschrift) und im Orginal der Reederei vorgelegt werden.

Entgegen einem LKW- oder Bahnfrachtbrief kommt diesem Papier eine besondere Bedeutung zu.

Ein B/L ist ein Wertpapier. Es kann also stellvertretend für die Ware gehandelt oder gepfändet werden. Gleich einem Wechsel kann das B/L (Konnossement) durch Indossament weitergegeben werden. Der Inhaber des B/L ist auch der Inhaber der Ware und das schon zu einem Zeitpunkt, wo die Ware noch schwimmt. Der Inhaber des B/L hat Anspruch auf die Herausgabe der Ware im Bestimmungshafen.

Der Berechtigte kann bestimmen, in welcher Anzahl Orginal B/L´s ausgestellt werden. Zur Empfangnahme der Ware genügt jedoch ein Original. Der Grund für die Ausstellung mehrerer Originale ist darin zu suchen, dass B/L bankfähig sind und daher im Akkreditivverfahren verwendet werden können.

Das B/L stellt im internationalen Vertragsrecht ein Unikum dar, da die beteiligten Personen im Frachtvertrag der Verfrachter, meist die Reederei, der Befrachter, meist der Spediteur und Ablader ebenfalls meist der Spediteur sind. Der Verkäufer und der Käufer der Ware als wichtigste Personen haben mit dem Vertragsabschluß meist nichts zu tun. Der Frachtvertrag wird zwischen Verfrachter und Befrachter geschlossen. Der Verfrachter verpflichtet sich, die Ware gegen Entgelt zu befördern und der Befrachter verpflichtet sich, die geschuldete Fracht zu bezahlen.

7.6.2   Wirtschaftliche Rahmenbedingungen

7.6.2.1   Leistungsangebote Seeschifffahrt:

Die Massengutbeförderung in der Seeschifffahrt wird in der Regel in der sog. Trampschifffahrt abgewickelt. Von Seiten der Befrachter werden für mehr oder weniger lange Zeiträume ganze Schiffe gechartert. Trampschiffe haben keinen festen Fahrplan. Sie nehmen dort Ladung auf, wo sie ihnen, ihrer jeweiligen Position und Größenordnung entsprechend, zu einer guten Rate angeboten wird.

Die Basis für die Linienschifffahrt bildet das konventionelle Stückgutfrachtgeschäft sowie die Beförderung von Containerladungen. Mit ihren eingesetzten Schiffen verkehrt sie im Gegensatz zur Trampschifffahrt nach festen Fahrplänen, bedient ein bestimmtes Fahrtgebiet mit fixierten Lade- und Löschhäfen, sowie Ankunfts- und Abfahrtszeiten. Diese Daten werden in Form von Segellisten regelmäßig bekannt gegeben. Die Grundlage des Frachtvertrages ist das Konnossement.

Der Zusammenschluss verschiedener Linienreedereien zwischen bestimmten Verkehrsgebieten zu sog. Schifffahrtskonferenzen soll der besseren Verkehrsbedienung, der Entwicklung eines einheitlichen Tarifs und einheitlicher Ratenpolitik dienen. Schifffahrtskonferenzen sind internationale Preiskartelle.

Wenn auf einer Konferenzlinie ein Frachtschiff verkehrt, das keiner Konferenz angehört, so wird er als Outsider bezeichnet.

Der Containerverkehr in der Seeschifffahrt ermöglicht nun auch im Überseeverkehr die Realisierung der ununterbrochenen Transportkette für in einem Container zusammengefasste Waren vom Versender zum Empfänger. Diese Haus/Haus Verkehre nennt man FCL = full container load Verkehre.

Im Gegensatz dazu können Stückgüter in Seehäfen zu Sammelcontainern gestaut werden und im Bestimmungshafen wieder entladen werden. Diese Art der Containerisierung nennt man LCL = less container load. LCL Sendungen werden über NVOCC (Non Vessel Operating/Owning Common Carrier) verladen. Dieser NVOCC tritt dann gegenüber der Reederei als Shipper auf.

Für die Gestellung der Leercontainer im Binnenland kann aus 2 Verfahren gewählt werden:

Merchant´s Haulage:

Der Transport ab Leercontainerdepot bis zum Verschiffungshafen wird durch den Verfrachter vorgenommen. Als „Merchants" werden die Parteien der Warenseite (Absender oder Empfänger des Containers) bezeichnet.

Carrier´s Haulage:

Der Carrier veranlasst, organisiert im Auftrag des „Merchant" Leer- und Lastlauf des Containers.

7.6.2.2   Tarife und Anwendungen Seeschifffahrt:

Der wichtigste Teil in der Seeschifffahrt ist der Konferenztarif. Es gibt heute über 200 Konferenzen für die verschiedenen Fahrtgebiete der Welt. Die Konferenzen als Kartell müssen sich im Klaren sein, dass hohe Raten hemmend auf Ein- und Ausfuhren wirken und damit das Transportvolumen drücken. Je nach Fahrtgebiet beleben Outsider den Markt und bringen Unruhe in das Ratengefüge der Konferenzen.

Für die Berechnung der Höhe der Seefracht ist das Frachtberechnungsprinzip „in Schiffswahl" wichtig.

Die Reederei ist demnach berechtigt, je nach Maß oder Gewicht den höheren Frachtbetrag zugrunde zu legen. Die Rechnungseinheit „ w/m" (weight/measurement) bedeutet Frachttonne, was einem Maß/Gewichtsverhältnis von 1 cbm = 1000 kg entspricht. Das ist auch gleichzeitig das Minimum für die zu bezahlende Fracht bei Stückgutsendungen.

Die Tarife im Stückgutverkehr gelten grundsätzlich von „Abgangshafen – Ankunftshafen" und nicht vice versa. Sie sind also richtungsgebunden.

Bei größeren Projekten können Reeder in Abstimmung mit der Konferenz **Pauschalfrachtraten (Lumpsum Raten)** vereinbaren.

Nicht zuletzt sehen viele Konferenzen noch Zuschläge vor wie:

- congestion charge (Überfüllungszuschlag für Häfen mit ungewöhnlicher Wartezeit)
- CAF = Currency Adjustment Factor (Währungsausgleichsfaktor)
- BAF = Bunker Adjustment Factor (= Treibstoffzuschlag)

Die Abfertigungsarten und damit die angebotenen Tarife im Containerverkehr sind folgende:

LCL/LCL (Pier – Pier Verkehr)

Konventioneller Transport zum Containerbeladeort, Beladung des Containers auf Kosten der Reederei oder des Spediteurs, Entladung des Containers durch die Reederei oder den Spediteur am Containerentladeort, konventioneller Transport zum Empfangsort

FCL/FCL (Haus – Haus Verkehr)

Beladener Container wird zum Transport übergeben und durchgehend vom Versender zum Empfänger transportiert. Die Beladung erfolgt durch den Absender, die Entladung durch den Empfänger

LCL/FCL (Pier – Haus Verkehr)

Konventioneller Transport zum Containerbeladeort, Beladung des Containers durch die Reederei oder den Spediteur, Containernachlauf zum Empfänger und Entladung durch den Empfänger

FCL/LCL (Haus – Pier Verkehr)

Containerbeladung und Vorlauf durch den Absender, Entladung im Empfangsland durch die Reederei oder den Spediteur, als Einzelsendung und konventioneller Transport zum Empfänger

7.6.3   Informations- und Dokumentationssysteme

Wie bereits erwähnt, ist das wichtigste Beförderungspapier das Konnossement oder B/L.

Es gibt Namenskonnossemente, die auf den Namen des Empfängers ausgestellt und damit nicht begebbar sind. Die Ware darf dann ausschließlich an diesen Empfänger zur Ausfolgung gelangen.

Im Allgemeinen stehen **Order - Konnossemente** (begebbar) in Verwendung. Diese tragen in der Spalte Empfänger den Vermerk „to order". Solche Orderkonnossemente werden vom Ablader nach Verkauf der Ware indossiert, womit er durch seine Unterschrift am Konnossement die darin verzeichnete Ware überträgt. Die Auslieferung der Ware kann dann vom letzten Inhaber gegen Vorweiß der Originale verlangt werden.

Das **reine Konnossement**, auch „clean bill of lading" bezeichnet, darf von bestimmten Ausnahmen abgesehen, keine einschränkenden Bemerkungen über Verpackungsmängel sowie Schäden an der Ware enthalten. Es wird in fast allen Fällen bei Akkreditivgeschäften vom Käufer vorgeschrieben. Durch die Gegenzeichnung eines Revers (Rückhaftungserklärung) kann der Befrachter unter Umständen trotz aufgetretener Beschädigungen ein reines Konnossement erhalten.

Das **Bordkonnossement** trägt den Vermerk „on board". Auch diese Form wird in den meisten Fällen bei Akkreditivgeschäften vom Käufer oder der Bank vorgeschrieben.

Das **Durchfrachtkonnossement** (Through Bill of Lading) wird dann ausgestellt, wenn beispielsweise der endgültige Bestimmungshafen der Ware seitens des Verfrachters (Reeders) nicht bedient wird und deshalb eine Umladung der Ware in einem nächstgelegenen regulären Anlaufhafen erfolgen muss. Einige Reeder haben auch

Abmachungen mit Landverkehrsträgern, die es ermöglichen, TB/L´s nach Inlandsplätzen des betreffenden Bestimmungslandes auszustellen.

7.6.4   Containerbeladung im Seeverkehr

Ausschlaggebend für die sichere Beförderung von Seefrachtsendungen ist die seefrachtgerechte Verpackung und die Qualität des Stauvorganges. Während der langen Seestrecke ist die Ware u.a. folgenden Einflüssen ausgesetzt:

- Bewegung des Schiffes durch den Seegang

- durch beigeladene Sendungen, die starke Gerüche verbreiten, Staub und Schmutz abgeben, durch ihr Gewicht oder die Bewegung des Schiffes Druck und Stöße auf andere Sendungen verursachen und durch Feuchtigkeit durch Leckage

- durch eingetretenes Wasser, insbesondere Kondenswasser

- durch gefährliche Güter

Um Schäden während des Transportes an Ladung oder Schiff zu vermeiden, ist u.a. folgendes zu beachten:

- das angegebene zulässige Gesamtgewicht ist zu beachten

- die zulässige Punktbelastung des Containerbodens ist zu beachten

- der Containerboden muss möglichst gleichmäßig belastet werden

- Zusammenlegungsverbote für gefährliche Güter sind zu beachten

- zweckmäßige Sicherung der Ladung durch Festzurren, gleichmäßige Verteilung schwerer Sendungen und Separierung von trockenen und nassen bzw. sauberen und schmutzigen Sendungen

Zu empfehlen ist in jedem Fall die Eindeckung geeigneter Transportversicherungen.

8 Das Management speditioneller Dienstleistungen

Management bzw. Unternehmensführung wird in der Literatur üblicherweise in 2 Begriffsgruppen definiert:

- Management im institutionalen Sinn, d.h. die Beschreibung der Träger von Managementtätigkeiten, also von Personen und Personengruppen bzw. Stellen

- Management im funktionalen Sinn, d.h. Management als Tätigkeit bzw. als Prozess der Willensbildung und Willensdurchsetzung

Bilanzskandale in den USA und in der BRD sowie Diskussionen über Gehälter von Managern haben die Träger von Managementtätigkeiten, nämlich Führungskräfte insbesondere von Aktiengesellschaften zunehmend ins Rampenlicht der öffentlichen Diskussion gerückt. Zahlreiche Länder haben dies zum Anlass genommen, so genannte Corporate Governance Richtlinien zu verabschieden, deren Leitideen folgende sind:

„Corporate Governance ist die Gesamtheit der auf das Aktionärsinteresse ausgerichteten Grundsätze, die unter Wahrung von Entscheidungsfähigkeit und Effizienz auf der obersten Unternehmensebene Transparenz und ein ausgewogenes Verhältnis von Führung und Kontrolle anstreben."[82]

Theoretischer Hintergrund dieser Diskussion ist die Principal-Agent Theorie. Sie ist dadurch gekennzeichnet, dass ein Agent (Vorstand einer AG) Entscheidungen trifft, die nicht nur sein eigenes Nutzenniveau, sondern auch das des Prinzipals (Eigentümer oder Aktionär) betrifft (vgl. Hart 1991 passim). Das Unternehmen wird als ein Netz von Verträgen definiert. Darin werden Interessensgegensätze geregelt. Da die Verträge unvollständig sind, kommt es im und mit dem Unternehmen immer wieder zu Konflikten. Die Theorie beruht darauf, dass die Gestaltung und die Erfüllung von Verträgen von der Verhaltensmaxime einer (beidseitig erwarteten) Nutzenmaximierung geprägt sind. Dabei werden individueller (monetärer und nichtmonetärer) Nutzen und opportunistisches Verhalten angenommen. Konfliktpotenziale entstehen beispielsweise dadurch, dass die Kontrolle der Managementleistung durch den Eigentümer nur beschränkt möglich ist und es daher

---

[82] Vgl. Economiesuisse (2002): Swiss code of best practice for corporate governance.

denkbar ist, dass das Management relativ wenig Leistung erbringt und notwendige Umstrukturierungen vermeidet („shirking") oder dass das Management versucht, die eigene Stellung gegenüber dem Eigentümer zu stärken, um z.B. Hindernisse bei der Entlassung von Managern zu implementieren („positional conflicts"). Zur Bewältigung dieser möglichen Konflikte werden generell die Kontrollmechanismen lt. Aktiengesetz angeführt, aber auch Anreizsysteme durch entsprechende leistungsorientierte Entlohnungssysteme eingeführt sowie das Bewusstsein für gute und verantwortungsvolle Unternehmensführung gemäß Corporate Governance Kodex angestrebt.

Die Konzentrationen im Güterverkehrsbereich und die damit zusammenhängende Trennung von Führung des Unternehmens und Eigentum am Unternehmen wird in Zukunft auch in der Güterverkehrswirtschaft dazu führen, ein Grundverständnis von guter Unternehmensführung zu entwickeln, das sich nicht allein in den Schranken der jeweiligen gesetzgeberischen Anforderungen bewegt. Manager sind Führungskräfte eines Unternehmens, die in arbeitsteiliger Weise an der Zielerreichung mitwirken und die mit jeweils unterschiedlichen Kompetenzen ausgestattet sind. Führung bezieht sich in diesem Sinn auf die Gesamtheit der Entscheidungen, die zur Erreichung der Ziele eines Unternehmens notwendig sind.

Management in funktionaler Sicht bedeutet Management als Tätigkeit, überwiegend

- als Personalfunktion (Personalführung) und

- als Sachfunktion, nämlich die Entwicklung, Gestaltung und Steuerung von Teilsystemen und Prozessen eines Unternehmens.

Die Wahrnehmung dieser Funktionen wird auch als Führungsprozess definiert, in dem sich die Prozesse der Planung, Zielbildung, Entscheidung, Durchsetzung, Messung und Kontrolle, Abweichungsanalyse und Ziel-, Plan- und Systemanpassung ständig im Sinne eines Lernprozesses wiederholen. Ein solcher Führungsregelkreis (Managementregelkreis) tritt im Prinzip bei jedem Mitarbeiter und zwischen jeder Führungsebene auf und ist i.S. eines kybernetischen Regelkreises durch Vor- und Rückkoppelungsprozesse gekennzeichnet

Abbildung 39: Managementregelkreis

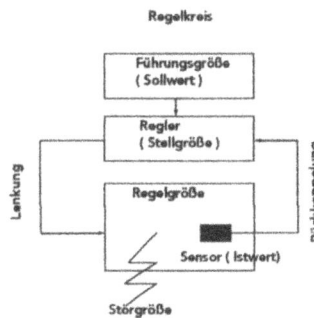

Prof. Hans Ulrich begann in den 60er Jahren gemeinsam mit anderen Dozenten an der Hochschule St.Gallen eine Managementlehre zu entwickeln auf der Basis der Systemwissenschaften und Kybernetik. Der so genannte Systemansatz in der Betriebswirtschaftslehre führte dazu, Unternehmen als „komplexe, vieldimensionale, offene und dynamische Systeme" zu begreifen. 3 Begriffe sind dabei zu unterscheiden:

- Systemtheorie: Wissenschaft vom Aufbau und der Klassifikation von Systemen

- Kybernetik: Wissenschaft von der Gestaltung und Lenkung dynamischer Systeme

- Systemorientiertes Management: Lehre von der Gestaltung und Lenkung sozialer Systeme

Management in Unternehmen als sozio-technische Systeme (Menschen und technische Sachmittel) erfordert ein planvolles Vorgehen der Manager, um ein zweckbestimmtes und zielorientiertes Verhalten des Systems hervorzubringen.

Abbildung 40: Unternehmen in der Systemtheorie

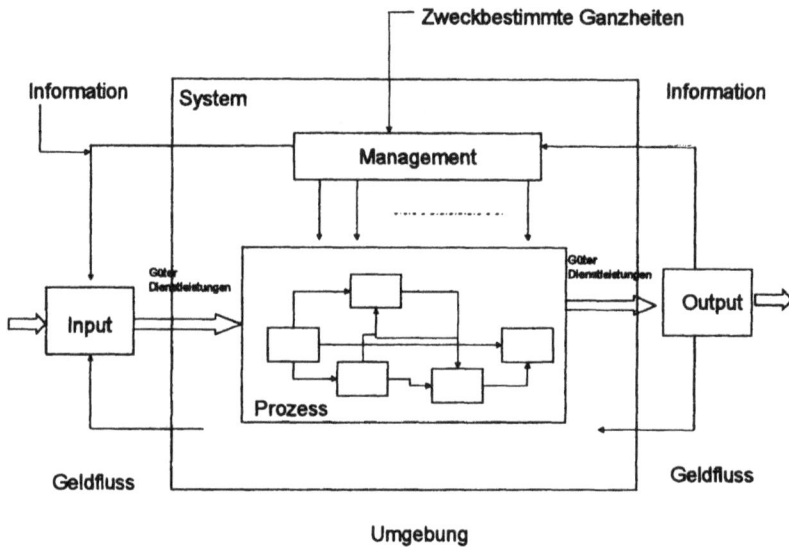

Das Unternehmen als selbstlernende Orgänsiation – das ist der Anspruch an das Unternehmen der Zukunft.

8.1   Der Managementregelkreis

8.1.1   Ziele und Zielbildung

Die in der Literatur häufig gestellte Anforderung an Ziele bzw. Zielsysteme wie z.B. Operationalität, Quantifizierung, Konsistenz, Kompatibilität[83] sind in der betrieblichen

---

[83] **4 wichtige Kriterien zur Zielformulierung**
    Zeitbezug: bis wann?
    Zielinhalt und Zielausmaß: was, wieviel?
    Zuständigkeit: wer?
    Zielkonsistenz: Konfliktfreiheit, Widerspruchsfreiheit

Checkliste zur Zieldefinition:
    wie heißt das genaue Ziel?
    welchen Ist - Zustand soll das Ziel verändern?
    warum ist es notwendig, das Ziel zu verfolgen?
    wie kann das Ziel quantifiziert werden?
    bis wann soll das Ziel erreicht werden?
    welche Alternativen gibt es?
    welche Nebenbedingungen gelten?
    wie soll die Zielerreichung kontrolliert werden?
    wo können Zielkonflikte entstehen?
    wer ist zuständig?

Praxis häufig nicht wiederzufinden. Zielsysteme erscheinen unvollständig und inkonsistent. Dennoch gilt für jede Führungskraft, egal in welchem Funktionsbereich sie arbeitet, dafür zu sorgen, dass Ziele gesetzt werden. Ob Ziele „vereinbart" werden oder ob sie „vorgegeben" werden, hängt von der Situation ab. Entscheidend bleibt der Umstand, dass überhaupt Ziele definiert werden, so klar und präzise wie möglich. So sind z.B. Marketingziele notwendig, weil sonst kein Maßstab für die Beurteilung der Wirkung von Marketinginstrumenten und kein exakter Maßstab für das Ausmaß von Abweichungen bestehen (Kontrollfunktion der Ziele). Nur wenn Zielinhalt, Zielausmaß und zeitlicher Bezug der Marketingziele eindeutig festgelegt sind, gelten sie als eindeutig definiert.

- **Zielinhalt** ist die sachliche Festlegung des Angestrebten, z. B. Gewinn, Umsatz, Marktanteil, Kostensenkung, Markterschließung

- **Zielausmaß** ist der absolute und relative Zielerreichungsgrad, z. B. Steigerung um 10 %, Senkung der Kosten um 80.000,- €

- **Zeitlicher Bezug** ist der Zeitraum, innerhalb dessen ein Ziel zu verwirklichen ist, z. B. innerhalb eines Jahres, bis zum 1. 6. 2004.

In der Betriebswirtschaftslehre war man lange Zeit der Auffassung, Unternehmen verfolgten allein das Ziel der Gewinnmaximierung auf kurze oder lange Sicht. Die Unternehmenspraxis zeigt aber, dass es nicht nur dieses eine Ziel gibt, sondern dass weitere Ziele mehr oder weniger ausgeprägt verfolgt werden (Marktbeherrschung, Sicherheit der Arbeitsplätze usw.). Ziele können für verschiedene Dimensionen des Unternehmens formuliert werden wie beispielsweise soziale Dimensionen und ökonomische Dimensionen. Die häufigste Unterscheidung in der Unternehmenspraxis findet sich jedoch in den Begriffen „monetäre" und „nicht monetäre" Ziele. Monetäre Ziele sind mit Hilfe von Geldgrößen erfassbar (Umsatz, Gewinn, Deckungsbeitrag, Rentabilität), nicht monetäre Größen sind nicht oder nur indirekt in Geldgrößen erfassbar (Image, soziale Verantwortung, Unabhängigkeit).

Zusätzlich wird zwischen Ober-, Zwischen- und Unterzielen unterschieden, woraus sich ein Zielsystem im Sinne einer Hierarchie entwickeln lässt. Dabei können die Beziehungen zwischen den einzelnen Zielen eines Zielsystems komplementär, konkurrierend oder indifferent sein.

8.1.2   Planung

Erste Aufgabe der Planung ist die umfassende und fundierte Erarbeitung und Absicherung der Qualität der Vorhaben. Es ist deshalb nicht die primäre Aufgabe der Planung, festzustellen, wie die Dinge richtig zu tun sind, sondern welches die richtigen Dinge sind.

Planung ist die gedankliche Vorwegnahme künftigen Handelns durch Abwägen veschiedener Handlungsalternativen. Gegenstände der Planung können angestrebte Ergebnisse (Ziele), Maßnahmen, Ressourcen, Termine und Träger der Planerfüllung sein. Je nach Detaillierungsgrad kann zwischen Grob- und Feinplanung unterschieden werden, je nach Planungshorizont zwischen kurz-, mittel- und langfristiger Planung, je nach Planungsebene zwischen strategischer (langfristig mit >5 Jahre) und operativer Planung (1 – 4 Jahre). Eine Form der kurzfristigen Planung mit hohem Detaillierungsgrad findet sich in der so genannten Budgetplanung (i.d.R. 1 Jahresplanung).

8.1.3   Entscheidung

Wer entscheidet ist eine Führungskraft, unabhängig von Rang und Status, wer nicht entscheidet, ist keine Führungskraft. Entscheiden ist zwar nicht die einzige Führungsaufgabe, sie ist jedoch eine sehr kritische Aufgabe. Entscheidungen fällen heißt, aus der Gesamtheit der möglichen Alternativen diejenige auszuwählen, die im Hinblick auf das vorgegebene Ziel das beste Ergebnis liefert.

Bei der Betrachtung der verschiedenen Entscheidungssituationen stellt man schnell fest, dass der Grad der Information über die möglichen zukünftigen Umweltzustände sehr unterschiedlich ist. Drei grundsätzliche Entscheidungssituationen lassen sich definieren:

Abbildung 41: Übersicht über Entscheidungssituationen

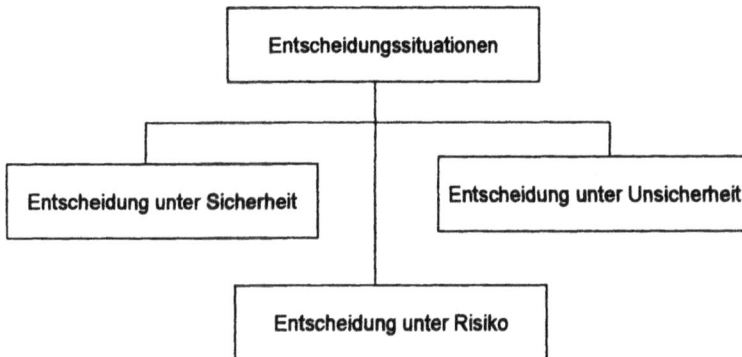

```
                    ┌──────────────────────────────┐
                    │  Entscheidungssituationen     │
                    └──────────────────────────────┘
                    ┌───────────┴───────────────┐
        ┌───────────────────────────┐   ┌───────────────────────────────┐
        │ Entscheidung unter Sicherheit │   │ Entscheidung unter Unsicherheit │
        └───────────────────────────┘   └───────────────────────────────┘
                    ┌───────────────────────────┐
                    │  Entscheidung unter Risiko  │
                    └───────────────────────────┘
```

Bei **Entscheidungen unter Sicherheit** weiss der Entscheidungsträger mit Sicherheit, welcher Umweltzustand bei den einzelnen Handlungsalternativen eintritt. Entscheidungsmethoden in diesen Situationen sind beispielsweise statische Investitionsrechnungsverfahren wie die Kostenvergleichsrechnung oder auch die Nutzwertanalyse.

Bei **Entscheidungen unter Risiko** kann den möglichen Umweltzuständen (Szenarien) eine bestimmte subjektive oder objektive Eintrittswahrscheinlichkeit zugeordnet werden.

Ein Beispiel einer derartigen Entscheidungssituation könnte in etwa folgende Fragestellung beschreiben.

Welches Portfolio aus Wertpapieren würden Sie wählen, wenn Sie 2 Auswahlmöglichkeiten vorliegen haben, 3 mögliche Szenarien zugrunde legen, denen sie auch bestimmte angenommene Eintrittswahrscheinlichkeiten zuordnen und jenes Portfolio auswählen wollen, das den höchsten Kursgewinn erzielen wird?

Szenarien	S1	S2	S3	Erwartungs-wert
Wahrscheinlichkeiten in %	30 %	50 %	20 %	100 %
Portfolio A Wert in 1000 €	90	110	150	112
Portfolio B Wert in 1000 €	95	105	120	105

Den Erwartungswert erhält man aus der Addition der mit den Eintrittswahrscheinlichkeiten gewichteten Alternativwerte. Der wesentliche Schritt ist die Ermittlung eines Erwartungswertes und die Anwendung der Entscheidungsregel, dass jene Alternative gewählt wird, die den höchsten Erwartungswert der Zielerreichung aufweist (Bayes-Regel).

Die Entscheidungstheorie bietet eine Reihe von Entscheidungsregeln an (Maximin-Regel, Laplace Regel usw.). Welche Regel der Entscheidungsträger wählt, hängt insbesondere von seiner Einstellung zum Risiko ab (Risikopräferenz).

Beispielhafte Entscheidungsregeln:

- Minimax: die Alternative wird gewählt, bei der bei Eintreten der ungünstigsten Bedingungen der Nutzwert am höchsten ist.

- Pessimismus-Optimismus Regel: Festlegung eines sog. Optimismusparameter, der das Risikobewußtsein der Entscheidungsträger widerspiegeln soll. Dieser Optimismusparameter wird mit den Nutzwerten multipliziert. Die Alternative mit dem höchstem Nutzwert zählt.

- Laplace Regel: die Umweltzustände werden alle als gleich wahrscheinlich eingestuft. Nur der max. Nutzwert zählt.

- Spieltheorie: Ziel ist die Bestimmung des besten Verhaltens eines Spielers in jenen Situationen, wo das Ergebnis vom Verhalten der anderen Spieler mitbestimmt wird (klassische Entscheidungsituation bei Preispolitik).

Ein weiteres Beispiel einer Entscheidungssituation:

Um dem Auftreten eines Wettbewerbers am Markt zu begegnen, werden als realisierbare Entscheidungsalternativen angesehen:

- Preissenkung (A1)

- Verstärkung der Verkaufsanstrengungen (intensivere Kundenbetreuung) (A2)

- Erweiterung des Leistungsangebotes (Zusatzleistungen – value added) (A3)

Ferner zieht der Entscheidungsträger 3 mögliche Umweltentwicklungen in Betracht:

- Normale wirtschaftliche Entwicklung (lt. Wirtschaftsprognose) (Z1)

- Konjunkturverbesserung (besser als Wirtschaftsprognose) (Z2)

- Konjunkturverschlechterung (niedrigeres Wachstum als Wirtschaftsprognose) (Z3)

Je nachdem, welche Aktivität auf welche Umweltentwicklung trifft, erwartet der Entscheidungsträger unterschiedliche Gewinne (=Zielbeiträge) (GA1Z1...GA3Z3).

Welches ist die Aktivität, die gesetzt werden soll, dass bei einem möglicherweise eintretenden Pech ein „Maximaler Mindestgewinn" (Maximin-Regel) erzielbar ist?

Gewinne	Z1	Z2	Z3
A1	6	9	3
A2	7	8	2
A3	5	4	7

Bei Anwendung der Maximin-Regel ist die Erweiterung des Leistungsangebotes (A3) die zu wählende Maßnahme.

Bei **Entscheidungen unter Unsicherheit** können keine Wahrscheinlichkeiten ermittelt werden. Unsicherheit ist vorhanden, wenn nicht genügend Informationen über die Konsequenzen der Alternativen zu Verfügung stehen, die mit hinreichender

Wahrscheinlichkeit den Schluss zulassen, dass die Alternativen den gestellten Ansprüchen genügen.

8.1.4 Organisation

Organisation ist das zielorientierte, dauerhaft gültige Ordnen (Strukturieren) von Unternehmen und sozialen Systemen, von Strukturen und Prozessen. Das Ziel besteht darin, die Beziehungen zwischen Aufgaben, Menschen, Sachmitteln und Informationen so effizient zu regeln, dass die Unternehmensziele bestmöglich erfüllt werden. Das ist eine typische Managementaufgabe und muss durch Führungskräfte wahrgenommen werden. Es ist der Rahmen, in dem die geplanten und definierten Ziele umgesetzt werden. Die Organisation bestimmt, wer für welche Zielerreichung verantwortlich ist.

8.1.5 Steuerung und Kontrolle

Kontrollieren ist nicht modern, z.T. wird gar empfohlen, auf Kontrolle zu verzichten. Grundlage von Kontrolle ist Messen und Beurteilen. Wo immer man messen kann, sollte man das tun. Aber es ist auch zu berücksichtigen, dass Messen nicht immer möglich ist und dass Urteilen und Beurteilen zur Aufgabe der Kontrolle dazugehört, auch unter Berücksichtigung der Tatsache, dass Beurteilen oft subjektiven Charakter hat. Strategische und operative Controllingskonzepte versuchen, die Steuerung und Kontrolle im Sinne eines Lernprozesses weiter zu entwickeln und dadurch einen Beitrag zu leisten, ein Unternehmen zu einer lernenden Organsiation zu entwickeln.

8.2   Besonderheiten des Dienstleistungsmanagement

Aufbauend auf den bereits beschriebenen Merkmalen einer Dienstleistung und den Besonderheiten der Dienstleistungsproduktion lässt sich ableiten, dass auch die Managamentherausforderungen in Dienstleistungsunternehmen sich von produzierenden Unternehmen unterscheiden.

Im Bereich der Vorkombination liegen die Managementherausforderungen in der Planung und Beschaffung interner Produktionsfaktoren, die sowohl in quantitativer als auch in qualitativer Hinsicht die Leistungsbereitschaft des Dienstleisters sichern. Dabei stellt sich z.B. auch die Frage, ob diese Leistungsbereitschaft unabhängig von auftretenden Schwankungen in der Nachfrage aufrechterhalten bleiben soll, um damit ein möglichst hohes Maß an Dienstleistungsqualität sicher zu stellen.

Kapazitätsmanagement und Beschaffungsmanagement sind daher wichtige Managementaufgaben in Dienstleistungsunternehmen.

Im Bereich der Endkombination, also der Integration des externen Faktors steht das Management der Faktorkombinationen und damit das Management der Prozesse im Mittelpunkt. Das Ergebnis dieser Faktorkombination ist das vom Kunden wahrgenommene Leistungsergebnis. Dieses Leistungsergebnis mit allen Folgewirkungen baut auf einem Qualitätsmaßstab auf, den der Nachfrager durch Vergleich seiner Erwartungen und Wünsche an die Dienstleistung mit der ihm tatsächlich angebotenen Dienstleistung erstellt[84] (vgl. Kap. 4).

8.2.1 Strategisches Management als Bezugsrahmen

Strategische Planung, strategisches Denken und strategische Führung sind – richtig verstanden – keine Management-Modewellen. Sie waren allerdings so lange nicht notwendig, als die wirtschaftliche Situation der meisten Unternehmungen durch vergleichsweise hohe Stabilität, geringe Änderungsgeschwindigkeit der wesentlichen Faktoren und ein hohes Maß an Vorhersagbarkeit geprägt war. Gerade im Verkehrsbereich hat das Tarifdenken, das rechtlich abgesichert war, dieses Gefühl der Stabilität vermittelt. Heute entspricht eine Unternehmung ohne strategisches Planungs- und Steuerungssystem einem Autofahrer, der sein Fahzeug mit dem Blick in den Rückspiegel mit hoher Geschwindigkeit steuert.

Ulrich (vgl. 1995, S.270) definiert Management als Gestalten, Lenken und Entwickeln von zweckorientierten sozialen Systemen.[85]

„Gestalten" bedeutet das gedankliche Entwerfen eines Modells, das das Unternehmen handlungsfähig macht anhand angestrebter Eigenschaften, „Lenken" bewirkt, dass das Unternehmen nach bestimmten Verhaltensweisen geführt wird, dass Ziele bestimmt werden und „Entwickeln" sagt aus, dass ein Unternehmen nicht kurzfristig und ein für alle Mal festgelegt werden kann, sondern entsprechend den Verhältnissen einer laufenden Entwicklung bedarf.

---

[84] Ein bekanntes Modell zur Messung und Steuerung der Dienstleistungsqualität ist auch das Lückenmodell nach Parasuraman et al. (1985).
[85] In der Literatur wird der Ausdruck „Management" und „Führung" weitestgehend synonym verwendet. Während dem Begriff „Führung" jedoch zumeist ein personenbezogener Aspekt anhaftet, fehlt dem Begriff „Management" dieser Aspekt. „Gemanaged" werden in diesem Verständnis von Führung nicht Personen sondern Institutionen (vgl. Bleicher 1996, S.23 – 26).

Das Gestalten von Leistungssystemen in einem Speditionsunternehmen kann daher als das Ausrichten der Rolle des Speditionsunternehmens im wirtschaftlichen Umfeld verstanden werden. Die Möglichkeiten dazu sind vielfältig, von der Rolle des Vermittlers von Transportleistungen mit geringer Wertschöpfung bis zum Speditionsunternehmen mit breitem Leistungsprogramm, hoher Wertschöpfung durch Selbsteintritt und dem Angebot von komplexen Logistiklösungen.

Lenken von Leistungssystemen ist eng verknüpft mit dem Postulat des Regelkreises in der Kybernetik (vgl. Wilms 2001, S.91f.). Im Mittelpunkt steht dabei die permanente Anpassung an wahrgenommene Störungen durch geeignete Lenkungseingriffe. Der Lenkungsbereich besteht aus dem Controlling und aus der strategischen Planung, die auf Daten aus dem Controlling und aus dem Umfeld zurückgreifen kann. Alle Bereiche des Unternehmens sind dabei informatorisch miteinander verbunden. Eine Spitzenkennzahl zum Lenken von Leistungssystemen ist nach Horvàth (vgl. 2001a, S.566f.) die Effizienz der Leistung. Diese setzt sich zusammen aus den Leistungswerten der Leistungsparameter ‚Leistungspotential, Leistungsprozess und Leistungsergebnis' und den Kostenwerten dieser Leistungen.

Entwickeln bedeutet, die laufende Anpassung der Angebote an die vom Markt und den Kunden geforderten Leistungen unter Beachtung ökonomischer Grundsätze.

Die Ansatzpunkte für das Management speditioneller Dienstleistungen auf dieser Definitionsbasis kann dann wie folgt dargestellt werden:

Abbildung 42: Gestaltungsbereiche für das Management von Dienstleistungssystemen

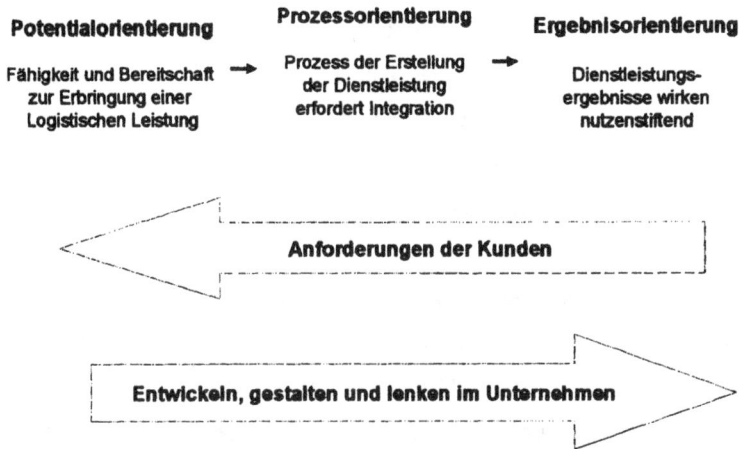

Quelle: eigene Darstellung in Anlehnung an Töpfer (1999) S. 194

Wenn sich die Managementeingriffe und Managementaktivitäten auf die strategische Ebene beziehen, haben sie damit grundsätzlich längerfristigen, bindenden Charakter. Sie gestalten das gesamte Unternehmen oder Teilbereiche wie z.B. strategische Geschäftsfelder. In den folgenden Kapiteln werden insbesondere jene Eingriffsmöglichkeiten betrachtet, die diesen strategischen Charakter aufweisen.

Ein mit Hilfe der beschriebenen Merkmale „Gestaltung der Leistungssysteme, Integration und Systemausrichtung" abgegrenzte speditionelle Dienstleistung benötigt für den Dienstleistungsprozess entsprechende Ressourcen und Potenziale, hat die notwendigen Prozesse zu entwickeln, zu gestalten und zu lenken und hat das Ergebnis dieser Dienstleistungsprozesse in differenzierter Form für den Kunden wahrnehmbar zu machen. Nur die Ergebnisse des Dienstleistungsprozesses, die der Kunde wahrnimmt, sind wichtig.

8.2.1.1 Markt- und ressourcenorientierter Kompetenzaufbau

In den wissenschaftlichen Diskussionen der Vergangenheit zum strategischen Management existieren innerhalb der Literatur zunächst zwei dominante, grundsätzlich unterschiedliche Ansätze, die das Entstehen von Wettbewerbsvorteilen bzw. die Sicherung der Wettbewerbsfähigkeit zu erklären versuchen. Es handelt sich um die nach innen gerichtete Ressource Based View [86]und zum anderen um eine mehr nach außen gerichtete Market Based View[87].

Die Market Based View of Strategy basiert auf dem Structure Conduct Performance Paradigm, wonach die nachhaltige strategische Rente einer Unternehmung eine Funktion von zwei wesentlichen Faktoren ist, nämlich der Attraktivität der Branche, in der sie tätig ist, sowie in ihrer relativen Position im Vergleich zum Wettbewerb (vgl. Rühli 1998, S.245f.). Im Bezug auf ihre strategisch relevanten Ressourcen sind in diesem Modell die Unternehmen identisch. Aufgrund der weitgehenden Mobilität der Unternehmensressourcen ist eine dauerhafte Heterogenität einer Branche nicht möglich. Unternehmen reagieren gemäß ihrer von außen nach innen gerichteten Perspektive auf Druck, den die Umwelt ausübt (vgl. Zahn 2000, S.49f). Das dominante Strategiemodell der achtziger Jahre war daher das „five force Modell"von Porter. Er skizzierte mit seinem Branchenstrukturmodell die das Gewinnpotential dominierenden Wettbewerbskräfte einer Branche. Diese Kräfte ((„five competitive forces") vgl. Porter 1980, S.25)) sind:

- Bedrohung durch neue Konkurrenten (Markteintrittsbarrieren)

- Verhandlungs- /Marktmacht der Abnehmer oder Kunden

- Verhandlungs -/Marktstärke der Lieferanten

- Bedrohung durch Ersatzprodukte und Ersatzdienste (Substituierbarkeit)

- Wettbewerber in der Branche

Pfohl (vgl. 2003, S.19) hat mit Hilfe dieses Modells für die Wettbewerbssituation im Markt logistischer Dienstleistungen eine vereinfachte Darstellung gewählt.

---

[86] Wernerfelt (1984) gab der Forschungsrichtung seinen Namen. Weitere Autoren: Hinterhuber/Krauthammer (1997), Sanchez et al.(1997).
[87] Ein Hauptvertreter dieser Richtung ist Michael E.Porter, der der Havard School zuzuordnen ist.

Abbildung 43: Wettbewerbssituation im Markt logistischer Dienstleistungen nach dem 5 force Modell

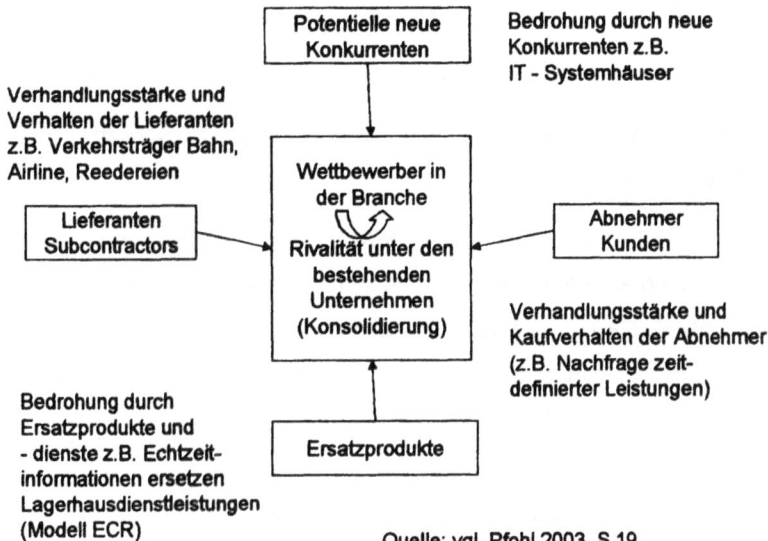

Potentielle neue Konkurrenten

Bedrohung durch neue Konkurrenten z.B. IT - Systemhäuser

Verhandlungsstärke und Verhalten der Lieferanten z.B. Verkehrsträger Bahn, Airline, Reedereien

Lieferanten Subcontractors

Wettbewerber in der Branche

Rivalität unter den bestehenden Unternehmen (Konsolidierung)

Abnehmer Kunden

Verhandlungsstärke und Kaufverhalten der Abnehmer (z.B. Nachfrage zeit-definierter Leistungen)

Bedrohung durch Ersatzprodukte und - dienste z.B. Echtzeit-informationen ersetzen Lagerhausdienstleistungen (Modell ECR)

Ersatzprodukte

Quelle: vgl. Pfohl 2003, S.19

Unter Berücksichtigung dieser Wettbewerbskräfte sind von Porter strategische Grundkonzeptionen entwickelt worden. Die Strategien zum Aufbau einer verteidigungsfähigen Marktposition reduzieren sich demnach auf

- eine umfassende Kostenführerschaft (overall cost leadership), z.B. durch standardisierte Produkte und Dienstleistungen zum Niedrigpreis

- eine Differenzierung (differentiation), z.B. in einer höheren Preisklasse durch Einzigartigkeit in Qualität, Service, Design oder Image

- eine Schwerpunktkonzentration (cost or differentiation focus), z.B. Konzentration auf bestimmte Regionen oder Zielgruppen[88]

Die aktuelle Lage in der Güterverkehrsbranche ist sicherlich durch verschiedene Bedrohungen der Unternehmen dieser Branche beschreibbar.

- Veränderung der Wettbewerbsbedingungen durch Liberalisierung der Märkte und Osterweiterung der EU

---

[88] Speditionsunternehmen oder logistische Dienstleister mit regionalem Fokus werden umgangssprachlich oft auch als „Platzhirschen" bezeichnet.

- Veränderung der Verhandlungsmacht von Kunden und Lieferanten (subcontractors) durch Fusionen und Merger & Aquisition (Konzentration im Handel, Großspeditionen)

- Bedrohung aber auch Chancen durch neue Technologien

- Erhöhung der Wettbewerbsintensität im TUL Bereich (Standardgeschäft)

- Hohe Eintrittsbarrieren (Investitionen) im flächendeckenden europäischen Netzgeschäft

Porter betont die Notwendigkeit, sich, je nach Stärke des Unternehmens oder weil es von Konkurrenten am wenigsten gekontert werden kann, dauerhaft auf eine Strategie zu konzentrieren. Gelingt es einem Unternehmen nicht, seine Strategie zumindest in eine dieser 3 Richtungen zu konzentrieren, ist es in einer äußerst schlechten Situation („stuck in the middle" – sitzt zwischen zwei Stühlen).

Bei der Ressource Based View erfolgt eine Verlagerung des Interesses von der Positionierung im Markt auf den Aufbau und die Handhabung von Ressourcen im Inneren des Unternehmens (vgl. Pousttchi 2001, S.40f.).

Unter Ressource kann die Definition von Wernerfelt zugrunde gelegt werden, „...anything which could be thought of as a strength or weakness of a given firm" (Wernerfelt 1984, S.172). Diese Definition ist geeignet, sowohl Vermögenswerte als auch Fähigkeiten und Kompetenzen eines Unternehmens als Quelle zum Aufbau möglicher Wettbewerbsvorteile zu erkennen und zu nutzen. [89]

Nachhaltige Wettbewerbsvorteile von Unternehmen gründen letztlich auf einzigartigen Ressourcen bzw. Bündeln von Ressourcen und deren Beziehungen untereinander (vgl. Rumelt 1974, S.557). Der ressourcenbasierte Ansatz muss aber nicht notwendigerweise eine Gegenposition darstellen. Attraktive Marktpositionen lassen sich nur mit überlegenen Fähigkeiten und Ressourcen einnehmen und halten. Gleichzeitig ist anzunehmen, dass die Fähigkeiten eines Unternehmens nutzlos sind, wenn sie sich nicht in der differenzierten Stiftung von Kundennutzen niederschlagen. [90] Homp (vgl. 2000, S.170f.) verbindet beide Sichtweisen, indem er dem Management

[89] Manche Autoren verwenden auch die Begriffe „having" und „doing" (vgl. Bogaert 1994, S.59), oder „intangible assets (Knowledge, intellectual property, reputation, relationships)" und „tangible assets (physical assets)" (vgl. Sanchez 1997, S.17).
[90] Vgl. dazu der Versuch, die beiden Ansätze symbiotisch weiter zu entwickeln in: Rühli (1994); Hinterhuber/Friedrich (1997), Zahn (1998).

eines Unternehmens den Aufbau und die Entwicklung einer „marktorientierten Kernkompetenz" empfiehlt.

Abbildung 44: Der Ansatz marktorientierter Kernkompetenzen

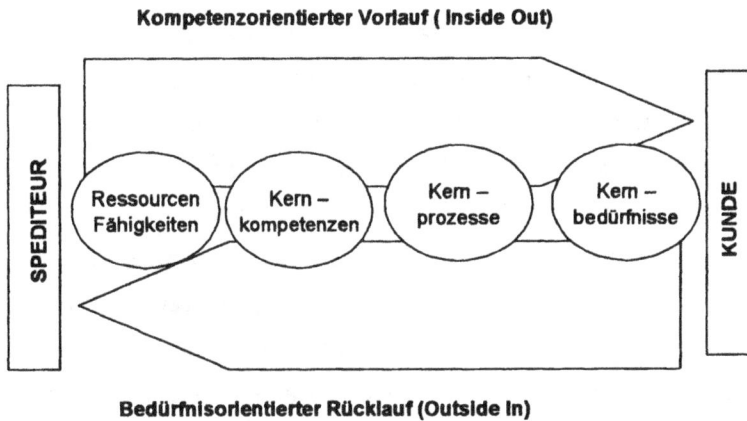

Kompetenzorientierter Vorlauf (Inside Out)

SPEDITEUR

Ressourcen Fähigkeiten — Kern – kompetenzen — Kern – prozesse — Kern – bedürfnisse

KUNDE

Bedürfnisorientierter Rücklauf (Outside In)

Quelle: in Anlehnung an Krüger/Homp 1997 S. 67

Ressourcenorientierung einerseits und Marktorientierung andererseits behandeln nach Homp (vgl. 1997, S.67f.) die gleiche Wirkungskette, nur aus verschiedenen Blickwinkeln.

Wie können nun aber die Elemente dieser Wirkungskette identifiziert, entwickelt und genutzt werden, die als Quelle zum Aufbau von Wettbewerbsvorteilen und zur Sicherung der Wettbewerbsfähigkeit notwendig sind und die dann z.B. durch Erweiterung der Cash Flow Basis zu einem höheren Unternehmenswert führen? So müssen im Falle der Orientierung des Unternehmens auf die Steigerung des Unternehmenswertes (vgl. Kap. 8.4) in die Beurteilung dementsprechend nicht nur die gegenwärtigen Ressourcen und Kompetenzen einfließen, sondern auch die Investitionen in Ressourcenbildung und Kompetenzaufbau, die dazu dienen, den zukünftigen Cash Flow zu steigern (vgl. Pousttchi 2001, S.85).

8.2.1.2   Ansatz der Kernkompetenzen

Ein Weg ist der Ansatz der Kernkompetenzen (vgl. Prahalad, C.K./Hamel, G. 1990, S.79 – 91). Dieser Ansatz[91] stellt eine Weiterentwicklung des ressourcenorientierten Denkens dar und bedeutet verkürzt, dass ein Unternehmen, das die Auswahl und Kombination seiner Ressourcen besser, origineller und schneller vornimmt als die Konkurrenz, so genannte Kernfähigkeiten (Core Competences) schafft (vgl. Rühli 1995, S. 94). Kernkompetenzen sollen jene Fähigkeiten des Unternehmens beschreiben, die sich quer durch die Geschäftseinheiten und Geschäftsfelder hindurch ziehen und die es ermöglichen, durch gemeinsame operative Ressourcennutzung Synergien zwischen den einzelnen Geschäftseinheiten zu gewährleisten und deren Nutzung zu fördern.[92] Solche Verbundvorteile können im Bereich der Kapitalbeschaffung (Finanzsynergien), der gemeinsamen Nutzung der Infrastruktur und Organisation (Organisationssynergien), der gemeinsamen Nutzung von Technologiekompetenzen (Technologiesynergien), der gemeinsamen Erstellung von Produkten und Dienstleistungen (Produktionssynergien) und dem gemeinsamen Aufbau und der Pflege von Kundenbeziehungen entstehen (vgl. Günther 1997, S.380). Krüger/Homp (vgl. 1996, S.9f.) schlagen einen hierarchischen Weg vor, indem sie eine Unterscheidung in Kernkompetenzen 1. Ordnung, 2. Ordnung und 3. Ordnung definieren. Als wesentliche Unterscheidungskriterien werden die Dauerhaftigkeit einerseits und die Transferierbarkeit[93] andererseits herangezogen. Kompetenzen 1. Ordnung zielen auf die Wettbewerbsfähigkeit und das Sichern des Überlebens im Markt. Die Wettbewerbsfähigkeit bringt aber nur zum Ausdruck, im Branchenwettbewerb mitzuhalten. Kompetenzen 2. Ordnung sind geeignet, Wettbewerbsvorteile aufzubauen im Sinne von Kernkompetenzen, d.h. insbesondere nicht imitierbar und dauerhaft. Kompetenzen 3. Ordnung sind jene Kompetenzen, die sich auch auf andere strategische Geschäftsfelder transferieren lassen. Diese Verbundeffekte spielen z.B in der Kontraktlogistik eine entscheidende Rolle, um einerseits Kundenabhängigkeiten abzubauen und andererseits Kostenvorteile zu entwickeln.

---

[91] Vgl. hierzu auch den Literaturüberblick bei Thiele 1997 S.67f.
[92] Die Deutsche Lufthansa AG unterscheidet zwischen Kernkompetenzen des Konzerns und den Kernkompetenzen der Geschäftsfelder. Im Rahmen des Portfoliomanagements werden die Geschäftsfelder wie Cargo, Technik und Systeme (IT-Bereich) laufend auf ihre Wertsteigerung bzw. ihr Wertsteigerungspotenzial überprüft (vgl. Kley 2000, S.3).
[93] Bedeutet die Möglichkeit, eine Kompetenz von einem strategischen Geschäftsfeld in ein anderes zu übertragen.

Um Kernkompetenzen zu managen sind diese jedoch zunächst zu identifizieren. Eine Möglichkeit bietet die Überprüfung vorhandener Ressourcen und Fähigkeiten eines Speditionsunternehmens nach folgenden Kriterien:

- Prüfung der Ressourcen auf ihre Nachahmbarkeit:

  Ist eine Ressource vom Mitbewerber leicht nachzuahmen, so ist sie für ein Unternehmen nur kurzfristig von Wert, da sie keine langfristige Abgrenzung gegenüber Mitbewerbern darstellt. Zu beachten ist, dass jede Ressource im Laufe der Zeit ihren Status der Unnachahmbarkeit verliert (vgl. Collis/Montgomery, 1996, S.49). Am Beispiel der Kontraktlogistik ist dies an der Entwicklung beschreibbar, wie logistische Dienstleister in der Vergangenheit Wettbewerbsvorteile im Kontraktgeschäft dadurch aufbauten, dass sie ihren Kontraktkunden EDI Systeme anboten, die höhere Sicherheit bei der Datenerfassung und beim Datenaustausch ermöglichten, den Abbau von Mehrfacherfassungen beschleunigten und damit Kosteneinsparungen bewirkten, aber geschlossene, dedizierte Datensysteme waren, die für keinen Wettbewerber zugänglich waren. Dieses Alleinstellungsmerkmal wurde vom Wettbewerb innerhalb eines knappen Jahrzehnts zunichte gemacht (vgl. Hoffmann 1998, S.9f.).

- Prüfung der Dauerhaftigkeit:

  Der Wert der Ressource erhöht sich mit der Dauerhaftigkeit des aus ihr resultierenden Wettbewerbsvorteils. Die Dauerhaftigkeit ist in erster Linie abhängig von der Dynamik der Branche. Daher ist eine ständige Weiterentwicklung bestehender und Erwerb oder Schaffung neuer Ressourcen notwendig. Als besonders kritischer Bereich stellt sich die Qualifizierung der Mitarbeiter im Hinblick auf die Erfüllung bestimmter Kundenanforderungen dar. Das spezielle Wissen, das Mitarbeiter in der Zusammenarbeit mit Großkunden aufbauen, muss durch geeignete Maßnahmen die Dauerhaftigkeit der Kundenbeziehung auch dann noch sicherstellen, wenn die spezialisierten Mitarbeiter nicht mehr zur Verfügung stehen. Dies kann gerade bei kleineren Speditionsunternehmen dazu führen, dass durch die Abwerbung dieser Mitarbeiter durch den Wettbewerb auch große Geschäfte oder Kundenbeziehungen verloren gehen können.

- Prüfung der Substituierbarkeit:

  Eine Ressource mag schwer imitierbar sein, aber dennoch kann sie wertlos werden, wenn sie durch eine andere, evtl. sogar leicht imitierbare Ressource ersetzt werden kann. Dadurch fallen vor allem Wettbewerbsvorteile, die im sich schnell weiterentwickelnden Technologiebereich erzielt wurden, quasi über Nacht in sich zusammen. Im Beispiel der bereits geschilderten EDI Systeme hat das Internet die Spielregeln des Marktes verändert und viele klassische EDI Systeme vor neue Herausforderungen gestellt. Die Ermittlung des Sendungsstatus oder auch die Sendungsverfolgung (tracking and tracing) sind oft wesentlicher Bestandteil von EDV Logistik Systemen, die der Leistungskontrolle der einzelnen am Transportprozess beteiligten Partner dient und diese dokumentiert. Es geht z.B. um Eingangsdaten, Laufzeiten auf den jeweiligen Beförderungsstrecken, Ausrollzeitpunkt   und   Ausrollquote,   Fehlerdokumentation, Beschädigungsfeststellung, Ankunftszeit und Ankunftsort der Sendung u.ä. Hierdurch werden die Abläufe im Beförderungsprozess transparent und jederzeit abrufbar. Die technologischen Entwicklungen im Rahmen des Internet haben klassische Formen von EDI Systemen obsolet werden lassen.

Aber auch Substitution von spezifischem Fachwissen kann eine Ressource wertlos machen, wie dies im Bereich der Zollabteilungen von Speditionsunternehmen feststellbar war. Der elektronische Zolltarif hat den Zugang zu diesem speziellen Fachwissen für viele Nutzer wesentlich erleichtert mit der Folge, dass sich der allgemeine Teil der Ausbildung im Zollwesen auf das richtige Ausfüllen der Bildschirmmaske reduziert hat und nur noch Spezialfragen von wenigen Spezialisten bearbeitet werden.

- Prüfung hinsichtlich der Zuordnung des Gewinnes:

Nicht alle Gewinne aus einer Ressource fließen automatisch an das Unternehmen, dem die Ressource „gehört". Tatsächlich ist der Wert immer Gegenstand von Verhandlungen zwischen einer großen Zahl an Mitspielern, darunter Kunden, Händler, Lieferanten und Mitarbeiter" (Collis/Montgomery 1996, S.51). Eine Abhängigkeit von derartigen Ressourcen kann somit den daraus resultierenden Unternehmensgewinn stark schmälern, wenn die Verhandlungspartner Macht ausüben. Subdienstleister, die eine monopolartige Stellung haben, können erheblichen Druck aufbauen und so die Gewinnmargen des Dienstleisters drücken. Ein klassisches Beispiel ist die Zusammenarbeit zwischen Speditionsunternehmen   und   Bahnverwaltungen,   bei   denen   die verkehrsträgerspezifischen Besonderheiten wie der Einsatz von Spezialwaggons aus dem Regelpark der Bahnverwaltungen einen wesentlichen Bestandteil der logistischen Leistung darstellen und das Speditionsunternehmen als Logistikpartner eine starke Abhängigkeit zur dieser Ressource „Laderaumtechnik" erlebt. Beispiele aus der Praxis zeigen, dass auch vertragliche Absicherungen derartiger Ressourcen durch den Spediteur keine Sicherung der Erlöse bedeuten. Es ist somit stets abzuwägen, ob die Gewinnerwartung durch eine Ressource so hoch ist, dass man zu ihrer Nutzung Zugeständnisse an entsprechende Verhandlungspartner machen kann, oder ob eine Stützung auf andere, unternehmensintern generierte Ressourcen trotz niedrigerem Gewinn sinnvoller ist.

- Überprüfung der wettbewerblichen Überlegenheit

Ein Unternehmen muss nicht nur seine Ressourcen evaluieren, sondern diese auch mit denen der Mitbewerber vergleichen, um herauszufinden, worin die wirklichen Stärken und Schwächen des Unternehmens liegen. Die Formulierung von Kernkompetenzen hat nur dann einen Sinn, wenn das Unternehmen wirklich in einem oder mehreren Bereichen besser ist als die Mitbewerber. Eine Einschätzung erreicht man durch branch0ninternes Benchmarking, in dessen Rahmen das eigene Unternehmen mit dem erfolgreichsten der Branche verglichen wird. Derartige Studien werden regelmäßig von Forschungseinrichtungen wie z.B. dem Frauenhoferinstitut für Materialfluss und Logistik, das Frauenhofer Anwendungszentrum Verkehrslogistik und Kommunikationstechnik[94] und einer Vielzahl von Universitätsinstituten durchgeführt und veröffentlicht. Auch externes Benchmarking[95] kann wertvolle Hinweise zur Überprüfung der wettbewerblichen Überlegenheit bieten. So waren die Benchmarks der Kommissionierleistungen im Versandhandel Anlass, um neue Kommissioniertechniken in Speditionsunternehmen einzuführen (vgl. Harl 1999, passim).

- Überprüfung des Kundennutzens der Ressourcen

Hiermit soll der Frage nachgegangen werden, ob der Einsatz von Ressourcen auch aus der Perspektive des Kunden einen Nutzen stiftet. Logistische Leistungen, die vom Kunden nicht wahrgenommen werden, können auch nicht über den Preis der Leistung abgegolten werden und bedeuten für das

---

[94] Vgl. DVZ, Nr. 127, vom 24.10.2000 S.6: Bericht zum Expertenforum „Benchmarking für innovative Logistikdienstleistungen" in Pommersfelden.
[95] Vgl. zum Benchmarking grundlegend Camp (1989), Schimank (1998) S.50f., Lamla (1995), Pieske (1997), Siebert (1998).

Unternehmen Kostennachteile. Diese Thematik spielt im Güterverkehr bei der Ausgestaltung der logistischen Leistungen nach ökologischen Gesichtpunkten nach wie vor eine Rolle. Ökonomische Aspekte dominieren vor ökologischen Aspekten (vgl. Baumgarten et.al. 1998, S. 310). Eine vergleichbare Situation ergibt sich im Bereich des Einsatzes von Euro-Paletten im europäischen Tauschverfahren, bei der die logistischen Dienstleister zwar die Tauschsysteme anbieten und aufrecht erhalten, aber diese Leistung als solche von den Kunden nicht wahrgenommen wird, wenn als Maßstab der Anerkennung der Umfang der von logistischen Dienstleistern verrechenbaren Palettentauschgebühr zugrunde gelegt wird.

Eine Evaluierung der Ressourcen nach diesen 6 Kriterien schafft eine erste Datengrundlage, um in ein qualifiziertes Kernkompetenzmanagement einsteigen zu können. Die wesentlichen Aspekte dabei sind:

- Konzentration auf die richtigen Ressourcen?

- Diversifikation – kann die Ressource auch den Wert anderer Geschäfte und Geschäftsfelder steigern im Sinne der Ressourceninterdependenzen und der Nutzung von Synergien?

- Kooperationen aus dem Blickwinkel des Ressourcenmanagements im Sinne der Marktinterdependenzen?

- Rückzug aus den Gebieten, die eine schlechte Ressourcenausstattung aufweisen?

- Positionierung in der Wertschöpfungskette auch im Sinne der Integration?

Bereits 1978 hat Albach Fragen der Ressourcenallokation mithilfe von Matrizen bearbeitet. Seine Ressourcen-Geschäftsfeldmatrix erlaubt eine Identifikation von kritischen Geschäftsfeld-Ressourcen Kombinationen (vgl. Albach 1978, S.709f.). Ähnliche Ansätze in der Behandlung dieser Fragen hat Hamel/Prahalad (vgl. 1995, S.341f.) mit der Kompetenz-Produkt-Matrix entwickelt, die wiederum Grundlage für die Modifizierungen von Hinterhuber/Stuhec (vgl.1997, S.9f.) zum Kernkompetenzportfolio darstellte. In diesem Portfolio können die Unternehmenskompetenzen in vier Quadranten positioniert werden. Es gilt als Grundsatz: Je höher die Bedeutung einer Kompetenz für den Kundenwert und je stärker die relative Stellung einer Kompetenz ist, desto eher muss man sie im Hause pflegen und weiterentwickeln (vgl. Hinterhuber/Stuhec 1997, S.10).

Auch wenn das Kernkompetenzkonzept ein einleuchtender Ansatz ist, darf es aber nicht darüber hinwegtäuschen, auf die Marktorientierung zu verzichten. Eine Schwäche des Ansatzes liegt in seinem „strukturkonservativen Konzept" (vgl. Reiß 1995, S.46), was vereinfacht bedeutet, dass nach dem Grundsatz verfahren wird, dass sich das, was sich in der Vergangenheit bewährt hat, auch für die Zukunft eignet und damit als erhaltenswert betrachtet wird. Auch wenn Kernkompetenzen möglicherweise einen längeren Lebenszyklus aufweisen (konstitutives Merkmal), so unterliegen auch sie dem Lebenszyklusmodell (vgl. Krüger/Homp 1997, S.95). Gerade hierin ist ein Argument zu sehen, das für eine ergänzende oder komplementäre Betrachtung der Produkt-Markt Sicht spricht (vgl. Corsten 1998, S.157). Die strategische Positionierung eines Unternehmens und der strategische Entwicklungspfad zur Sicherung nachhaltiger Wettbewerbsvorteile bewegt sich zwischen Markt- und Ressourcenorientierung.

8.2.1.3 Kerneigenschaften und Kernprozesse

Kerneigenschaften beschreiben nach Krüger/Homp (1997, S.67) die Wirkungen der Kernkompetenzen. Diese Definition entspricht der Definition der „Kernleistung" im 3 Ebenen Modell von Engelhardt (vgl. 1993, S.395). Danach stehen nicht Einzelleistungen im Mittelpunkt, sondern marktlich verwertbare Teilleistungen, so genannte Leistungsbündel. Berücksichtigt man die bereits beschriebene Vielzahl und Unterschiedlichkeit des Leistungsspektrums von speditionellen Dienstleistungen, so ist leicht einsichtig, dass eine Verknüpfung von Kompetenzen und Kundenanforderungen unabdingbar ist. Marktorientierte Kernkompetenzen sind die Bausteine der Leistungsbündel. Damit der speditionelle Dienstleister in den kundenindividuell ausgerichteten Leistungserstellungsprozess eintreten kann, sind insbesondere die vom Auftraggeber zur Verfügung gestellten Informationen hinsichtlich Transportmengen, Güter- und Kundenstrukturen, Nachfragezyklen usw. eine entscheidende Grundlage für die Güte, mit der die Leistungsbündel der speditionellen Dienstleistung konzipiert werden können (vgl. Engelsleben 1999, S.91). Nur so können die Kernbedürfnisse identifiziert werden, also diejenigen Kundenbedürfnisse, die im Mittelpunkt des Kundeninteresses stehen (vgl. Homp 2000, S.169). Die so erstellten Leistungsbündel weisen z.B. im Kontraktgeschäft ein hohes Maß an Integrativität aus, die sowohl eine technische Integration als auch eine informationsbedingte Integration umfassen können. Komplexe Leistungsbündel investiver und hochwertiger Natur, wie sie Angebote in der Kontraktlogistik darstellen, implizieren im Marketing eine Sichtweise, die weniger die Einzeltransaktion sondern mehr eine fortlaufende Sequenz verschiedenster Transaktionsvorgänge oder Aktivitäten zwischen den beteiligten Unternehmen in den Mittelpunkt stellt (vgl. Engelsleben 1999, S.94).

So wie die Evaluierung der Ressourcen und Potenziale zu Kernkompetenzen des Unternehmens führt und eine erste Indikation für mögliche Strategien liefern kann, so muss sich das Unternehmen auch mit der Frage befassen, welche Prozesse in der speditionellen Dienstleistung von besonderer Bedeutung sind, um die ins Auge gefasste Strategie auch umzusetzen. Ein Blick in die Literatur zeigt, dass die wesentlichen unternehmerischen Prozesse bereits zur Genüge beschrieben und analysiert wurden[96]. Zu den am besten untersuchten Prozessen zählen aber sicherlich die industriellen Fertigungsprozesse (vgl. Zäpfel/Piekarcz 2000b, S.7f.), wo es für jedes Fertigungsteil einen gesonderten Arbeitsplan mit allen durchzulaufenden Arbeitsstationen einschließlich den relevanten Rüst- und Bearbeitungszeiten sowie den benötigten Werkzeugen und Vorrichtungen gibt. Für logistische Dienstleistungen finden sich keine derartigen detaillierten Prozessdarstellungen. Einen möglichen Zugang für die Verwendung von allgemeingültigen Prozessen stellen die von Klaus (vgl. 1999, S.30) definierten generischen Prozesse[97] dar (vgl. Kap. 4).

Dieses Modell baut auf einer Sichtweise auf, bei der das Unternehmen als Fließsystem gesehen wir. Klaus spricht von der dritten Bedeutung der Logistik.[98] „Die wichtigsten Elemente dieses Modells sind Ressourcennetze, Gewebe von Flüssen bzw. Prozessen[99], die durch Netze geleitet werden sowie die Objekte, die fließen" (vgl.

---

[96] Vgl. übersichtliche Darstellung in Bogaschewsky (1998, S.208 – 218).
[97] Andere Klassifikationen von Prozessen finden sich u.a. bei Bogaschewsky (1998, S.209) in der Definition von allgemeinen Rahmenprozessen, bei Zäpfel/Piekarz (2000b, S.6) in der Klassifizierung nach Leistungsprozessen, Serviceprozessen und Führungsprozessen, in der Segmentierung der Kernprozesse nach Osterloh/Frost (2000, S.50f.), in den Referenzprozessen im SCOR-Modell (vgl. http://www.supply-chain.org/).
[98] Nach dieser Darstellung wird unter der ersten Bedeutung der Logistik die „Wissenschaft von Transferaktivitäten im Wirtschaftsprozess" verstanden, die zweite Bedeutung begreift Logistik als „die Wissenschaft von der Koordination wirtschaftlicher Aktivitäten im Hinblick auf die Maximierung der Güterverfügbarkeit" und die dritte Bedeutung begreift die Logistik als „die Wissenschaft vom Management von Fließsystemen".
[99] Klaus weist darauf hin, dass in diesem Modell der Begriff „Fluss" und „Prozess" als austauschbar benutzt werden kann. Prozesse sollen als zeitlich und räumlich verkettete Folgen von Aktivitäten verstanden werden, in deren Verlauf ein physisches oder immaterielles Objekt zweckbezogen (zum Zweck der Wertsteigerung) verändert wird.

Klaus 1998, S.67). Die Objekte können Materialien und physische Güter sein, aber auch Menschen, Daten oder immaterielle Leistungen.

Das Unternehmensmodell zeigt 4 grundsätzliche Schichten von Prozessen:

- die Schicht der „Produktentwicklungs- und Marktwahlprozesse" (idea to market)
- die Geschäftsbereitschaftsprozesse (need to sale)
- die Auftragsabwicklungsprozesse (order to payment)
- die Controlling- und Unternehmensentwicklungsprozesse (records to plans)

Aus jeder dieser Prozessschichten lassen sich wiederum einzelne Prozessfolgen identifizieren. Mit diesem Modell steht somit eine Systematik zur Verfügung, die den Kunden in allen Prozessschichten in den Mittelpunkt stellt und gleichzeitig eine Zerlegung dieser kundenorientierten Prozesse in mehrere Teile erlaubt, ohne dass dabei die Bedeutung für das Gesamtunternehmen verloren geht. So können einzelne Sachverhalte wie die Sicherung der Betriebsbereitschaft isoliert betrachtet werden und es kann dennoch der Bezug zum Kundenbedürfnis sichergestellt werden.

Abbildung 45: Generische Prozesse in Speditionsunternehmen

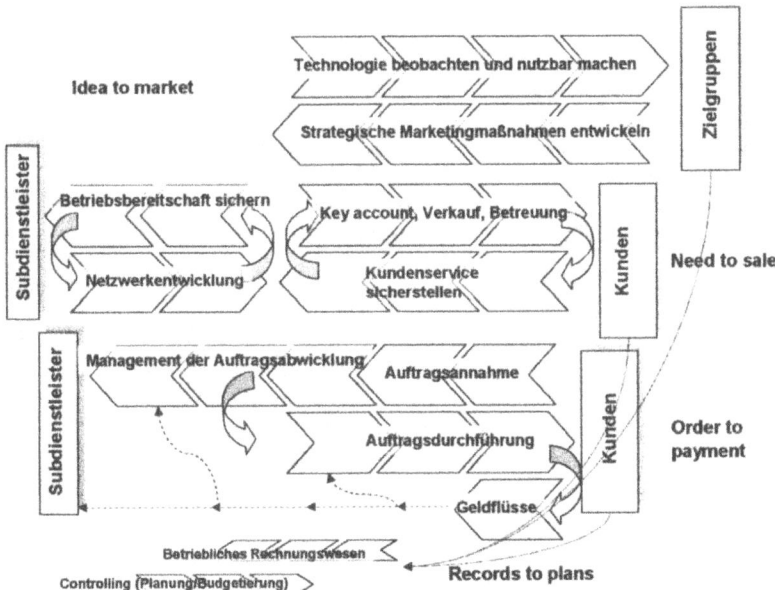

Quelle: in Anlehnung an Klaus 1999 S. 30

Das in diesem Buch dargestellte Prozessmodell baut auf diesem Prozessansatz von Klaus auf und wurde auch im Rahmen eines vom Forschungsförderungsfond unterstützten Projektes[100] (vgl. Holderied 2001, passim) verwendet (vgl. Kap. 9). Dieses Projekt hatte u.a. zum Ziel, ein Vorgehensmodell zum Prozesskostenmanagement[101] in der Verkehrswirtschaft zu erarbeiten, um besser mit der dynamischen Entwicklung der Gemeinkostenblöcke in Speditionsunternehmen umzugehen und eine Entscheidungsunterstützung insbesondere im Bereich der Preisbildung und Preispolitik anzubieten. Das Modell ermöglicht, jene Prozesse im Unternehmen zu identifizieren, die zur Erfüllung der Kundenbedürfnisse in den verschiedenen Leistungssegmenten[102] der Speditionsunternehmen in der Lage sind, Wettbewerbsvorteile zu generieren und ermöglicht vermutlich auch jene Werttreiber zu erarbeiten, die die Entwicklung des Unternehmenswertes besonders beeinflussen. Im Folgenden werden für das wichtige strategische Geschäftsfeld „Kontraktlogistik" diese Teilprozesse beschrieben. Zu betonen ist an dieser Stelle, dass die Verwendung eher allgemein gültiger Rahmenprozesse für ein Speditionsunternehmen nicht verhindern soll, über Beobachtung und Analyse die in der Realität des zu untersuchenden Speditionsunternehmens tatsächlich vorzufindenden Prozesse zu beschreiben.

8.2.1.3.1   Prozessschicht „Idea to market" – Produktentwicklung und Marktwahl

Die wesentlichen Prozesse dieser Prozessschicht sind „Forschung und Entwicklung" und „Marktforschung". Im Gegensatz zu anderen klassischen Geschäftsfeldern in Speditionsunternehmen (Land-, See- und Luftverkehr) hat in der Kontraktlogistik dieser Prozess erhebliche Bedeutung. Dies resultiert aus der Tatsache, dass die klassischen speditionellen Dienstleistungen eine abgeleitete Nachfrage darstellen und nur die logistische Dienstleistung in der Kontraktlogistik ausreichend Spielraum eröffnet zur selbständigen, aktiven Gestaltung von neuen Leistungsangeboten für bestehende oder neue Märkte. Jedes Geschäft in der Kontraktlogistik beginnt mit einer Phase der Analyse der Kundenbedürfnisse und der Identifikation und Suche nach den besten Gestaltungsvarianten der eigenen Organisation (vgl. Krell 1998, S.18). Wichtigster Werttreiber ist die logistische Kompetenz des Speditionsunternehmens. Wesentliche Teilprozesse sind:

---

[100]   Projektname: PROKOM (= Prozesskostenmanagement in der Verkehrswirtschaft), Projektnummer: 800003, Projektzeitraum: 1998 – 2001.
[101]   Ein wichtiges Ziel der Prozesskostenrechnung ist die Verbesserung der Transparenz der Gemeinkosten (vgl. beispielsweise Berkau 1996, Remer 1997).
[102]   Vgl. dazu die Differenzierung der speditionellen Dienstleistung in Einzeldienstleistung, Verbunddienstleistung und Systemdienstleistung. Die angebotenen Leistungssysteme erfordern sowohl unterschiedliche Ressourcen und Fähigkeiten, als auch unterschiedliche Kernprozesse.

- Leistungsfähigkeit neuer Technologien für den Kunden nutzbar machen (Beispiel: kundenindividuelle Sendungsverfolgungssysteme im Internet).

- Durch Integration beim Kunden aktiv am Entwicklungsprozess neuer Produkte und Dienstleistungen teilnehmen (Beispiel: Regalbedienung und Preisauszeichnung beim Handel im Auftrag des Lieferanten, Mitarbeit in der Produktentwicklung im Großmaschinenbau aus Sicht der logistischen Dienstleistung (logistikgerechte Konstruktion).

- Aktivierung des internationalen Netzwerkes des logistischen Dienstleisters (Korrespondenten und eigene Niederlassungen) zum Screening aktueller Marktentwicklungen (Beispiel: laufende Informationsbeschaffung über Entwicklungen im Aussenhandelsregime fremder Staaten).

- Entwicklung von kundenindividuellen Garantieregelungen, um das Risiko des Leistungsversprechens für den Kontraktkunden berechenbarer zu machen (Beispiel: qualitätsorientierte Leistungsvergütung[103]).

Diese Auswahl von Aktivitäten im strategischen Geschäftsfeld Kontraktlogistik beschreibt einige wesentliche Teilprozesse der Prozessschicht „Idea to Market", die in der Einzelanalyse jedoch unternehmensindividuell erweitert werden muss.

8.2.1.3.2 Prozessschicht „Need to sale" – Geschäftsbereitschaftsprozesse

Diese Prozessschicht beschreibt einmal die in Richtung Kunde fließenden Prozesse, also in erster Linie die gesamten Marktbearbeitungsprozesse bei den definierten Zielgruppen in der Kontraktlogistik, und zum anderen die Prozesse, die eine umfassende Betriebsbereitschaft des Speditionsunternehmens sichern und so zur Kundenzufriedenheit ihren Beitrag leisten.

Zentrale Teilprozesse sind:

- Intensive Betreuung der bestehenden Kontraktkunden auf allen Ebenen des Unternehmens (Key Account Management). Zentrale Aufgabe ist das Beziehungsmanagement, also die Anwendung eines Bündels von Aktivitäten, die das Verhältnis von Leistungsanbieter und Kunde (Leistungsnachfrager) verbessern sollen. Eine positive Wirkung ist die Kundenbindung, die gerade im

---

[103] Darunter ist ein Leistungsvergütungssystem zu verstehen, das Abweichungen von definierten Qualitätsstandards zwischen den Vertragspartnern durch entsprechende Mehr- (Minder-) Vergütung erfasst.

Kontraktgeschäft die Chancen zur Verlängerung von Kontrakten erhöht und den Markteintritt von neuen Wettbewerbern erschwert.

- Sicherstellung der Serviceleistungen, die auch beim Kunden wahrgenommen werden. Das Kundenempfinden wird auch von branchenfremden Leistungsniveaus bestimmt (z.B. Erfahrungen mit dem Kundenservice einer Bank). Daher haben Subprozesse wie Informationsaustausch sicherstellen, Leistungen des Kundenservice messbar machen oder Einhaltung von gegebenen Serviceversprechen eine besondere Wirkung auf die vom Kunden wahrgenommene Kundenzufriedenheit. Es ist in der Literatur auch mehrfach nachgewiesen, dass der Grad der Kundenzufriedenheit nicht in unmittelbarem Zusammenhang mit der „Kernleistung" steht, sondern stark durch diese begleitenden Prozesse des Kundenservice beeinflusst wird (vgl. Wolf, 1999, S.98, Wallenburg 2004, S.266f).

- Sicherstellung der Betriebsbereitschaft und Beschaffung der notwendigen Ressourcen sowie Entwicklung von Netzwerken, um flexibel und schnell auf Kundenanforderungen reagieren zu können. Dienstleistungen können nicht auf Lager produziert werden. Sie müssen dann erstellt werden, wenn die Nachfrage vorliegt, sonst verfällt die Leistung. Die Verfügbarkeit von nachgefragten Ressourcen und Potenzialen ist daher erfolgsentscheidend.

8.2.1.3.3 Prozessschicht „Order to payment" – Auftragsabwicklung

Zentraler Prozess ist die Auftragsabwicklung von der Auftragsannahme bis zum Geldfluss als Einnahme (Debitorenmanagement) und Ausgabe (Kreditorenmanagement). Damit verknüpft sind die Sicherstellung der benötigten Liquidität und die Steuerung des Kapitalumschlages.

Die Auftragsabwicklung in der Kontraktlogistik ist geprägt vom Spannungsfeld der kundenindividuellen Auftragsbearbeitung und der Notwendigkeit, aus Kostengründen standardisierte Leistungsmodule (Systemkomponenten) im Rahmen von Verbunddienstleistungen einzusetzen. Ein wichtiger Aspekt im Leistungserstellungsprozess einer Dienstleistung ist die phasenspezifische Kundenerwartung. Phasen des Auftragsabwicklungsprozesses sind die Auftragsannahme, die Auftragsdurchführung und die Bezahlung.

In der Phase der Auftragsannahme besteht die Tätigkeit darin, Kundenaufträge anzunehmen, zu selektieren und nach Dringlichkeit zu ordnen. Diese Phase spielt dann eine Rolle, wenn Ressourcen und Kapazitäten knapp sind und Prioritäten gesetzt werden müssen. Kontraktkunden zählen sicherlich zu den Kunden, deren Aufträge mit höchster Priorität zu behandeln sind. Diese Prioritätenregelungen müssen für die Phase der Auftragbearbeitung bekannt sein.

Die Phase der Auftragsdurchführung wird wesentlich bestimmt durch die Anforderungen der Kontraktkunden an die zu erstellende speditionelle Dienstleistung. Maßgrößen dafür sind Lieferzeit, Lieferzuverlässigkeit, Lieferungsbeschaffenheit und Lieferflexibilität, also Leistungsmerkmale, die vom logistischen Dienstleister beeinflusst werden können(vgl. Zäpfel 2000b, S.19).

Der Geldfluss ist die letzte Phase des Auftragsabwicklungsprozesses. Hier werden die Liquidität des Speditionsunternehmens und der Kapitalumschlag festgelegt. Da Kontraktkunden i.d.R. Kunden mit hohen Umsätzen darstellen, ist die Gestaltung des Geldflusses ein wichtiger Werttreiber.

8.2.1.3.4 Prozessschicht „Records to plans" – Controlling

Die zentralen Prozesse bauen auf den Bausteinen des betrieblichen Rechnungswesens auf und verdichten sich zum Controllingprozess. Strategische und operative Planung sind die Grundlage zur Definition von Leistungskriterien in den verschiedenen Prozessschichten. Diese Leistungskriterien bauen i.d.R. auf den Schlüsselgrößen Zeit, Kosten und Qualität auf (vgl. Zäpfel/Piekarcz 2000, S.10).

Die Verwendung generischer Prozesse kann eine Hilfestellung sein, auf der unternehmensbezogene Prozessstrukturen aufgebaut werden können.

8.2.1.4 Leistungsergebnisse

Die Leistungswirkung des Dienstleistungsprozesses misst sich im generierten Umsatz aus der erstellten Leistung aus Sicht des Speditionsunternehmens. Bekanntlich ergibt sich der Umsatz aus der Multiplikation der Absatzmengen mit den jeweiligen Preisen. In Güterverkehrsunternehmen können als Absatzmengen Outputgrößen wie beförderte Tonnen, gefahrene Tonnenkilometer oder Anzahl abgefertigter Sendungen oder Aufträge verwendet werden. Berücksichtigt man jedoch nicht nur die quantitative Seite des Outputs, sondern bezieht man auch die Messung der Outputqualität mit ein, so ergibt die Messung der Quantität von Transportmengen keine Aussage, ob die transportierten Mengen pünktlich und unbeschädigt ihren Bestimmungsort erreicht haben oder nicht (vgl. Maleri 1997, S.121). Es bietet sich an, die Outputmenge der logistischen Dienstleistung quantitativ mit der Anzahl der erhaltenen und/oder erledigten Aufträge zu messen und die Qualität der erledigten Aufträge über die Messung der Kundenzufriedenheit einzubeziehen.

Umsatzwachstum und Dauer des Umsatzwachstums sind Maßstäbe zur Beurteilung der Dynamik von Kundenbeziehungen oder Geschäftsfeldern.

Umsatzwachstum kann z.B. in der Kontraktlogistik auf verschiedene Art und Weise stattfinden:

- Abgeleitetes (derivatives) Umsatzwachstum, d.h. das Mengenwachstum hängt ausschließlich vom Auftragswachstum des Kunden ab. Güterstruktureffekte und der Logistikeffekt können dazu führen, dass ohne wesentliche Veränderung der Auftragslage des Kunden sich durch verändertes Bestellverhalten der Kunden des Kontraktkunden die Leistungsmengen für den logistischen Dienstleister verändern.

- Neuer, zusätzlicher Umsatz bei bestehenden Kontrakten durch Verbesserungen der logistischen Dienstleistung und damit Verbesserung der Marktchancen des Kontraktkunden (induziertes Wachstum)

- Anpassung der Preise an veränderte Bedingungen (Kostensteigerungen überwälzen, zusätzliche Leistungen erstellen und verrechnen)

Die Dauer des Umsatzwachstums ist in der Kontraktlogistik zunächst durch die Kontrakte oder Verträge fixiert. Wesentlicher Faktor für eine Verlängerung des Vertrages ist die Kundenloyalität bzw. die Kundenzufriedenheit, die durch eine Vielzahl von Faktoren beeinflusst wird (vgl. Bruhn 2001, S.5). Da Dienstleistungen grundsätzlich Leistungsversprechen darstellen, kann folgende Kausalkette definiert werden (vgl. Bruhn 1999, S.422f., Weber 2002c, S.108):

Erstkontakt/Leistungsversprechen -> Kundenzufriedenheit -> Kundenloyalität -> Kundenbindung -> ökonomischer Erfolg

Diese Kausalkette gilt in allen Organisationsformen der Integration. Sie baut auf genauer Kenntnis der Kundenbedürfnisse (logistischen Anforderungen) auf und nimmt damit zur „Market Based View" bei der Strategieentwicklung im Rahmen des strategischen Managements eines Unternehmens Bezug.

Andererseits ist gerade in der Kontraktlogistik die Synergie zu anderen Unternehmensbereichen und Geschäftsfeldern entscheidend, um die Kosten pro Auftrag zu senken oder durch flexible Preispolitik ungenutzte Kapazitäten zu vermarkten. So wurde z.B. Yieldmanagement speziell für das weite Feld der Dienstleistungen entwickelt, die sich durch einen hohen Fixkostenanteil an den Gesamtkosten auszeichnen. Zudem besteht für diese Art von Dienstleistung eine teils ungewisse und wechselhafte Nachfrage seitens der verschiedenen Nachfragegruppen.

Das Geschäftsfeld „Kontraktlogistik" zeichnet sich dadurch aus, dass zumindest für die Dauer des Kontraktes eine Grundbeschäftigung gewährleistet ist. Der Preisdruck und die Erwartung der Kunden auf hohe Leistungsstandards zwingen zur Vorhaltung von Kapazitäten, die kurzfristig ausgelastet werden müssen, wenn die Grundauslastung durch das Kontraktgeschäft nicht gewährleistet ist. An diesem Punkt kann das Instrument „Yield Management" im Geschäftsfeld „Kontraktlogistik" angesetzt werden, indem freie Kapazitäten nach den ‚Yield Management Prinzipien' insbesondere im Bereich der Leistungssysteme für Einzeldienstleistungen vermarktet werden. Dabei spielen die Synergiepotenziale eine bedeutende Rolle. Grundprinzipien des Yield Management sind:

- Value based pricing: Preissetzung orientiert sich an der Zahlungsbereitschaft der Nachfrager (nicht an den Kosten der Leistungserstellung), d.h. vorrangige Vermarktung der Leistungen an Kunden mit kurzen Zahlungszielen.

- Preisausgleich: Glättung von Ungleichgewichten zwischen Angebot und Nachfrage zunächst über den Preis, erst dann über Kapazitätsanpassung, d.h. z.B. Kapazitätseinkauf im Bereich Laderaum erfolgt nicht nach der Größe des jeweiligen Kundenauftrages, sondern auf Basis von Ladeeinheiten zur Nutzung des Einkaufspreisvorteiles durch Übernahme des Auslastungsrisikos.

- Preisdifferenzierung: Setzung unterschiedlicher Preise in verschiedenen Marktsegmenten und zu verschiedenen Zeiten, wie beispielsweise das Angebot von günstigeren Frachttarifen zu Wochenbeginn, da dort tendenziell weniger Frachtaufkommen besteht als zu Wochenende.

- Kontingentierung: Verkauf an Nachfrager mit geringerer Zahlungsbereitschaft unterbleibt oder wird begrenzt, wenn Leistung später zu höherem Preis absetzbar ist.

- Kapazitätsüberschreitende Reservierung: Reservierungen über die Kapazitätsgrenze hinaus, um Nicht-Inanspruchnahme eines Teils der Reservierungen auszugleichen.

Diese stark vereinfachten Grundprinzipien werden bei der Anwendung von mathematischen Entscheidungsmodellen sehr schnell komplex. So lässt sich mittels dynamischer Programmierung zwar ein Entscheidungsalgorithmus abbilden, in der betrieblichen Praxis sind derartige Modelle jedoch nicht aufzufinden (vgl. Bertsch 1999, S.470 – 483). Dennoch empfiehlt Bertsch (1999, S.482), dass „...vor allem für Dienstleistungsbereiche, die sich bislang nicht systematisch das im Yield Management liegende Ertragssteigerungspotential zu Nutze machen, wie z.B. Speditionsunternehmen und andere Logistikdienstleister, die Kombination aus Yield Management und systematischer Preisfindung zu einem entscheidenden Wettbewerbsvorteil werden kann."

Einen Schritt in diese Richtung gehen Speditionsunternehmen dann, wenn sie bei der Preisgestaltung die unterschiedlichen Gewichts- und Volumenrestriktionen einhalten. So orientieren sich die Luftfrachtgesellschaften am Maximum von Gewicht und Volumen, wozu Letzteres mithilfe eines durchschnittlichen Kapazitätsquotienten in ein frachtpflichtiges Gewicht umgerechnet wird. Idealtypisch führt somit die Annahme von Blei und Bettfedern zum doppelten Gewinn, da diese Frachtanfragen die dem Kapazitätsquotienten entsprechende spezifische Dichte aufweisen und somit beide Ressourcen (Nutzlast und Ladevolumen) gleichmäßig auslasten.

Am Beispiel der Kontraktlogistik wurden in Anlehnung an die generischen Prozesse von Klaus die wesentlichen Prozesse im Bereich der Kontraktlogistik beschrieben. Im folgenden Kapitel soll dieses für die Speditionsunternehmen wichtige strategische Geschäftsfeld genauer definiert werden.

8.2.2 Das strategische Geschäftsfeld „Kontraktlogistik"

8.2.2.1 Der Begriff „Kontraktlogistik"

„Unter dem Begriff Kontraktlogistik wird das Angebot und die Übernahme komplexer Dienstleistungspakete durch Speditionen, Paketdienste und sonstige Logistik-Dienstleister verstanden" (Klaus/Krieger 1998, S.230). Die Definition wird erweitert durch die Merkmale „langfristige Übernahme", „meist beidseitige Investitionen", „Kombination von Basisdienstleistungen wie Transport, Lagerei, Umschlag...". Diese

Art der Zusammenarbeit wird „...in Anlehnung an die wechselseitige Nutzenerzielung [...] auch symbiotische Beziehung genannt" (Stein 1998, S.230).

Ähnlich definiert auch das Frauenhoferinstitut – Anwendungszentrum Verkehrslogistik und Kommunikationstechnik (2001, S.8):

„Gegenstand der Kontraktlogistik ist ein jeweils integriertes individualisiertes Paket von Logistikdienstleistungen von einem erheblichen Geschäftsvolumen, das in einer längerfristig angelegten, schriftlich fixierten Vertragsbeziehung abgewickelt wird."

Giesa/Kopfer (vgl. 2000, S.6) ordnen dem Begriff Kontraktlogistik folgende Merkmale zu:

- Planung und Realisierung komplexer logistischer Leistungspakete

- Hohe Relevanz von Koordinationsleistungen

- Einbindung weiterer logistischer Dienstleister

- Enge Kooperation mit dem Verlader

- Hohe Anforderung an Systemdienstleister mit der Gefahr des Scheiterns.

In dieser Beschreibung des Begriffs kommt auch die Einbindung des Leistungserstellers in ein Netzwerk zum Ausdruck, was dazu führt, dass Giesa/Kopfer ein Vorgehensmodell entwickeln für die Entwicklung und Anwendung eines prozessmodellierten Kennzahlensystems, das das problemadäquate Management interorganisatorischer Logistiknetzwerke der Kontraktlogistik unterstützen soll (vgl. 2000, S.9f.).

In einer von Razzaque (vgl.1998, passim) durchgeführten amerikanischen Literaturstudie im Zusammenhang mit dem Outsourcing von Logistikfunktionen wird definiert als „...Outsourcing, third party logistics and contract logistics generally mean the same thing" (Razzaque 1998, S.90). Die Gleichsetzung der Kontraktlogistik mit dem Begriff „third party logistics" findet sich in vielen Logistikstudien und Fachartikeln (vgl. Geck 2001, S.21, Büchner 2002, S.7, DVZ 4.12.1997, S.1, Grämmel 2000, S.24). Bucholz (vgl. 1998, S.59) sieht den Begriff ebenfalls in Zusammenhang mit Make or Buy Entscheidungen bzw. dem Outsourcing logistischer Dienstleistungen, wobei diese Dienstleistungen eine kundenorientierte Systemlösung mit hohem Investitionsbedarf und damit verbundener längerfristiger Bindung umfassen müssen.

Die Recherche von Razzaque verwendet auch den Begriff des "contract logistics service provider" und unterscheidet, aufbauend auf der Literatur, zwischen 4 klassischen Formen von Anbietern (Razzaque, 1998, S.94):

- „Asset-based vendors: companies which offer dedicate physical logistics services primarily through the use of their own assets, typically a truck fleet or group of warehouses or both.

- Management-based vendors: involved in offering logistics management services through systems databases and consulting services, often acting as a subcontracted traffic department, either for part, or all, of a client's business segments. These firms do not own transportation or warehouse assets.

- Integrated vendors: these companies own assets, typically trucks, warehouses or a combination of both. They are not, however, limited to using those assets, and will contract with other vendors on an as-needed basis.

- Administration-based vendors: firms which mainly provide administrative management services such as freight payment."

Diese Definition nimmt Bezug auf die Ressourcen und Potenziale, die Schwerpunkt von Kontraktlogistikdiensten sein können. Eine ähnliche Definition findet sich auch bei Makait (vgl. 2000, S.308).

8.2.2.2 Abgrenzung des strategischen Geschäftsfeldes „Kontraktlogistik"

Die strategische Geschäftsfeldplanung ist, gemeinsam mit der Potential- und Prozessplanung integraler Bestandteil der strategischen Unternehmensplanung (vgl. Hahn 1996, S.269). Um sprachliche Missverständnisse zwischen den Begriffen strategische Geschäftsfelder und strategischen Geschäftseinheiten zu vermeiden, sollen in Anlehnung an Zäpfel die Begriffe synonym verwendet werden (vgl. Zäpfel 2000a, S.33).

Ziel einer Segmentierung der Geschäfte eines Unternehmens ist es, „...eigenständige Entwicklungen, Bedrohungen und Chancen sowie Stärken und Schwächen dieser Umweltsegmente analysieren und spezifische Zielvorstellungen, Strategien und Maßnahmen ableiten zu können" (Zäpfel 2000a, S.32f.).

Berücksichtigt man die immer stärkere Verbreitung von Bilanzierungsrichtlinien und Geschäftsberichterstattung nach IAS und US-GAAP, so ist ein wesentlicher Bestandteil eine detaillierte Segmentberichterstattung. Sie soll Einblick in die Performance und Steuerung der Segmente sowie der Mittelbindung und

Mittelallokation geben. Damit können wesentliche Erfolgszahlen gebildet, aber auch Einblick in die Wertschaffung der Segmente genommen werden (vgl. Wagenhofer 2001, S.21).

Nach Hinterhuber (vgl. 1997, S.139f.) können strategische Geschäftseinheiten durch folgende Eigenschaften umschrieben werden:

- Sie entstehen durch Zusammenfassung von Produkt-Markt-Kombinationen zu einer relativ autonomen Einheit mit eigenen Chancen, Bedrohungen und Tendenzen.

- Sie erfüllen eine bestimmte Marktaufgabe, die sich von der anderer Produkt-Markt-Kombinationen klar abhebt.

- Sie müssen Wettbewerbsvorteile erzielen können.

- „Für sie müssen sich spezifische Strategien und Maßnahmen entwickeln lassen" (Zäpfel 2000a, S.33).

Den klassischen Beitrag zur Abgrenzung von SGF hat Abell geliefert (vgl. 1980, S.16f.). Er baute die von Ansoff gewählte Sicht der Produkt-Markt-Kombination zu einer differenzierteren Betrachtungsweise aus. Nach ihm lässt sich der Markt durch 3 Dimensionen beschreiben:

- das Kundenproblem (functions): welches Bedürfnis hat ein Kunde?

- die Technologie (technologies): wie wird das Kundenbedürfnis befriedigt?

- die Kundengruppen (customer groups): wer hat Bedürfnisse?

Dieses Konzept wurde in mehrfacher Weise modifiziert oder erweitert (vgl. beispielhaft Kremer 1986, S.41f.).

Der strategischen Marktfeldabgrenzung als Geschäftsfeldabgrenzung durch ein Unternehmen kommt deswegen große Bedeutung zu, da sie auf Gesamtunternehmensebene Grundlage der Zielerreichungsplanung und Voraussetzung zur Beurteilung von Geschäftsfeldstrategiealternativen ist. Es bestehen Interdependenzen zu nahezu allen Strategieoptionen der Unternehmung (vgl. Meffert/Bruhn 1995, S.152).

Die Eignung von Kriterien zur Marktabgrenzung kann nicht generell beurteilt werden (vgl. Bauer 1989, S.72), da sie vom jeweiligen Analysezweck abhängt. Steht die operative Leistungsgestaltung im Vordergrund, so erhalten die konkreten

Kundenanforderungen eine entsprechende Gewichtung, stehen die Wettbewerbsbeziehungen im Vordergrund, so werden aktuelle oder potentielle Substitute betont.

Die grundlegenden Anforderungen an die Marktsegmentierung liegen darin, solche Segmente zu bilden, die hinsichtlich der Reaktion auf Marketinginstrumente homogen wirken (vgl. Backhaus 1992, S.158f.).

Ein weiterer Aspekt der Geschäftsfeldabgrenzung fordert, dass durch Segmentierung Beziehungen nicht zerschnitten oder vernachlässigt werden dürfen, die „…wichtige inhaltliche Zusammenhänge zwischen Entscheidungskomplexen repräsentieren" (Link 1985, S.58). Derartige Interdependenzen können im Bereich der Ressourcen und der Märkte entstehen. So zeigt sich bei der Abgrenzung des strategischen Geschäftsfeldes „Kontraktlogistik" eine starke Interdependenz sowohl im Bereich der verwendeten technischen Ressourcen (Fuhrpark, Infrastruktur) als auch der personellen Ressourcen (gewerbliche Mitarbeiter und Verkehrsdisponenten). Diese Entscheidungsinterdependenz spielt z.B. bei gemeinsamer Nutzung knapper Ressourcen eine Rolle. Die Ausprägung der Konnektivität begrenzt den Segmentierungsspielraum für die Geschäftsfelder. Die Geschäftsfelder müssen so definiert sein, dass die Interdependenzen minimiert werden. Marktinterdependenzen existieren dann, wenn die Aktivitäten von zwei Geschäftsfeldern auf den gleichen Absatzmarkt bzw. das gleiche Marktsegment gerichtet sind. Hier können sowohl konkurrierende als auch komplementäre Beziehungen auftreten (vgl. Welge/Al-Laham 1999, S. 329).

Eine erste Betrachtung eines möglichen strategischen Geschäftsfeldes Kontraktlogistik kann von einem der Hauptwachstumstreiber der Logistikbranche abgeleitet werden, dem Wachstumstreiber „Outsourcing". Viele Unternehmen in Idustrie und Handel betrachten den Logistikprozess nicht mehr als Teil ihres Kerngeschäftes und beauftragen spezialisierte Dienstleister. Aus Sicht der Speditionen hat sich daher dieser Bereich in den letzten Jahren als besonders wachstumsträchtig erwiesen und wird von den Speditionsunternehmen häufig mit dem Begriff „Kontraktlogistik" umschrieben.

Die Verknüpfung der logistischen Dienstleistung mit dem Begriff des „Outsourcing" führte, wie bereits dargestellt, zur Definition des Begriffs „third party logistics - 3 PL".

Viele Speditionsunternehmen haben bewusst oder intuitiv die Rolle des „third party logistics provider (3 PLP)" gleichgesetzt mit dem Geschäftsfeld „Kontraktlogistik".

Abbildung 46: Positionierung der Kontraktlogistik

```
┌─────────────────────────────────────────────────────────────┐
│                    E – Logistik ( 5 PL)                       │
│  (Design und Management von ganzen Supply Chain Landschaften) │
├─────────────────────────────────────────────────────────────┤
│              Supply – Chain Management ( 4 PL)                │
│          (Management der supply chain von Kunden)             │
├─────────────────────────────────────────────────────────────┤
│                  Kontraktlogistik ( 3 PL)                     │
│             (Fluss von Waren und Informationen)               │
│                                                               │
│       Transport, Umschlag, Lager, Mehrwertdienste             │
├─────────────────────────────────────────────────────────────┤
│              Transportlogistikanbieter (1 + 2 PL)             │
│                     (reiner Warenfluss)                       │
│                                                               │
│   Luftfracht          Seefracht            Landverkehr        │
└─────────────────────────────────────────────────────────────┘
```

Quelle: in Anlehnung an Bank Leu (2001)

Speditionen, die nun diese Rolle eines „3 PLP" so wahrnehmen, dass sie ihre logistische Dienstleistung im Sinne der definierten Systemdienstleistung ausrichten, stellen sich einer besonderen Herausforderung:

Während die Wettbewerbsfähigkeit ihrer Leistung in den traditionellen Bereichen wie z.B. Stückgutverkehre im wesentlichen von der Optimierung der eigenen, betriebsinternen Prozesse abhängt, stehen sie in der so definierten Rolle zusätzlich vor der anspruchsvollen Aufgabe, die logistischen Prozesse bei ihren Kunden zu optimieren.

Transport-,. Lager– und andere logistische Prozesse werden nicht mehr vom Spediteur vordefiniert, vielmehr verfügt der Spediteur als Logistikdienstleister nur noch über einen geringen Ermessensspielraum in der Prozessgestaltung. Damit verbunden sind neue Anforderungen an die unternehmerischen Leistungs- und Ressourcenpotenziale, die kleinere Speditionen leicht überfordern können. Angesichts des Wachstums dieses Marktsegments stehen sie vor der strategischen Entscheidung zugunsten weiteren Wachstums mit geeigneten Produktinnovationen den Schritt in die Kontraktlogistik zu gehen.

Die Gründe für die Fremdvergabe von Logistik-Dienstleistungen an Speditionen sind dieselben, die auch in anderen Funktionsbereichen für Outsourcing-Entscheidungen genannt werden:

> Die Unternehmen lagern Funktionsbereiche aus, die für das eigene Endprodukt nur von peripherer Bedeutung sind, damit die Managementkapazitäten auf die Kernkompetenzen konzentriert werden können. Gleichzeitig werden die Kapazitäten flexibilisiert (Umwandlung von Fixkosten in variable Kosten) und die Unternehmen profitieren vom spezialisierten Logistik - Know - How der Speditionen.

Unter Berücksichtigung der bereits beschriebenen Unternehmenstypen und unter Berücksichtigung der erarbeiteten Ausprägungen speditioneller Dienstleistungen kann in Anlehnung an den Ansatz von Abell eine Abgrenzung des strategischen Geschäftsfeldes „Kontraktlogistik" nach den Merkmalen **Integration, Gestaltung des Leistungssystems** und **Offenheit des Systems** erfolgen.

8.2.2.2.1   Merkmal: Grad und Organisationsform der Integration

Auf Basis der von einigen Autoren [104] beschriebenen Kundenerwartungen an die Leistungen externer, logistischer Dienstleister, lassen sich folgende Erwartungen umschreiben:

- Es muss sich um ein Kundenproblem handeln, das durch die Planung und Realisierung komplexer logistischer Leistungspakete gelöst werden muss. Der Funktionsumfang spannt sich von der Kombination von Kernleistungen wie Transport, Umschlag, Lager bis hin zu maßgeschneiderten Mehrwertdiensten mit hohem Managementanteil und teilweise starker Integration in die logistischen Abläufe der Kunden. Entscheidend ist, dass die Leistungsanbieter die erwartete Kompetenz aufweisen.

- Die Kunden erwarten flächendeckende Lösungen sowohl regional, national als auch international. Beschaffung und Distribution wird international. Daher gilt diese Erwartung für alle zur Leistungserstellung benötigten Ressourcen.

- Die Kunden erwarten Kostenreduktion und Leistungsverbesserung durch Nutzung der Spezialisierungsvorteile des logistischen Dienstleister.

---

[104] Vgl. Klaus (1998) S.28; Stein (1998) S.230; Bretzke (1999a) S.220; Giesa/Kopfer (2000).

- Die Kunden erwarten sich auch bessere Transparenz über die (ausgelagerten) Logistikkosten und erwarten eine Erleichterung in der Anpassung der Mengenleistung des eigenen Logistiksystems bei schwankenden Nachfragemengen.

- Die hohe Bedeutung von Qualität und Individualität einer Logistiklösung bedeutet, dass die Leistung nicht nur im Erfüllungsgrad des Pflichtenheftes gemessen wird, sondern vom Kunden eine Gesamtleistung wahrgenommen wird, bei der auch nicht ausdrücklich spezifizierte Leistungen eine Rolle spielen.[105] Dies ist auch ein wesentlicher Ansatz im Relationship Marketing, wo „...die Schaffung von Vertrauenspositionen in der Wahrnehmungswelt potentieller Kunden auf interpersoneller und interorganisatorischer Ebene [...] zum zentralen Verankerungspunkt [...] avancieren muss" (Engelsleben 1999, S.195).

Zur Erfüllung dieser Erwartungshaltungen/Kundenbedürfnisse können unterschiedliche speditionelle Dienstleistungen in unterschiedlichem Ausmaß in die Wertschöpfungskette des Kunden integriert werden. Dies bedeutet, dass im Sinne einer Optimierung der Supply Chain insbesondere auch die Integration der Subdienstleister zu berücksichtigen ist. Die Gestaltungselemente der Integration spielen sich ab im Bereich der einzubringenden Kompetenzen und Fähigkeiten, der funktionalen Problemlösungen und der Möglichkeit der Internationalisierung. Eine derartig mehrdimensionale Integration in der Kontraktlogistik lässt sich folgendermaßen darstellen:

---

[105] Vgl. 3 Ebenenmodell von Engelhardt et al. „Gesamtleistung".

Abbildung 47: Ausprägungen von Integration in der Kontraktlogistik

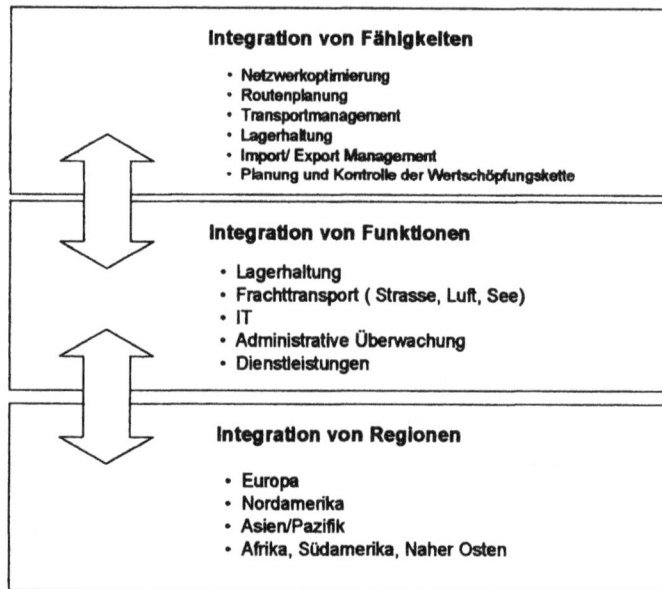

<table>
<tr><td>

Integration von Fähigkeiten

- Netzwerkoptimierung
- Routenplanung
- Transportmanagement
- Lagerhaltung
- Import/ Export Management
- Planung und Kontrolle der Wertschöpfungskette

</td></tr>
<tr><td>

Integration von Funktionen

- Lagerhaltung
- Frachttransport (Strasse, Luft, See)
- IT
- Administrative Überwachung
- Dienstleistungen

</td></tr>
<tr><td>

Integration von Regionen

- Europa
- Nordamerika
- Asien/Pazifik
- Afrika, Südamerika, Naher Osten

</td></tr>
</table>

Quelle: eigene Darstellung

Diese Gliederung der Integrationsmerkmale ist vermutlich nicht vollständig und es ist anzunehmen, dass auf Basis der dynamischen Veränderungen im Logistikmarkt ein weites Betätigungsfeld zur Entwicklung und Gestaltung von Leistungsinnovationen besteht.

8.2.2.2.2   Merkmal: Technologie und Gestaltung des Leistungssystems

Dieses Merkmal beschreibt die Lösungswege, wie die Erwartungen der Kunden befriedigt werden. Bei diesem Merkmal spielt die Gestaltung der Systemkomponenten des speditionellen Leistungssystems eine Rolle. Ausgehend von einzelnen Leistungsmodulen insbesondere im Bereich der Kernleistungen können unterschiedliche Module kombiniert oder durch kundenindividuelle Mehrwertdienste auf Kundenbedürfnisse angepasst werden.[106] Dieses Merkmal wird durch die bereits definierten Begriffe Einzel-, Verbund- und Systemdienstleistung umschrieben.

---

[106] Diese Thematik wird in der betriebswirtschaftlichen Literatur auch unter dem Stichwort „Mass Customization" behandelt. Darunter verstehen die Autoren eine Individualisierung industrieller Massengüter. Dabei wird versucht, den Zielkonflikt zwischen Flexibilität und Produktivität aufzulösen (vgl. Piller 2000, S.79f.). Wesentliches Instrument zur Bewältigung dieses Konfliktes stellt die IuK Technologie dar.

Ein weiterer wichtiger Aspekt ist die Frage der notwendigen Investitionen zur Gestaltung dieser Leistungssysteme. Eine auf einzelne Kunden abgestimmte Systemdienstleistung kann dazu führen, dass kontraktspezifische Investitionen getätigt werden müssen, um den technischen oder kapazitätsmäßigen Anforderungen zu entsprechen, diese aber so kundenindividuell sind, dass die Werthaltigkeit der Investition im Falle eines Kundenwechsels stark gefährdet ist. Verbunden damit ist auch der entstehende Kapitalbedarf, der kapitalstarken Großkonzernen Vorteile gegenüber mittelständischen Speditionsunternehmen bietet[107].

8.2.2.2.3 Merkmal: Offenheit und Ausrichtung der Leistungssysteme auf Kundengruppen und Branchen

Schwerpunkte der Kontraktlogistik bilden Warenbewirtschaftungssysteme mit Inbound oder Outbound Konzepten.[108] Insbesondere Speditionen, die über flächendeckende Transportnetze verfügen, sehen eine Möglichkeit, große Transportvolumina durch aggressive Preispolitik in ihre Netze zu lenken, um so die notwendige Stückkostendegression zu erreichen. Jeder Auftrag ist willkommen, jeder Auftrag wird aber mehr oder weniger gleich behandelt. Dies bedeutet, dass Auftragsgrößen im Rahmen derartiger offener Systeme sehr unterschiedliche Mengendimensionen bei standardisierten Leistungen erreichen. Demgegenüber werden andere Speditionsunternehmen versuchen, durch Leistungsdifferenzierung Lösungen und Leistungspakete auf bestimmte Kundengruppen auszurichten. Dies können branchen- bzw. warenartbezogene Kriterien sein wie z.B. die Entwicklung und das Angebot von Frischdienst- oder Tiefkühlgutdistributionskonzepten bis zu geschlossenen Systemen, wie sie oft in werksverkehrbasierten Logistikkonzepten z.B. in der Automobilindustrie zu finden sind. Eine Zweiteilung der Kundengruppen erfolgt bei Klaus (vgl. 2000, S.118 – 124) durch eine Differenzierung nach „Konsumgüterdistribution und Markenartikel-Kontraktlogistik" und „Industrieller Kontraktlogistik mit Produktionsversorgung und Ersatzteildistribution". Gerade in der Markenartikel-Kontraktlogistik zeigt sich, dass beachtliche Geschäftsvolumen von den großen

---

[107] Fuhrmann (vgl.1997, S.53f.) beschreibt die Problematik am Zielkonflikt „Fahrzeug-Spezialisierung", der dadurch entsteht, das Fuhrunternehmer eine Entscheidung treffen müssen über den Grad und die Art der Spezialisierung ihres Fuhrparks im Hinblick auf Fahrzeugtechnik und Fahrzeugausstattung, um den logistischen Anforderungen gerecht zu werden.
[108] Inbound = Transportkonzepte auf der Beschaffungsseite der Unternehmen wie z.B. Gebietsspediteurkonzept in der Automobilindustrie
Outbound = Transportkonzepte auf der Distributionsseite des Unternehmens inkl. Entsorgung wie z.B. in der Konsumgüterindustrie

Herstellern und Handelsorganisationen in eigenen Logistiksystemen „insourced" durchgeführt werden.[109]

8.2.3   Der Kontrakt[110] – Vertragsgrundlage für einen Logistikvertrag

Die Erstellung von Systemdienstleistungen durch logistische Dienstleister wird zumeist von Outsourcingbestrebungen der Verlader getrieben. Dieses Outsourcing erweist sich jedoch in vielen Fällen für den Verlader nicht als Rundum-sorglos-Lösung, sondern gelingt nur, wenn Verlader und Dienstleister die logistische Leistung gemeinsam gestalten und das partnerschaftliche Miteinander auf einem soliden juristischen Fundament begonnen wird[111].

Kontrakt (lat. contractus) war im römischen Reich ein schuldbegründender klagbarer Vertrag. In der Logistikbranche wird durch die Verwendung dieses Begriffs zum Ausdruck gebracht, dass es sich um ein langfristiges, meist in mehrere Leistungsteile untergliedertes Vertragsverhältnis handelt (vgl. Müglich, 2002, S. 165).

Dieses juristische Beiwerk dient aber dazu, die Kooperation von eigennützigen Akteuren bei Unsicherheit und Informationsasymmetrie zu erleichtern, wenn gar nicht erst zu ermöglichen (vgl. Klaus 1992, S. 884). Logistische Systemdienstleistungen sind Leistungsversprechen für komplexe und hochwertige Leistungen. Aus dieser Situation ergeben sich Informationsprobleme und endogene sowie exogene Unsicherheitsprobleme, die besonders gravierende Folgen haben können. Unter endogenen Unsicherheiten ist zu verstehen, dass jede Seite (Anbieter und Nachfrager) auf ihren eigenen Input einen Informationsvorsprung hat (asymmetrische Information), exogene Unsicherheit liegt in der unvollkommenen Information der Beteiligten über die Veränderung der Umfeldbedingungen (gesellschaftlich-politische, rechtliche und wirtschaftliche Rahmenbedingungen sowie technologische Veränderungen). Kosten und Nutzen einer derartigen Kooperationsbeziehung sind von ihrem angestrebten Resultat abhängig. Die gemeinsame Festlegung konkreter

---

[109] Die Einschränkung Kontraktlogistik auf die Zielgruppen Konsumgüter- und Markenartikler bzw. Industrie ist meines Erachtens zu einseitig. Zentraler Punkt dieses Geschäftsfeldes ist der „Kontrakt" mit all seinen Ausprägungen und daher z.B. auch für die von Klaus eigens definierte Zielgruppe der Textilbranche anwendbar.
[110] Ein Kontrakt verspricht künftige Leistungen, typischerweise, weil eine Partei eine Investition tätigt, deren Profitabilität vom zukünftigen Verhalten der anderen Partei abhängt.
[111] Polzin (1999, S.155f.) unterscheidet zwischen „spot contracting", „relational/obligational contracting" und "employment relationship". Diese Unterscheidung ist verknüpft mit der Organisation der Integration nach Sydow. Die wesentlichen Unterscheidungsmerkmale sind die Dauer des Vertrages und der Freiheitsgrad in der Managemententscheidung.

Kooperationsziele ist bereits ein wesentlicher Bestandteil eines Kontraktes. Aus der Vielzahl der Einflussfaktoren, die die Kosten und den Nutzen eines Kontraktes bestimmen, werden in der Literatur immer wieder folgende Determinanten genannt (vgl. beispielhaft Schade 1993, S.493f.):

- das Ausmaß der Informationsasymmetrie

- die Anreizstruktur

- die Risikoverteilung

- der Regelungsgrad

- das Vertrauen

- der Bindungsgrad

Die theoretischen Modelle, auf die sich diese Erkenntnisse beziehen, sind die Principal-Agent-Theorie und die Theorie der unvollständigen Verträge, wie sie sich in der Institutionenökonomie wieder findet, sowie der Transaktionskostenansatz.[112]

Die Wirkung und die Veränderung der Determinanten sind zeitabhängig. So sind der Bindungsgrad und die Risikoverteilung vom Phasenverlauf abhängig, was bedeutet, dass in der Akquisitionsphase der logistische Dienstleister Investitionen tätigt, die wertlos sind, wenn der Kontrakt nicht zustande kommt. Kommt der Vertrag zustande, geht ein nicht unerhebliches Risiko auf den Verlader über, da ein Aussteigen aus dem Vertrag erhebliche Kosten verursachen kann (vgl. Warschburger 1998, S.334f.).

Rendez (vgl. 1992, S.86f.) definiert in Anlehnung an das Vorgehen im industriellen Anlagenbau für die Übernahmen von Systemaufträgen ein 6 Phasenmodell (Voranfragephase, Anfragephase, Angebotsphase, Kundenverhandlungsphase, Planungs- und Realisierungsphase, Systembetrieb), das von der Frauenhofer Arbeitsgruppe für Technologien der Logistik-Dienstleistungswirtschaft weiterentwickelt wurde.

In einer Befragung in der Lebensmittel- und Konsumgüterindustrie zum Dienstleistereinsatz durch das Zentrum für Logistik und Unternehmensplanung, Berlin

---

[112] Transaktionskosten bedeuteten in diesem Zusammenhang alle Kosten, die mit vertraglichen Vereinbarungen verknüpft sind, also Anbahnung, vertragliche Vereinbarung, Kontrolle des Vertrages und Anpassung des Vertrages. Eine kritische Auseinandersetzung dieses Ansatzes im Entscheidungsbereich logistischer Outsourcing Projekte findet sich bei Bretzke (vgl. 1999b, S.343-361).

im November 2001 zeigte sich, dass die Geschäftsbeziehungen mit logistischen Dienstleistern meistens mit Verträgen abgesichert sind, allerdings hatten immerhin noch 20% der Befragten keinen Vertrag. Die Dauer der Vertragslaufzeit war unterschiedlich, für Frachtleistungen in der Regel 1 Jahr, für höherwertige Leistungen wie Lager, auch wenn damit Investitionen verbunden waren, durchschnittlich 3 Jahre, also weit weg von den früher üblichen Laufzeiten von 5 – 10 Jahren. Es zeigte sich in der Befragung auch, dass latente Streitpunkte der Vereinbarungen der Umfang der Leistung und die Vergütung bei Änderungen darstellen. Der Logistikvertrag zwingt aus Sicht der Auftraggeber die Speditionsunternehmen dazu, ihre Leistungssysteme kundenorientiert auszurichten, ein Umstand, der z.B. in der Aussage mündet: „...Spediteure brauchen Handlungsdruck und Anreize – sonst passiert nichts" (Kranke 2002, S.55). Kompetente Beratung von neutraler Stelle ist daher angebracht.

Wieske (vgl.2002, S.178f.) meint, dass ein Logistikvertrag ein typengemischter Vertrag ist, dessen Vertragstypus vom Schwerpunkt der vereinbarten Leistungen abhängt. Dabei ist die Vielfalt von logistischen Leistungen typisch und damit auch die Vielfalt der rechtlichen Zuordnung, vom Transportrecht (Transportleistungen), dem Lagerrecht (Lagerleistungen), dem Speditionsrecht (Speditionsleistungen), dem Dienstvertragsrecht (z.B. Konsolidierungen) bis zum problematischen Werkvertragsrecht.[113] Zu beachten ist für Speditionsunternehmen, dass in vielen Logistikverträgen die ADSP/AÖSP keine Anwendung finden. Das Speditionsunternehmen muss sich aber immer bewusst sein, dass neben den bei Speditions- und Frachtverträgen gewohnten Gefahren in Logistikverträgen insbesondere in der Elektronik- und Automobilindustrie zusätzliche Risiken einkalkuliert werden müssen. Darunter Fallen die Risiken der Gewährleistung (mindestens 2 Jahre), das Produkthaftungsrisiko (Verjährungsfrist 10 Jahre) aber auch Schadenersatzpflichten z.B. für Betriebsstillstand oder Folgekosten wie Kosten von Rückholaktionen (Verjährung 3 Jahre ab Kenntnis des Schadens). Wenn solche Risiken nicht vertraglich ausgeschlossen werden oder nicht durch maßgeschneiderte Versicherungsverträge abgedeckt werden, handelt das Speditionsunternehmen nicht mit der gebotenen kaufmännischen Vorsicht. Es multipliziert sich das Risiko aus den Faktoren unbekannte Haftung und fehlender Versicherungsschutz zur Existenzbedrohung.

---

[113] Im Falle der Haftung des Logistikdienstleisters als Werkunternehmer (Werkvertrag) ist die Haftung nach BGB schon bei einfacher Fahrlässigkeit unbeschränkt.

8.3 Qualitative, systemische Betrachtung des Produktionssystems logistischer Dienstleistungen

Im Bereich sozialer Systeme hat Senge (vgl.1998, S.455f.) Systemverhalten untersucht und mit Hilfe qualitativer Ursache-Wirkungsdiagramme (causal loop diagram)[114] dargestellt[115]. Dabei hat Senge eine Reihe so genannter Systemarchetypen identifiziert und beschrieben. „They characterize unexpected, policy-resistant behaviors of complex systems that recur again and again" (Senge 1990, S.119)[116] Der Systemarchetyp „Gleichgewichtsprozess mit Verzögerung" wird beispielsweise so beschrieben:

„Eine Person, Gruppe oder Organisation unternimmt eine bestimmte Handlung, um ein Ziel zu erreichen und passt ihr Verhalten einem verzögerten Feedback an. Wenn sie die Verzögerung nicht wahrnimmt, ergreift sie schließlich mehr korrektive Maßnahmen als nötig oder gibt (manchmal) einfach auf, weil sie keine Fortschritte erkennt" (Senge 1990, S.455)

Als Managementprinzip leitet Senge daraus ab, dass in einem trägen System aggressives Verhalten Instabilität erzeugt. Seine Empfehlung ist daher, geduldiger zu sein oder das System empfänglicher zu machen. Senge hat dieses Verhalten im „Beer Game" modelliert und das in der Literatur auch als „Bullwhip-Effekt" bezeichnet wird (vgl. Lee 1997, S.546-558). Eine Erkenntnis in allen Modellen ist die, dass einfache Regeln bis zur „No Strategy" Strategie nach Senge bessere Ergebnisse bringen als ständige Eingriffe des Managements (vgl. 1990, S.48).

Ein gerade in der Güterverkehrswirtschaft feststellbares Verhalten ist der Verdrängungswettbewerb über den Preis. Dieses Verhalten ist auch verstärkt in der Kontraktlogistik festzustellen. In der Sprache von Peter Senge ist dieses Verhalten mit

---

[114] In der Literatur finden sich unterschiedliche Bezeichnungen wie Wirkungsnetz, Wirkungsgraph, causal loop diagram, Wirkungsdiagramm, Ursache-Wirkungsgefüge, Sensitivitätsmodell. Gemeinsam ist allen, dass in einem definierten Modell(System) dargestellt wird, wie Wirkungen weitergegeben werden. Dieser Schritt erstellt die Struktur eines Systems. Der Erfolg der Modellentwicklung hängt wesentlich von der Beachtung einiger Grundregeln ab (vgl. Bossel 1994, S.54 – 57; vgl. Sterman 2000, S.137 – 190).
[115] Umfassende Darstellungen der Vorgehensweise finden sich in Gomez (1981); Malik (1996); Hub (1994); Ulrich (1995); Vester (1999); Ossimitz (2000).
[116] Weitere von Senge beschriebene Systemarchetypen sind: Grenzen des Wachstums, Problemverschiebung, erodierende Ziele, Eskalation, Erfolg den Erfolgreichen, Tragödie der Gemeingüter, Fehlerkorrekturen, Wachstum und Unterinvestition. Alle Systemarchetypen werden nach ihren Frühwarnsymptomen definiert und Aussagen darüber getroffen, welche Managementprinzipien daraus abzuleiten sind.

dem Archetyp „Grenzen des Wachstums" als „causal loop diagram" folgendermaßen abbildbar:

Abbildung 48: Dynamik des Preiskampfes

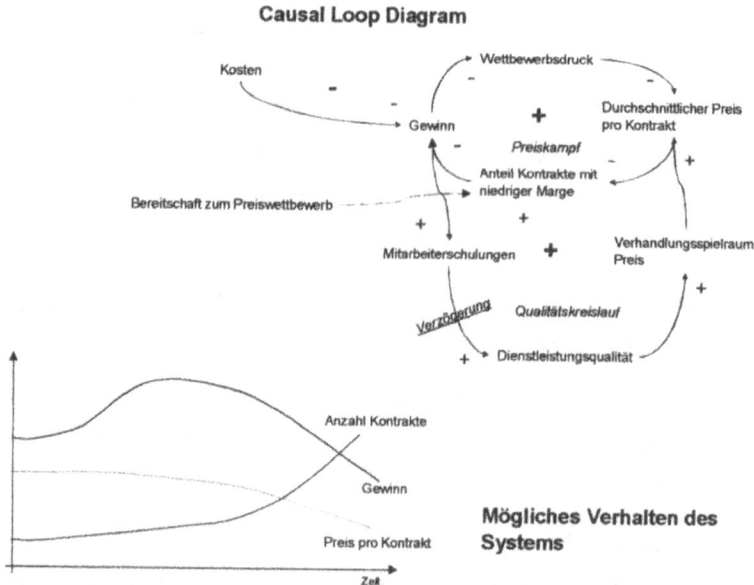

Quelle: in Anlehnung an Maani 2001, S. 46

Das „causal loop diagram" beschreibt einen Kreislauf, der sich zunächst selbst verstärkt und zu einer Phase des Wachstums und der Expansion führt. Danach verlangsamt sich das Wachstum und kommt schließlich zum Stillstand. Diese Verlangsamung entsteht durch eine begrenzende Bedingung, die im Falle des Verdrängungswettbewerbs in der Beschränktheit der Ressourcen bzw. der Finanzierbarkeit des Wachstums liegt (im Modell mit der Variablen „Kosten" erfasst).

Die qualitative Darstellung der Wirkungszusammenhänge in einem System kann somit durch Wirkungsdiagramme oder „causal loop diagrams" [117] erfolgen, wie am Beispiel der Dynamik des Preiskampfes dargestellt. Burns (vgl. 2001b, S.5-12) definiert 8 Kriterien, die erfüllt sein müssen, damit ein Causal Loop Diagram strukturelle Gültigkeit hat [118]. Die Kriterien sind: "...clarity, quantity existence and units associated therewith,

---

[117] Richardson (vgl.1997 S.6f.) macht auf die Interpretationsschwierigkeiten aufmerksam, die bei der Beschreibung der Wirkungen mit den Bezeichnungen „S (Same)", „O(oposite)" und „+" bzw. „-" entstehen können und die dann bei der Übersetzung in quantitative Modelle zu Fehlinterpretationen führen können.

[118] Ähnliche Forderungen an die Modellierung von Wirkungsgraphen finden sich auch bei Bossel (1994) S.54 – 57, Sterman (2000) S.143f.

causality existence, cause insufficiency, additional cause possibility, cause-effect reversal, predicted effect existence, and tautology" (2001, S.1). Der Begriff „clarity" weist auf die Notwendigkeit hin, alle getroffenen Modellannahmen explizit darzustellen und die verwendeten Begriffe möglichst eindeutig zu definieren. „Quantity existence" fordert Maßgrößen und Maßeinheiten der zu untersuchenden Variablen, „causality existence" bedeutet, dass eine Verknüpfung von 2 Variablen auch im realen System gegeben sein muss und dass eine Ursache-Wirkungsbeziehung vorhanden sein muss („cause insufficiency"). Weiters sind die Variablen auf ihre Vernetzung zu prüfen („additional cause possibility") sowie festzustellen, inwieweit Variablen des Systems sowohl Ursache als auch Wirkung sind („cause-effect reversal").

Die Entwicklung eines Ursache-Wirkungsdiagramms wurde im Bereich des Verkehrswesens durch Frederic Vester bekannt. Er entwickelte einen kybernetischen Ansatz zur Erforschung der Zukunftsperspektiven des Automobils[119]. Das Modell wurde in Zusammenarbeit mit der Ford AG entwickelt und baute zunächst auf einer kybernetischen Systemstudie auf. Im Laufe der Arbeit entwickelte sich aus diesem Ansatz eine Methode, die unter dem Namen Sensitivitätsmodell bekannt wurde (vgl. Vester 1999, S.158).

Vester entwickelte mit Hilfe dieser Sensitivitätsanalyse ein umfassendes heuristisches Modellbild des Gesamtsystems Wirtschaft und erarbeitete auch ein Teilmodell „Verkehr". In diesem Teilmodell wurden 33 Variablen definiert. Eine dieser 33 Variablen des Teilmodells Verkehr war beispielhaftsweise die Variable „Gesamtverkehrsaufkommen" (vgl. Vester 1991, S.41):

Variable	Indikator	Externe Einflüsse
Gesamtverkehrsaufkommen	Verkehrsbewegung Gesamtgewicht in Tonnen über Schiene, Straße, Wasser, Pipeline, Luft Auslastung Gefährlichkeit des Verkehrsgutes	Ölkrise Wirtschaftskrise Liberalisierung des Transports in der EU

---

[119] Vgl. die Veröffentlichungen von Vester 1990 passim, 1991 passim.

Diese Variable war mit einer Reihe anderer Variablen aus unterschiedlichen Lebensbereichen wie „Gesellschaft und Politik, Gesamtwirtschaft, Umwelt und Natur, Mensch, Infrastruktur und Verkehrsgut und Verkehrsmittel" verknüpft. Anhand ausgewählter Szenarien hat Vester die Wirkung einer Veränderung der Variable „Gesamtverkehrsaufkommen" auf die Veränderung anderer Variablen im System untersucht und dabei insbesondere auch die Wirkungskreisläufe und Rückkoppelungen transparent gemacht.

Bei der Erarbeitung von Ursache-Wirkungsdiagrammen muss betont werden, dass sie teilweise stark subjektive Züge tragen (vgl. Hildebrandt 1997, S.44). Es ist daher zwingend erforderlich, die eigenen Einschätzungen mit den Sichtweisen anderer zu vergleichen, Unstimmigkeiten zu diskutieren und ggf. auszuräumen, um auf diese Weise der Gefahr der eindimensionalen und sektoralen Beurteilung zu begegnen. Dabei gilt, dass sowohl die Qualität der Aussagen als auch der Aufwand, welcher mit dem Verfahren verbunden ist, mit steigender Anzahl der Beteiligten wächst. Es ist daher ebenso notwendig, einen Kompromiss zwischen diesen beiden gegenläufigen Einflüssen zu suchen.

Fasst man beispielsweise das strategische Geschäftsfeld „Kontraktlogistik" als System auf, so ergeben sich zunächst zwei wesentliche Eingangshypothesen:

- Strategische Entscheidungen im Geschäftsfeld Kontraktlogistik wirken nicht nur punktuell auf einzelne Variablen des Systems (z.B. kann die Steigerung der Arbeitsproduktivität durch Prozessoptimierung sachlogisch zu einer Verringerung des Mitarbeiterbedarfs führen), sondern auf das gesamte System (weniger Mitarbeiter kann auch bewirken, dass weniger kundenindividuelle Betreuung möglich ist und damit zu einer Verringerung der Kundenzufriedenheit führen kann, die wiederum negativ auf die Möglichkeit einer Vertragsverlängerung wirkt und damit durch Kundenverlust wiederum zu einer Verschlechterung der Arbeitsproduktivität führt).

- Die Wirkungen einzelner Variablen werden durch andere Variablen innerhalb und außerhalb des Systems beeinflusst (z.B. so kann der Logistikeffekt zu vermehrter logistischer Kompetenz im Bereich der Mitarbeiter führen und dies wiederum zu einem vermehrten Schulungsbedarf der Mitarbeiter).

Die Erarbeitung eines Wirkungsdiagramms bietet nun eine Möglichkeit, ein erstes Verständnis für das Verhalten eines Systems zu entwickeln.

Wie bereits erwähnt, hat die Erarbeitung der Variablen stark subjektiven Charakter. Dennoch gibt es einige Elemente des Systems, die in der Literatur auch als Grundkreislauf des Unternehmens bezeichnet werden. Dieser zentrale Kreislauf, der auch die Geschäftslogik einer Branche zum Ausdruck bringt, besteht aus dem sachlogischen Zusammenhang „...je größer die Kundenzufriedenheit, desto mehr kann verkauft werden und desto größer ist der Umsatz" (Gomez 1993, S.42)[120]. Steigt der Umsatz, so steigt normalerweise auch der operative Cash Flow, der damit wieder verbesserte Möglichkeiten für Investitionen schafft, die zu besserer Erfüllung der Leistungsanforderungen führen (z.B. durch bessere technische Qualität oder höhere Flexibilität in der Auftragsbearbeitung) und damit letztlich wiederum die Kundenzufriedenheit steigern. Dieser zentrale Kreislauf ist mit verschiedenen anderen Elementen des Systems, also Elementen des Marktes sowie der Ressourcen und Prozesse verknüpft.

Ausgehend von diesem Grundkreislauf eines Unternehmens können folgende Variablen eines Ursache-Wirkungsgefüges für das strategische Geschäftsfeld Kontraktlogistik in einem Speditionsunternehmen definiert werden[121]:

Variablen des Grundmodells	Attribute	Messgrößen
Mengeneffekt (1): Er drückt das relative Wachstum der Kundenaufträge innerhalb einer Periode aus. Basiswert: Vorperiode	Annahme einer Durchschnittsgröße in Bezug auf Wert, Menge, Bearbeitungszeit	% Satz Wachstumsrate
Preiseffekt (2): Er gibt Auskunft über den durchschn. Preis eines Auftrages. Ein Steigen oder Sinken dieser Kennzahl wird durch Variation der Verkaufspreise bei konstanter Auftragsanzahl oder durch eine Veränderung der durchschn. Auftragsgrößen bewirkt	Preiselastizität im Geschäftsfeld und im einzelnen Kontrakt ist ein wichtiger Indikator	Elastizitäts- koeffizient

---

[120] Vgl. auch die Ausführungen bei Bruhn (1999) S.422f.
[121] Dieses Ursache-Wirkungsgefüge wurde in 2 vorarlberger Speditionsunternehmen in Expertenworkshops entwickelt.

Gesamtleistung oder Umsatz (3) (Zu beachten ist der Unterschied von Brutto – und Nettoumsatz und die unterschiedlichen Renditemaßstäbe)	Umsatz ist das Produkt aus dem Mengen – und Preiseffekt	€ pro Zeiteinheit und kumuliert
Index Kundenzufriedenheit (4): Er ist ein Indikator für den Grad der Auftragserfüllung aus der subjektiven Sicht des Kunden (wahrgenommene Kundenzufriedenheit)	<u>Weiche Faktoren wie:</u> Verlässlichkeit, Entgegenkommen, Einfühlungsvermögen, Souveränität, materielles Umfeld <u>Harte Faktoren wie:</u> Reklamationen, Schäden Flexibilität in der Auftragsbearbeitung	Modell Zeithaml: 0,19 + 0,32 + 0,22 + 0,16 + 0,11 = 100% (CSI=customer satisfaction Index) Anzahl Reklamationen und Schadensummen
Ressourcenqualität (5)	Potentialbewertung auf Grundlage einer Valcormatrix	Qualitative Aussagen
Investitionen ins AV (6a)	Nur kontraktbezogene Zusatzinvestitionen	€ pro Auftrag in Technik
Investitionen ins UV (6b)	Veränderung des Umlaufvermögens durch neue Kontrakte	Außenstandsdauer
Externe Effekte (7): Sie sind die Indikatoren, die externes Wachstum und Restriktionen abbilden	Gütermengeneffekt, Logistikeffekt, rechtliche - politische Rahmenbedingungen	BSP nach KN Verkehrspolitische Regulierungen mit Kostenwirkung
Wettbewerb (8): Er ist der Indikator für die Stellung des Unternehmens im Wettbewerb	Stellung der Wettbewerber im Geschäftsfeld	Anzahl Wettbewerber
Produktivität der Arbeit (9)	Hebel zur Steigerung der Leistungsfähigkeit	Auftr/MA/Std
Kostenqualität (10) (zu beachten ist der Unterschied zwischen Speditionsausgaben (Leistungskosten) und Betriebskosten (administrative Kosten) als Prozesskosten	Entwicklung der Prozesskostensätze nach zuordenbaren Prozessen	€ pro Auftrag

operativer cash flow (11)	Basis zur Berechnung des FCF auf Kontraktebene	€ pro Zeiteinheit
Verfügbarkeit der Ressourcen (12)	Die Steuerungsgrößen sind Kapazitäten und Auslastungen	To, cbm, qm

Die Darstellung der Beziehungen erfolgte mit Hilfe der Software GAMMA und ergab folgendes Wirkungsgefüge:

Abbildung 49: Qualitatives Wirkungsgefüge des Grundmodells

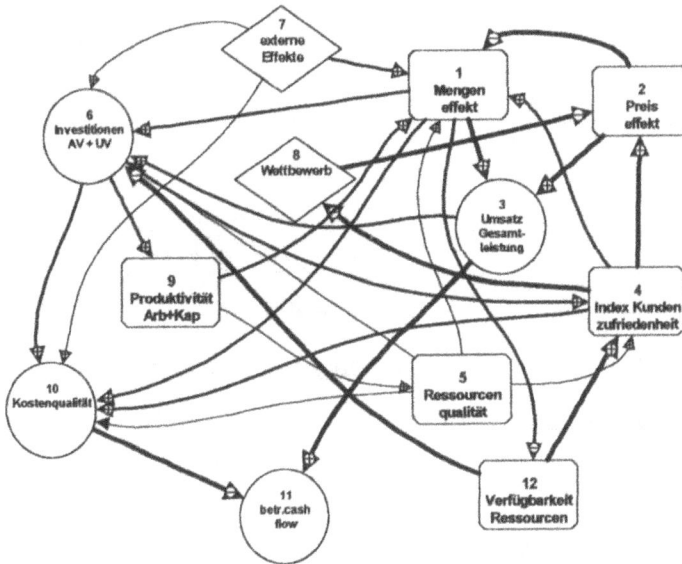

Die Typisierung der Variablen nach ihrer Einflussnahme auf andere Variablen und ihrer Beeinflussung durch andere Variablen [122] erlaubt eine erste Priorisierung und Evaluierung. Danach sind jene Variablen besonders zu beachten, die andere stark beeinflussen (aktive) oder andere stark beeinflussen, aber auch von anderen Variablen stark beeinflusst werden (kritische). Die passiven Variablen sind jene, die das Ergebnis von Managemententscheidungen in ihrer Wirkung beschreiben, ohne selbst das System aktiv zu beeinflussen.

---

[122] Die Methode wurde von Vester entwickelt unter dem Namen „Papiercomputer" und wird auch als Einflussmatrix bezeichnet.

Diese Analyse bietet somit eine erste Information über die Wirkungscharakteristik von Systemvariablen.

Abbildung 50: Einflussmatrix

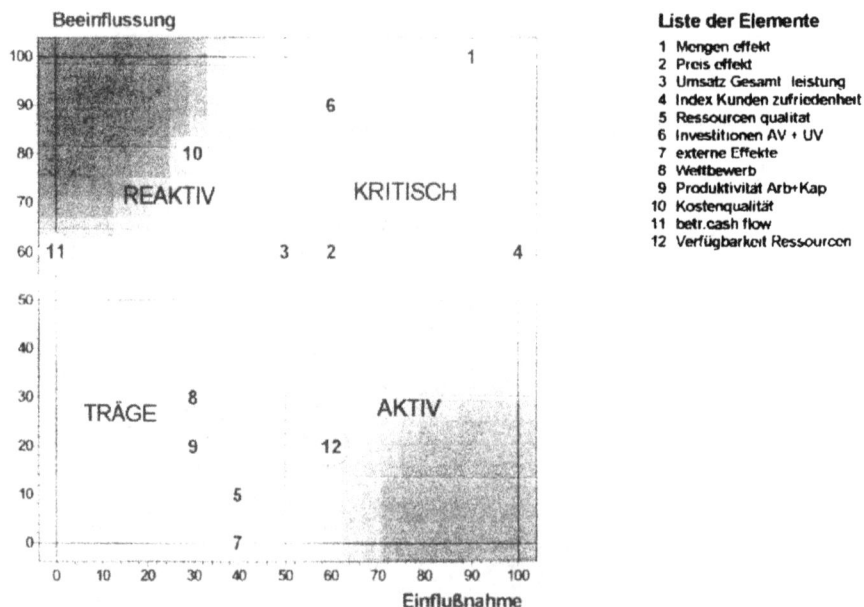

Nach der Struktur des Grundmodells zeigen sich folgende kritische Variablen:

- Mengeneffekt

- Preiseffekt

- Index Kundenzufriedenheit

- Investitionen ins AV + UV

Als aktives Element tritt die Variable Verfügbarkeit der Ressourcen auf und als reaktives Element die Kostenqualität und der operative Cash Flow. Alle anderen Variablen sind träge und puffern die Aktivitäten des Systems.

Eine große Zahl von Variablen im kritischen Bereich ist in dieser Analysemethodik ein erster Hinweis auf eine hohe Sensibilität des Systems im Hinblick auf Veränderungen und Stabilität.

Für die kritischen Variablen können nun die Wirkungskreisläufe dargestellt werden, die entweder verstärkende (reinforcing loops) oder ausgleichende (balancing loops) Wirkung im Gesamtsystem zeigen.

Kreislauf Mengeneffekt:

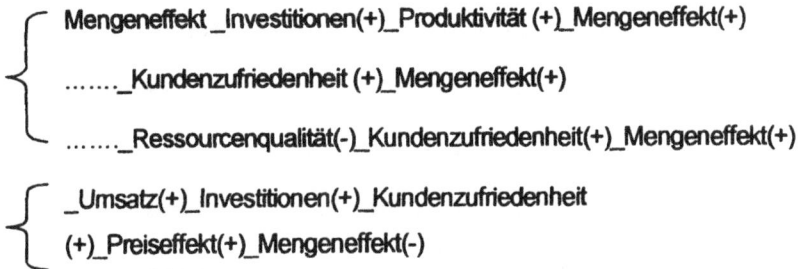

> Mengeneffekt _Investitionen(+)_Produktivität (+)_Mengeneffekt(+)
>
> ...._Kundenzufriedenheit (+)_Mengeneffekt(+)
>
> ...._Ressourcenqualität(-)_Kundenzufriedenheit(+)_Mengeneffekt(+)

> _Umsatz(+)_Investitionen(+)_Kundenzufriedenheit
>
> (+)_Preiseffekt(+)_Mengeneffekt(-)

Aus diesen beiden Kreisläufen kann abgeleitet werden, dass die Wirkung der Variable Mengeneffekt sich über mehrere Stufen ausbreitet. Die erste Stufe enthält zwei positive und einen negativen Kreislauf, die zweite Stufe einen negativen Kreislauf. Dies deutet darauf hin, dass die Reaktionen im System zeitverzögert erfolgen, am Anfang Veränderungen eher starke Wirkungen zeigen, sich schließlich durch die Restriktion Ressourcenqualität aber auf ein bestimmtes Niveau einpendeln werden.

Dieses Verhalten des Systems hat sich bereits im kurz beschriebenen Modell „Dynamik des Preiskampfes" gezeigt.

Neben den Verlaufsstrukturen interessiert auch die Frage, wie lange es dauert, bis sich bestimmte Wirkungen einstellen. In der qualitativen Analyse des Wirkungsgefüges kann dies z.B. bei Einsatz der Software GAMMA durch die Bewertung der Beziehungen zwischen den einzelnen Variablen mit Hilfe der Parameter kurz-, mittel- und langfristig eingestellt und im Wirkungsdiagramm beobachtet werden. So wirkt die Variable „externe Effekte" auf die Variable „Mengeneffekt" eher langfristig, während die Variable „Preiseffekt" kurzfristig und heftig auf die Variable „Mengeneffekt" wirkt.

Die bisherige Form der Betrachtung eines Systems führt zu Einsichten über Verzögerungseffekte und Rückkoppelungen in Systemen. Die weitere Bearbeitung einer bestimmten Problemsituation, wie z.B. die Bewertung denkbarer Strategien führt in die Phase der Handlungsdiskussion. Dabei sollen Handlungsalternativen entwickelt und mögliche Handlungsalternativen bewertet werden. Gomez (vgl.1987, S.17) hat dazu konkrete Lenkungsregeln für die Erarbeitung und Evaluation von Strategien und Maßnahmen definiert. Sie lauten:

- Passe deine Lenkungseingriffe der Komplexität der Problemsituation an!

- Berücksichtige die unterschiedlichen Rollen der Elemente (Variablen) im System!

- Vermeide unkontrollierte Entwicklungen durch stabilisierte Rückkoppelungen!

- Nutze die Eigendynamik des Systems zur Erzielung von Synergieeffekten!

- Finde ein harmonisches Gleichgewicht zwischen Bewahrung und Wandel!

- Fördere die Autonomie der kleinsten Einheit!

- Erhöhe mit jeder Problemlösung die Lern- und Entwicklungsfähigkeit!

Diese erste qualitative Analyse eines Systems kann auch als Grundlage verwendet werden, ein quantitatives simulationsfähiges Modell zu entwickeln.

Der von Wilms (vgl. 2001, S.176–179) vorgeschlagene Weg zur Entwicklung eines derartigen simulationsfähigen Modells mit Hilfe der Modellierungssprache System Dynamics baut ebenfalls auf einem qualitativen Ursache-Wirkungsgefüge auf.

Abbildung 51: Vorgehensmodell zur Modellierung mit System Dynamics

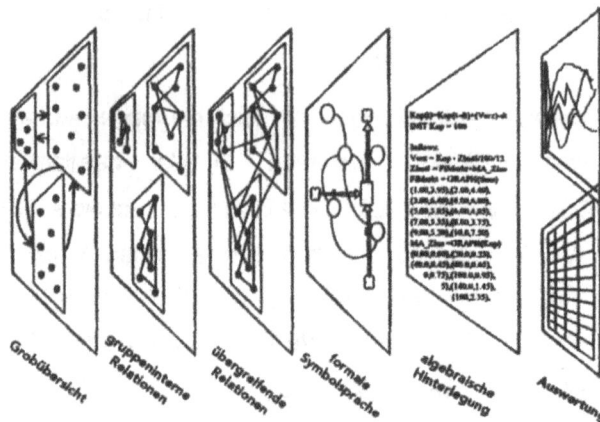

Quelle: Wilms (2001) S.179

Die systemdynamische Modellierung ist hinsichtlich Darstellungsform und Modellbildungsmethodik weitestgehend international standardisiert (vgl. Ossimitz 2000, S.9). Für qualitative Modellierungen wird als Standarddarstellungswerkzeug das Ursache-Wirkungsdiagramm verwendet, für quantitative Modellierungen das Flussdiagramm[123]. Die Flussdiagrammdarstellung ist eine Weiterentwicklung des Ursache-Wirkungsdiagramms (causal loop diagram) in quantitativer Hinsicht. Die

---

[123] Regeln und Verfahren zur Überleitung eines Causal Loop Diagram (CLD) in ein Stock and Flow Diagram (SFD) finden sich bei Burns (2001b, S.1-28).

Formalsprache beim Erstellen von Flussdiagrammen baut auf der Methodik von Forrester auf.

Abbildung 52: Diagrammnotation in System Dynamics

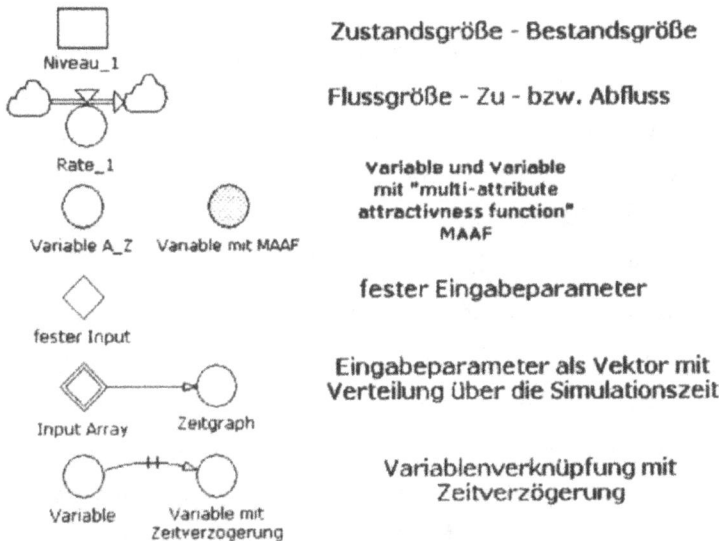

Zustandsgröße - Bestandsgröße

Flussgröße - Zu - bzw. Abfluss

Variable und Variable
mit "multi-attribute
attractivness function"
MAAF

fester Eingabeparameter

Eingabeparameter als Vektor mit Verteilung über die Simulationszeit

Variablenverknüpfung mit Zeitverzögerung

Niveau_1

Rate_1

Variable A_Z   Variable mit MAAF

fester Input

Input Array   Zeitgraph

Variable   Variable mit Zeitverzögerung

| Look Up Funktion | mit Informationen verknüpft | Inputvariable | Verzögerung |

Die Darstellung als Flussdiagramm bzw. Systemdarstellung in Gleichungsform wird mit einer Simulationssoftware erledigt wie beispielsweise VENSIM, DYNAMO, Stella, IThink, Powersim usw.[124]

Der System Dynamics Ansatz ist sehr allgemein und damit für verschiedenste Sachzusammenhänge geeignet. Mit der Verwendung von graphisch orientierten Simulationsprogrammen, mit denen die simulationsfähigen Programme direkt als Flussdiagramme dargestellt werden können, nahm die Verbreitung der Methodik zu[125]. Bei der quantitativen Modellierung mit Hilfe von Flussdiagrammen wird ein iteratives Vorgehen gewählt (vgl. Forrester 1968, S.4). Der Wert des Modells soll sich dabei

---

[124] Vgl. Maier, Frank et a. (2000, S.135 -146), die in ihrem Artikel eine „Taxonomy of computer simulations ...." erstellt haben. Diese Taxonomie unterscheidet modellorientierte Software und spielorientierte Software. Die aufgezeigten Softwaretools sind den modellorientierten Softwaretools zuzuordnen, deren zugrunde liegende Modelle kontinuierlich Modelle sind, bei denen Rückkoppelungen erfasst werden.
[125] Einen umfassenden Überblick über die Aktivitäten im Bereich des System Dynamics findet sich bei Ossimitz (2000, passim).

nicht an seiner Perfektion in der Abbildung der Realität messen, sondern in seiner Perfektion, Erkenntnisse zu gewinnen und Wege aufzuzeigen, also im sog. Consensus validity of model use (vgl. Forrester 1972, S.77). Das Modell dient als Basis für die Erarbeitung einer gemeinsamen und zweckmäßigen Lern- und Handlungsstruktur der Beteiligten bei der Gestaltung von Systemen.

Instrumente, die der Unterstützung strategischer Entscheidungsprozesse gerecht werden sollen, müssen daher eine dynamische Betrachtungsweise ermöglichen, sollten die kommunikativen Prozesse in der Entscheidungsfindung erfassen, einen Beitrag dazu leisten, dass Strategien sowohl quantitative als auch qualitative Einflüsse berücksichtigen und schließlich eine Lernplattform schaffen, die Lernprozesse im Unternehmen fördern (vgl. Foschiani 1995, S.97f.). Ähnlich argumentiert Schmidt (1992, S.103), wenn er schreibt: „Ein Simulationsmodell bietet dem Planer eine Art „Laboratorium", mit dessen Hilfe er Strategiealternativen bei unterschiedlichen Umweltkonstellationen im Hinblick auf ihr gesamtunternehmerisches Erfolgspotential testen und bewerten kann, um so problemadäquate Strategien auswählen zu können."[126] Strategie-Unterstützungs-Systeme zielen dabei auf die Effektivität von Entscheidungen ab und nicht auf die Effizienz. Nicht der schnellere oder billigere Zugang zu Informationen ist das Ziel, sondern verbesserte Entscheidungen durch Einsicht in die Zusammenhänge der Verhaltensweisen (vgl. Milling 1991, S.19).

System Dynamics wird als eine Methode verstanden, bei der Kausaldiagramme (Causal Loop Diagrams) in mathematische Modelle umgesetzt werden.

Ein ähnliches Vorgehensmodell wie Wilms schlägt auch Maani (vgl. 2000, S.15) vor, erweitert mit dem Aspekt, aufbauend auf dem entwickelten systemdynamischen Modell, verschiedene Szenarien zu entwerfen und die Veränderungen von Variablen zu testen (scenario modelling)[127] und schließlich eine interaktive, benutzerfreundliche Lernplattform zu entwickeln, um im Sinne eines „Management flight simulators"[128] das Systemverhalten zu testen.

---

[126] Eine Vielzahl von Untersuchungen in den letzten Jahren zeigen, dass Entscheidungen in einem komplexen, dynamischen Umfeld nur wenig mit Standards und Normen zu tun haben, insbesondere, wenn diese Entscheidungen indirekte, zeitverzögerte, nichtlineare und mehrfach rückgekoppelte Effekte zeigen (vgl. Brehmer, 1992, Diehl und Sterman, 1993, Funke 1991).
[127] Maani (2000, S.18):"When these strategies are tested under varying external conditions, this is refered to as scenario modelling".
[128] Zum Thema „Entwicklungsprozess und Evaluation von Unternehmenssimulatoren" ausführlich Größler (vgl. 2000, passim).

Abbildung 53: Basisstrukturen eines Management Flight Simulator[129]

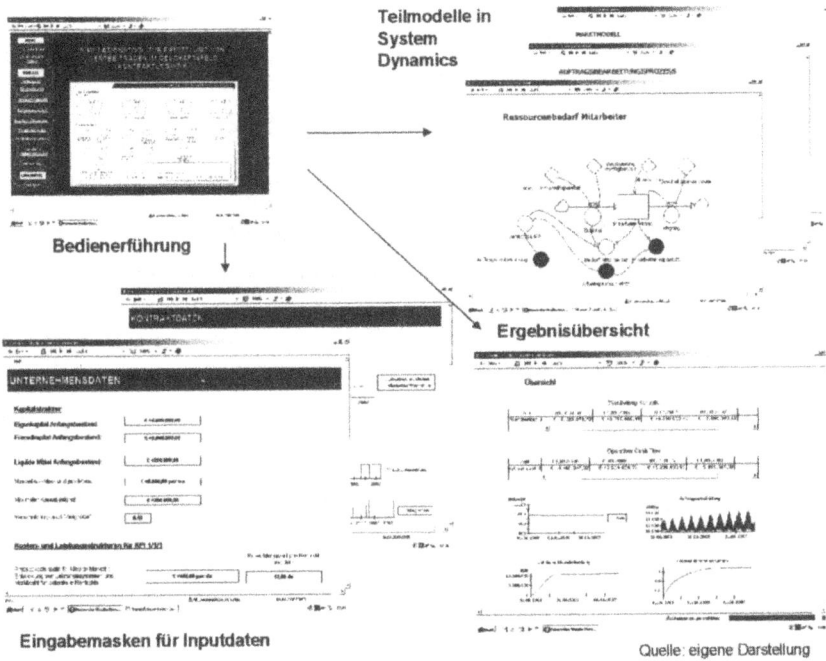

Teilmodelle in System Dynamics

Bedienerführung

Ergebnisübersicht

Eingabemasken für Inputdaten

Quelle: eigene Darstellung

8.4 Wertorientierung als Managementmodell – Value Based Management

Wert wird in der Ökonomie in einem weiten Spannungsfeld gebraucht (vgl. Ballwieser 2002, S.71 – 86). Die Spannweite der Wertediskussion bewegt sich von der Verbindung der Bereiche Betriebswirtschaftslehre und Ethik bis zur Reduktion auf messbare finanzielle Größen des Jahresabschlusses eines Unternehmens. Der Wert von Unternehmen aus der Sicht von Eigentümern hat in den letzten Jahren für die Unternehmensführung als zentrale Ziel- und Steuerungsgröße an Bedeutung gewonnen. Dieses Phänomen ist auf vielfältige Ursachen zurückzuführen, soll aber in diesem Buch nicht weiter untersucht werden.[130] Der aus dem angelsächsischen Wirtschaftsraum, vertreten durch Alfred Rappaport, stammende „ shareholder value

---

[129] Vgl. Holderied (2004) S.192f.
[130] Ausführliche Darstellungen finden sich in allen Grundlagenwerken zur wertorientierten Unternehmensführung, z.B. in: Knorren (1998) S.5–16, Rappaport (1999) S.15-38, Günther (1997) S.5–61, Copeland (1998) S.35-61, Raster (1995) S.6-15, Lattwein (2002) S.109 – 196, u.a.

Ansatz" zielt auf die Maximierung des Marktwertes des Eigenkapitals.[131] Damit richtet sich die Unternehmensführung an den finanziellen Interessen der Eigentümer aus.[132] Das Modell von Rappaport hat zum Ziel, Unternehmensstrategien im Hinblick auf die Schaffung von Wettbewerbsvorteilen zu beurteilen und somit die Erhöhung des Unternehmenswertes zu erreichen (vgl. Rappaport 1999, S.82 – 86).

Nach Rappaport stellen die Werttreiber die entscheidenden Parameter zur Quantifizierung der Schlüsselfaktoren dar, die zur Erhöhung des Unternehmenswertes dienen. Diese Werttreiber sind im Modell von Rappaport folgendermaßen definiert:

Abbildung 54: Wertsteigerungsnetz nach Rappaport

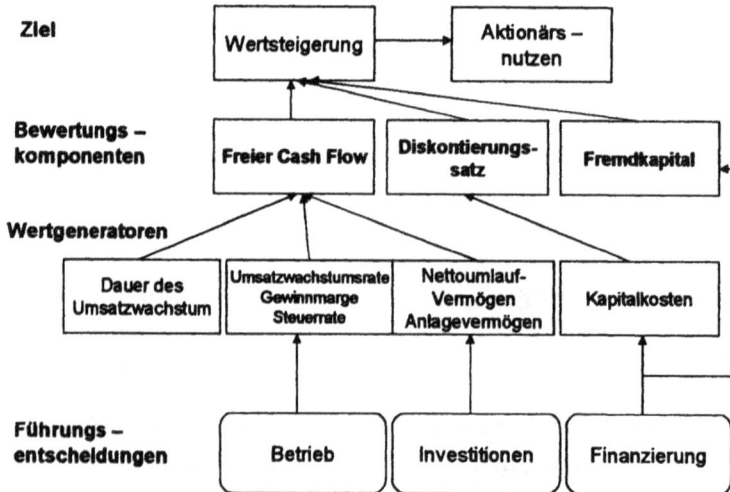

Ziel	Wertsteigerung	Aktionärs-nutzen

Bewertungs-komponenten	Freier Cash Flow	Diskontierungssatz	Fremdkapital

Wertgeneratoren

Dauer des Umsatzwachstum	Umsatzwachstumsrate Gewinnmarge Steuerrate	Nettoumlauf-Vermögen Anlagevermögen	Kapitalkosten

Führungs-entscheidungen	Betrieb	Investitionen	Finanzierung

Quelle: in Anlehnung an Rappaport 1999, S. 68

Rappaport wendet für die Berechnung der Wertsteigerung das „ discounted cash flow Verfahren" an.

---

[131] Anzumerken ist, dass Unternehmenswert und Marktwert des Eigenkapitals (shareholder value) in der Literatur nicht gleichgesetzt werden. Der Unternehmenswert ergibt sich vielmehr als Summe aus Marktwert des Eigenkapitals (shareholder value) und Marktwert des Fremdkapitals (vgl. Pape 1997, S.98).
[132] Auf die z.T. sehr kontroversielle Diskussion zum Shareholder Value als Zielgröße der Unternehmensführung und insbesondere zu den Glaubenskriegen zwischen Shareholder Value und Stakeholder Ansatz soll hier nicht weiter eingegangen werden (vgl. dazu u.a. Baden 2001, S.398-403). Auch die CDU/CSU Fraktion des deutschen Bundestages hat in einer Stellungnahme die Diskussion um dieses Spannungsfeld aufgegriffen (vgl. Brühl, 2000).

Die Ermittlung des Shareholder Value kann auch als Form der Kapitalwertrechnung betrachtet werden. Damit wird deutlich, dass 3 wesentliche Elemente für seine Berechnung zu betrachten sind:

- die in den Planungsperioden anfallenden Cash Flows

- die Bestimmung des gewichteten Kapitalkostensatzes

- die Bestimmung des Restwertes

Anhand eines einfachen Beispiels soll die Vorgehensweise verkürzt dargestellt werden.

Ein Speditionsunternehmen baut auf der grünen Wiese ein Logistikzentrum, um die blühende Nachfrage nach logistischen Dienstleistungen mit erwartetem Umsatzwachstum von +40% p.a. befriedigen zu können. Der Umsatz für das erste Geschäftsjahr wird auf 80 Mio. € geschätzt. Die Investitionen in das Anlagevermögen belaufen sich bis zum 1.1. des ersten Geschäftsjahres auf 90 Mio €. Darüber hinaus ist ein Working Capital zu Beginn des ersten Geschäftsjahres von 30 Mio € erforderlich. Des Weiteren geht das Management von folgenden Parametern aus:

- Benötigte Investitionen in das Anlagevermögen in % der absoluten Umsatzsteigerung in Höhe von 20%

- Benötigte Investitionen in das Working Capital in % der absoluten Umsatzsteigerung in Höhe von 30%

- Nutzungsdauer aller Anlagen (lineare Abschreibung auf den Restwert Null) von 5 Jahren

- Umsatzrendite vor Steuern und Zinsen p.a. in Höhe von 13,5%

- Durchschnittlich gewichtete Gesamtkapitalkosten (WACC) in Höhe von 8%

Aus den geschätzten Daten ergibt sich nach dem Wertgeneratorenmodell von Rappaport folgende Geschäftsplanung (in Mio €)

Jahr	1	2	3	4	5
Anlagevermögen (zu AK/HK)	90,00	96,40	105,36	117,90	135,47
Umsatz	80,00	112,00	156,80	219,52	307,33
Gewinn vor Steuern und Zinsen	10,80	15,12	21,17	29,63	41,49
+Abschreibungen	18,00	19,28	21,07	23,58	27,09
= CASH FLOW	**28,80**	**34,40**	**42,24**	**53,22**	**68,58**
-Investitionen in das AV	6,40	8,96	12,54	17,56	24,59
-Investitionen in das WC	9,60	13,44	18,82	26,34	36,88
= FREE CASH FLOW	**12,80**	**12,00**	**10,88**	**9,31**	**7,12**

Aus den ermittelten Free Cash Flows ergibt sich unter der Annahme einer ewigen Rente als Restwert auf Basis des Free Cash Flows im 5. Jahr folgender Wertbeitrag des Logistikzentrums:

Wertbeitrag =

$$\frac{12,8}{1,08} + \frac{12,0}{1,08^2} + \frac{10,88}{1,08^3} + \frac{9,31}{1,08^4} + \frac{7,12}{1,08^5} + \frac{7,12}{0,08} * \frac{1}{1,08^5} = 103,01$$

Angesicht eines investierten Kapitals zu Beginn des ersten Geschäftsjahres von 120 Mio € (Anlagevermögen + Working Capital) stellt das Logistikzentrum trotz des hohen Umsatzwachstums und der überdurchschnittlichen Umsatzrendite einen Wertvernichter (Wertbeitrag zum 1.1.01 < investiertes Kapital zum 1.1.01) dar, da das Umsatzwachstum erheblichen Investitionsbedarf nach sich zieht (Wachstumsfalle).

Die Danzas Gruppe hat im Jahre 1995 im Rahmen der „Neudefinition der Unternehmensstrategien 1998–2002" ein groß angelegtes Kostenoptimierungsprogramm gestartet, das sich lt. eigenen Aussagen schließlich zu einem Ansatz zur „ Wertorientierten Unternehmensführung" entwickelte mit dem Ziel, den Shareholder Value zu erhöhen (vgl. Weil 1998, S.432).

Unter „Wertorientierter Unternehmensführung – Value Based Management" (VBM),[133] wurden nach Weil (1998, S.433) folgende Merkmale zugrunde gelegt:

- „Ein Instrument, um bei der Realisierung von strategischen Stossrichtungen der einzelnen Business Units Ziele zu setzen und Entscheidungen zu treffen.

- Die generellen strategischen Ziele und finanziellen Eckwerte mit den mittelfristigen Zielen und operationellen Hebeln (Levers) der Business Units zu verknüpfen.

- Ein Entscheidungsinstrument einzusetzen, das ermöglicht, die verschiedenen strategischen Aktionen zu vergleichen und die wichtigsten Hebel (Levers) zu identifizieren.

- Ein Weg, um die Managementleistung und Resultate auf allen Stufen messen zu können und Ziele und Verantwortungen mit finanziellen Eckwerten zu verknüpfen.

- Den Erfolg des Unternehmens mit den „Key Performance Indicators" (Kennzahlen) zu messen."

Die Definitionen von „Key Performance Indicators" erfolgen bei Danzas für jede Organisationsebene, für jedes Leistungspaket[134] und nach den vier Sichtweisen der Balanced Scorecard[135].

Wertorientiertes Management ist auch bei der Stinnes AG (und damit ebenso für den Teilkonzern Schenker) das wesentliche Managementkonzept (vgl. Stinnes 2002). Gemessen wird ebenfalls die wirtschaftliche Entwicklung jedes Geschäftsbereichs mit einem absoluten Wertbeitrag auf der Ebene der Geschäftsbereiche und mit einem CVA (Cash Value Added) als Steuerungsgröße auf Konzernebene. Der CVA ist der Überschuss, der über die Kosten des Eigen- und Fremdkapitals hinaus erwirtschaftet

---

[133] Bei Danzas wird der Begriff "wertorientierte Unternehmensführung" und „Value Based Management" synonym verwendet.

[134] Die Geschäftsfelder bei Danzas sind: Danzas Eurocargo, Danzas Inco (Intercontinental), Danzas Solution (logistische Lösungen) (vgl. auch http://www.de.danzas.com).

[135] Die 4 Sichtweisen der balanced scorecard umfassen:

Finanzwirtschaftliche Perspektive
- zeigt auf, ob sich die Strategie in wirtschaftlichen Erfolgen ausdrückt
- Entwicklung des Unternehmenswertes im Mittelpunkt

Kundenperspektive: Konkurrenzfähigkeit des Unternehmens
- Eigenschaften der Dienstleistung (Preis, Qualität)
- Kundenbeziehungen (Service, Zufriedenheit)
- Image und Reputation

Betriebsinterne Perspektive: interne Prozesse
- Kosten
- Produktivität und das Personal

Innovations- und Wissensperspektive
- ist ein Unternehmen in der Lage sich zu verbessern und Innovationen einzuführen
- Anteil neuer Leistungen am Absatz

wird. Die Kapitalkosten lagen bei Stinnes im Geschäftsjahr 2001 bei 10%. Eine ähnliche Aufteilung wie bei Danzas in strategische Geschäftsfelder findet sich auch bei der Stinnes AG im Geschäftsbereich Verkehr. Dort wird unterschieden zwischen „Europäischem Landverkehr, Luft- und Seefracht und logistische Systeme".

Sparten, strategische Geschäftseinheiten aber auch ganze Unternehmen werden bei diesem Managementansatz als Investitionsprojekte behandelt und auf Basis diskontierter Zahlungsströme bewertet. Die Ermittlung des Unternehmenswertes stellt allerdings nur den ersten Schritt dar, die eigentliche Managementherausforderung besteht   im   Aufbau,   der   Entwicklung   und   der   Umsetzung   von Wertsteigerungspotenzialen (vgl. Schierenbeck 2001, S.84f.).[136]

Unter Berücksichtigung des ersten strategischen Grundsatzes von Gomez (vgl. 1993, S.100)[137] wird in diesem Buch am Beispiel von Geschäftsstrategien (im Gegensatz zu Unternehmensstrategien   und   Eignerstrategien)   wertorientiertes   Management dargestellt. Bei der Geschäftsstrategie geht es um die Frage, wie die von der betrachteten strategischen Geschäftseinheit erstellten Produkte und Dienstleistungen auf den Märkten positioniert werden und welche Ressourcen hierzu genutzt werden können bzw. benötigt werden.

Die Ausrichtung des wertorientierten Ansatzes auf strategische Geschäftsfelder ist jedoch umstritten. So kommt Albach (vgl. 2001, S.643 -673) zum Schluss, dass das Prinzip, den Geschäftsbereichswert zu maximieren, theoretisch falsch ist und zu einer Minderung des Wertes des Gesamtunternehmens führt. Nach Albach führt dieses Führungsprinzip   nämlich   zu   besonders   aggressivem   Verhalten   der Geschäftsbereichsleiter   insbesondere   dann,   wenn   die   Bezahlung   der Geschäftsbereichsleiter auf der Grundlage ihres Bereichsergebnisses erfolgt und nicht auch an den Unternehmensgewinn gebunden wird.[138] Diese Problematik gilt immer dann,   wenn   Steuerungsgrößen   in   unterschiedlichen   Steuerungsebenen   des

---

[136] Jede fundierte Unternehmensstrategie basiert auf einer Geschäftslogik, die die Annahmen über den gegenwärtigen Wirkungszusammenhang der maßgeblichen Erfolgsfaktoren zusammenfasst. Die Herausforderung einer strategischen Unternehmensführung besteht u.a. darin, zu überwachen, ob diese Geschäftslogik weiterhin ihre Gültigkeit hat oder ob sich die Spielregeln des Marktes verändern (vgl. Gleißner 2002, S.95).

[137] Der erste Grundsatz nach Gomez lautet: „Die Bereiche der Geschäftsstrategie, der Unternehmensstrategie und der Eignerstrategie sind klar voneinander abzugrenzen. Strategiebereiche sind in der Regel nicht identisch mit Organisationseinheiten."

[138] Diese Einschätzung von Albach erfolgt vor dem Hintergrund einer Analyse des Ansatzes von Rappaport, dessen Ergebnis Albach so auf den Punkt brachte: „...ein guter Mosel in Tetra Pak [oder]...alter, guter Wein in neuen Schläuchen (Albach 2001, S.667).

Unternehmens nicht mit unternehmenspolitischen Grundsätzen abgestimmt werden und das unternehmenspolitische Wertbekenntnis einen verbindlichen Charakter für alle Geschäftseinheiten besitzt (vgl. Lattwein 2002, S.264).

Günther (1997, S. 98) verknüpft die Zerlegung des Unternehmenswertes auf Geschäftseinheiten mit der Vorgehensweise in der strategischen Planung. „Dadurch lässt sich die für jede strategische Geschäftseinheit erstellte Geschäftsfeldstrategie auch für die Ermittlung von deren Wertbeiträgen nutzen." Der Unternehmenswert ergibt sich dann als Summe der Wertbeiträge der einzelnen strategischen Geschäftseinheiten zuzüglich des Wertbeitrages der Unternehmenszentrale und dem zu Zeitwerten bewerteten nicht betriebsnotwendigen Vermögen (vgl. Günther 1997, S.268).

8.4.1   Der Shareholder Value als Zielgröße des Unternehmens

Über die Möglichkeiten der konzeptionellen Ausgestaltung unterschiedlicher Shareholder Value Ansätze herrscht in der Literatur weitgehend Einigkeit (vgl. Richter 1999, S.22f.). Bei genauerer Betrachtung zerfällt der Shareholder Value Ansatz in mehrere Konzeptvarianten. Drei dieser Varianten, die mit unterschiedlichen Erfolgsgrößen arbeiten, haben sich in der Praxis durchgesetzt:

- die Discounted-Cash-Flow Methode (DCF)

- der Ansatz des Economic-Value-Added (EVA) und

- die mit dem Cash-Flow-Return-on-Investment (CFROI und CVA) verbundenen Konzepte

Das Discounted-Cash-Flow Verfahren berechnet den Gesamtunternehmenswert als den unter Zugrundelegung eines Abzinsungssatzes errechneten Kapitalwert der Free-Cash-Flows.[139] Das Verfahren unterscheidet zwischen Equity und Entity Approach. Während der Equity Approach (Eigenkapitalansatz oder Nettomethode) den Unternehmenswert direkt für den Eigentümer bestimmt, gibt der häufiger verwendete Entity   Approach   (Gesamtkapitalansatz   oder   Bruttomethode)   den

---

[139] Unter „Free-Cash-Flow" oder „freie Cash Flows" sind jene Cash-Flows zu verstehen, die zur Befriedigung der Ansprüche der Eigen- und Fremdkapitalgeber des Unternehmens nach Sicherung des künftigen Unternehmenswachstums zur Verfügung stehen (vgl. Knorren 1998, S.45).

Unternehmensgesamtwert an.[140] Beim Entity Approach berechnet sich der Wert eines Unternehmens als Barwert der erwarteten zukünftigen Freien Cash Flows. Die folgende Übersicht zeigt das Vorgehen:

Abbildung 55; Berechnungsmethode nach dem DCF - Verfahren

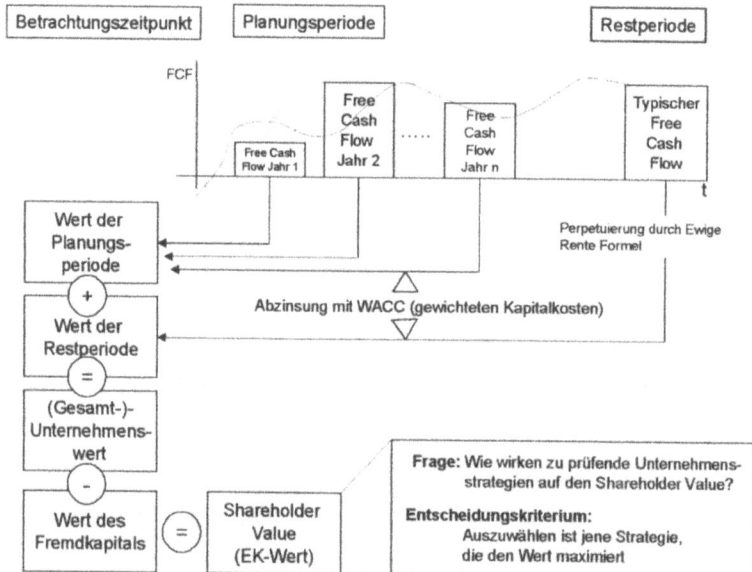

Quelle: eigene Darstellung in Anlehnung an Knorren (1997) S. 13

Einen anderen Weg als das DCF-Verfahren geht die Methode des Economic-Value-Added.[141] Das Verfahren zählt zu den so genannten Contribution- oder Übergewinnmodellen, die davon ausgehen, dass nur eine Rentabilität, die über den Kapitalkosten liegt, letztlich zusätzlichen Wert schafft (vgl. Küting 1999, S.832). Ausgangspunkt ist die Differenz zwischen Gesamtkapitalrendite und der nach der Methode des WACC gebildeten Gesamtkapitalkosten. Diese Differenz wird als „Spread" bezeichnet und ergibt, multipliziert mit der Kapitalbasis, den EVA.

EVA = (Gesamtkapitalrendite – WACC) x Kapitalbasis (NOA)

oder

---

[140] Zur Vollständigkeit der Verfahren sei darauf hingewiesen, dass zur Berücksichtigung von Veränderungen in der Kapitalstruktur der „Adjusted Present Value Ansatz (APV)" entwickelt wurde (vgl. Drukarczyk 1993, S.331).
[141] Dieser Ansatz wurde von der Beratungsgesellschaft Stern Stewart & Co entwickelt und als Trademark gesichert (vgl. Stewart, 1991).

$$EVA = NOPAT - (WACC \times NOA)^{142}$$

Abbildung 56: Berechnungsmethode EVA

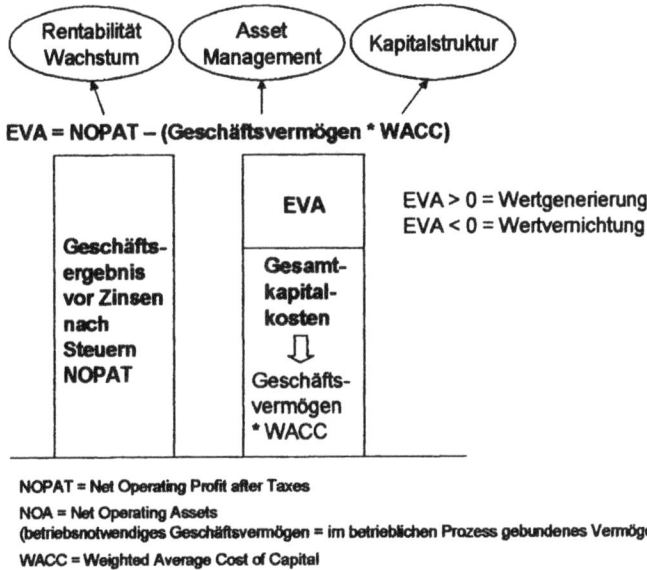

EVA = NOPAT – (Geschäftsvermögen * WACC)

Geschäfts-ergebnis vor Zinsen nach Steuern NOPAT	EVA / Gesamt-kapital-kosten ⇩ Geschäfts-vermögen * WACC	EVA > 0 = Wertgenerierung EVA < 0 = Wertvernichtung

NOPAT = Net Operating Profit after Taxes
NOA = Net Operating Assets
(betriebsnotwendiges Geschäftsvermögen = im betrieblichen Prozess gebundenes Vermögen)
WACC = Weighted Average Cost of Capital

Quelle: in Anlehnung an Weber 2002, S. 24

Die notwendigen Zahlen zur Berechnung des EVA lassen sich aus der Gewinn- und Verlustrechnung und der Bilanz ermitteln.

Einen leicht abweichenden Weg wählt die auf der Kennziffer CFROI aufbauende Methodik.[143] Der CFROI zeigt in Form eines internen Zinsfußes den durchschnittlichen „Return" auf das insgesamt in einem Unternehmen bzw. in einer organisatorischen Einheit investierte Kapital. Dieser interne Zinsfuß wird gebildet aus dem fiktiven Cash Flow Profil für eine geschätzte Nutzungsdauer. Er ist genau jener Diskontierungssatz der DCF-Methode, bei dem der Kapitalwert null ist.

---

[142] NOPAT = net operating profit after taxes, NOA = net operating assets (betriebsnotwendiges Geschäftsvermögen).
[143] Dieser Ansatz wurde von dem Beratungsunternehmen Boston Consulting Group entwickelt (vgl. Lewis 1994).

Abbildung 57: CFROI Verfahren nach der üblichen Anwendung

CFROI - Verfahren

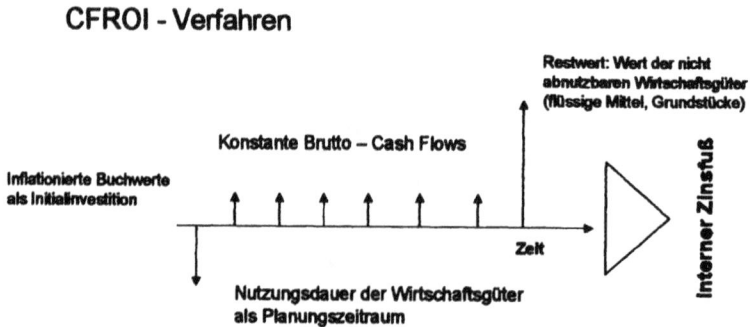

Quelle: Copeland (1998) S. 18

Auch bei dieser Methode zeigt sich die Orientierung an dynamischen Investitionsrechnungsverfahren. Auf Basis des CFROI kann nun der Cash Value Added (CVA) ermittelt werden als der Betrag, der über die realen, marktabgeleiteten Kapitalkosten hinaus vom Unternehmen oder von der Geschäftseinheit verdient wurde.[144]

Unter dem Trademark RAVE™ wurde im Jahr 2000 ein neues integriertes Wertmanagementsystem veröffentlicht, das die kapitalorientierten Steuerungsgrößen um die personal- (*Workonomics* ™) und die kundenorientierten (*Customonomics*™) Steuerungsgrößen ergänzt, wobei der gemeinsame Ankerpunkt der CVA als universelle Größe im Wertmanagement verwendet wurde (vgl. Strack 2000, S.67- 84). Zielsetzung der Human Resources View ist es, bei knappen Mitarbeiterressourcen die Mitarbeiterallokation nach den höchsten so genannten Value Added per Person (VAP) oberhalb der Average Cost per Person (ACP) vorzunehmen. Bricht man diese neu definierte Kennzahl herunter, so werden Werttreiber wie Recruiting, Zielvereinbarung, Vergütung, Training usw. wichtig.

---

[144] Die Formel lautet: CVA = (CFROI – reale Kapitalkosten)* Bruttoinvestitionsbasis.

Auf ähnliche Weise wird der Value Added per Customer (VAC) ermittelt, unter Berücksichtigung der Vertriebs- und Marketingkosten (ACC) und der Anzahl der Kunden (C). In dieser Betrachtungsweise kann Wert geschaffen werden durch Vergrößerung der Value Added per Customer, durch Senkung der Marketing- und Vertriebskosten oder durch profitables Wachsen der Kundenbasis.

Wo liegen nun die Unterschiede in den Verfahren und welche Konsequenzen sind daraus abzuleiten?

Zunächst ist die unterschiedliche Periodenbetrachtung auffällig. Das DCF Verfahren betrachtet die Totalperioden unter Einbeziehung eines Restwertes, während EVA und CFROI eher ein statisches Verfahren darstellen. So geht die Methode des CFROI von jährlich gleich bleibenden Cash Flows aus, betrachtet über die durchschnittliche Nutzungsdauer des Anlagevermögens sowie einer einmaligen Einzahlung am Ende der Laufzeit. Der EVA wird, wie bereits dargestellt, aus der Gewinn- und Verlustrechnung der abgelaufenen Periode abgeleitet.[145] Damit zeigt sich ein weiterer Unterschied. Nicht alle wertorientierten Erfolgsgrößen sind Cash Flow basiert. Es stellt sich also die Frage, welche Kriterien für die Entscheidung für die eine und gegen die andere Erfolgsgröße verwendet werden können.

Ein möglicher Ansatz ist die Frage, welche Kennzahl besser zur Entscheidungsunterstützung insbesondere zur Messung der Wirkung auf den Unternehmenswert bzw. den Wertbeitrag einzelner Geschäftsfelder geeignet ist.

Die Eignung der wertorientierten Erfolgsgrößen zur Entscheidungsunterstützung[146] im strategischen Management kann anhand von Anforderungskriterien überprüft werden, die den Aspekt der Entscheidungsunterstützung im Vordergrund haben. Folgende wichtige Anforderungskriterien wurden in der Literatur untersucht:

- Zukunftsorientierung,

- Vergleichbarkeit und

---

[145] Zu beachten ist, dass sowohl der Betriebsgewinn (NOPAT) als auch das betriebsnotwendige Kapital (NOA) um eine Reihe von Anpassungen korrigiert wird. Von Stern Stewart & Co werden 164 Anpassungen vorgeschlagen (vgl. Stewart 1994 S.73). Die Praxis beurteilt aber nur bis zu 15 als wesentlich (Küting, 1999, S.834).

[146] Weber (2002b, S.26f.) spricht von „instrumenteller Nutzung" und meint die klassische Verwendung von Kennzahlen im Rahmen der Entscheidungsfindung. Zusätzlich unterscheidet Weber die „konzeptionelle Nutzung" von Kennzahlen zur Beeinflussung von Denkprozessen und Haltungen der Mitarbeiter und schließlich die „symbolische Nutzung" der Kennzahlen zur Verwendung für Entscheidungsdurchsetzung, so dass die Akzeptanz der Entscheidungen gefördert wird.

- Wirtschaftlich vertretbarer Ermittlungsaufwand

- Barwertkompatibilität

Unter Zugrundelegung dieser Kriterien zeigt sich, dass das DCF Verfahren besonders geeignet ist für die Fundierung von Entscheidungen. In diesem Vergleich ist die Barwertkompatibilität bedeutsam, die zum Ausdruck bringen soll, dass die Anwendung der Erfolgsgröße in allen Fällen zu den gleichen Entscheidungen führt wie die theoretisch korrekte Kapitalwertmethode. Ebenso ausschlaggebend ist die Zukunftsorientierung und damit die dynamische Betrachtung, da zur Entscheidungsunterstützung die in der Zukunft liegenden Auswirkungen möglicher Handlungsalternativen in der verwendeten Erfolgsgröße abgebildet werden sollen. Hier setzt aber auch die Kritik der Praxis an. So ist häufig die Argumentation zu hören, dass DCF Verfahren zu wenig kontrollierbar und zu weit entfernt sind von aktueller Berichterstattung und Jahresabschluss (vgl. o.V. Capital 1997, S.47). Der Ermittlungsaufwand der Erfolgsgrößen spielt in der Entscheidungsunterstützung weniger eine Rolle, da hier üblicherweise Einzelfallbetrachtungen vorgenommen werden und daher die Möglichkeit besteht, die Ermittlungsgenauigkeit der jeweiligen Entscheidungssituation anzupassen.

Neben der Bewertung des Betrachtungszeitraumes und der Einsatzgebiete der ausgewählten Verfahren als Instrumente zur Entscheidungsunterstützung ist auch eine Differenzierung nach dem Bewertungsobjekt sinnvoll. Als Bewertungsobjekte kommen das Unternehmen als Ganzes, Segmente wie Geschäftsfelder oder Organisationseinheiten aber auch einzelne Investitionsobjekte in Frage. Unter diesem Gesichtspunkt kann grundsätzlich formuliert werden, dass die Unschärfe der CF – Planung beim DCF Verfahren mit der Größe des Bewertungsobjektes steigt. So wird bei E.on für die Bewertung von Einzelinvestitionen das DCF – Verfahren eingesetzt, für die Bewertung von Geschäftsfeldern die eher statische Performance-Messung mittels CFROI als Kapitalrendite, bei der das gesamte Geschäftsfeld als eine Investition betrachtet wird.

Abbildung 58: Differenzierte Bewertungsverfahren bei E.on

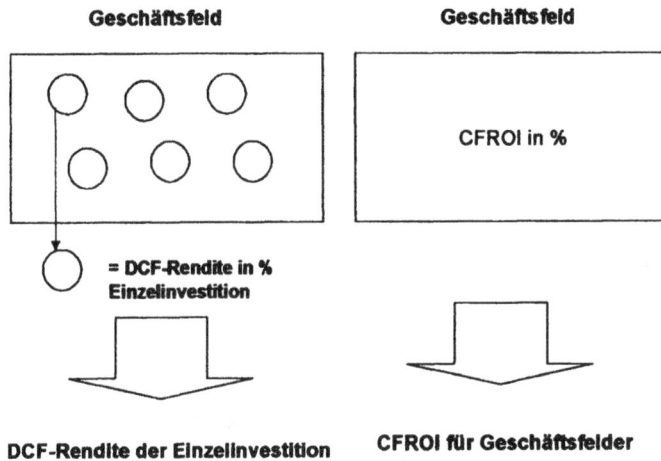

Geschäftsfeld   Geschäftsfeld

CFROI in %

= DCF-Rendite in %
Einzelinvestition

DCF-Rendite der Einzelinvestition   CFROI für Geschäftsfelder

Quelle: eigene Darstellung in Anlehnung an E.on 2001

Schlussendlich stellt sich die Frage, welche Shareholder Value Ansätze in der Praxis zur Anwendung gelangen. Eine mögliche Einschätzung bietet eine empirische Untersuchung von Achleitner (2000) zum „Entwicklungsstand des Shareholder Value Ansatzes in Deutschland".[147] Untersucht wurden im Januar 1999 DAX-100-Unternehmen, da die im DAX 100 enthaltenen Unternehmen groß genug für eine externe Analyse sind und nach gängiger Meinung in Literatur und Praxis das Management der DAX 100 Unternehmen unter starkem Performancedruck steht. Die Rücklaufquote des eingesetzten Fragebogens lag bei 40% (= 40 Unternehmen). Die Erkenntnisse aus dieser Untersuchung können folgendermaßen zusammengefasst werden:

78% der Unternehmen bewerten die Bedeutung des Shareholder Value in ihrem Unternehmen mit „hoch". Im Vergleich zu den bisherigen Studien bedeutet dies eine deutliche Zunahme.

Nur 19% der Unternehmen nutzen den Ansatz schon länger als 4 Jahre, 47% seit 1 – 3 Jahren und knapp 23% planen die Implementierung in Kürze. 11% sehen eine Einführung von wertorientierten Steuerungskonzepten nicht vor.

---

[147] Diese Untersuchung ist eine von mehreren durchgeführten Untersuchungen insbesondere in der BRD (vgl. Perlitz 1997, Pellens 1997, Glaum 1998, KPMG 2000).

Bei der Frage nach den verwendeten Shareholder Value Ansätzen geben 53% der Unternehmen an, dass sie die DCF Methode und damit ein dynamisches Verfahren häufig anwenden. 14% der Unternehmen nehmen dabei die Differenzierung der Werttreiber nach Rappaport vor.

Überprüft wurden auch die Anwendungsbereiche der Shareholder Value Ansätze. Dabei zeigt sich, dass die DCF Methode bei 38% der Unternehmen für strategische Planungsentscheidungen verwendet werden, bei 27% der Unternehmen zur Unternehmenssteuerung und bei 65% der Unternehmen zur Unternehmensbewertung. Das Gewicht des DCF Einsatzes liegt damit schwerpunktmäßig im Bereich der Unternehmensbewertung und der strategischen Planung.

Von Horváth/Minning (2001, S.273-282) wurden neben Deutschland auch Großbritannien, Italien und Frankreich im Hinblick auf die Bedeutung wertorientierten Managements empirisch untersucht. Dabei kommt die Untersuchung im Hinblick auf die angewendeten Shareholder Value Ansätze zu folgenden Ergebnissen:

74% der befragten Unternehmen gaben an, dass Shareholder Value ein wichtiges strategisches Ziel im Unternehmen ist. Die Unterschiede zwischen Italien, Großbritannien und Deutschland sind dabei gering. Lediglich in Frankreich liegt der Prozentsatz bei 59%. Auffällig ist, dass das EVA Konzept mittlerweile eine sehr hohe Durchdringung zeigt (54% in Italien, 43% in Frankreich, 34% in der BRD und 14% in Großbritannien) und deutlich vor dem CFROI Konzept liegt. Weit verbreitet ist ebenfalls die DCF Methode, die "....vorwiegend zur Entscheidungsunterstützung bei Unternehmensübernahmen sowie zur Strategiebewertung eingesetzt wird" (Horváth/Minning 2001, S.279). In dieser Befragung zeigt sich auch, dass 43% der befragten Unternehmen ihre leistungsabhängige Vergütung an wertorientierten Größen ausrichten und damit zur Verhaltenssteuerung des Managements einsetzen.

8.4.1.1 Entwicklung eines wertorientierten Kennzahlensystems – die „Werttreiberhierarchie (value tree)"

Die Gestaltungsbereiche für das Management wurden potential- bzw. ressourcenorientiert, prozessorientiert und ergebnisorientiert untersucht. Sie bilden nun die Grundlage, um eine Verknüpfung mit dem von Rappaport entwickelten Wertsteigerungsnetz zu einem wertorientierten Kennzahlensystem zu entwickeln.

Unter Kennzahlensystem wird sowohl ein Ordnungssystem (strukturierendes System mit sachlogischen Verknüpfungen) als auch ein Rechensystem (mit eindeutigen mathematischen Verknüpfungen) verstanden (vgl. Bomm 1992, S.23–44)[148]. Jede untergeordnete Kennzahl geht auf eine Ausgangskennzahl zurück und wurde von dieser durch Zerlegung, Substitution oder Erweiterung gebildet. Das Du-Pont-System ist ein Beispiel für ein Rechensystem. Ein Ordnungssystem ist wesentlich flexibler. Die Beziehungen zwischen den einzelnen Kennzahlen sind sachlogischer Natur. Die Interdependenzen sind auf Grund betriebswirtschaftlicher Erfahrung bekannt. Das R-L-System ist ein Ordnungssystem (vgl. Küting 1993, S.37f.).[149] Es hat die Aufgabe, der Geschäftsleitung zu jedem Zeitpunkt einen gesamtbetrieblichen Überblick zu ermöglichen, um bei erkennbaren Fehlentwicklungen oder Abweichungen vom Plan frühzeitig reagieren zu können. Der Unternehmensgesamtplan wird gegliedert in Beschaffungs-, Produktions-, Logistik- und Absatzplanung und verdichtet sich zu einem Controlling-Kennzahlensystem (vgl. Reichmann, 1995, S.53f.). In der Kombination beider Systeme wird davon ausgegangen, immer dort, wo mathematische Beziehungen möglich sind, diese auch einzusetzen. Das ZVEI-Kennzahlensystem ist ein Beispiel für diesen Ansatz (vgl. Hampe 1992, S.109 – 111, Horváth 2001a, S.574 - 581).[150]

Zu den Kennzahlensystemen zählt auch der in den frühen 90er Jahren entwickelte Balanced Scorecard Ansatz, der die klassische finanzwirtschaftliche Perspektive um drei weitere Dimensionen ergänzt (vgl. Kaplan 1997, S.VIII-IX). Es werden nicht länger die Leistungen der Vergangenheit gemessen, sondern langfristige strategische Erfolgsfaktoren. Kaplan erklärt, die „Balanced Scorecard" sei mehr als nur ein verbessertes Kennzahlenmodell, es würde sich zu einem Führungssystem entwickeln, da es nicht nur zum Kommunizieren einer Strategie geeignet ist, sondern auch zum Strategiemanagement (vgl. Kaplan 1997, S.VIII-IX).

---

[148] Eine zusammenfassende Darstellung über die Entwicklung monetärer Kennzahlensysteme findet sich in (Bausch, 2000 S.121 – 124).

[149] R-L System bedeutet Rentabilitäts-Liquiditätskennzahlensystem und wurde zur laufenden Steuerung des Unternehmens über die Kenngrößen Erfolg und Liquidität konzipiert.

[150] Das dort beschriebene Kennzahlensystem wurde bereits 1969 entwickelt und 1989 an die neuen Rechnungslegungsvorschriften des Bilanzrichtliniengesetzes angepasst. Es erlaubt eine Wachstums- und Strukturanalyse. Die Wachstumsanalyse vergleicht neun Werte, die sich in drei Gruppen einteilen lassen (Geschäftsvolumen, Personal, Erfolg) mit der Vorperiode. Die Strukturanalyse betrachtet die Unternehmenseffizienz in den vier Sektoren Rentabilität, Ergebnisbildung, Kapitalstruktur und Kapitalbindung mit Hilfe von Ertragskraft- und Risikokennzahlen. Die absoluten Zahlen werden in Bestandszahlen (z.B. Lagerbestand) als zeitpunktbezogene Risiken und als Bewegungszahlen (z.B. Umsatz) als zeitraumbezogene Ertragskräfte eines Unternehmens angegeben.

Ein Kennzahlensystem bedeutet also die Zusammenfassung von Kennzahlen, welche zueinander in einem mathematischen, systematischen oder empirischen Zusammenhang stehen (vgl. Reichmann 1997, S.23). Kennzahlen stellen hoch verdichtete Maßgrößen dar, die als Verhältniszahlen oder Absolutzahlen über quantitativ erfassbare Sachverhalte berichten (vgl. Staehle 1973, S.222). [151]

Aufbauend auf dem Modell von Rappaport wurden in den letzten Jahren eine Reihe von Kennzahlensystemen entwickelt, die, ausgehend von einer Spitzenkennzahl mit hoher Korrelation zur Entwicklung des Unternehmenswertes, die strategischen und operativen Werttreiber in einem Ordnungs-und Rechensystem darstellen. Das im Folgenden dargestellte wertorientierte Kennzahlensystem ist daher kein neues Konzept, sondern eine Anpassung bestehender Modelle an die spezifischen Anforderungen wertorientierter Unternehmensführung am Beispiel des strategischen Geschäftsfelds „Kontraktlogistik" von Speditionsunternehmen. Die Werttreiber von Rappaport stellen aggregierte Größen dar, die nicht in der Lage sind, branchen- und geschäftsspezifische Wirkungsmechanismen aufzudecken. Dadurch sind sie auch nicht geeignet als operative Steuerungsgrößen verwendet zu werden (vgl. Knorren 1998, S.114f.). [152] Die Eignung operativer Werttreiber als Plan- und Steuerungsinstrument ist umso stärker, desto spezifischer die Größen auf das jeweilige Geschäft abgestimmt sind.

Gemeinsame Zielgröße aller wertorientierten Kennzahlensysteme ist der Free Cash Flow, der in tiefer liegende Ebenen disaggregiert wird.

8.4.1.2 Definition einer geeigneten Cash Flow Größe

„Die Ermittlung des Shareholder Value fußt maßgeblich auf der richtigen Ermittlung Freier Cash Flows" (Günther, 1997, S.112). [153] Cash Flow Größen stellen vereinfachte Versionen eines Umsatzüberschusses dar. In der Betriebswirtschaftslehre haben sie

---

[151] Dem Expertenstreit, ob als Kennzahlen nur Verhältniszahlen oder auch Absolutwerte betrachtet werden, wird in diesem Buch nicht weiter nachgegangen (vgl. beispielhaft zu diesem Thema Hofmann, 1977, S.208)

[152] Wertbestimmende Faktoren als aggregierte Größen werden auch bei anderen Autoren verwendet (vgl. Copeland/Koller/Murrin 1998, S.126 – 136).

[153] Einen Überblick über die Vielzahl der im Schrifttum definierten Freien Cash Flows bei Günther (1997) S.112 – 118. Rappaport spricht nicht vom Free Cash Flow sondern vom operating cash flow, meint jedoch insbesondere den bei Copeland (1998) definierten Free Cash Flow (Erläuterung bei Günther 1997, S.146). Eine weitere Auseinandersetzung mit der absolut genauen theoretischen Ermittlung dieser Kennzahl ist nicht Ziel dieser Arbeit. Da es sich um ein Rechensystem mit Definitionsgleichungen handelt, ist eine Anpassung des zu entwickelnden Modells auf andere Berechnungsformen jederzeit möglich.

eine lange Tradition als Indikator für die Finanzkraft eines Unternehmens und haben daher eine direkten Bezug zu der in der Finanzplanung verwendeten Kapitalflussrechnung. Der Freie Cash Flow stellt in diesem Zusammenhang die Netto-Mittelrückflüsse dar, die nicht wieder in das operative Geschäft zu investieren sind und so eine Art „liquide Mittel" definieren.

Der betriebliche (operative oder operating) Cash Flow lässt sich allgemein mit den Ein- und Auszahlungen definieren, die durch die betrieblichen Leistungserstellungsprozesse verursacht werden. Er berücksichtigt somit sämtliche Zahlungen, die im Zusammenhang mit den Managemententscheidungsbereichen Finanzierung, Investition und Betrieb stehen und ist somit losgelöst von der traditionellen buchhalterischen Cash Flow Ermittlung, die auf einen ersten finanzwirtschaftlichen Eindruck abzielt.

Der so definierte betriebliche Cash Flow ist deshalb interessant, da er die geschätzten verfügbaren Zahlungsmittel repräsentiert, um die Ansprüche von Fremdkapitalgebern und Eigentümern abzugelten und das künftige Unternehmenswachstum zu sichern.

Die Analyse der Entwicklung des Free Cash Flows hat mehrere Vorteile. Eine Zeitreihenbetrachtung der absoluten Free Cash Flows macht nicht nur das entsprechende Risiko der Investition transparent, sondern auch den Zeitpunkt des Durchlaufens der Free Cash Flow Nulllinie sowie des erreichten Ausgleichs des kumulierten Free Cash Flow (vgl. Middelmann, 2001, S.504). Damit wird auch deutlich, dass das Geschäftsfeldportfolio in einer ausgewogenen Balance zwischen Werterzeugern und Cash-Versorgern gehalten werden muss, um ein angestrebtes kontinuierliches Wachstum finanzieren zu können.

Hier schließt sich der Kreis. Je nach Modell, abhängig von Untersuchungszweck und Informationsgrundlage, ergeben sich 2 zentrale Größen:

- Operating Cash Flow
- Free Cash Flow

Der Free Cash Flow ist die Cash Flow Größe, die zur Befriedigung der Ansprüche der Anteilseigner dient, also sowohl der Eigen- als auch der Fremdkapitalgeber nach Sicherung des künftigen Unternehmenswachstums.

„Den Ausgangspunkt der Free Cash Flow Bestimmung bilden die Umsätze" (Schierenbeck 2001, S.90f.). Das Umsatzwachstum stellt einen zentralen Werttreiber des Unternehmens dar. Die Analyse der Umsatzwachstumsraten von 20 ausgewählten DAX-Werten der Jahre 1996 – 1998 zeigt durchschnittliche Wachstumsraten von 8 – 10%, mit außergewöhnlichen Werten bis 40%.

Von einem aktuellen Zeitpunkt ausgehend sind die sich aus einer bestimmten Wachstumsrate ergebenden Umsätze der Folgejahre zu planen. Formal wird der Vorjahresumsatz mit einer Umsatzwachstumsrate multipliziert. Um die umsatzbezogenen Auszahlungen zu erfassen, bietet es sich an, dieses Einzahlungsvolumen mit der betrieblichen Gewinnmarge, die der Umsatzrentabilität entspricht, zu multiplizieren. So steht dann der aus den Umsatzprozessen und den damit verbundenen Auszahlungen resultierende Cash Flow fest. Die Multiplikation mit dem Steuerfaktor führt zur Cash Flow Reduktion um die zu zahlenden Gewinnsteuern. Umsatzwachstum, Gewinnmarge und Steuerquote sind damit die Werttreiber des operativen Geschäftes. Die Bestimmung des Free Cash Flow nach Rappaport geht somit folgenden Weg (vgl. Rappaport 1999, S.40):

Free Cash Flow =   Einzahlungen – Auszahlungen

=   (Umsatz des Vorjahres)*(1+Wachstumsrate des Umsatzes)*(betriebliche Gewinnmarge)*(1-Cash-Gewinnsteuersatz)-(Zusatzinvestitionen ins Anlagevermögen und Umlaufvermögen)

Diese Free Cash Flows werden im so genannten 2 Phasen Modell für eine Planungsperiode und für eine Restperiode bestimmt. Andere Autoren empfehlen eine dreiphasige Betrachtung (vgl. Günther 1997, S.109f. und Verweise) aus folgenden Gründen:

- Detaillierte Planungen sind nur für überschaubare Zeiträume möglich

- Die zunehmende Unschärfe wird durch Diskontierung ausgeglichen. Bei einem Diskontierungszinsfuß von 10% geht ein Freier Cash Flow im zehnten Jahr nur noch mit 38,55% seines Wertes in den Barwert ein

- Vermeidung des „Hockey stick Effektes"[154]

---

[154] Darunter ist zu verstehen, dass mit zunehmender Entfernung vom Betrachtungszeitpunkt Prognosen eine zunehmend positive Tendenz erlangen (vgl. Herter 1994, S.54).

Für die praktische Umsetzung bedeutet dies, dass die Länge des Planungszeitraumes so gewählt werden sollte, dass der Wert entsprechend gewichtet in den Barwert einfließt[155], und der Zeitraum beachtet wird, innerhalb dem Wettbewerbsvorteile genutzt werden können. Zum Ende des Planungszeitraumes sollten sich die Werte für den Freien Cash Flow, für das Wachstum und für die Investitionen in das Anlage- und Umlaufvermögen stabilisiert haben. Zwischen Planungszeitraum und Restperiode liegt der Anpassungszeitraum, der die Anpassung an entsprechende Branchendurchschnitte für Wachstumsraten oder Rentabilitäten zum Ausdruck bringen soll.[156]

Abbildung 59: 3 Phasenkonzept der Unternehmensbewertung

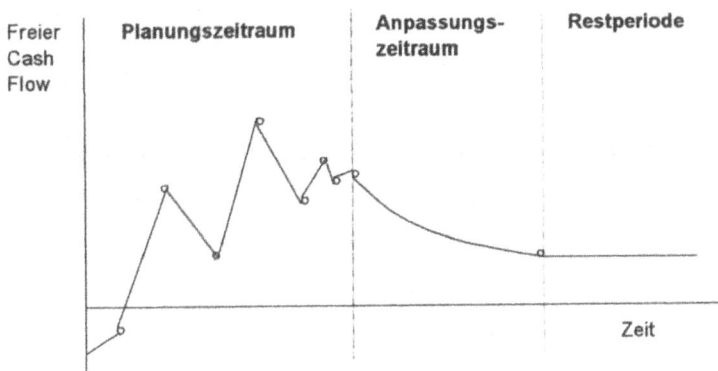

Quelle: Günther (1997) S. 110

Kritisch bleibt anzumerken, dass sich in diesem 3 Phasen Modell zwar eine überproportionale Wachstumsrate berücksichtigen lässt, aber das Prognoseproblem bestehen bleibt.

Der Ansatz von Rappaport gewinnt an Praktikabilität dadurch, dass er bei der Beurteilung von Investitionen auf die Werttreiber zurückgreift, die alle relevanten

---

[155] Copeland (1998) empfiehlt einen Planungszeitraum von 3 Jahren.
[156] Das Modell wird auch vom Institut der Wirtschaftsprüfer (IdW) in der BRD empfohlen.

Managemententscheidungen beinhalten und somit die Zahl der Kausalfaktoren für die Wertschaffung übersichtlich bleibt.

Szenario- und Sensitivitätsanalysen können zunächst auf diese Wertgeneratoren beschränkt bleiben (vgl. Kranebitter 2001, S.135).

Als kritisch ist anzusehen, dass der Ansatz lediglich Wachstumsstrategien als Zielobjekte zur Beurteilung verfolgt und somit bereits getätigte Investitionen außerhalb des Blickfelds dieser Methode liegen (vgl. Bühner 1994, S.54). Weiterhin lässt sich der Ansatz nur als interne Analysemethode verwenden, da Außenstehende, denen nur der Jahresabschluss zur Beurteilung von Wertsteigerungen zur Verfügung steht, keine Berechnung des geschaffenen Shareholder Value mittels dieser Methode vollziehen können.

8.4.1.3   Definition eines geeigneten Diskontierungssatzes

Wenn man beim Shareholder Value Ansatz als Diskontierungsfaktor die Kapitalkosten des Unternehmens zugrunde legt, folgt man der Überlegung, dass diese Kapitalkosten die Mindestverzinsung abbilden, die den Kapitalgebern zu gewährleisten ist. Die Kapitalkosten (KK_k) drücken die erwarteten internen Renditen der Kapitalgeber unter Zugrundelegung der subjektiv empfundenen Risiken aus. Hierbei ist die Bestimmung der Fremdkapitalkosten relativ unproblematisch. Sie werden i.d.R. auf vertraglicher Basis vereinbart und sind somit eindeutig bestimmbar, wobei die Schwierigkeit besteht, künftige Zinsstrukturen zu beachten.

Zur Ermittlung der Eigenkapitalkosten ist der CAPM Ansatz möglich.[157] In diesem klassischen Ansatz der Kapitalmarkttheorie wird die Renditeerwartung auf eine risikofreie Verzinsung und auf eine Marktrisikoprämie zurückgeführt.[158] Das Risiko wird in ein unsystematisches Risiko (unternehmensspezifisches) und in ein systematisches Risiko (Marktrisiko) unterteilt. Das unternehmensspezifische, unsystematische Risiko lässt sich durch geeignete Portfolio-Investitionen wegdiversifizieren[159] , für das Marktrisiko wird eine Risikoprämie angesetzt, die sich aus der Differenz zwischen der

---

[157] CAPM = Capital Asset Pricing Model. Das Modell wurde aus der Portfolio Theorie von Markowitz entwickelt (Markowitz 1952). Vgl. deutsche Literatur Göppl (1980).
[158] Das Modell geht von einer einperiodigen Planung aus, bekannten Wahrscheinlichkeiten der Investitionsrenditen, nutzenmaximierender und risikoaverser Marktteilnehmer, keine Transaktionskosten, Anlage zu einem risikolosen Zinssatz (vgl. u.a. Drukarczyk 1993 S.251f.).
[159] Hier handelt es sich um die Gestaltung eines Wertpapier-Portfolio, da sich der CAPM Ansatz auf die Berechnung von Risikoprämien im Wertpapiergeschäft ausrichtet.

allgemeinen Marktrendite und dem risikolosen Zins multipliziert mit einem Betafaktor errechnen lässt. Der Betafaktor drückt als Maß für das systematische Risiko aus, wie sehr die Investitionsrendite um die Marktrendite schwankt. Kritisch ist anzumerken, dass das CAPM Modell zur Erklärung von Renditeforderungen umstritten ist und daher weiterführende Modelle wie z.B. das APT Modell[160] entwickelt wurden.

Aus dem Fremdkapitalkostensatz und dem nach dem CAPM Modell (oder APT Modell) ermittelten Eigenkapitalkostensatz wird nach der WACC Methode[161] der Gesamtkapitalkostensatz ermittelt. Dabei erfolgt eine Gewichtung nach dem Anteil des Eigen- und Fremdkapitals zu jeweiligen Marktwerten am Unternehmenswert.

8.4.1.4 Die Bestimmung des Restwertes

Der Bestimmung des Restwertes kommt die Aufgabe zu, den Beitrag des Unternehmenswertes zu ermitteln, der über den Planung- und Anpassungszeitraum hinaus entsteht. Der Restwert enthält nur Zahlungsströme, die durch Maßnahmen im Planungszeitraum ausgelöst sind, aber über diesen hinausreichen. So werden z.B. Erweiterung- und Ersatzinvestitionen außerhalb des Planungszeitraumes ein Kapitalwert von Null zugeordnet, d.h. diese Investitionen sind – angesichts geschmolzener Wettbewerbsvorteile – gerade noch in der Lage, die Kapitalkosten zu erwirtschaften und folglich weder Über- noch Unterrenditen zu erzielen.[162] Die in der Praxis gebräuchlichste Methode zur Ermittlung des Restwertes ist die Annahme einer ewigen Rente.[163]

Die aufgezeigten Basiselemente des Shareholder Value Ansatzes bilden die Ausgangssituation, um für Speditionsunternehmen ein wertorientiertes Kennzahlensystem zu entwickeln, das in der Lage ist, Entscheidungen im Bezug auf Geschäftsfeldstrategien und Unternehmensstrategien zu unterstützen.

---

[160] APT = Arbitrage Pricing Theory, die zurückgeht auf Ross (1976 S.341-360) und bei der das systematische Risiko auf mehrere Quellen zurückgeführt wird wie z.B. makroökonomische Faktoren.
[161] WACC = Weighted Average Cost of Capital, wesentlich ist, dass hier keine Gewichtung nach Maßgabe der Buchwerte erfolgen darf, sondern die Gewichtung mit den Marktwerten erfolgen muss (vgl. Perridon 1997). Gleichzeitig tritt dabei ein Zirkulationsproblem auf. Durch das Heranziehen der historischen Kapitalstruktur zur Berechnung der Kapitalkosten muss ein Marktwert herangezogen werden, der aber erst nach Berechnung der Kapitalkosten bekannt ist (vgl. Diskussion dazu in Husmann et al. 2001, S.277 – 282).
[162] Auch diese Thematik ist Anlass für Kritik, da je nach Länge des Planungszeitraumes und Höhe des Kapitalkostensatzes der Anteil des Restwertes am gesamten Unternehmenswert bis zu 78% ausmachen kann (vgl. Günther 1997, S.159).
[163] Vgl. zur "ewigen Rente" etwa Rappaport (1999) S.53, Copeland (1998) S.293f., Kruschwitz (1990) S.72.

Durch eine Analyse der möglichen operativen Werttreiber und anschließende Priorisierung werden die für das jeweilige Untersuchungsobjekt relevanten operativen Werttreiber identifiziert. Ziel ist es, sowohl Werttreiber zu identifizieren, die den Entscheidern vertraut und bekannt sind und von ihnen auch beeinflusst werden können, als auch die Grundlage für die Erarbeitung von wertsteigernden Handlungsalternativen zu schaffen, die auf die wichtigsten operativen Werttreiber focussieren. Dieser Ansatz ist eng verwandt mit den Konzept der Erfolgsfaktoren, der allerdings auf eine gewinnorientierte Zielgröße ausgerichtet ist im Gegensatz zu den Werttreibern, die auf eine wertorientierte Zielgröße (Shareholder Value) ausgerichtet sind. Eine weitere Nähe ist zur Balanced Scorecard erkennbar, in dessen Mittelpunkt, wie bereits erwähnt, eine mehrdimensionale Perspektive der Unternehmenssteuerung steht und bei der die finanzielle Perspektive meist wertorientierte Zieldimensionen aufweist.

Das in diesem Kapitel dargestellte Kennzahlensystem bildete die Grundlage, auf dem ein kontinuierliches, dynamisches Simulationsmodell (vgl. Holderied 2004, S. 165f) mit Hilfe von System Dynamics aufgebaut wurde. Dieses Simulationsmodell soll strategische Entscheidungsprozesse unterstützen, indem verschiedene Handlungsalternativen im Bezug auf das strategische Geschäftsfeld „Kontraktlogistik" eines Speditionsunternehmens in seiner Wirkung auf die Unternehmenswertentwicklung transparenter werden.

Die Grenzen eines derartigen Vorgehens liegen darin, dass eine eindeutige mathematische Verknüpfung der operativen Werttreiber in einem Totalmodell angesichts der anzutreffenden Komplexität in der betrieblichen Wirklichkeit nicht darstellbar ist (vgl. Knorren 1998, S.121, Bomm 1992, S.44). Als Beispiel beschreibt Knorren die Verknüpfung von Werbeintensität und Marktanteil des beworbenen Produktes, wo, trotz erzielter Fortschritte in der Werbewirkungsforschung das Fehlen eines eindeutigen mathematischen Zusammenhanges festgestellt werden muss. Zudem werden eindeutige Wenn – Dann-Beziehungen schwierig, wenn Interdependenzen und Rückkoppelungen auftreten. Die Gefahr der mathematischen Scheingenauigkeit beginnt bereits dann, wenn von qualitativen Zukunftseinschätzungen auf quantitative Free Cash Flow Planung übergegangen wird (vgl. Herter 1994, S.61).

„Ziel solcher Kennzahlensysteme ist nicht das schon ex ante erfolglose Streben nach *Voraussicht* über künftige Ereignisse, sondern das Bemühen, *Einsicht* in die

Zusammenhänge der Verhaltensweisen [des Systems] zu gewinnen und Ansatzpunkte zur gezielten Beeinflussung zu erkennen" (Milling 1991, S.19f.). Ziel und Zweck ist es also, bestimmtes, beobachtetes Verhalten zu verstehen, nicht irgendwelche Lösungen zu entwickeln, bei denen unklar bleibt, warum ein bestimmtes Verhalten eintritt. Auf dieser Basis soll eine sinnvoll strukturierte Entscheidungsunterstützung Szenarien entwickeln und Antworten auf die Frage geben, was passiert, wenn...? Was passiert, wenn Großkunde ausfällt oder ein Kontrakt vorzeitig gelöst wird oder was passiert, wenn die benötigten Ressourcen nicht oder nicht ausreichend zur Verfügung stehen oder was passiert, wenn sich durch unbeeinflussbare externe Entscheidungen die Kosten für die Ressourcen verdoppeln?

Milling (2001, S.3) fordert von derartigen Modellen, dass Entscheidungsträger in die Lage versetzt werden, durch Erklären und Verstehen von beobachteten Problemsituationen und Verhaltensformen vorauszuschätzen, zumindest teilweise zu prognostizieren, wie bestimmte Aktionen sich in der Realität auswirken werden. Dabei sollte bewusst sein, dass diese Kausalitäten notwendigerweise nicht bis in alle Details gesehen werden müssen, sondern dass zumindest die Richtung und die Größenordnung eingeschätzt werden kann und der Entscheidungsträger nicht einfach überrascht wird.[164]

8.4.1.5 Wertorientiertes Kennzahlensystem für das strategische Geschäftsfeld „Kontraktlogistik"

Die grundlegende Shareholder Value Formel lässt sich in einem modular aufgebauten, mehrstufigen und mehrperiodigen Kennzahlensystem darstellen (vgl. Günther 1997, S.267). Das Hauptziel eines derartigen Kennzahlensystems ist die Operationalisierung der Unternehmenswertsteigerung. Im Rahmen der strategischen Planung kann die Vorteilhaftigkeit von Strategien durch die Abschätzung ihres Einflusses auf die relevanten Werttreiber und letztendlich auf den Unternehmenswert ermittelt werden. Mit Sensitivitätsanalysen lässt sich feststellen, welche Werttreiber den größten Einfluss auf den Unternehmenswert haben. Die Frage nach der Ausgestaltung der Berechnungsmethodik und der Identifizierung von organisatorischen Einheiten, die mit Hilfe wertorientierter Kennzahlen zu steuern sind, hängt eng mit den Zielen

---

[164] Dieser Anspruch kann durch Einsatz verschiedener Methoden erfüllt werden wie die klassischen Verfahren des OR, diverse Simulationsverfahren, ökonometrische Verfahren wie Input-Output-Analyse bis hin zum Einsatz neuronaler Netze. Im Bereich der kybernetischen Systemanalysen bietet sich auch der System Dynamics Ansatz an.

zusammen, die ein derart gestaltetes Steuerungssystem verfolgt. Diese Frage lässt sich nur unternehmensspezifisch beantworten (vgl. Weber 2002a, S.70). Das vorliegende Kennzahlensystem wurde als mehrstufiges, hierarchisches System aufgebaut. Die unterste Ebene stellt der Kontrakt dar, der aus seinem Free Cash Flow Profil über die Vertragsdauer einen Wertbeitrag(K_1) zum Wertbeitrag des gesamten strategischen Geschäftsfeldes Kontraktlogistik liefert. Alle markt-, ressourcen- und prozessorientierten Entscheidungen und Aktionen wirken sich über die generierten Umsätze und die verursachten Kosten auf die Entwicklung des Free Cash Flow eines Kontraktes aus. Dabei ist das Spannungsfeld zwischen Umsatzwachstum, Investitionsquote und Rentabilität unter Risikoaspekten über die betrachtete Anpassungs- und Planungsperiode und unter Berücksichtigung eines Restwertes auszugleichen.[165]

Das Rechensystem zur Ermittlung der Zielgröße Freier Cash Flow, unter Verwendung der Werttreiber von Rappaport, wird durch folgende Gleichung abgebildet:

$$FCF_t = \{U_{t-1} * (1 + W_u) * r_u * (1 - s_{CF})\} - \{U_{t-1} * W_u * (q_{AV} + q_{wc})\}$$

FCF_t = freier cash flow der Periode t

U_{t-1} = Umsatzerlöse des Vorjahres

W_u = konstante Wachstumsrate des Umsatzes

r_u = konstante Umsatzüberschussrate (Gewinnmarge)

s_{CF} = auf den cash flow bezogener Ertragsteuersatz

q_{AV} = Erweiterungsinvestitionsquote für Anlagevermögen

q_{wc} = Erweiterungsinvestitionsquote für Working Capital

Die Gleichung bildet mathematisch den Zusammenhang der von Rappaport definierten Werttreiber ab. Die Gleichung ist gekennzeichnet durch 2 wesentliche Vereinfachungen, nämlich durch eine konstante Umsatzwachstumsrate (W_u) und eine konstante Rentabilitätsrate oder Gewinnmarge (r_u). Diese 2 wesentlichen Werttreiber sollen durch das Ordnungssystem im Rahmen des gesamten Kennzahlensystems dargestellt werden. Ziel ist es, das Prognoseproblem Free Cash Flow durch ein konsistentes Werttreibermodell zu verbessern unter Berücksichtigung der

---

[165] Schierenbeck (vgl. 2001, S.11) spricht von der Triade des wertorientierten Managements, die aus Rentabilität, Wachstum und Risiko besteht.

Verbundprobleme, die zwischen dem Geschäftsfeld Kontraktlogistik und den restlichen Geschäftsfeldern eines Speditionsunternehmens bestehen. Die Werttreiber Umsatz, Umsatzwachstum und Wachstumsdauer sind die zentralen Wachstumshebel, die Werttreiber Kosten und Investitionen sind die Ertragshebel des Unternehmens.

Abbildung 60: Grundstruktur des Werttreibermodells

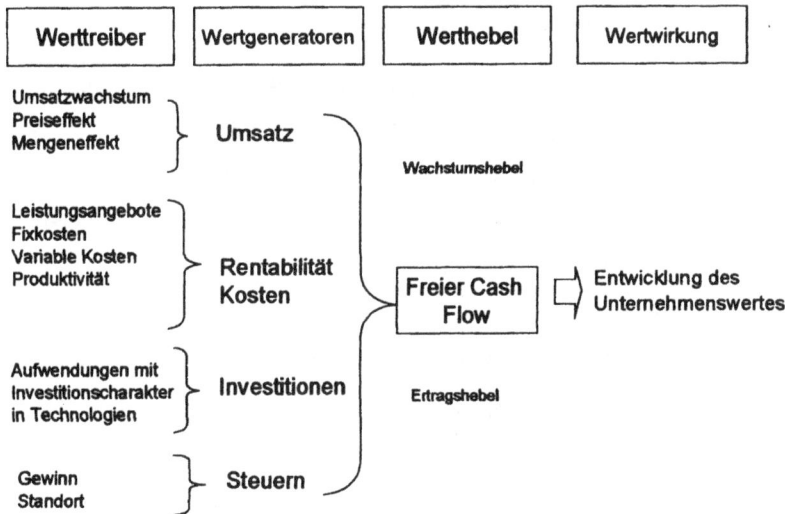

Werttreiber	Wertgeneratoren	Werthebel	Wertwirkung

Umsatzwachstum
Preiseffekt
Mengeneffekt
} **Umsatz**

Wachstumshebel

Leistungsangebote
Fixkosten
Variable Kosten
Produktivität
} **Rentabilität Kosten**

Freier Cash Flow

Entwicklung des Unternehmenswertes

Aufwendungen mit Investitionscharakter in Technologien
} **Investitionen**

Ertragshebel

Gewinn
Standort
} **Steuern**

Quelle: eigene Darstellung

Diese Klassifizierung der Wertgeneratoren hilft auch in der Erarbeitung der Werttreiber. So können Umsatztreiber definiert werden, die das Wachstum des Unternehmens treiben, Kostentreiber, die die Kostenstrukturen von Prozessen und Funktionen maßgeblich beeinflussen und Investitionstreiber, die die durch die verschiedenen notwendigen Geschäftsprozesse gebundenen Mittel beeinflussen (vgl. Wittich, 1999, S.436).

8.4.1.5.1   Werttreiber Umsatz (Wachstumshebel)

Die in Geldeinheiten bewerteten Leistungen (Umsatz) sind durch die dem Geschäftsfeld zugeordneten Kontraktkunden definiert. Die Umsätze aus dem Geschäftsfeld Kontraktlogistik entstehen durch die Verrechnung von allen betrieblichen Leistungen mit vorher klar definierten Kontraktkunden. Ein konstitutives Merkmal der Kontraktlogistik ist eben das Vorhandensein eines Kontraktes mit einem Kunden. Da im Mittelpunkt der Wertorientierung der betriebliche Cash Flow steht, sind im Umsatz alle verrechneten Leistungen zu erfassen, die dem Kontrakt zugeordnet werden können und zu einem Geldfluss führen. Dies sind die so genannten Speditionseinnahmen, die aus der Leistungsverrechnung an Kontraktkunden entstehen und zur **Gesamtleistung (Bruttoumsatz)** des Kontraktes führen. Erlösschmälerungen wie Skonti und Rabatte sind branchenunüblich. Am ehesten sind noch Mengenrabatte üblich, die aus der Tradition der mengenabhängigen Tarifstrukturen der Eisenbahnen stammen. Die Summe aller Bruttoumsätze aus verrechneten Leistungen an Kontraktkunden bildet die Gesamtleistung des strategischen Geschäftsfeldes Kontraktlogistik.

Von den Umsatzerlösen als Gesamtleistung sind die Erlöse aus der Verrechnung von Einfuhrumsatzsteuern, Zöllen und Abgaben abzuziehen, da diese reine Durchlaufposten sind und in der Höhe, wie sie vom jeweiligen Finanzamt in Rechnung gestellt werden, an den Kunden weiterverrechnet werden. Die Verrechnung der Speditionsleistung aus dieser Tätigkeit (z.B. Zollabfertigung) erfolgt über einen eigenen Abrechnungskreis. Für die Betrachtung der Umsatzerlöse aus betrieblichen Leistungen ist daher der Nettoumsatz entscheidend.

Abbildung 61: Typische GuV-Rechnung in der Spedition

Brutto - Umsatzerlöse

Enthaltene Erlöse für Zölle und Abgaben
Netto- Umsatzerlöse

Nettoaufwendungen (Speditionsausgaben)
Rohertrag

Personalaufwand
Sonstige betrieblichen Aufwendungen
Betriebsergebnis (EBITDA)

Abschreibungen auf Sachanlagen
Abschreibungen auf immaterielle
Vermögenswerte
Ergebnis vor Zinsen und Steuern (EBIT)

Quelle: in Anlehnung an Steffens (2002)

Eine Besonderheit stellen auch die qualitätsabhängigen Leistungsvergütungen dar. Diese Formen der Leistungsvergütungen haben sich aus der Zusage von

Leistungsgarantien der logistischen Dienstleister entwickelt, die damit zwei Ziele verfolgt haben. Einerseits war es Bestandteil einer Marketingkonzeption, bei der das Risiko für den Kunden durch Inanspruchnahme der Dienstleistung herabgesetzt werden sollte. Andererseits sollte ein derartiges System auch internen Druck auf Qualitätsverbesserung in der Erstellung der Dienstleistung erzeugen (vgl. Hart 1989, S.114f.). Über „Money back" Garantien sind diese Konzepte von KEP Dienstleistern eingeführt worden. Im Bereich der Kontraktlogistik wurde ein derartiges „leistungsabhängiges Vergütungssystem", wie bereits dargestellt, auch bei österreichischen Speditionsunternehmen umgesetzt.

Umsatz ist das Produkt aus Menge mal Preis. Die Mengen, die in der Kontraktlogistik erfasst werden, sind üblicherweise abgewickelte Mengen für logistische Leistungen gemessen in kg oder Tonnen, cbm, Palettenanzahlen, Anzahl Container (TEU), Ladungen, Aufträgen, Sendungsanzahlen usw. Die am häufigsten verwendete Größe in Speditionsunternehmen ist die Anzahl von Teilposten [166] und bezieht sich auf die kleinste erfasste Mengeneinheit eines Speditionsauftrages. Dabei kann eine Sendung oder ein Teilposten sowohl eine Stückgutsendung mit 120 kg wie eine Komplettladung mit 24 to umfassen, ebenso wie einen Einlagerungsauftrag, einen Kommissionierauftrag oder den Auftrag zu einer zolltechnischen Behandlung der Ware. Die Erfassung erfolgt üblicherweise in so genannten Relationen oder auch anderen internen Ordnungssystemen. Allgemein kann für die Kontraktlogistik ein Kundenauftrag als Mengeneinheit definiert werden. Ein derartiger Kundenauftrag umfasst eine klare Anweisung für die Durchführung einer bestimmten Dienstleistung entweder im Rahmen einer vorher definierten und im Kontrakt beschriebenen Leistung oder einer neu zu vereinbarenden Leistung.

Dies gilt auch für den Preis dieses Kundenauftrages. Das Kontraktgeschäft ist dadurch geprägt, dass für den größten Teil der Dienstleistung mittel- und langfristige Preisvereinbarungen getroffen wurden und nur Zusatzleistungen, die nicht im Kontrakt vereinbart wurden, preislich separat vereinbart werden müssen. Es setzt allerdings auch voraus, dass die Verrechnungseinheit „Kundenauftrag" im Kontrakt eindeutig definiert ist.

---

[166] Der Begriff Teilposten stammt aus der Erfassungssystematik von Speditionsaufträgen in den gängigen Softwaretools zur speditionellen Auftragsbearbeitung. In jedem Fall ist jedoch vorher zu klären, mit welcher Mengeneinheit im jeweiligen Unternehmen die Kundenaufträge erfasst werden.

Die Möglichkeiten, die Umsatzwachstumsrate zu beeinflussen, kann je nach Ansatzpunkt unterschiedlich stark vom Speditionsunternehmen beeinflusst werden.

8.4.1.5.2 Werttreiber „Rentabilität – Kosten" (Ertragshebel)

Die Abgrenzung des strategischen Geschäftsfelds „Kontraktlogistik" führt zur grundsätzlichen Problematik der Zurechnung von Leistungen und Kosten[167]. Wie bereits dargestellt ist die Kernleistung in der Kontraktlogistik die TUL Leistung. Im Rahmen der TUL Leistung ist die Transportleistung der Bereich, der von praktisch allen Speditionsunternehmen fremd beschafft wird[168]. Diese Fremdleistungen oder Leistungen durch Dritte, die in der klassischen Speditionsbuchhaltung unter dem Begriff „Speditionsausgaben" erfasst werden, umfassen alle zugekauften Dienstleistungen, die zur Erstellung der Gesamtleistung des Kundenauftrages notwendig sind und sind damit Einzelkosten.

Dies schließt auch selbsterstellte TUL Leistungen mit ein in jenen Fällen, in denen die Erstellung und Vermarktung der Leistungen auf Profitcenter Basis erfolgt. Konkret bedeutet dies, dass bei der Erstellung einer Kontraktleistung nur jene TUL Leistungen zu bezahlen sind, die tatsächlich in Anspruch genommen wurden und zwar unter Wettbewerbsbedingungen. Die Verhandlungsmacht der Speditionsunternehmen in diesem Einkaufsmarkt ist abhängig von der zu verhandelnden Auftragsgröße und dem Marktanteil, den das Speditionsunternehmen im relevanten Markt besitzt. Je größer das Einkaufsvolumen (Anzahl Aufträge für alle Leistungsbereiche) und je größer der Marktanteil im betrachteten Geschäftsfeld, desto günstiger die Kosten der Fremdleistung. Die Differenz aus Speditionseinnahme und Speditionsausgabe wird in der Speditionsbranche als Rohertrag oder Bruttonutzen bezeichnet. Diese Unterscheidung führt damit zu zwei unterschiedlichen Umsatzrenditegrößen. So beinhaltet die Kennzahl **Umsatzrendite,** berechnet aus dem Quotienten von Betriebsergebnis und Gesamtleistung, alle wichtigen Rechengrößen und gibt Aufschluss über die Wirtschaftlichkeit der Performance der Gesamtleistung. Eine Steigerung der Umsatzrendite kann in erster Linie durch eine Erhöhung der Rohertragsmarge bei konstanten Kosten erzielt werden. Ebenso führt eine

---

[167] Diese Problematik tritt in der traditionellen Kostenrechnung unter dem Begriff „Verrechnung innerbetrieblicher Leistungen" auf. Damit soll das Problem der gemeinsamen Nutzung unterschiedlicher Leistungsbereiche kostenrechnerisch zuordenbar gemacht werden.
[168] Die „make or buy" Entscheidung hängt vom Selbstverständnis der Rolle des Speditionsunternehmens ab. Fremdbezug von TUL Leistung gilt üblicherweise für 3 bzw. 4 PLP.

Kostensenkung der administrativen Kosten zu einer Erhöhung des Betriebsergebnisses und damit zu einer Steigerung der Umsatzrendite.

Die Kennzahl Rohertragsrendite (-marge) ist der Quotient aus Rohertrag oder Bruttonutzen und Gesamtleistung. Fremdleistungen bzw. Speditionsausgaben (Leistungskosten) setzen sich aus einem Mengenfaktor und einem Preisfaktor zusammen, wobei man die Annahme treffen kann, dass der Mengenfaktor zumindest im Bezug auf die Transportleistung bei beiden Rechnungsgrößen gleich ist. Eine Steigerung des Mengenfaktors bewirkt damit zwar eine Steigerung des Rohertrages, welche jedoch ausschließlich auf eine Mengensteigerung bei den Fremdleistungen bzw. bei den Speditionsausgaben zurückzuführen ist. Damit hat ein Mengenwachstum in der Transportleistung keinen wesentlichen Einfluss auf die Höhe der Rohertragsmarge. Vielmehr kann eine Steigerung der Rohertragsmarge nur durch Variation der Einkaufs- und Verkaufspreise erzielt werden und ist damit von der Verhandlungsmacht des Speditionsunternehmens abhängig. Diese Aussage gilt für den Bereich der nicht selbst erstellten Leistungen und wird somit bestimmt durch die Wertschöpfungstiefe des Leistungserstellungsprozesses der Gesamtleistung.

Der Mengeneffekt errechnet sich aus dem relativen Wachstum der Auftragszahlen innerhalb einer Periode, gerechnet vom Basiswert der Vorperiode.

Der Preiseffekt gibt Auskunft über den durchschnittlichen Verkaufspreis eines Auftrages. Ein Steigen bzw. Sinken dieser Kennzahl wird durch eine Variation der Verkaufspreise bei konstanten Auftragsanzahlen und durch eine Veränderung der durchschnittlichen Auftragsgröße bewirkt.

Ein wesentlicher Einflussfaktor auf das Betriebsergebnis und damit auf die Umsatzrentabilität der Kontraktleistung ist die Arbeitsproduktivität. 60% - 70% der gesamten administrativen oder indirekten Kosten eines Speditionsunternehmens bestehen aus Personalkosten. Die Effizienz des eingesetzten Personals kann durch die Kennzahl Personalkosten/Rohertrag bewertet werden. Sie zeigt auf, mit welchem Personalaufwand ein bestimmter Rohertrag erwirtschaftet wird.

8.4.1.5.3 Werttreiber Investitionen ins AV

Auch für diesen Werttreiber ist eine differenzierte Betrachtung der Wertschöpfung notwendig. Abhängig von den Potenzialen und Ressourcen können Leistungsanforderungen der Kontraktkunden zu Investitionsbedarf führen oder die Speditionsausgaben erhöhen durch Zukauf von Fremdleistung.

Managemententscheidungen beeinflussen diesen Werttreiber und damit die Entwicklung des Unternehmenswertes. Das Rechensystem beschränkt sich auf den Umstand, dass Zusatzinvestitionen (Ersatz- und Erweiterungsinvestitionen) vom operativen Cash Flow abgezogen werden, da erhöhte Speditionsausgaben im operativen Cash Flow berücksichtigt werden. Die Abschreibungen auf das bestehende Anlagevermögen werden bei einer Cash Flow orientierten Ermittlung von Prozesskostensätzen nicht berücksichtigt (vgl. Anhang B).

Ein wesentlicher Werttreiber für die Kundenzufriedenheit (Werttreiber für Umsatzwachstum und Kundenbindung) ist die **Verfügbarkeit der gewünschten Leistung**. Diese Verfügbarkeit ist im Wesentlichen durch die Verfügbarkeit der gewünschten technischen Ressourcen und durch die Verfügbarkeit von ausreichend fachlich kompetenten Mitarbeitern bestimmt.

Technische Ressourcen umfassen die Infrastrukturen im Lager und die Kapazitäten des eigenen Fuhrparks. Die Verfügbarkeit wird beeinflusst durch die Fähigkeit des Unternehmens, Subkontrakte abzuschliessen und Netzwerke zu entwickeln.

Zu den technischen Ressourcen zählen auch die Betriebs- und Geschäftsausstattung im administrativen Bereich, besonders geprägt durch die Infrastruktur in der I+K Technik.

Die **Ressource Mitarbeiter** wird wesentlich durch ihre Qualität geprägt, die wiederum vom Arbeitsdruck (gemessen in Anzahl Überstunden und Betriebsklima) und der fachlichen Ausbildung beeinflusst wird. Die für den Leistungserstellungsprozess verfügbaren informationstechnischen Einrichtungen[169] sowie die geeignete Organisation des Leistungserstellungsprozesses bestimmen die Qualität der Arbeitsleistung. Schlechte Arbeitsqualität drückt sich in hohen Reklamationsquoten, Kundenverlusten und einer wachsenden Fluktuationsrate der Mitarbeiter aus.

Sowohl für die technischen Kapazitäten als auch für die Mitarbeiter muss auch deren Veränderungsrate über die Zeit betrachtet werden. Warren (2002, S.29) schreibt:

„To understand resource changes properly, they must be clearly defined and measured. Their rate of change is always defined in the same units per time period.

---

[169] So wurde auf der IR-Konferenz 1999 von Mechthild Mellbach-Elbert eine Kennzahl präsentiert, nach der auf einen Mitarbeiter im administrativen Bereich ein Investitionsbedarf von 2,1 Systemtechnikanteilen entfällt.

Since rates of gain and losses are critical to future resource levels, the drivers of these gains and losses for each resource must be identified and the strength of their influence understood. These drivers will include issues under management´s control, other factors internal to the firm, and external factors."

Abbildung 62: Strategische Ressourcen nach Kim Warren

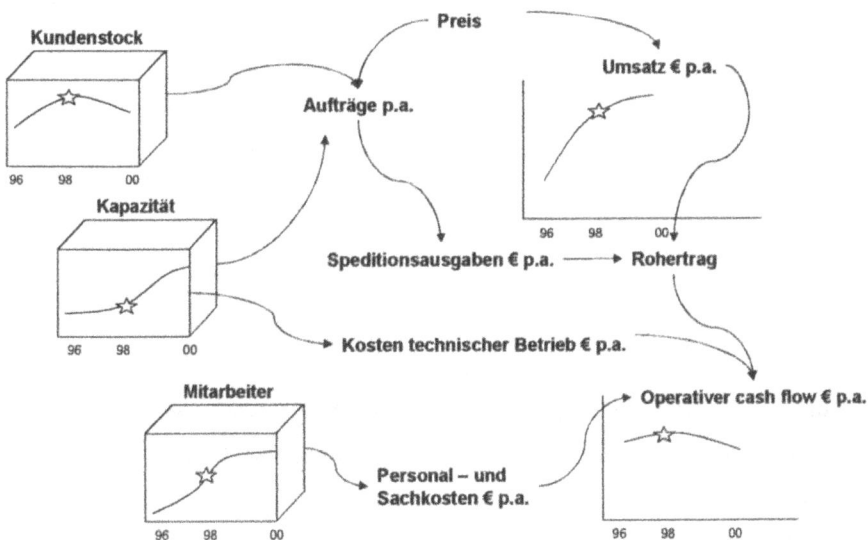

„successful strategic management requires wining, retaining and balancing resources"

Quelle: in Anlehnung an Warren (2002): Strategic Performance...connecting to the fundamentals of business dynamic

Diese Zusammenhänge können stichtagsbezogen jederzeit errechnet werden und dienen meist zur Beurteilung der Ressourcenkapazität. Wenn der Betrag dieser nur wenigen materiellen Ressourcen, die ein Unternehmen heute hält, genau die heutige Ertragssituation erklärt, dann hat ihre gestrige Größe die gestrige Leistung erklärt und ihre Größe von morgen wird die Ertragssituation von morgen erklären. Die Herausforderungen des Managements liegen darin, das Niveau oder den Bestand einer Ressource für morgen aufzubauen und aufrechtzuerhalten.

Abbildung 63: Das Niveau der strategischen Ressource über die Zeit

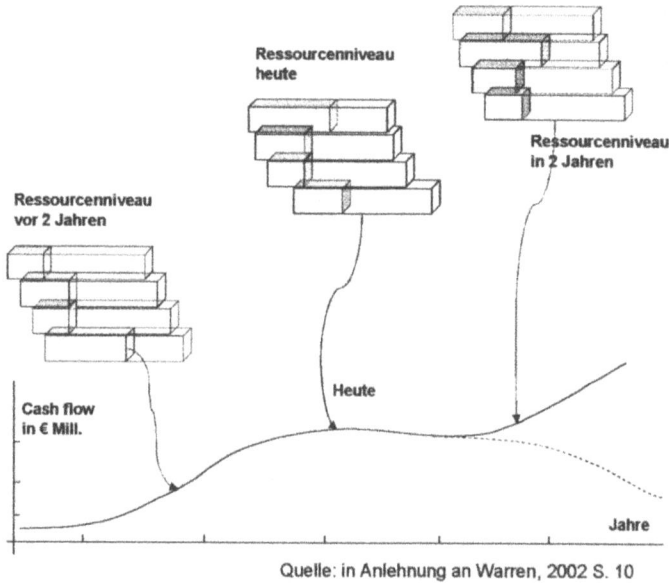

Quelle: in Anlehnung an Warren, 2002 S. 10

Warren (vgl. 2002, passim) macht in seiner Arbeit deutlich, dass Ressourcen die Leistung determinieren und die Zuflüsse und Abgänge von Ressourcen die kritischen Indikatoren für Gewinne und Verluste darstellen. Das Konzept des „balancierenden Feedbacks" stellt ein Konzept dar, um für jede Ressource eine zielgerichtete strategische Kontrolle durch die Geschäftspolitik abzubilden. Da es sich um einen zeitlichen Pfad der Leistung handelt, werden die Indikatoren und deren Entwicklung im Zeitablauf gesehen. Die folgende Abbildung illustriert diesen Zusammenhang im Bereich der Personalpolitik.

Abbildung 64: Balancierendes Feedback zur Kontrolle des Personalwachstums

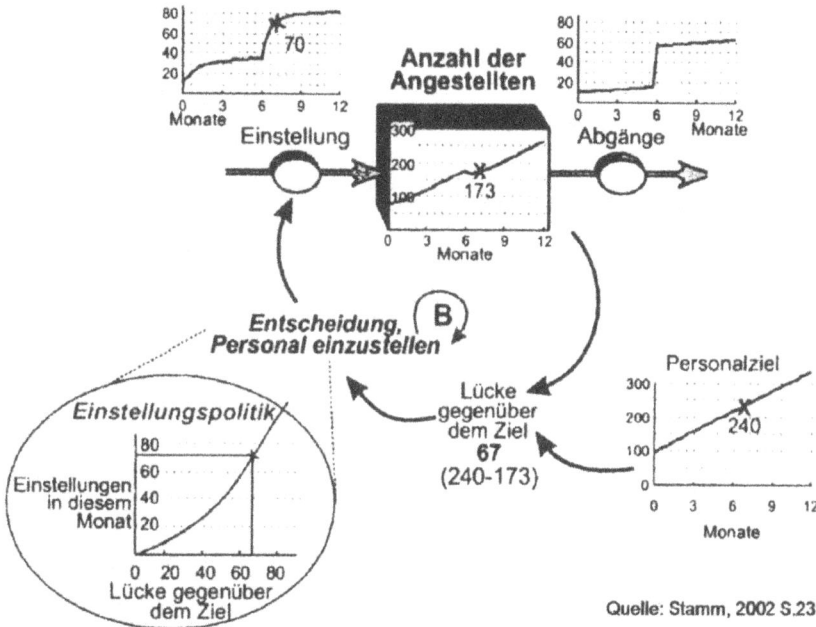

Quelle: Stamm, 2002 S.23

Nicht jeder Kontrakt benötigt die gleichen Ressourcen, aber jeder Kontrakt kann hinreichend durch die Dimensionen, die eine speditionelle Dienstleistung beschreiben, nämlich Gestaltung des Leistungssystems, Integration und Systemausrichtung beschrieben werden und erhält damit ein typisches Kontraktprofil, das auch die Grundlage der im Logistikvertrag vereinbarten Dienstleistung darstellt. Folgendes Schema könnte zur Festlegung eines Kontraktprofils verwendet werden:

Abbildung 65: Beschreibende Merkmale eines Kontraktes

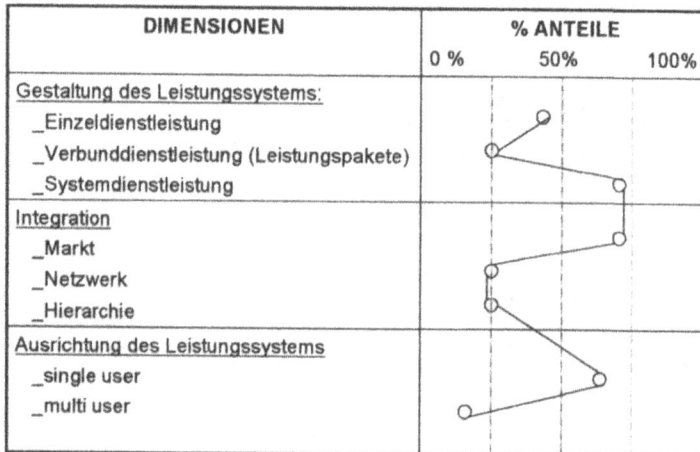

DIMENSIONEN	% ANTEILE		
	0 %	50%	100%
Gestaltung des Leistungssystems:			
_Einzeldienstleistung			
_Verbunddienstleistung (Leistungspakete)			
_Systemdienstleistung			
Integration			
_Markt			
_Netzwerk			
_Hierarchie			
Ausrichtung des Leistungssystems			
_single user			
_multi user			

Quelle: eigene Darstellung

Im Einzelfall können die beschreibenden Merkmale eines Kontraktes wesentlich erweitert und den individuellen Erfordernissen angepasst werden. Sie sollen aber in jedem Falle in der Lage sein, die unterscheidlichen Anforderungen an Ressourcen, Potenziale und Prozesse zum Management eines Kontraktes und ihre funktionalen Zusammenhänge ausreichend zu differenzieren.

Dieses vom Speditionsunternehmen allgemein festzulegende Kontraktprofil wirkt auf die Gestaltung und Entwicklung der administrativen Kosten des Speditionsunternehmens. Mit dieser Vorgehensweise kann eine Art Normauftrag beschrieben werden, der die unterschiedlichen Anforderungen an eine kontraktlogistische Leistung zum Ausdruck bringt.

Die Auftragsbearbeitungszeit eines definierten Normauftrages wird beispielsweise durch die Differenz zwischen begonnenen und erledigten Aufträgen definiert. Eine Differenz bedeutet Auftragsbearbeitungsrückstau, der meist entsteht, wenn nicht zeitgerecht die benötigten Ressourcen verfügbar sind. Benötigte Ressourcen stehen nur zeitverzögert zur Verfügung, sowohl technische als auch personelle Ressourcen.

Die Leistungskosten, die ja als Fremdleistungen (Speditionsausgaben) definiert wurden, sind abhängig von Auftragsgröße, Regelmäßigkeit und Häufigkeit der Auftragserteilung, Anteil an geforderter Transport- und Lagerleistung und eventueller

Zusatzleistungen (value added). Die gesamten Leistungskosten setzen sich daher zusammen aus den Leistungskosten für eingekaufte Transportleistungen[170], Lagerleistungen[171] und logistische Zusatzleistungen, müssen aber nicht bei jedem Kontrakt zur Anwendung kommen.

8.4.1.5.4 Werttreiber Investitionen ins WC

Für Speditionsunternehmen ergibt sich die besondere Bedeutung des Working Capital Management daraus, dass nahezu zwei Drittel des Vermögens im Umlaufvermögen gebunden ist. Dieses besteht wiederum fast vollständig aus Forderungen aus Lieferung und Leistungen, wohingegen Vorräte nur einen geringen Bruchteil, deutlich unter 1% abbilden (vgl. Schneider 2002, S.541). Bestandteil eines aktiven Working Capital Management ist daher ein aktives Forderungsmanagement. Setzt man das Working Capital ins Verhältnis zum Umsatz, erhält man Aufschluss über die Working Capital Intensität. Sie gibt an, wie viel zusätzliches Working Capital bei einer Umsatzsteigerung durchschnittlich gebunden wird.

Der wesentlichste Aspekt der Zunahme des Working Capital ist die Reduktion der Kapitalumschlagshäufigkeit durch Reduzierung der durchschnittlichen Außenstandsdauer. Das Rechenschema für die Zu/Abnahme des Working Capital ergibt sich aus dem Zeitvergleich von WC_t zu WC_{t-1}, wobei vom Umlaufvermögen die zinslosen Verbindlichkeiten abgezogen werden, also praktisch alle Verbindlichkeiten aus Lieferungen und Leistungen.

8.4.1.5.5 Werttreiber Gewinnsteuern

In dem aufgezeigten Rechensystem fließen die Gewinnsteuern als zahlungswirksame Steuern in % des Betriebsergebnisses in die Berechnung des operativen Cash Flows mit ein. Die Höhe der Gewinnsteuern wird auch durch den Standort des Speditionsunternehmens und den dort geltenden steuerrechtlichen Rahmenbedingungen bestimmt.

---

[170] Transportleistungen werden üblicherweise noch getrennt in FCL (Komplettladungen) und LCL (Stückgut- und Teilladungen), da unterschiedliche Leistungssysteme verwendet werden.
[171] Lagerleistungen werden üblicherweise in Lagerbewegung (Ein- und Auslagerung) und Lagerung auf Zeit unterschieden.

8.4.1.6   Das Rechen- und Ordnungssystem

Mit dem zu erstellenden Rechensystem sollen Ursachen für Änderungen des Unternehmenswertes abgeleitet werden können (Top down Analyse) und zum anderen Auswirkungen von einzelnen Werttreibern auf die oberste Zielsetzung „Steigerung des Unternehmenswertes" verfolgt werden können (Bottom up Analyse). In Anlehnung an Günther (vgl. 1997, S.267) wird nun das modular aufgebaute, mehrstufige und mehrperiodige Kennzahlensystem dargestellt.

Das erste Modul bildet die Ebene der Kontrakte ab. Diese Betrachtung ist eng verknüpft mit dem Customer Lifetime Value. Der Customer Lifetime Value (CLV) hat „...die Bestimmung der dem Kunden direkt zurechenbaren Ein- und Auszahlungsströme während der gesamten Lebensdauer (Beziehungsdauer) zum Gegenstand (Bruhn 2000, S.170)".[172] Dabei wird auch die so genannte Intention Rate (Wiederkaufwahrscheinlichkeit) mit berücksichtigt. Dieser Ansatz im allgemeinen Sinn ist ein Berechnungsverfahren, das Prinzipien der dynamischen Investitionsrechnung auf Kundenbeziehungen überträgt und den Wert eines Kunden idealtypisch über die gesamte „Lebenszeit der Kundenbeziehung" betrachtet.[173] Auf diese Weise soll z.B. ersichtlich werden, dass bei Erfolg versprechenden Kunden, die dem Unternehmen lange loyal bleiben, hohe Investitionen in Akquisition und Betreuung gerechtfertigt sind (vgl. Reichheld 1993, S.144-156).

In diesem ersten Modul werden die freien Cash Flows eines Kontraktes über die Vertragsdauer erfasst.

---

[172] Ein prozessorientierter Ansatz zur Kundenbewertung unter Berücksichtigung der Wirkung auf den Shareholder Value wurde von Barth (2000, S. 170 – 181) veröffentlicht.
[173] Dies ist nur Eines von einer Vielfalt von qualitativen und quantitativen Verfahren, die den Wert eines Kunden zu ermitteln versuchen (vgl. Link, 1995, Homburg/Schnurr 1998, Köhler 1998).

Abbildung 66: Rechensystem Freier Cash Flow eines Kontraktes über die Vertragsdauer

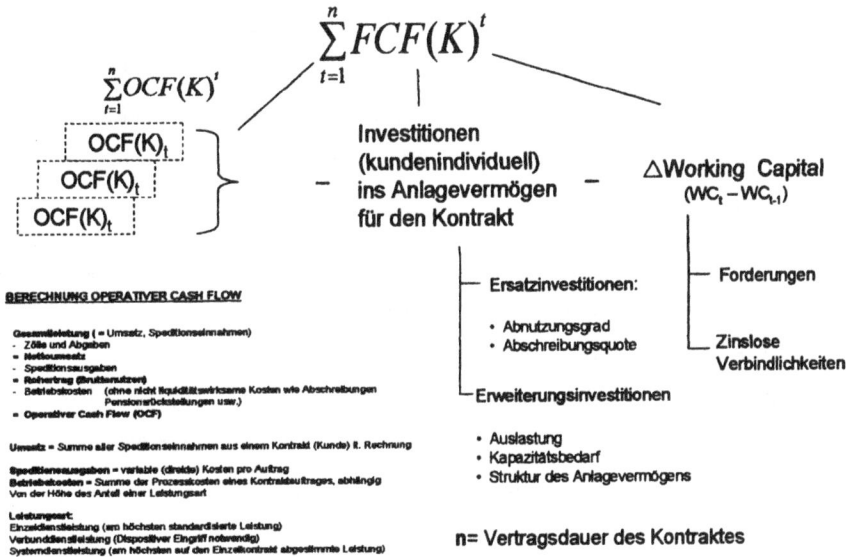

Quelle: eigene Darstellung in Anlehnung an Günther (1997, S. 273)

Die Prognosen des operativen Cash Flow eines Kontraktes über die Vertragsdauer bauen auf den Werttreibern des Cash Flow auf. So ist das Umsatzwachstum eines Kontraktes einerseits abgeleitet aus der Wachstumssituation der Branche des Kontraktkunden (derivatives Wachstum), andererseits abhängig von der Verbesserung der Wettbewerbssituation des Kontraktkunden durch die erstellte kontraktlogistische Leistung (induziertes Wachstum), die in vielen Fällen auch vertraglich vereinbart wird. Es lässt sich auch ableiten, dass die Wahrscheinlichkeit einer Vertragverlängerung mit dem Grad der wahrgenommenen Kundenzufriedenheit des Kontraktkunden steigt. So lässt sich argumentieren, dass als Planungszeitraum die Vertragsdauer zugrunde gelegt wird, als Anpassungszeitraum eine Funktion, deren Verlauf vom Grad der Kundenzufriedenheit abhängt, jedoch insgesamt den Zeitraum von 5 Jahren nicht überschreiten sollte. Darüber hinaus kann ein Restwert des Vertrages angenommen werden, wenn eine Fortführung anzunehmen ist, jedoch der Wettbewerb die Gewinnmargen reduziert.

Die geschäftsfeldbezogenen Investitionsentscheidungen sind, wie bereits erörtert, stark kundengetrieben. Die Managemententscheidungen bauen auf unterschiedlichen

Entscheidungsgrundlagen auf. Im Rechensystem werden lediglich die Investitionsausgaben zur Ermittlung des Freien Cash Flow abgezogen.

Die Veränderungen im Working Capital sind kunden- und marktgetrieben und können in ihrer Veränderung zur Vorperiode durch aktives Debitoren- und Kreditorenmanagement beeinflusst werden. Im Rechensystem werden ebenfalls nur die Veränderungen als Investitionen ins Umlaufvermögen vom Operativen Cash Flow der betrachteten Periode abgezogen.

Die so ermittelten Freien Cash Flows werden mit einem Zinssatz für die Gesamtkapitalkosten diskontiert. Bei der Berechnung der Eigenkapitalkosten besteht die Möglichkeit, das systematische Risiko kontraktspezifisch zu bewerten (vgl. Schierenbeck 2001, S.477, Günther 1997, S.323f.). Der zu wählende Beta Faktor bezieht sich auf den Branchenwert, in dem das Kontraktunternehmen tätig ist.

Abbildung 67: Barwert der Freien Cash Flows eines Kontraktes

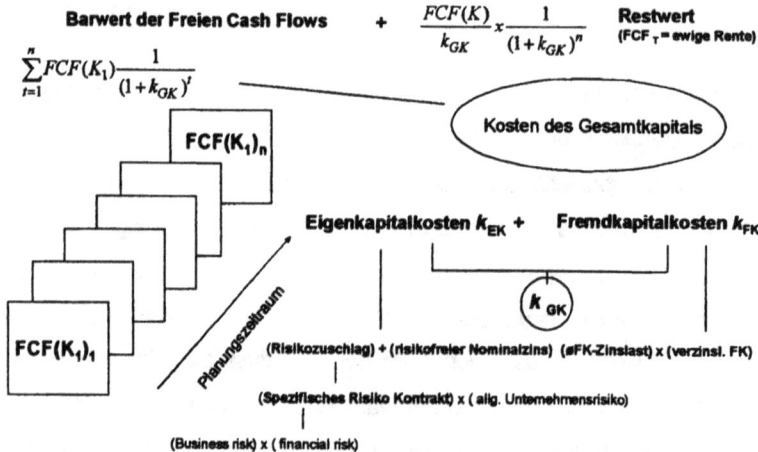

Quelle: eigene Darstellung in Anlehnung in Günther (1997, S.271)

Somit ergibt sich zusammenfassend für das strategische Geschäftsfeld Kontraktlogistik folgendes Rechensystem:

Abbildung 68: Rechensystem zur Ermittlung des Wertbeitrages eines Geschäftsfeldes

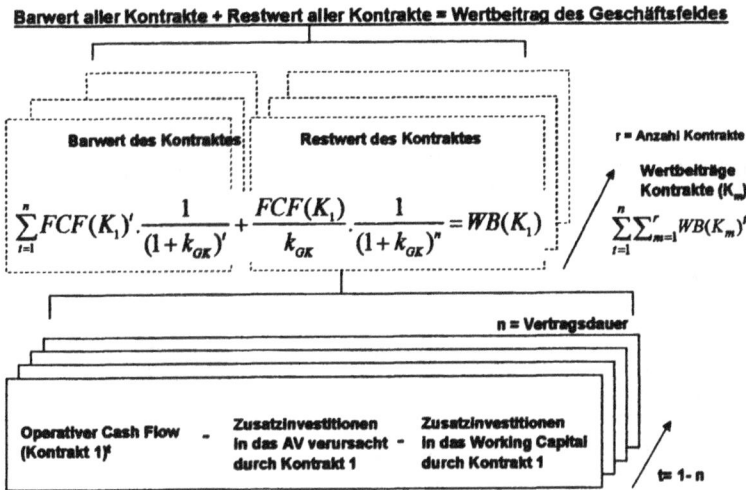

Barwert aller Kontrakte + Restwert aller Kontrakte = Wertbeitrag des Geschäftsfeldes

$$\sum_{t=1}^{n} FCF(K_1)^t \cdot \frac{1}{(1+k_{GK})^t} + \frac{FCF(K_1)}{k_{GK}} \cdot \frac{1}{(1+k_{GK})^n} = WB(K_1) \qquad \sum_{t=1}^{n}\sum_{m=1}^{r} WB(K_m)^t$$

r = Anzahl Kontrakte

Wertbeiträge Kontrakte (K$_m$)

n = Vertragsdauer

Operativer Cash Flow (Kontrakt 1)^t − Zusatzinvestitionen in das AV verursacht durch Kontrakt 1 − Zusatzinvestitionen in das Working Capital durch Kontrakt 1

t = 1 - n

Quelle: eigene Darstellung

Das dargestellte Kennzahlensystem ist von der Struktur auch auf andere Geschäftsfelder in Speditionsunternehmen übertragbar. Erst die Bewertung aller Wertbeiträge aller Geschäftsfelder ergänzt um den Zeitwert von nicht betriebsnotwendigem Vermögen, abzüglich des Marktwertes des Fremdkapitals ergibt den Shareholder Value (vgl. Günther 1997, S.268). Günther weist auch darauf hin, dass zusätzlich zur Summe der Wertbeiträge der operativen Geschäftsfelder auch ein als Beziehungszahl zu diesem Wert in Bezug gesetzter Wertbeitrag der Zentrale berücksichtigt werden kann.

Das aufgezeigte Rechensystem muss nun durch ein Ordnungssystem ergänzt werden, das die sachlogischen Zusammenhänge aufzeigt. Auf der Ebene der Kontrakte ist folgendes vereinfachte Bild möglich:

Abbildung 69: Ordnungssystem Freier Cash Flow

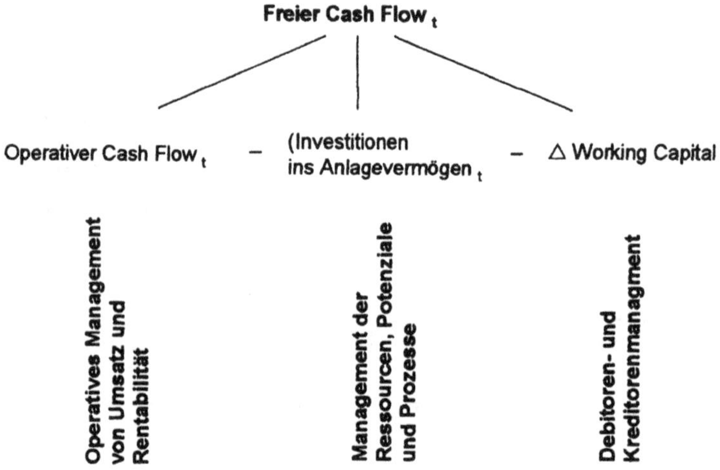

$$\text{Freier Cash Flow}_t$$

$$\text{Operativer Cash Flow}_t \quad - \quad \text{(Investitionen ins Anlagevermögen}_t \quad - \quad \triangle \text{Working Capital}$$

Operatives Management von Umsatz und Rentabilität

Management der Ressourcen, Potenziale und Prozesse

Debitoren- und Kreditorenmanagment

Quelle: eigene Darstellung

Die großen Managementbereiche sind also das Management von Umsatz und Rentabilität, das eng verknüpft ist mit dem Management der Ressourcen und Potenziale (wie bereits aufgezeigt) und dem Management der Kapitalproduktivität im Bereich der Debitoren und Kreditoren. Kennzahlen und Steuerungsgrößen des Rechensystems in der Kontraktlogistik können etwa dann folgende sein:

Abbildung 70: Kennzahlensystem zur wertorientierten Steuerung

	Wachstum	Rentabilität	Investitionen
Ziel:	Umsatzwachstum durch Mengenwachstum und Verkaufs- und Einkaufspreisrealisierung	Gestaltung von Fremdleistungskosten (technische Kapazitäten) und Prozesskosten	Kapazitätsmanagement und Gestaltung der Kapitalproduktivität
Werttreiber	Induzierter und derivativer Umsatz pro Kontrakt	Kapazitätsauslastung Technik	Kontraktbezogene Investitionsquote in technische Kapazitäten
	Anzahl Aufträge pro Kontrakt	Speditionsausgaben pro Auftrag	Außenstand Rechnungen
	Kundenzufriedenheit	Prozesskostensatz	
	Kontraktprofil:	Arbeitsproduktivität	
	Integrationsgrad Leistungsumfang Systemausrichtung	Qualitätsindex Personalfluktuation	
	Anzahl Kontrakte		

Quelle: eigene Darstellung

Die wesentlichen Werthebel zur Entwicklung des FCF stellen der Wachstumshebel und der Ertragshebel dar. Auf Grundlage dieses Zusammenhangs kann folgende Werttreiberhierarchie definiert werden:

Abbildung 71: Einflussfaktoren auf den Wertbeitrag eines Kontraktes

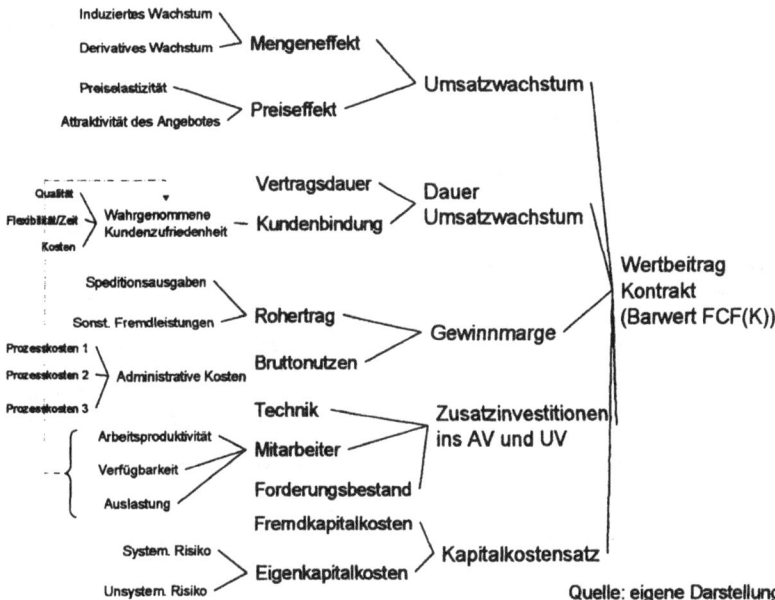

Quelle: eigene Darstellung

8.4.2 Bewertung von Strategien mit Hilfe des Shareholder Value Ansatzes

Grundlage wertorientierter strategischer Planung sowohl auf Unternehmens- als auch auf Geschäftsfeldebene ist die Planung der Free Cash Flows, die in Verbindung mit dem als Diskontierungssatz dienenden Kapitalkostensatz den Unternehmenswert ergeben. Diese Werte dienen als Basis für eine Analyse der Möglichkeiten der Wertsteigerung. In Theorie und Praxis wurde mittlerweile eine Vielzahl von Modellen entwickelt, die die Bewertung von Strategien auf Unternehmensebene zur Grundlage haben. Wichtige Modelle werden beispielsweise bei Günther beschrieben[174] [175].

Bereits Ende der 80er, Anfang der 90er Jahre wurde eine Reihe von Matrixdarstellungen entwickelt (werttreiberorientierte Matrix Darstellungen), die strategische Geschäftseinheiten anhand ausgewählter, sensitiver Werttreiber darstellen. Sie verfolgten die Intention, die strategischen Geschäftseinheiten anhand wesentlicher Determinanten des Wertbeitrages zu charakterisieren (Komplexitätsreduktion) und nach erfolgter Klassifikation (Rasterung) Normstrategien für das Portfolio Management abzuleiten. Der Vergleich der Ist-Performance mit einer möglichen künftigen Performance sollte dann helfen, Wertsteigerungspotenziale aufzuspüren (vgl. Schierenbeck 2001, S.84). Als Beispiel einer derartigen Bewertungsmatrix sei die von Reimann (vgl. 1990, S.197f.) entwickelte „Value Creation Matrix" genannt, die in starker Anlehnung an die Marktanteils-Marktwachstums-Matrix der Boston Consulting Group 4 Grundtypen von Geschäften definiert. Diese 4 Grundtypen definieren wertschaffende, wertvernichtende, überbewertete und unterbewertete Geschäftsbereiche. Eine Weiterentwicklung dieser Matrix findet sich bei Peschke (vgl. 1997, S.224f.), der nach den Indikatoren „Kundenzufriedenheit" und „Discounted Cash Flow" 4 Hauptklassen von

---

[174] Vgl Günther (1997) S.341 – 378 und die Kurzbeschreibung der in der Literatur beschriebenen Modelle:
die Portfolio Profitability Matrix nach Marakon Associates (1981); die unternehmenswertorientierte Modifikation des Ronagraphen (1980); die value curve der strategic planning associates (1981); das Wertbeitragsportfolio nach BCG (Lewis 1994); der Index of value creation potential nach Rappaport (1986); Performanceportfolio nach PIMS (1989), Gomez/Ganz (1992); Value creation matrix (Reimann 1990); Planwert Portfolio nach BCG (Lewis 1994); Werterzeugungs-/Cash Flow Portfolio nach Höfner & Partner (1993); Market to book ratio versus economic value to book ratio nach McKinsey (1984); Performance Matrix nach Günther (1997); Learning Brick Pile (Hax/Majluf,1984)
[175] Eine gute Übersicht über die in der Literatur beschriebenen Matrixdarstellungen findet sich auch bei Knorren (1998) S.89-107. Die erarbeitete Übersicht bewertet die dargestellten Instrumente im Hinblick auf die Anforderungen an die Plangrößen, an die Möglichkeit der Abbildung der Wertsteigerung und auf die Verwendung von Cash-Größen. Nach dieser Einschätzung zeigen sich als besonders geeignet für wertorientierte Planung die Planwert-Matrix (Lewis,Th.G. 1995 S.135 – 195) und die unternehmenswertorientierte Performance-Matrix (Günther Th. (1997) S.371f.

wertorientierten Strategien definiert, nämlich wertoptimale, wertinferiore, anteilseignerlastige und kundenlastige Strategien. Unabhängig von der gewählten Methode ist es das Ziel jeder wertorientierten strategischen Planung, jene Strategien auszuwählen, die den Marktwert des Unternehmens maximieren (vgl. Gomez 1993, S.90f.; Herter 1994, S.140).

Im Mittelpunkt der Strategiebewertung auf Geschäftsfeldebene steht die Gestaltung der künftigen Erfolgspotenziale (vgl. Hinterhuber 1996, S.148, Gomez 1993, S.83-87), die im wertorientierten Management auch die Wertsteigerungspotenziale darstellen. Das Entscheidungskriterium hinsichtlich der mit der Gestaltung und der Realisierung der Erfolgspotenziale verbundenen Strategien ist die Maximierung der geplanten Wertbeiträge der strategischen Geschäftsfelder. Wie schon bei der Darstellung der verschiedenen Ebenen des Kennzahlenmodells zum Ausdruck gebracht wurde, bieten sich auch für die Dynamisierung der Erfolgsrechnung diese Aggregationsebenen an.

8.4.2.1 Kontraktportfolio

Der geplante Wertbeitrag des strategischen Geschäftsfeldes „Kontraktlogistik" kann einer wertorientierten Geschäftsfeldstrukturanalyse unterworfen werden (vgl. Schierenbeck 2001, S.290). Ziel dieser Analyse ist es, die quantitativen und qualitativen Wirkungen aus dem Zusammenspiel der verschiedenen Geschäftsfelder zu untersuchen. In logischer Konsequenz kann der Wertbeitrag eines strategischen Geschäftsfeldes „Kontraktlogistik" aus einem ausgewogenen Portfolio einzelner Kontrakte abgeleitet werden. Die Ausgewogenheit des Portfolios der Kontrakte ist sowohl hinsichtlich der Zielgrössen „Erfolgspotenzial = Wertsteigerungspotenzial" einzelner Kontrakte als auch hinsichtlich der Zielgrösse „Free Cash Flow" einzelner Kontrakte zu gewährleisten. Das von Höfner & Partner entwickelte Werterzeugungs/Cash Flow Portfolio beruht ebenfalls auf dieser Grundkonzeption (vgl. Höfner 1994, S.75f.). Zur Bewertung künftiger Wachstumspotenziale im strategischen Geschäftsfeld Kontraktlogistik ist daher einerseits eine strategische Bewertung der bestehenden Kontrakte notwendig, andererseits eine Einschätzung des Marktpotenzials zur Gewinnung neuer Kontraktkunden. In Anlehnung an das Portfolio-Konzept der Boston-Consulting-Group können die einzelnen bestehenden Kontrakte als strategische Geschäftseinheiten eines Speditionsunternehmens in einem Marktwachstum-Marktanteil-Portfolio positioniert werden. Diese Positionierung erlaubt eine bessere Einschätzung der möglichen Umsatzentwicklungen der einzelnen Kontrakte.

Werden alle bestehenden Kontrakte und die neu zu bewertenden Kontrakte in einer Wertbeitragsmatrix erfasst, so ergibt sich ein Kontraktportfolio, das Kontrakte nach ihrer Wertorientierung verteilt. Die erste Bewertung des Kontraktportfolio kann sich dann auf ein einfaches Auswahlurteil unter Beachtung der Entscheidungsregel beschränken: Konzentriere dich auf jene Kontrakte, deren geschätzten Beiträge zur Erhöhung der Kundenzufriedenheit allgemein beitragen und deren Wertbeiträge am höchsten sind.

Abbildung 72: Kontraktportfolio-Wertbeitragsmatrix

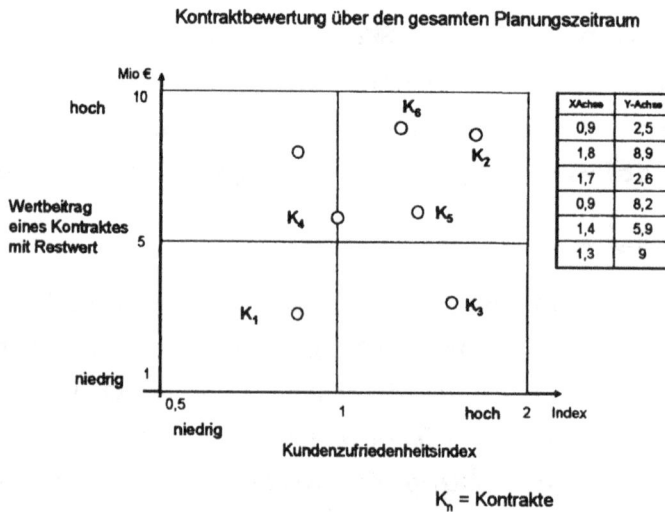

Kontraktbewertung über den gesamten Planungszeitraum

XAchse	Y-Achse
0,9	2,5
1,8	8,9
1,7	2,6
0,9	8,2
1,4	5,9
1,3	9

Mio €

hoch 10

Wertbeitrag eines Kontraktes mit Restwert 5

niedrig 1

K_6 K_2 K_4 K_5 K_1 K_3

0,5 niedrig　　1　　hoch　2　Index

Kundenzufriedenheitsindex

K_n = Kontrakte

Es sei jedoch an dieser Stelle nochmals darauf hingewiesen, dass diese Bewertung wiederum nur Ansatzpunkt für weitere Analysen und Diskussionen sein kann. Die Vielzahl der Unsicherheiten über künftige Entwicklungen, die einen Einfluss auf die strategische Bewertung von Kontrakten haben, kann auch mit Hilfe von systemdynamischer Modellierung nicht verringert werden.

Einen vergleichbaren Weg schlägt auch Peschke (1997, S.223f.) vor bei der Entwicklung einer Wertbeitragsmatrix. Sein Ansatz baut auf dem Grundgedanken auf, Strategiealternativen am Ende des Bewertungsprozesses nach der Höhe ihrer Wertbeiträge aus Sicht des Kunden und aus Sicht des Anteilseigner zu typologisieren und zu vergleichen. Indikatoren dazu sind der Kapitalwert der künftigen freien Cash Flows sowie der geschätzte Prozentsatz an zufriedenen Kunden.

Abbildung 73: Wertbeitragsmatrix eines Kontraktes

```
hoch ┌──────────────────────┬──────────────────────┐
     │                      │                      │
     │   Anteilseignerlastiger    Wertoptimaler Kontrakt
     │      Kontrakt        │                      │
     │                      │                      │
     ├──────────────────────┼──────────────────────┤
     │                      │                      │
     │   Wertinferiorer Kontrakt    Kundenlastiger  
     │                      │       Kontrakt       │
     │                      │                      │
niedrig └──────────────────────┴──────────────────────┘
       niedrig                                    hoch
```

Anteilseignerbezogener Wertbeitrag eines Kontraktes (Indikator: BFCF)

Kundenbezogener Kontraktwertbeitrag (Indikator: Kundenzufriedenheitsindex)

Quelle: in Anlehnung an Peschke 1997 S. 224

Als Controllinginstrument erfolgt in der Praxis u.a. auch der Einsatz von Kundenportfolios, die eine verdichtete und übersichtliche Darstellung und Verfolgung der Kundenstrukturen in ihrer Entwicklung ermöglichen (vgl. Wäscher 2001, S.506f.).

8.4.2.2 Break Even Time

Dynamische unternehmenswertorientierte Break Even Analyse bzw. der Ansatz der Break Even Time (vgl. Günther 1997, S. 319f.) stellt die Frage, wie lange es dauert, bis materielle oder immaterielle Anlaufinvestitionen unter Berücksichtigung der Kapitalkosten erwirtschaftet werden, d.h. ein Break Even Wertbeitrag von Null erzielt wird. Die Break Even Time stellt dann die Zeitspanne bis zu den ersten kumulierten diskontierten Free Cash Flows dar. Wie schon durch das Mehrebenenmodell des unternehmenswertorientierten Kennzahlensystems zum Ausdruck gebracht wurde, bieten sich für die Dynamisierung der Ergebnisrechnung ebenfalls wieder die bereits verwendeten Aggregationsebenen an. Dies bedeutet, dass auf der Ebene der Kontrakte als möglicher Bewertungsmaßstab für Strategien die Break Even Time eines Kontraktes verwendet werden kann[176].

---

[176] Hewlett Packard verwendet im Rahmen der Planung und Überwachung von Produktentwicklungen und Markteinführungen den Begriff des „Return Map", der auch als „Time to Free Cash Flow" bezeichnet wird.

8.5   Strategische Optionen für Speditionsunternehmen

Aus den bisherigen Ausführungen ist zusammenfassend feststellbar, dass eine Vielzahl von Einflussfaktoren und Entwicklungen die Speditionsunternehmen unter erheblichen Anpassungsdruck stellen. Die Bestimmung der künftigen Stellung im Wettbewerb ist für viele Unternehmen überlebensnotwendig. Damit gewinnt die Beschäftigung mit Fragen der Unternehmensstrategie in sich laufend verändernden Güterverkehrsmärkten einen wichtigen Stellenwert insbesondere für mittelständische Unternehmen.

„Strategien sind Entscheidungen über alternative Aktionskurse. Sie basieren auf der Entwicklung und dem Einsatz von Fähigkeiten, die sich in den Geschäften manifestieren, mit deren Produkten und/oder Dienstleistungen sich ein Unternehmen im Wettbewerb auf ausgesuchten Märkten zu differenzieren versucht" (Zahn 1991, S.43). Ähnlich formuliert Porter (1996, S.70): „The essence of strategy is choosing what not to do".

Strategische Überlegungen zielen darauf ab, die Wettbewerbsfähigkeit von Unternehmen längerfristig abzusichern. Dabei wird es für einzelne Unternehmen sehr verschiedene Lösungskonzepte geben. Eine Auflistung möglicher strategischer Optionen für Güterverkehrsunternehmen insbesondere im KMU Bereich wurde vom Rationalisierungs-Kuratorium der deutschen Wirtschaft veröffentlicht (Deeke 1993, S.II.1-1 – II.1-11) in Anlehnung an die Arbeiten von Thaler (vgl. 1990 passim).

- Euroglobaler General-Logistik Unternehmer für flächendeckende Universalgüter [177]

- Euroglobaler General Logistik Unternehmer für flächendeckende Spezialgüter

- Entwicklung zum Logistikpartner einzelner Verlader

- Spezialisierung auf die logistische Behandlung punktueller Spezialgüter

- Konzentration auf die Erbringung logistischer Spezialleistungen

---

[177] Hier werden in Anlehnung an Thaler (1990) die Begriffe Universalgüter und Spezialgüter unterschieden. Universalgüter können mit Hilfe universell einsetzbarer Transport- und Umschlagsmittel bewegt werden. Sie erfordern keine besondere Ladungsbehandlung. Spezialgüter erfordern hingegen spezielle technische Transportmittel (etwa Tankfahrzeuge) und ihre Behandlung ist häufig arbeitsaufwendig.

Diese unvollständige Auflistung möglicher Handlungsoptionen zeigt bereits, dass ausreichend strategische Handlungsmöglichkeiten vorhanden sind. In einer grundsätzlicheren Betrachtung können auch die von Porter (vgl. 1980, passim) entwickelten generischen Wettbewerbsstrategien als Optionen definiert werden, woraus sich dann Handlungsempfehlungen für die Strategie der Kostenführerschaft, der Angebotsdifferenzierung oder der Konzentration auf Schwerpunkte – Konzept der Kernkompetenzen – ableiten lassen.

Für die Herausforderungen, vor die sich gerade die mittelständischen Güterverkehrsunternehmen und die in ihnen beschäftigten Mitarbeiter gestellt sehen, gibt es keine einfachen Lösungen. Dennoch sollte das mittelständische Unternehmen sich strategisch mit Fragen der Erhaltung und des Ausbaus der Wettbewerbsfähigkeit auseinandersetzen.

Um beispielsweise in der Kontraktlogistik erfolgreich sein zu können, müssen Speditionen in der Lage sein, für neue Kunden in kurzer Zeit individuell angepasste, innovative und verstärkt IT-intensive Lösungen zu erarbeiten. Daneben kann mit dem Kontrakt - induzierten Aufbau von technischen oder infrastrukturellen Kapazitäten ein hoher und kurzfristig zu befriedigender Kapitalbedarf einhergehen. Um diesen Anforderungen gerecht zu werden, reicht es auf Dauer nicht aus, nur einige ausgewählte Aufträge zu akquirieren. Die Speditionen benötigen ein gewisses Mindestportfolio an Kontrakten und müssen entsprechend über eine Mindest-Unternehmensgröße verfügen, damit sie die mit Kontraktlogistikgeschäft verbundenen Risiken abfedern können. Risiken bestehen in den Vorlaufkosten für Ausschreibungsvorbereitungen, in einer Fehlkalkulation der vereinbarten Leistungspreise sowie in dem Abbruch oder der Nicht- Verlängerung von Verträgen. Dann wären entweder Investitionen abzuschreiben, die für einzelne Kunden speziell getätigt wurden, oder mit hohen Kosten errichtete, moderne Logistikzentren können nicht ausreichend ausgelastet werden.

Unter Berücksichtigung der durchschnittlichen Umsatzgröße einzelner Kontraktlogistikaufträge und einer aus Gründen der Risikodiversifikation zu akquirierenden Mindestanzahl von 5 bis 10 etwa gleichwertigen Einzelkontrakten ergibt sich nach Berechnungen der DG Bank (vgl. Lehmann 1999, S.5) ein Umsatzvolumen je Spedition allein aus der lagerhaltungsbezogenen Kontraktlogistik von etwa 100 Mio € p.a. für erstrebenswert. Berücksichtigt man die heute vorherrschende Geschäftsstruktur und unter Einrechnung transportbezogener

Logistikleistungen erhöht sich der Mindestumsatz auf 200 Mio € p.a. Tendenziell nimmt dieser Wert noch zu, denn solange die Marktkonsolidierung in Form von Übernahmen und Akquisitionen anhält, wird ein weiteres Unternehmenswachstum schon deshalb erforderlich, um die eigene Marktstellung im Wettbewerb behaupten zu können.

Diesen Rahmenbedingungen und den Logistiktrends lassen sich bestimmte Handlungsempfehlungen für jene Speditionen zuordnen, die in neue Geschäftsfelder einsteigen wollen oder das bestehende Geschäft ausweiten wollen.

Abbildung 74: Strategieentwicklung in neuen Geschäftsfeldern

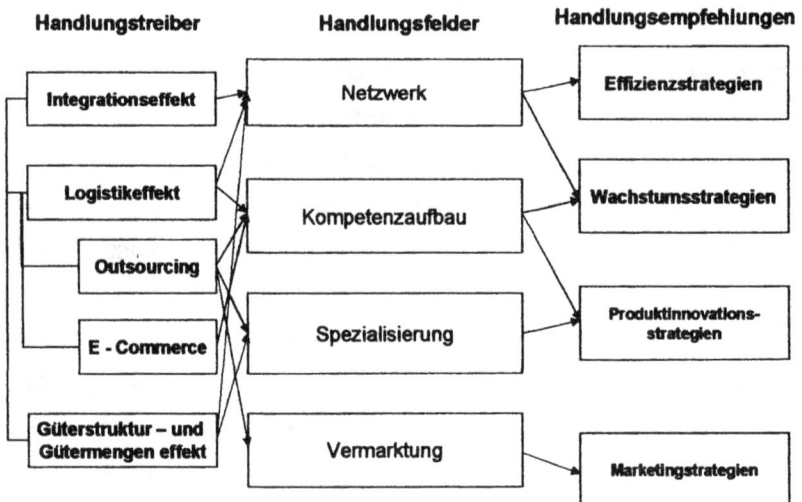

Quelle: eigene Darstellung

8.5.1   Effizienzstrategien

Im Interesse einer möglichst hohen Kapazitätsauslastung müssen Speditionen insbesondere ihre Investitionen in eigene Lager- und Umschlagskapazitäten sorgfältig planen. So entscheiden Standorte und verkehrsmäßige Anbindung der Logistikzentren darüber, inwieweit eine Spedition z.B das Bestandsmanagement für mehrere Kunden bündeln kann. Da sich im Zuge der Umsetzung von SCM[178]- Konzepten die Lagerzyklen tendenziell verkürzen, ergeben sich zudem hohe Anforderungen an die technische Ausstattung von Logistikzentren. Verstärkt werden sie mit modernen Hochregallagersystemen und Flurfördersystemen ausgestattet, die neben einer Softwaresteuerung für das Bestandsmanagement auch über automatische LKW-Beladesysteme verfügen können. Effizienzsteigerungen im Bereich der Transporte sind in den vergangenen Jahren bereits von vielen Speditionen umgesetzt worden. Um Kosten zu senken, haben die Speditionen ihren Fuhrpark ausgelagert. Stattdessen haben sich die Speditionen verstärkt um die effiziente Organisation von Transportnetzen gekümmert.

Transportnetze[179] bestehen wie andere Netze auch aus Knoten, die durch Kanten miteinander verknüpft sind. Der Zweck von Transportnetzen besteht in der Erstellung von Transportleistungen. Transportleistungen werden i.d.R. auf so genannten Relationen erbracht. Die Relation sagt jedoch noch nichts über den Weg aus, auf dem die beiden Punkte miteinander verbunden werden. Weg und Relation sind lediglich bei Direktverkehren deckungsgleich. Sie sind dadurch gekennzeichnet, dass die Transportobjekte direkt von der Quelle zur Senke transportiert werden.

Transportketten bestehen aus einer Folge von Umschlags- und Transportprozessen. Liegen mehrgliedrige Transportketten vor, so wird von einem gebrochenen Verkehr gesprochen. Findet dabei nicht nur ein Wechsel des Verkehrsmittels statt, sondern auch ein Wechsel des Verkehrsträgers, wird der Begriff Kombinierter Verkehr verwendet.

Eine der Hauptfunktionen eines Transportnetzes besteht in der Konsolidierung von Sendungen verschiedener Empfänger und Versender. Dazu werden Umschlagspunkte geschaffen, die die möglichen Bündelungspotenziale nutzen können. So kann durch Bündelung eine höhere Transportfrequenz, eine bessere Fahrzeugauslastung und der Einsatz größerer und damit wirtschaftlicherer Verkehrsmittel ermöglicht werden.

Basis eines jeden Transportnetzes ist die Verkehrsinfrastruktur. Auf Basis dieser vorgegebenen Infrastruktur werden die Transportbedarfe ermittelt. Das Ergebnis ist die

---

[178] SCM = Supply Chain Management
[179] In Anlehnung an die ausführliche Beschreibung von Transportnetzmodellen im Sammelgutbereich (vgl. Janz 2003, S.23f).

Transportnachfrage in Art und Menge zu einer bestimmten Zeit auf einer Relation. Konsolidierung bedeutet Bündelung und kann auf verschiedene Arten gestaltet werden.

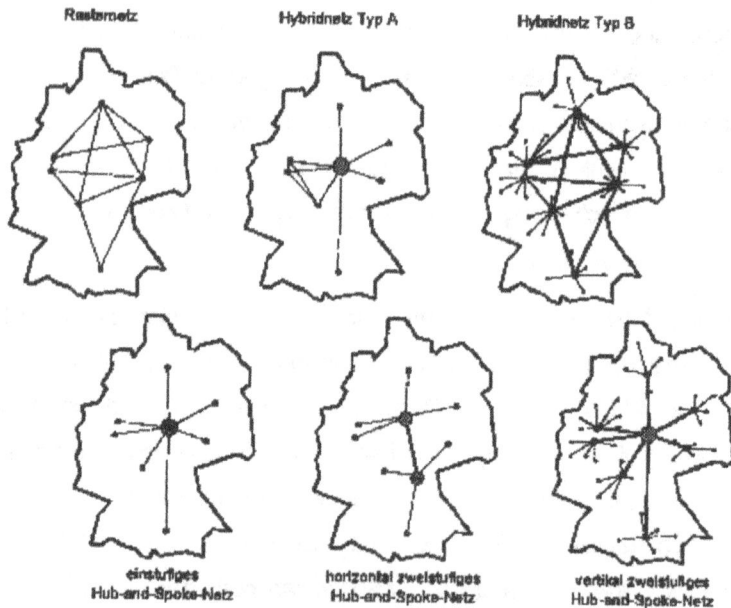

Ähnlich: Thaler (1990), S. 189; Simon (1993), S. 50; Wlöek (1998), S. 32 ff.; Wolf (2001), S. 68.

Dies sind die wesentlichen Raster von Sammelguttransportnetzen. Netze, in denen die Umschlagspunkte ausschließlich über Direktverkehre miteinander verbunden werden, nennt man Rasternetze. Sind die Umschlagspunkte über einen oder mehrere Knotenpunkte miteinander verknüpft, handelt es sich um Hub and Spoke Systeme (Nabe-Speiche-Netze)[180]. Ein Hub and Spoke System ermöglicht die Realisierung weiterer Bündelungsvorteile. Durch den Transport von Sendungen verschiedener Destinationen im Zulauf bzw. verschiedener Quellen im Ablauf des Hubs können Fahrzeuge besser ausgelastet werden oder größere Fahrzeuge eingesetzt werden. Bessere Auslastungen führen zu einer Stückkostendegression, da die Fixkosten des Verkehrsmittels unverändert sind, die Kosten pro Sendung jedoch sinken.

---

[180] Hub = Knotenpunkt oder Nabe
Spoke = Speiche

In der Praxis werden Raster- und Hub-and-Spoke Systeme in Kombination angewendet. Relationen mit geringem Verkehrsaufkommen werden über einen Hub, Relationen mit starkem Verkehrsaufkommen werden direkt bedient. Lediglich so genannte Restmengen, d.h. Mengen, die für die Kapazität eines Fahrzeuges im Direktverkehr nicht mehr ausreichen, werden ebenfalls über den Hub gefahren. Je nach Nachfragestruktur und Größe der zu bedienenden Fläche können auch mehrere Hub (Regionalhubs) eingesetzt werden. Über sie werden ein- und ausgehende Sendungen einer Region gebündelt.

Alle in der Praxis vorkommenden Fernverkehrstouren können auf ein Grundmuster oder auf eine Kombination von Grundmustern zurückgeführt werden. Sie kennzeichnen typische Tourenverläufe.

Abbildung 75: Grundmuster von Fernverkehrstouren

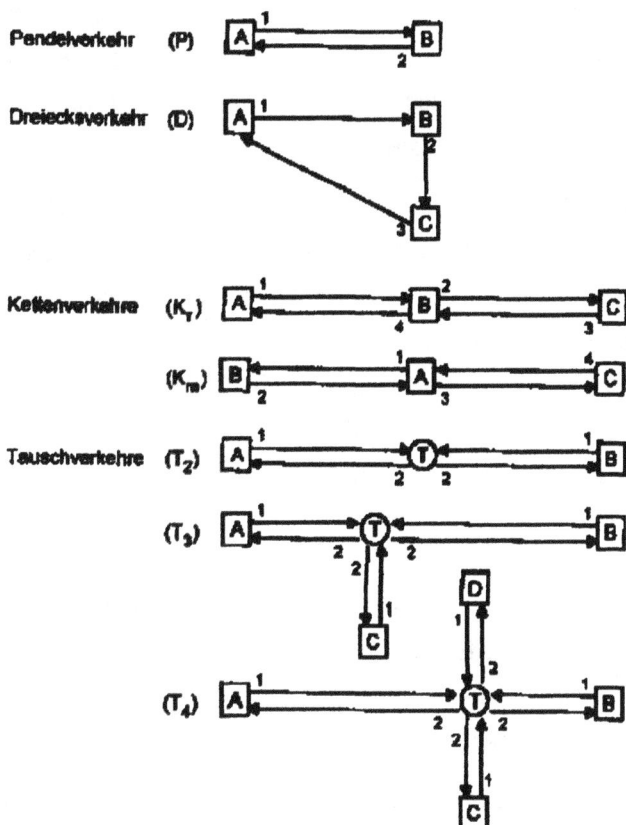

Pendelverkehr (P)

Dreiecksverkehr (D)

Kettenverkehre (K$_T$)

(K$_{re}$)

Tauschverkehre (T$_2$)

(T$_3$)

(T$_4$)

Pendelverkehre (P) sind das einfachste Grundmuster. Sie bestehen aus zwei genau entgegengesetzten Fahrten.

Dreiecksverkehre (D) entstehen, wenn innerhalb einer Pendeltour ein weiteres Depot in lediglich einer Richtung bedient wird. Dreiecksverkehre erlauben Beiladungs- und Ladegefäßkonsolidierungen auf den Relationen AC und BA (Abb. 59).

Vierecksverkehre kommen in der Praxis so gut wie nicht vor. Dazu reicht das für die Abwicklung zur Verfügung stehende Zeitfenster i.d.R.nicht aus, da die Depots zu weit auseinander liegen. Sehr wohl findet man allerdings miteinander verknüpfte Pendelverkehre, so genannte Kettenverkehre (K). Sie treten vor allem zwischen Nachbardepots auf.

Über Relationen großer Entfernungen kommen Tauschverkehre zur Anwendung. Sie ermöglichen die Abwicklung in kostengünstigen Rundläufen. Die einfachste Form besteht im Begegnungsverkehr (T2), bei dem sich 2 Fahrzeuge, von unterschiedlichen Ausgangsorten kommend, an einem Tauschplatz treffen, die Ladegefäße tauschen und wieder zurück zu ihrem jeweiligen Ausgangsort fahren. Der Tauschplatz kann dabei ein einfacher Autobahnparkplatz sein.

Je nachdem, ob der Austausch der Ladegefäße an einem Depot stattfindet oder nicht, werden gebundene von ungebundenen Tauschverkehren unterschieden. Gebundene Tauschverkehre haben den Vorteil, dass sie weitere Konsolidierungspotenziale erschließen, da ein weiteres Depot an der Kombination beteiligt ist. Ungebundene Tauschverkehre sind dagegen zur Bedienung weiter Relationen notwendig, auf denen keine Zwischendepots liegen. Sie eröffnen Flexibilitätspotenziale bei der Tourenplanung. Der Tauschplatz kann so festgelegt werden, dass einer der Rundläufe das Fernverkehrszeitfenster voll beansprucht. Der Zeitverbrauch des zweiten Rundlaufs wird auf diese Weise minimiert und die Wahrscheinlichkeit ist größer, dass die Tour um weitere Fahrten ergänzt werden kann. Sind die Fahrzeuge zudem mit Mobilfunk ausgestattet, kann die Entscheidung über einen freien Tauschplatz ad hoc z.B. unter Berücksichtigung der aktuellen Verkehrssituation getroffen werden. Unproduktive Wartezeiten werden so minimiert.

Die Herausforderung an das Management besteht darin, einerseits die Leistungsfähigkeit des Systems an den Kundenanforderungen auszurichten und gleichzeitig Möglichkeiten der Kostenoptimierung zu nutzen. In diesem Spannungsfeld ist festzustellen, dass große europäische Dienstleister mit ihren Netzwerken

Wettbewerbsvorteile aufgebaut haben und mittelständische Unternehmen nur über Kooperationsmodelle in der Lage sind, derartige Konzepte umzusetzen.

Im Stückgutgeschäft haben viele Speditionen in der Verwendung der Barcode Technik Anschluss an die KEP Dienste gefunden und verwenden diese in ihren Transport- und Umschlagsvorgängen, um Fehlverladungen zu vermeiden und Durchlaufzeiten zu beschleunigen. Eine aktuelle technische Entwicklung zur Kontrolle des Warenflusses mit einem unverwechselbaren Fingerabdruck zeichnet sich mit der Hilfe der Radiofrequenztechnik (RFID) ab. Radiofrequenztechnologie ermöglicht die berührungslose Identifikation, Steuerung und Verfolgung eines oder einer Vielzahl von Objekten auf elektronischem Weg über Unternehmensgrenzen hinweg. RFID bietet dabei gegenüber der bestehenden Barcode-Technik zahlreiche Vorteile, die sich durch die Besonderheit der Technologie ergeben. Analog zur Barcode-Technik werden auch bei RFID Datenträger gelesen – nicht jedoch über optische Wellen (wie z.B. Infrarot), sondern über Radiofrequenzwellen. Der Unterschied besteht darin, dass keine Hell-Dunkel-Felder mit Lichtquellen abgetastet, sondern elektromagnetische Wechselfelder als Übertragungsmedium genutzt werden. Zur berührungslosen Identifikation der zu registrierenden Objekte (einzelne Artikel oder Transportgebinde) kommt bei RFID eine weitestgehende Unabhängigkeit von Richtung und Lage. Auch ist kein Sichtkontakt zwischen Informationsspeicher (TAG) und Lesegerät notwendig. Durch die Pulkerfassung kann zudem eine Vielzahl von Objekten in einem Lesevorgang und ohne Umpacken erfasst werden.

Vermehrt werden die Fahrzeuge, sei es eigener Fuhrpark oder Subcontrators, mit mobilen Kommunikationseinrichtungen und tragbaren Computern ausgestattet, um sowohl bei Abholungen als auch bei Ablieferungen eine flexible Disposition und einen schnellen Informationsfluss zu gewährleisten. Diese Systeme sind Voraussetzung für lückenlose Sendungsverfolgung (tracking and tracing).

In Ergänzung zu den Anstrengungen, Kosteneinsparungspotenziale innerhalb des eigenen Unternehmens zu realisieren, suchen Speditionen auch stets nach einer schlagkräftigen Organisationsstruktur, um den Bedürfnissen der Kunden möglichst gut entsprechen zu können. So werden die Organisationseinheiten, die sich mit der Kontraktlogistik befassen, organisatorisch herausgehoben und von den verkehrsträgerbezogenen Geschäftsbereichen abgegrenzt. Danzas unterscheidet beispielsweise in der Kontraktlogistik die Geschäftsbereiche „Consumer Solutions", „Industry Solutions" und „Specialities", die auf jeweils unterschiedliche logistische

Anforderungen in der Konsum- und Industriegüterlogistik sowie in den speziellen Branchen „Chemie" und „Textil" hinweisen. Trotz der organisatorischen Betonung der Kontraktlogistik ist unternehmensintern dennoch eine enge Zusammenarbeit aller Unternehmensbereiche notwendig, da ja in Kontraktlogistiklösungen eine Vielzahl von Systemkomponenten der verschiedenen Geschäftsbereiche in einer kundenindividuellen Verknüpfung angeboten werden können.

8.5.2   Wachstumsstrategien

Ob eine Spedition im Wettbewerb über eine angemessene Unternehmensgröße verfügt, hängt von den Logistikanforderungen ihrer derzeitigen sowie ihrer potenziellen Kunden ab. Der sich fortsetzende Trend zur Internationalisierung setzt die Speditionen zunehmend unter Druck, europaweite oder sogar weltweite Netzwerke aufzubauen, nicht nur zur Abwicklung der Transporte, sondern auch zum Vervollständigen des Angebotes durch Mehrwertdienste wie z.B. Qualitätskontrollen von Textilien, die in Fernost oder China eingekauft werden. Große europäische Logistikdienstleister sind internationale Kooperationen eingegangen oder haben ihren Aktionsradius durch Fusionen oder Akquisitionen erweitert. [181] Eine Bewertung, ob Kooperationen oder Fusionen geeigneter sind, Wachstumsanforderungen des Marktes zu genügen, lässt sich nicht treffen. Wie auf anderen Märkten auch, haben Kooperationen den Vorteil einer hohen Flexibilität und Anpassungsfähigkeit der beteiligten Unternehmen an geänderte Marktbedingungen. Darüber hinaus erfordern sie im Gegensatz zu Akquisitionen keinen außergewöhnlichen Kapitalbedarf, und die einzelnen Partner können sich eine unmittelbare Nähe zu ihren Kunden bewahren.[182]

Unternehmensübernahmen oder Fusionen sind Kooperationen dagegen überlegen, wenn es darum geht, eine klare Zielrichtung festzulegen und Planungsabweichungen wirksam zu kontrollieren und sanktionieren zu können. Eine einheitliche Unternehmensleitung und hierarchische Organisationsstruktur ist hierfür besser geeignet als eine Vielzahl gleichberechtigter Partner. Die Herausforderungen für kleinere Speditionen liegen darin, eine Organisationsform zu finden, in der klare, zielorientierte Strategien umsetzbar werden. Solche Modelle können etwa eigene Gesellschaften sein, in der die Partner Aktionäre sind, das Management der Kooperationsgesellschaft aber die Geschäftspolitik bestimmen kann.

---

[181] Vgl. bereits dargestellte Fusionen sowie umfassende Übersicht bei Klaus (2000) S.16 – 21.
[182] Die Praxis spricht auch vom „Platzhirscheffekt".

Zu den Handlungsfeldern für eine Umsetzung von Wachstumsstrategien zählt auch der Kompetenzaufbau. Im Zuge des E-Commerce und durch den Trend zum Outsourcing von Logistikleistungen wird es zunehmend bedeutsamer, dass Speditionen Zugriff auf effiziente Transportnetze behalten. Da die Verlader in der Kontraktlogistik zum Single-Sourcing übergehen, sind solche Speditionen im Vorteil, die für sämtliche nach Gütergewicht, Gütervolumen, Lieferfristen und anderen Kriterien unterscheidbaren Kundenbedürfnissen passende Lösung anbieten können. Der Kompetenzaufbau ist daher mehrdimensional zu entwickeln.

8.5.3 Produktinnovationsstrategien

Das Produktspektrum der Speditionen hat sich in den letzten Jahren ständig weiterentwickelt. Die Diversifikation erfolgt insbesondere im Bereich der Mehrwertdienste (value added services). Eine Reihe von Mehrwertleistungen wie z. B. Sendungsverfolgungssysteme sind bereits zum Standard geworden. Andere wiederum werden nur vereinzelt angeboten wie die Übernahme von Kundendienst- bzw. Kundenserviceleistungen oder Inkassosysteme, Preisauszeichnung und Etikettierung usw.

Bei der im Sommer 1996 im Zuge des Forschungsprojektes „Expressgutverkehre" (Kurztitel) von der TU Berlin durchgeführten Umfrage bei 140 Unternehmen verschiedenster Branchen zur Nutzung von Leistungsangeboten „logistischer Dienstleister" zeigte sich, dass viele der angebotenen Leistungen bereits als Standardangebot von den Nutzern erwartet werden. Die Auswertung so genannter Zusatzleistungen ergab folgendes Ergebnis:

Abbildung 76: Nutzung von Zusatzleistungen

Nutzung der Zusatzleistungen von LDL

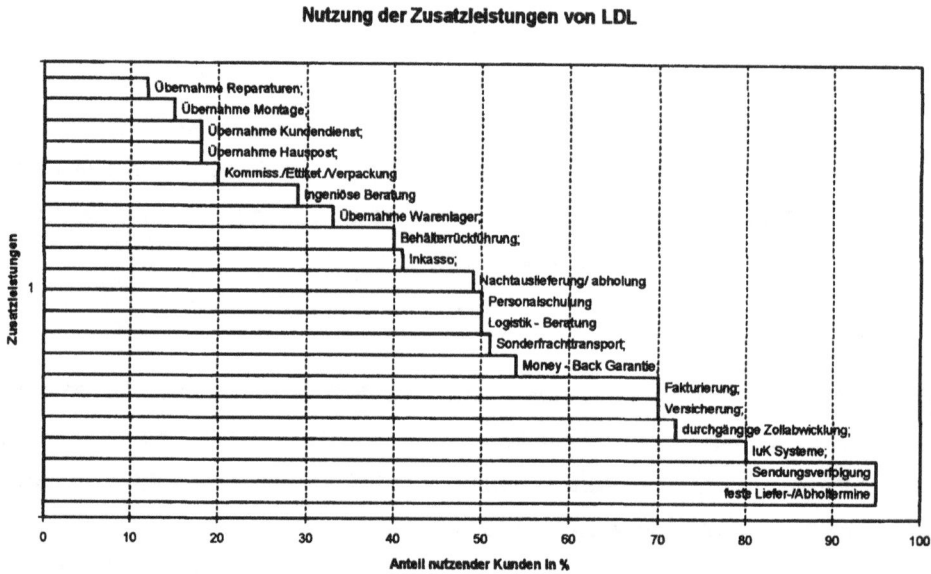

Quelle: eigene Darstellung

Soweit es Speditionen gelingt, sich als Supply Chain Manager oder Logistikberater zu positionieren, können sie weitere Leistungspakete entwickeln. Diese möglichen Positionierungen spiegeln sich auch in den Bezeichnungen „3rd party logistics service provider" oder „4th party logistics service provider". Insbesondere IT Kompetenz verknüpft mit der Kompetenz im Güterhandling aller vor- und nachgeschalteten Lager- und Transportleistungen schaffen neue Geschäftsmöglichkeiten. Ein Feld, in dem sich Speditionen ebenfalls entwickeln, ist das „Inhouse-Outsourcing". Darunter ist der Schritt zu verstehen, dass Speditionen mit spezialisierten Projektteams, die Logistikprozesse des Kunden vor Ort optimieren.

8.5.3.1   Externes Lagerkonzept

Ein Konzept, das sich besonders stark entwickelt, ist das Konzept des „externen Distributionslagers". Dahinter steckt der Grundsatz, aus fixen Kosten variable Kosten zu machen. Die Lösung dazu bietet das „Outsourcing" von Lagerleistungen.

8.5.3.1.1 Lagerfunktionen und Lagertechniken

In der Vergangenheit ist der Begriff Lagern vorwiegend mit der Aufbewahrung von Vorräten (eingangs- und ausgangsseitig) verbunden gewesen. Dies hat sich jedoch im Laufe der Entwicklung der Materialflusstechnik geändert. Lagern ist heute ein integrierter Bestandteil der Gesamtsystems Materialfluss. Ziel einer optimalen Lagerplanung ist die bestmögliche Gestaltung eines Lagersystems unter Berücksichtigung aller technischen, organisatorischen und dispositiven Aspekte.

Die Funktion des Lagers ist gekennzeichnet durch eines der folgenden Merkmale:

- Überbrückung von Zeitunterschieden zwischen Zu- und Abgang

- Überbrückung von Unterschieden in der Zusammensetzungsstruktur zwischen Zu- und Abgang.

Eine andere Unterscheidung der Lagerhaltungsmotive definiert folgende Funktionen:

- Ausgleichsfunktion mengenmäßig und zeitmäßig

- Sicherungsfunktion für unvorhersehbare Risiken

- Assortierungsfunktion zur Sortimentsbildung im Handel

- Spekulationsfunktion (z.B. durch Verwendung von Zolllagern)

- Veredelungsfunktion (Trocknung, Gärung usw.)

Welches Merkmal bei einem Lager überwiegt, hängt davon ab, welchem Zweck das Lager hauptsächlich dienen soll. Grob lassen sich etwa 3 Lagertypen unterscheiden:

- Vorratslager

- Durchgangslager

- Verteillager

Ein **Vorratslager** soll Schwankungen zwischen Aufkommen und Verbrauch über einen längeren Zeitraum ausgleichen. Eine solche Lagerart ist typisch für Rohstofflager, Erntelager und Lager für Katastrophenfälle. Die Umschlagshäufigkeit ist meist gering. Bei diesem Typ überwiegt demnach das Zeitüberbrückungsmerkmal.

Ein **Durchgangslager** soll Schwankungen zwischen Zu- und Abgang von Gütern innerhalb kürzerer Zeiträume ausgleichen. Die zu lagernden Güter werden relativ regelmäßig ein- und ausgelagert. Ein solches Pufferlager ist charakteristisch für den

Ausgleich unterschiedlicher Fertigungs- und Durchlaufzeiten, die Umschlagshäufigkeit ist daher hoch.

Ein **Verteilerlager** hingegen soll vorwiegend Sammel- bzw. Verteilerfunktionen übernehmen. Ein Ersatzteillager ist ein typisches Verteilerlager. Die Umschlagshäufigkeit ist daher sehr abhängig von der Ware.

Diese Betrachtung der Lagerfunktionen widerspricht dem aktuellen Trend in der Logistik. Dort ist es eines der wichtigsten Ziele, durch bessere Steuerungssysteme die Verweilzeiten von Gütern wesentlich zu verkürzen, ja sogar auf Null zu bringen. Gelingt dies nicht, übernimmt die Funktion Lagern den oben dargestellten Ausgleich.

Entsprechend der verschiedenen Aufgaben, die ein Lager übernehmen muss, lassen sich verschiedene Arbeitsbereiche unterscheiden:

- Wareneingang als Schnittstelle zum Transport

- Einheitenlager, in dem das Gut zur Zeitüberbrückung verweilt

- Kommissionslager als Bereich, in dem Sortierfunktionen ausgeführt werden

- Packerei, sofern das Gut versandfertig gemacht werden muss

- Warenausgang wiederum als Schnittstelle zur Transportkette.

Abbildung 77: Lagerbereiche und ihre Funktionen

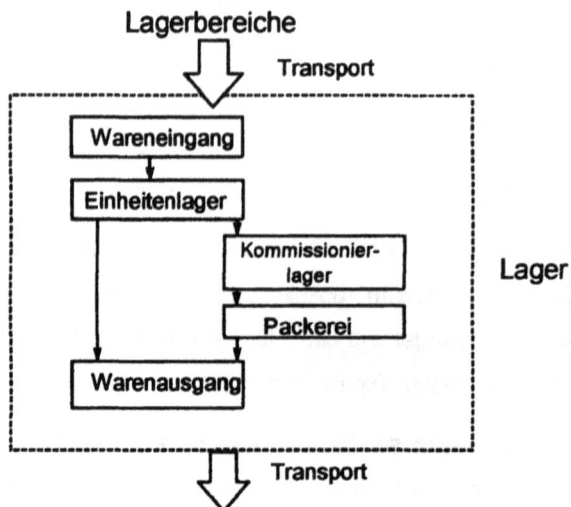

Um die Funktionsfähigkeit eines Lagerkomplexes zu gewährleisten, in dem die obigen Arbeitsbereiche integriert sind, müssen die das Lager bildenden Systembestandteile aufeinander abgestimmt sein. Als Systembestandteile eines Lagers gelten:

- die Bauform

- die Lagereinrichtung

- die Lagerorganisation und Lagersteuerung

In der Praxis sind folgende Lagerbauformen vorzufinden:

- Freilager

- Bunker-/ Silo- Tanklager

- Flachlager

- Etagenlager

- Hochregallager

- Traglufthallenlager

Bei den Lagereinrichtungen muss unterschieden werden zwischen

- Einrichtungen zur Lagerung

- Einrichtungen zum Ein- und Auslagern

- Einrichtungen für Nebenfunktionen wie Zählen, Wiegen, Verpacken, Codieren usw.

Die Lagerorganisation und -steuerung umfasst schließlich

- die Lagerordnung

- die Beständekontrolle

- die Mengenplanung

- die Ablauforganisation der Ein- und Auslagerung

Gerade die Lagerorganisation hat einen großen Einfluss auf die Wirtschaftlichkeit der Lagerhaltung. Zielsetzungen dabei sind:

- möglichst hoher Flächen-, Raum- und Höhennutzungsgrad

- schnelles und sicheres Auffinden der Lagergüter

- Ausschließen von Verwechslungen

- möglichst hohe Flexibilität z.B. bei Sortimentswechsel, Abmessungen usw.

- hohe Auslastung von Personal und Lagereinrichtungen

- maximaler Schutz der Lagergüter gegen Beschädigung und Diebstahl

- gute Lagerbuchhaltung

Bei der Lagerordnung ist zwischen fester Lagerplatzordnung und freier Lagerplatzordnung zu unterscheiden. Mit Barcode und EDV unterstützten Platzauswahlverfahren werden im Bereich der chaotischen oder freien Lagerordnung sehr ausgereifte Steuerungsmodelle am Markt angeboten. Einige Vor- und Nachteile ausgewählter Lagertypen zeigt folgende Übersicht:

	Vorteile	Nachteile
Fachregallager	– geringe Investitionskosten – Zugriff zu jedem Artikel – sehr flexibel hinsichtlich Struktur- änderungen infolge Umrüstbarkeit – einfache Organisation möglich	– bei Flachbauweise hoher Flächen- bedarf – Personalbedarf, Langwegeanteil – ungünstige Griffpositionen – Lagerverwaltung separat
Schubladenregallager	– Kombination Fachboden/Schub- lade – sehr flexibel hinsichtlich Strukturänderungen – leicht umrüstbar – gute Lagerraumnutzung möglich	– größerer Gangbreitenbedarf – Personalbedarf – höhere Investitionskosten – hoher Aufwand bei Erst- einrichtung – Lagerverwaltung separat
Behälterlager	– einheitliches Lagerhilfsmittel – leichte Lagerorganisation – Mechanisierung der Lager- bedienung möglich	– Behältergewicht – geringe Lagerraumnutzung – hoher Platzbedarf
Automatisches Behälterlager	– höchste Automatisierungs- und Mechanisierungsstufe – Prinzip: Ware zum Mann – Anbindung an betriebsint. EDV – günstige Griffpositionen – Schutz vor Zugriff Unbefugter	– hohe Investitionskosten – kein direkter Zugriff zu den Artikeln
Durchlauf-lager	– systembedingtes Fifo – hoher Umschlag möglich – leicht umrüstbar – hoher Mechanisierungsgrad	– oft schlechte Lagerraumnutzung – Länge der Kanäle begrenzt
Verschiebe-regal-lager	– erhebliche Flächenersparnisse gegenüber Flachregallager – Schutz des Lagergutes gegen unbefugten Zugriff – Staubschutz des Lagergutes – Lagerregale individuell einrichtbar	– kein direkter Zugriff zu allen Artikeln – nicht geeignet für hohen Umschlag – Eilaufträge nur bedingt möglich
Horizontales Umlauflager	– chaotische Lagerung möglich – gute Nutzung der Raumtiefe – Prinzip: Ware zum Mann – mehrere Maschinen gleichzeitig bedienbar	– begrenzte Tragfähigkeit der Trag- flächen – kein direkter Zugriff zu jedem Artikel – hohe Investitionskosten gegenüber konventionellen Techniken
Vertikales Umlauflager	– Raumhöhe – Prinzip: Ware zum Mann – optimale Griffsituation – Schutz vor unbefugtem Zugriff – Schutz vor Verschmutzung – Verminderung der Unfallgefahr	– hohe Investitionskosten – kein direkter Zugriff zu jedem Artikel

Betrachtet man die Hauptkostenarten im Lagerbereich, so setzen sich diese wie folgt zusammen:

Bestandskosten:

- Kapitalbindungskosten

- Versicherung

Personalkosten

- Kosten für Ein-, Um- und Auslagern

- Bedienung der Transportmittel

- Lagerverwaltung, Bestandsführung, Inventur

Betriebsmittelkosten

- Lagereinrichtungen, Lagerhilfsmittel

- Transportmittel, Transporthilfsmittel

Gebäudekosten

- Abschreibung, Verzinsung

- Heizung, Lüftung, Beleuchtung

- Wartung und Instandssetzung

- Versicherung

- Gebäudeverwaltung

Wichtige Kenngrößen und Begriffe für die Planung, Durchführung und laufende Kontrolle im Lagerbereich sind:

- **Spielzeit:** Zeitdauer in Minuten eines z.B. Einlagerungsvorganges mit Lastaufnahme, horizontale und vertikale Lastfahrten, Lastabgabe und Leerfahrt

- **Lagerbrutto und Lagernettofläche:** Berücksichtigung von Verkehrs- und Manipulationsflächen

- **Flächennutzungsgrade:** die Kennzahl zeigt die Kapazitätsausnutzung im Lagerbereich. Sie berechnet sich aus

$$\frac{\text{betrieblich genutze Lagerfläche (in } m^2)}{\text{insgesamt vorhandene Lagerfläche (in } m^2)} * 100$$

Die Kennzahl kann auch als Raumnutzungsgrad (in m³) berechnet werden.

- **Lagerbestand**: die Kennzahl informiert über die durchschnittliche Kapitalbindung. Sie wird errechnet aus dem Quotienten der Summe der Periodenbestände durch die Periodenanzahl. Beispiel:

$$\frac{1/2 \text{ Anfangsbes tand} + 11 \text{ Monatsbestände} + 1/2 \text{ Endbes tand}}{12}$$

Der durchschnittliche Lagerbestand kann sowohl wert- als auch mengenmäßig berechnet werden.

- **Umschlagshäufigkeiten:** die Lagerumschlagshäufigkeit ist eine Kennzahl, die zur Beurteilung der Lagerbewirtschaftung herangezogen werden kann. Sie ist der Quotient aus

$$\frac{\text{Umsatz im Berichtzeitraum}}{\text{mittlerer wertmäßiger Lagerbes tand im Berichtszeitraum}}$$

Der Quotient zeigt, welche Kapitalbindung im Lager erforderlich ist, um einen bestimmten Umsatz zu erreichen.

Der Quotient aus

$$\frac{\text{Summe der wert} - \text{oder mengenmäßigen Auslagerungsvorgänge im Berichtszeitraum}}{\text{mittlerer wert} - \text{oder mengenmäßiger Lagerbes tand im Berichtszeitraum}}$$

ist eine Angabe von physischer Lagerumschlagshäufigkeit. Ein Wert von 3 bedeutet, dass der komplett eingelagerte Artikelbestand im Berichtszeitraum 3mal komplett ausgelagert wurde und durch Neueinlagerungen ersetzt wurde.

- **Lager- und Verweildauer:** ist die Zeit von der Einlagerung eines Artikels bis zur Entnahme des Artikels aus dem Lager und kann aus der Umschlagshäufigkeit in einem definierten Berichtszeitraum abgeleitet werden. Sie informiert über die Situation und Entwicklung der Dauer der Kapitalbindung im Lager. Eine Veränderung beeinflusst die Lagerhaltungskosten.

- **Sicherheitsbestand:** es handelt sich um jene Bestandsmenge (Sicherheitsmenge) im Lager, die nur dann angegriffen wird, wenn ein nicht vorhersehbarer Mehrverbrauch auftritt oder Lieferverzögerungen die Auffüllung des Lagers verhindern.

- **Lagerreichweite**: sie zeigt die Zeit an, die ein Lagerbestand bei einem durchschnittlichen oder geplanten Verbrauch pro Tag (Woche, Monat) noch ausreicht oder ausreichen sollte.

$$\frac{\text{Lagerbes tand} + \text{offene Bestellungen}}{\text{geplanter Verbrauch pro Tag (Woche, Monat)}}$$

Sie gibt damit Auskunft über die Versorgungssicherheit durch das Lager in Tagen, Wochen oder Monaten.

Eine einzelne Kennzahl für sich genommen hat keine Aussagekraft. Erst durch Vergleich mit anderen Kennzahlen gewinnt sie an Aussagekraft. Vergleiche können unternehmensintern oder mit anderen Unternehmen vorgenommen werden. Ebenso kann die Entwicklung einer Kennzahl im Zeitablauf beobachtet werden. Jede im Unternehmen verwendete Kennzahl sollte zudem mit Hilfe eines Kennzahlenblattes definiert werden. Am Beispiel der Kennzahl Termintreue (zum letztbestätigten Termin) soll ein derartiges Kennzahlenblatt dargestellt werden:

Abbildung 78: Definition von Kennzahlen

Termintreue (zum letztbestätigten Termin)

Beschreibung der Kennzahl

Zielsetzung:	**Definition:**
• Beurteilung der Termintreue zum bestätigten Termin	$\frac{\text{Anzahl der in einer Woche gelieferten Positionen}}{\text{Anzahl der für diese Woche letztbestä tigten Positionen}} * 100$
• Hinweis auf Verbesserungspotenziale und Schwachstellen	**Reichweite:** • Unternehmensintern • bereichsübergreifend

Verantwortlichkeiten

Verantwortliche Bereiche für die Beeinflussung (Ergebnis) der Kennzahl	MW,PL
Verantwortliche Bereiche für die Dateneingabe	GVK
Verantwortliche Bereiche für die Berichterstellung und –verteilung	FEST

Datenhandling/Informationserstellung

Datenquelle/ Art der Datenerhebung	Kundenauftragsdatei; ABAP
Häufigkeit der Datenerhebung	monatlich
Frequenz der Berichterstattung	monatlich
Verteiler	MW, PL, GVK, QW

Darstellungsform der Kennzahl

Balkendiagramm: Gesamt (Zeitreihen) Berichtsmonat unterteilt nach Produktgruppen

Quelle: vgl. Feil 1995, S.60

Die immer höheren Anforderungen an kurze Durchlauf- und Lieferzeiten setzen eine ständige Auskunftsbereitschaft und schnelle Reaktionsfähigkeit der Lager voraus. Die optimale Gestaltung der Ablauforganisation ist daher ein wesentlicher Aspekt. Die wichtigsten Aufgaben dabei sind:

- Ein- und Auslagerungen termingenau und kostengünstig durchzuführen

- lückenlose Erfassung der Einzelbewegungen der Lagerobjekte zur jederzeitigen mengen- und wertmäßigen Bestandskontrolle

Die Aufgaben zur Optimierung der Ablauforganisation umfassen im Einzelnen:

- Optimierung der Reihenfolge von Ein- und Auslagerungsaufträgen

- Zuordnung von Einlagerungsaufträgen zu Leerfächer

- Zuordnung von Auslagerungsaufträgen zu Ladeeinheiten

- Veranlassung und Überwachung von Fahranweisungen für Regalförderzeuge

- Reibungslose Identifikation und Kontrolle der Ein- und Auslagerung von Lagerhilfsmitteln (z.B. Paletten, Gitterboxen usw.)

- Führung des Lagerabbildes (Leerfächer und belegte Fächer)

- Fortschreibung aller Mengen der ein- und ausgelagerten Artikel

Die Grundsatzfrage, die sich jedes Unternehmen im Rahmen der Lagerhaltung zu stellen hat, ist die Frage, inwieweit ein externes Lagerkonzept Wettbewerbsvorteile durch Kostenvorteile und/oder Leistungsverbesserungen bringen kann. Sowohl in der Beschaffungs- wie auch in der Distributionslogistik spielt diese Frage eine immer wichtigere Rolle.

Die Kommissionierung entspricht der Auslagerung vorgegebener Artikel zur Erstellung eines Auftrages. Unter der Funktion Kommissionieren ist das Zusammenstellen von bestimmten Teilmengen aus einer bereitgestellten Gesamtmenge nach vorgegebenen Bedarfsinformationen zu verstehen. Die Teilmengen bestehen aus Artikeln, die aus dem Sortiment (=Gesamtmenge) für einen Auftrag (= Bedarfsinformation) gesammelt werden.

Die Funktionen in einem Kommissionierlager beinhalten folgende Tätigkeiten:

Abbildung 79: Funktionen im Kommissionierlager

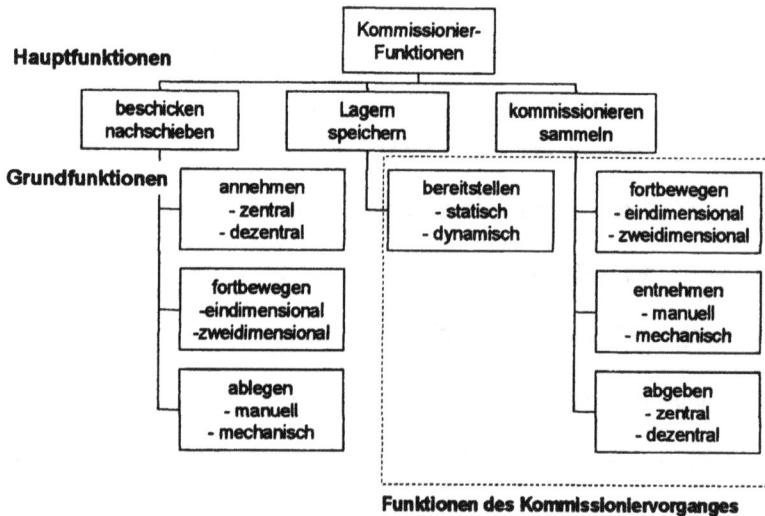

Funktionen des Kommissioniervorganges

Beim Zusammenstellen (Kommissionieren) von Aufträgen unterscheidet man zwischen zwei Ablauforganisationen:

- der auftragsorientieren und

- der artikelorientierten Kommissionierung

Auftragsorientiert bedeutet, dass alle in einer Sammelliste (Pickliste) aufbereiteten Artikel durch Entnahme aus den Bereitstellungseinheiten nacheinander abgearbeitet werden.

Artikelorientiert bedeutet, dass zunächst für mehrere Aufträge die Artikel gleichzeitig gesammelt werden (1. Stufe). Anschließend werden dann die Artikel den entsprechenden Aufträgen zugeordnet (2. Stufe). Bei großen Aufträgen, unterschiedlicher Artikelstruktur oder großen Kommissionierlägern wird die Auftragsliste mehrmals geteilt, was zur Zonenaufteilung eines Kommissionierlagers führt. Der Auftrag kann jetzt parallel oder seriell durch mehrere Kommissionierer bearbeitet werden.

Die Kommissionierung kann prinzipiell von Mitarbeitern durchgeführt werden oder unter ausschließlicher Verwendung von Automaten erfolgen. Werden Menschen eingesetzt, findet man 2 Typen von Kommissioniersystemen:

Mann zur Ware (statisch):

Der Kommissionierer bewegt sich zur Ware hin. Typische Systeme sind:

- Blockläger

- Hochregallager mit manuell bedienten RFZ oder Staplern

- Läger mit Verschieberegalen

- Läger mit Flachbodenregalen

Ware zum Mann (dynamisch):

Die Lagereinheit wird zum Mann transportiert (meist aus automatisierten Lägern). Typische Systeme sind:

- Hochregallager mit automatischen RFZ[183]

- Paternosteranlagen

- Umlaufregalanlagen

Kommissionierautomaten weisen eine hohe Kommissionierleistung und niedrige Fehlerraten auf. Sie können jedoch nur für eine begrenzte Zahl von Fällen eingesetzt werden, da ihre Anwendung eine hohe Einheitlichkeit der Ware bezüglich Geometrie und Art der Verpackung voraussetzt. Die technische Entwicklung bringt künftig möglicherweise jedoch neue Möglichkeiten.

Um wirtschaftlich zu arbeiten, ist die Kommissionierzeit zu analysieren. Folgende Struktur kann dabei zugrunde gelegt werden:

---

[183] RFZ = Regalförderzeug

Abbildung 80: Kommissionierzeiten

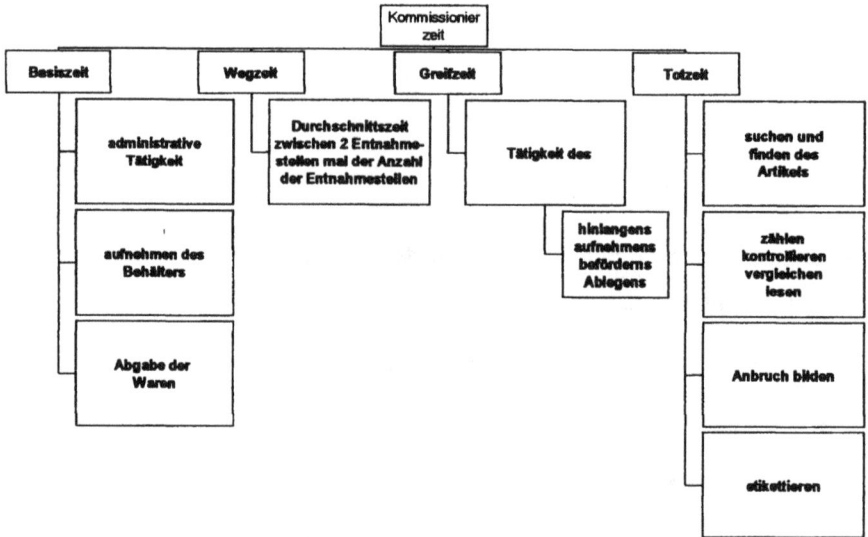

Die Kommissionierleistung entspricht der mengenmäßigen Entnahme pro Zeiteinheit, bezogen auf die durchschnittliche Auftragsgröße. Sie wird ausgedrückt in Griffeinheiten pro Tag, Behälter pro Tag oder Positionen pro Tag. Der Kommissionierauftrag kann entweder von internen Auftraggebern (Produktion, Montage) für das Beschaffungs- oder Produktionslager kommen oder ein externer Kundenauftrag für das Distributionslager sein. Zielgrößen für die Kommissionierung können daher sein:

- Reduktion der Wegzeit

- Optimierung der Greifzeit

- Minimierung der Ermüdung des Kommissionierers

- Steigerung der Kommissionierleistung

Durch Einsatz geeigneter Transportmittel kann die Zielerreichung wesentlich beeinflusst werden. Eine Auswahl möglicher Transportmittel zeigt folgendes Bild:

Abbildung 81: Transportmittel beim Kommissionieren

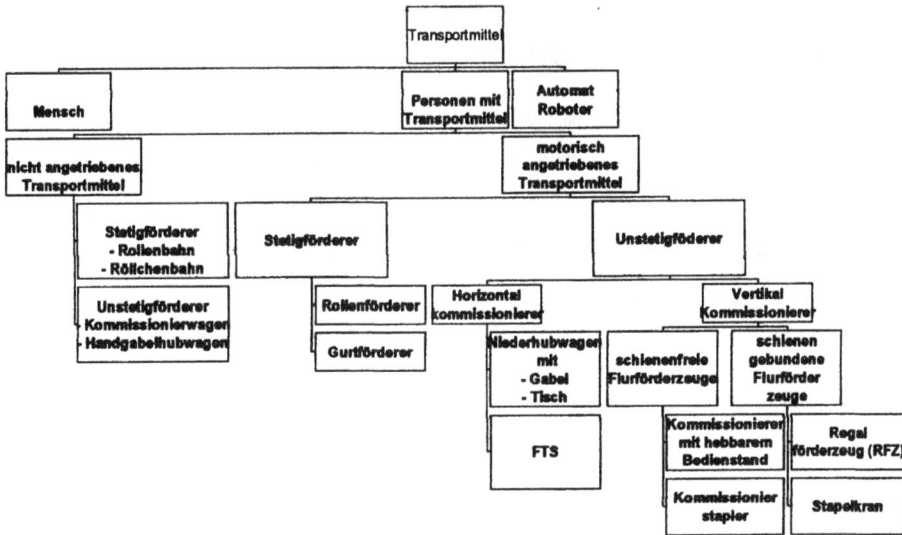

Der Wareneingang ist die Schnittstelle zum Beschaffungsmarkt und der Warenausgang die Schnittstelle zum Absatzmarkt. Hier findet der Warenumschlag zwischen externem Güterfluss und dem internen Materialfluss statt. Für die Gestaltung dieser Schnittstellen sind nun wieder technische, operative und wirtschaftliche Gesichtspunkte zu betrachten.

Durch die Realisierung von JIT - Konzepten wird der Anlieferungsort vom klassischen zentralen Wareneingang des Beschaffungslagers an viele dezentrale Stellen im Unternehmen z.B. Montageband verlagert. Um nun eine derartige Schnittstelle optimal zu gestalten, benötigt man eine Fülle von Informationen, u.a.:

- Anlieferungstransportmittel (Art, Größe, Ladehöhe, Wenderadius)

- Lieferumfang und Lieferfrequenz (durchschnittliche und maximale Liefermenge, Zeitpunkt, Anzahl und Verteilung der Anlieferungen über den Tag, regelmäßig oder unregelmäßig)

- Anlieferungsform der Güter: Palette, Behälter, Karton, Fässer usw.

- Transportmittel für den Entladevorgang (Kran, Stapler, Rollenbahn)

- Personalbedarf für die Warenannahme

- Flächenbedarf für die Warenannahme

- bauliche Gestaltung der Warenannahme (mit oder ohne Rampe, Anzahl, Art und Größe der Tore, Torabdichtungen, Überladebrücken usw.)

Die Umschlaggeschwindigkeit entspricht der Arbeitsgeschwindigkeit für die Funktion Umschlagen. Die Umschlagleistung ergibt sich aus dem Quotienten von Volumen, Masse oder Stückzahl und der Zeiteinheit. Sie dient zur Beurteilung des Güter- oder Warenumschlags. Die Umschlagsmittel für Stückgut zeigt folgende Übersicht:

Abbildung 82: Umschlagsmittel für Stückgut

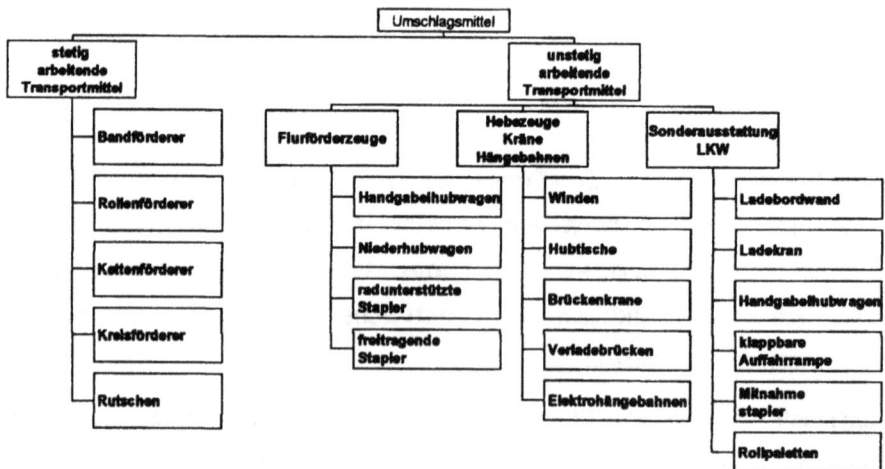

8.5.3.1.2 Bestandsmanagement

Dieser Entscheidungsbereich ist geprägt durch technische Entscheidungen über Lagerausstattung und Lagerlayout sowie wirtschaftliche Entscheidungen über die Gestaltung des Lageraufwandes. Dieser wiederum wird beeinflusst von den zugrunde liegenden Bestandsstrategien und allen damit verbundenen Entscheidungen über

Bestandshöhe, Bestellzyklen usw. Das häufigste definierte Leistungsziel im Bestandsmanagement und damit in vielen Outsourcingverträgen ist der Lieferbereitschaftsgrad als ein Bestandteil des Lieferservices eines Unternehmens. Der Lieferservice setzt sich zusammen aus:

- Lieferzeit

- Lieferbereitschaft

- Lieferhäufigkeit

- Lieferzuverlässigkeit

- Liefermodalitäten

Unter **Lieferzeit** wird die Anzahl der Arbeitstage von der Entgegennahme des Kundenauftrages bis zur Auslieferung des Auftrages verstanden.

Eine genauere Betrachtung dieses Merkmals führt zu folgender Zerlegung:

Abbildung 83: Aufgliederung einer 10 - tägigen Lieferzeit

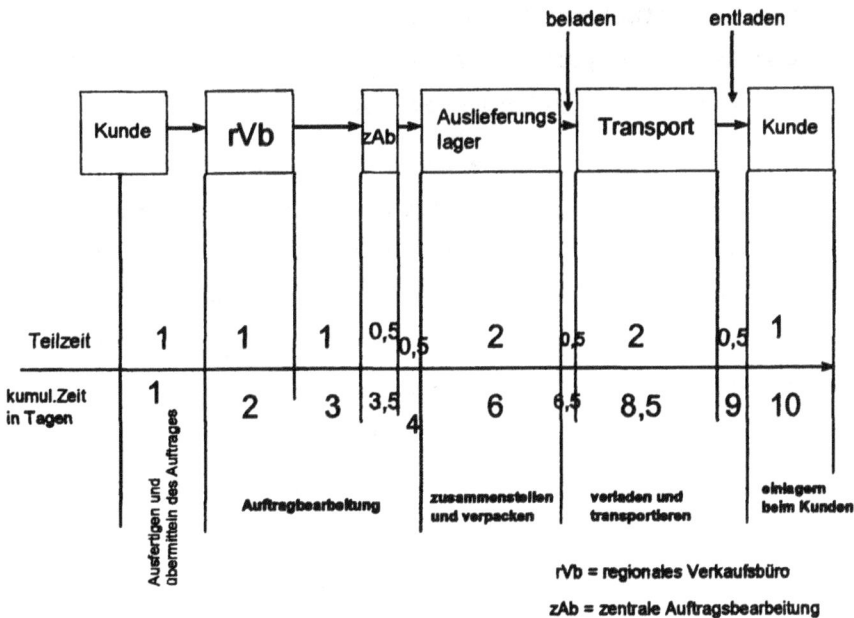

beladen   entladen

| Kunde | rVb | zAb | Auslieferungs lager | Transport | Kunde |

| Teilzeit | 1 | 1 | 1 | 0,5 | 0,5 | 2 | 0,5 | 2 | 0,5 | 1 |
| kumul.Zeit in Tagen | 1 | 2 | 3 | 3,5 | 4 | 6 | 6,5 | 8,5 | 9 | 10 |

Ausfertigen und übermitteln des Auftrages

Auftragbearbeitung

zusammenstellen und verpacken

verladen und transportieren

einlagern beim Kunden

rVb = regionales Verkaufsbüro

zAb = zentrale Auftragsbearbeitung

Diese Definition wird in der Literatur nicht immer einheitlich verwendet. So ist zwar das Ende der Zeitspanne einstimmig die Anlieferung der Ware beim Kunden. Als Beginnzeitpunkt wird jedoch unterschieden zwischen dem Zeitpunkt der

Auftragserteilung und dem Zeitpunkt des Auftragseinganges. Ersterer umfasst zusätzlich die Zeit der Auftragsübermittlung, welche sich vom Zeitpunkt der Auftragsformulierung durch den Kunden bis zum Auftragseingang beim Lieferanten erstreckt. Die Einbeziehung der Auftragsübermittlung ist immer dann sinnvoll, wenn das Unternehmen die Länge dieser Zeitspanne beeinflussen kann. Moderne Übermittlungsmedien haben hier wesentlichen Einfluss genommen, was insbesondere in dem Trend zur immer stärkeren Datenvernetzung Kunde - Lieferant erkennbar ist.

Die Lieferzeit ist jedoch nur dann ein sinnvoller Maßstab zur Messung des Lieferservices, wenn der unmittelbare Nachfrager tatsächlich durch einen Transportvorgang versorgt wird. Eine andere Möglichkeit wäre, dass der Kunde die benötigten Waren selbst von einem Lager des Distributionssystems abholt. Für diesen Fall wäre die Verwendung des Begriffs **Beschaffungszeit** geeigneter. Die Anforderung an ein Distributionssystem bezüglich einer bestimmten Beschaffungszeit schlägt sich in diesem Fall in der Unterhaltung mehr oder weniger kundennaher Lager nieder. Als kundennaheste Form sei hierzu das **Konsignationslager** genannt, welches einen - auf Kosten des Lieferanten - beim Besteller bereitgestellten Warenbestand darstellt. Die Entnahmen aus diesem Lager werden dem Lieferanten (beispielsweise monatlich) mitgeteilt und dann fakturiert. Die Lieferzeit zählt zu den ergebnisbezogenen Zielgrößen. Die Logistikleistung ist die vollzogene Raum/Zeitveränderung bzw. das Ergebnis dieser Aktivität.

Die zweite Komponente des Lieferservice bildet der Servicegrad oder die Lieferbereitschaft. Dabei handelt es sich um eine wirkungsbezogene Zielgröße, die die Frage beantwortet: „Wie gut werden Anforderungen externer oder interner Kunden erfüllt?" Die Logistikleistung ist danach die Sicherstellung der Verfügbarkeit von Ressourcen bzw. der Grad der Erfüllung der logistischen Aufgabe. Lieferbereitschaft bezeichnet die Fähigkeit, innerhalb definierter Zeiträume Aufträge[184] zu erfüllen. Meist wird der Quotient aus der verfügbaren und der nachgefragten Ware gebildet.

Der Begriff Lieferbereitschaft wird häufig auf ein bestimmtes Lager bezogen und stellt darauf ab, ob die Bestellungen seitens des Lagers erfüllt werden können. Primär geht es dabei um den Aspekt der Verfügbarkeit der Ware im Lager.

---

[184] Anmerkung: wir gehen davon aus, dass in die Größen Lieferbereitschaft und Servicegrad nur jene Mengen eingehen, deren Qualität und Zustand den bestellten Waren entsprechen. Ansonsten könnte beispielsweise durch Auslieferung nicht bestellkonformer Waren der Servicegrad verbessert werden.

Im Gegensatz dazu wird der Begriff **Lieferzuverlässigkeit (Liefertreue)** meist auf ein Distributionssystem bezogen. Lieferzuverlässigkeit (Liefertreue, Termintreue) ist der Grad der Verlässlichkeit, mit dem Lieferungen nach Art, Menge, Terminen und Lieferorten abgewickelt werden. Je näher dieser Grad an 100% herankommt, desto progressiver werden die Kosten. Die Lieferzuverlässigkeit ist, wie bereits dargestellt, sehr eng mit der Lieferbereitschaft verbunden. Sie betrifft vor allem die zugesagten logistischen Leistungen und hat große Bedeutung für die Präferenzbildung der Abnehmer. Eine sorgfältige Leistungskontrolle mit z.B. hilfsweiser Auswertung der Reklamationsfälle der Kunden, Statistiken über Transportschäden usw. hilft in der Beurteilung.

Lieferzuverlässigkeit stellt also darauf ab, ob die Bestellungen auch fristgerecht, d.h. innerhalb der vorgegebenen Lieferzeit an den Kunden ausgeliefert werden können. Bei genauerer Betrachtung dieser Leistungskennzahl muss zunächst der Servicegrad unter dem Aspekt der zugrunde liegenden Servicezeit analysiert werden.

Z.B.

$$\text{Lieferbereitschaft} = \frac{\text{befriedigtes Bedarfsvolumen in geplanter Servicezeit}}{\text{angefordertes Bedarfsvolumen}} * 100 = \text{LBG in \%}$$

Aus dieser Formel geht hervor, dass die Ermittlung des Servicegrades auf der Basis eines bestimmten geplanten Servicegrades erfolgt. Es besteht in der Tat ein gravierender Unterschied, ob ein Distributionssystem einen Servicegrad von 95 % beispielsweise bei einer Servicezeit von 7 oder von 10 Tagen erreicht. Ein Servicegrad von 95% bei 7 Tagen kann durchaus mit einem Servicegrad von 98% bei 10 Tagen Lieferzeit kompatibel sein. Der Vergleich zweier Servicegrade ist also nur dann sinnvoll, wenn diese auf der gleichen Basis - also bei gleicher Servicezeit und Servicemodalitäten - erfolgt. Es geht daher nicht an, einfach von einem Lieferbereitschaftsgrad von 95, 98 oder 99 % zu sprechen, sondern es muss genau präzisiert werden, welche Definition des Lieferbereitschaftsgrades diesem Wert zugrunde liegt.

Die Ermittlung des Lieferbereitschaftsgrades erfolgt normalerweise in Prozent[185], denen allerdings sehr unterschiedliche Definitionen zugrunde liegen[186]. Aus den möglichen Definitionen hat jedes Unternehmen die für seine Situation zweckmäßige heranzuziehen. Beispielsweise kann es sinnvoll sein, lediglich die Häufigkeit des Auftretens von Fehlmengen als Grundlage der Definition zu nehmen.

$$\text{Z.B.} \quad \frac{\text{gelieferte Menge}}{\text{nachgefragte Mengen}} \times 100 = \text{LBG in} \%$$

Grundsätzlich kann der Servicegrad oder der Lieferbereitschaftsgrad **bestellungs-** oder **auftragsorientiert** und **wert-** oder **mengenorientiert** errechnet und definiert werden. Der bestellungs- oder auftragsorientierte Servicegrad wird auf Basis vollständig ausgelieferter Bestellungen bzw. Aufträge berechnet.

Eine Bestellung umfasst – artikel- und mengenspezifisch differenziert – den an die Unternehmung für einen bestimmten **Termin** herangetragenen Lieferungswunsch eines Kunden.

Die Formel für die Berechnung lautet:

$$\text{LBG} = \frac{\substack{\text{Anzahl innerhalb der Servicezeit} \\ \text{vollständig ausgelieferten Bestellungen}}}{\text{Gesamtzahl der Bestellungen}} * 100 = \text{LBG in} \%$$

Bezeichnend für diese Art der Definition ist, dass nur – innerhalb der Servicezeit – vollständig ausgelieferte Bestellungen in den Servicegrad eingehen. Unvollständig ausgelieferte Bestellungen bleiben unberücksichtigt. Die wert- oder mengenorientierte Berechnung ergibt sich mit der Formel:

$$\text{LBG} = \frac{\substack{\text{auslieferbare Menge innerhalb} \\ \text{der Servicezeit (in ME)}}}{\text{bestellte Menge (in ME)}} * 100 = \text{LBG in} \%$$

Bei der mengenorientierten Berechnung ist zu beachten, dass alle in diese Größe eingehenden (Teil-) Mengen in einer einheitlichen Mengengröße (ME) angegeben werden. Sofern für die Artikel verschiedene Mengeneinheiten Anwendung finden, müssen diese auf eine einheitliche Größe umgerechnet werden. Im Allgemeinen sind

---

[185] Bei hohen Sendungszahlen (z.B. Paketversand) ist eine Berechnung in ppm (parts per million) häufiger anzutreffen, da eine 1 %ige Veränderung der Leistung eine sehr hohe Anzahl an absoluten Fehlleistungen erlauben würde.
[186] Eine Liste möglicher Definitionen in :Pfohl,H.Ch. 1990, S.29).

dazu Gewichtseinheiten - wie beispielsweise Kilogramm oder Tonnen am besten geeignet. Dieses Umrechnungsproblem besteht bei Wertgrößen grundsätzlich nicht. Als Wertansatz können beispielsweise der Umsatz herangezogen werden. Die Wahl des richtigen Ansatzes hat stets im Hinblick auf die besondere Situation des Einzelfalles zu erfolgen. Wie eignen sich nun die verschiedenen Servicegraddefinitionen zur Leistungsbeurteilung?

Der **bestellungsorientierte Servicegrad** berücksichtigt nur vollständig ausgelieferte Bestellungen. Die teilweise Auslieferung geht nicht in den Servicegrad ein und wird also auch nicht als Leistung des Systems gewertet. Als logische Konsequenz ergibt sich daraus, dass die teilweise Auslieferung der Bestellungen in diesem System unterbleiben muss. Dies würde z.B. bedeuten, dass bei einer Bestellung über 10 ME und einer über 1000 ME vom Artikel A beide Fälle nur bei vollständiger Auslieferung gewertet würden. Eine mögliche Auslieferung von 999 ME einer 1000 ME umfassenden Bestellung müsste konsequenterweise unterbleiben. Das bedeutet also, dass bei Anwendung eines bestellorientierten Servicegrades die Größe[187] einer Bestellung vernachlässigt wird. In welchen Fällen ein derartiges Vorgehen ökonomisch sinnvoll ist, muss im Einzelfall entschieden werden.

Der **wert- oder mengenorientierte Servicegrad** stellt nicht mehr auf vollständig ausgelieferte Bestellungen ab, sondern auf den wert- oder mengenmäßig ausgelieferten Anteil der Bestellungen. Voraussetzung ist, dass sämtliche Artikel in einer einheitlichen Mengen- oder Wertgröße ausgedrückt werden können. Im Gegensatz zum bestellorientierten Servicegrad gehen auch teilweise ausgelieferte Bestellungen ein. Die Verwendung dieser Kennzahl unterstellt, dass ein Kunde auch von einer teilweisen Auslieferung einer Bestellung einen gewissen Nutzen hat. Das heißt, dass es für einen Kunden beispielsweise günstiger ist, von den bestellten 100 ME (innerhalb der Servicezeit) 80 ME zu erhalten als gar nichts.

Gerade die Definition des gewünschten Lieferbereitschaftsgrades beeinflusst eine Vielzahl z.T. kostenintensiver Entscheidungen. Darunter fällt die Festlegung der Höhe des Sicherheitsbestandes bis zur Definition der Anzahl der Auslieferungslager. Quantitativ können die Zusammenhänge unter Verwendung von Kostenfunktionen dargestellt werden.

---

[187] Die Größe kann sich z.B. auf Menge oder Umsatz beziehen.

Die **Lieferbereitschaftskosten,** hauptsächlich Kapitalbindungskosten und Manipulationskosten der Sicherheitsbestände, werden in Abhängigkeit von der Höhe der Bevorratung der Verkaufsstellen progressiv steigen. Das beruht auf der Annahme einer stochastisch[188] verteilten Nachfrage, die für eine gegebene Erhöhung der Lieferbereitschaft zunehmend überproportional steigende Sicherheitsbestände erforderlich macht.

Die **Fehlmengenkosten** verlaufen gegenläufig. Fehlmengenkosten entstehen, wenn der gewünschte Artikel (Bedarf/Nachfrage) zum Bedarfszeitpunkt nicht am gewünschten Ort in der gewünschten Menge und Qualität zur Verfügung steht (direkte Fehlmengenkosten). Wird die Gefahr des Auftretens einer Fehlmenge erkannt und werden geeignete Maßnahmen eingeleitet, die zur Vermeidung der Fehlmenge führen, so werden die hierdurch entstehenden Kosten ebenfalls als Fehlmengenkosten bezeichnet (indirekte Fehlmengenkosten). Folgende Einteilung gibt einen Überblick zur Berechnung der Fehlmengenkosten:

---

[188] Stochastischer Prozess = ein Prozess, dessen Veränderungen im Zeitablauf Zufallseinflüssen ausgesetzt ist (zufallsgesteuerte Ereignisse).

Abbildung 84: Mögliche Systematisierung von Fehlmengenkosten

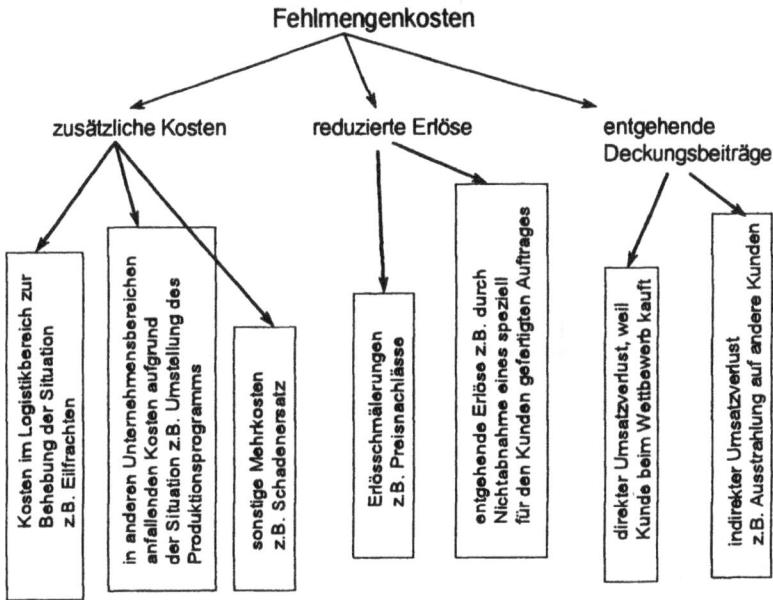

Fehlmengenkosten

zusätzliche Kosten — reduzierte Erlöse — entgehende Deckungsbeiträge

- Kosten im Logistikbereich zur Behebung der Situation z.B. Eilfrachten
- in anderen Unternehmensbereichen anfallenden Kosten aufgrund der Situation z.B. Umstellung des Produktionsprogramms
- sonstige Mehrkosten z.B. Schadenersatz
- Erlösschmälerungen z.B. Preisnachlässe
- entgehende Erlöse z.B. durch Nichtabnahme eines speziell für den Kunden gefertigten Auftrages
- direkter Umsatzverlust, weil Kunde beim Wettbewerb kauft
- indirekter Umsatzverlust z.B. Ausstrahlung auf andere Kunden

Die Höhe der Fehlmengenkosten hängt zunächst von der Bedeutung der Lieferzeit und Lieferbereitschaft auf einem Markt ab. Je höher die vom Kunden geforderte Lieferbereitschaft und je länger die Lieferzeit, um so eher tritt die Situation auf, dass der Bedarf am gewünschten Ort zur gewünschten Zeit in der gewünschten Menge und Qualität nicht befriedigt werden kann.

Die entgangenen Umsätze und Gewinne (Deckungsbeiträge), auch als „lost sale case" bezeichnet, können aus einer Fortschreibung der Werte ermittelt werden. Dennoch ist dieser Wert unvollkommen und ungenau, da gerade hier wiederum die Nichtbeherrschbarkeit des Systems durchschlägt. So kann nicht festgestellt werden, ob der Nachfrager mehrfach oder sogar für Dauer ausfällt. Es handelt sich immer um situative Momente, aus denen Regeln nur unter stark restriktiven Bedingungen abgeleitet werden können.

Zusammen mit den Lieferbereitschaftskosten bestimmen die Fehlmengenkosten die Gesamtkosten zur Sicherung der Lieferbereitschaft.

Aus dieser Gesamtkostenfunktion lässt sich somit ein Optimum errechnen, das den optimalen Lieferbereitschaftsgrad (L_{opt}) definiert.

Abbildung 85: Zusammenhang LBG - Kosten

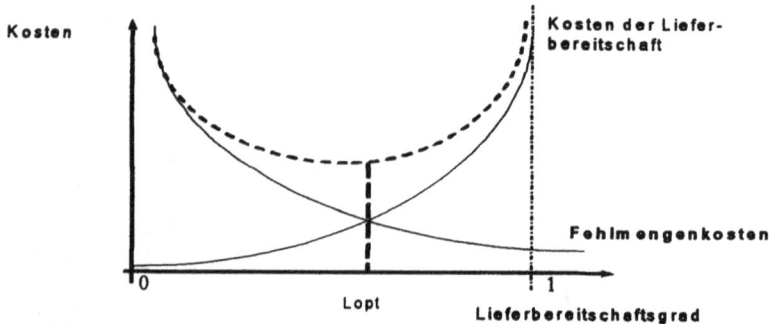

Die Vorgabe von Lieferbereitschaftszielen kann bei Vorliegen einer stochastischen Nachfrage auch darin bestehen, die Wahrscheinlichkeit festzulegen, mit der diese Nachfrage befriedigt weden kann. Sobald eine bestimmte Wahrscheinlichkeitsverteilung für die erwartete Nachfrage angenommen werden kann, ist es möglich, die Bestandshöhen (Sicherheitsbestände) zu bestimmen, mit denen vorgegebene Lieferbereitschaftsgrade realisiert werden können. Die Höhe des Sicherheitsbestandes hängt von der Größe der Prognosefehler und der Wahrscheinlichkeit ihres Auftretens ab. Durch die Gauss´sche Normalverteilung wird die Häufigkeit zufälliger Abweichungen vom Mittelwert standardisiert. Die Frage, mit welcher Wahrscheinlichkeit bestimmte Nachfragen nach gelagerten Produkten befriedigt werden kann und die entsprechend vorgehaltenen Bestände nicht überschritten werden, wird nun durch die Angabe eines bestimmten Vielfachen der Standardabweichung beantwortet. So kann bei einer Lieferbereitschaft von 50% auf einen Sicherheitsbestand verzichtet werden.

Abbildung 86: Normalverteilung des Prognosefehlers [189]

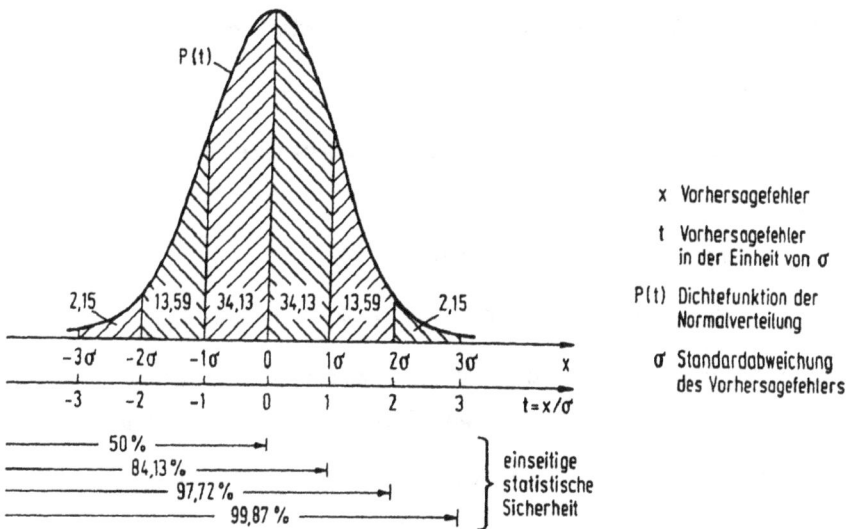

Bei einer Lieferbereitschaft von ca.84 % benötigt man einen Sicherheitsbestand in Höhe der Standardabweichung des vorhergesagten Verbrauchs. Will man eine statistische Sicherheit von ca. 97 %, so benötigt man einen Sicherheitsbestand von 2 Standardabweichungen der vorhergesagten Nachfrage. Bei anderen Häufigkeitsverteilungen als die Normalverteilung gilt diese statistische Sicherheit nicht mehr. Zur Gewährleistung eines vorgegebenen Lieferbereitschaftsgrades werden i.d.R. wesentlich höhere Bestände erforderlich. Unabhängig aller gemessenen Lieferbereitschaftsgrade ist jedoch zu beachten, dass diese Kennzahl keine geeignete Kennzahl für die Bestimmung des optimalen Lieferservices darstellt. Oft verfälschen hohe Verfügbarkeiten von Ladenhütern das Bild und führen zu einer Fehllenkung der Kapitalbindung (vgl. Ihde G., 1991, S.240). Hier ist die Ergänzung durch ABC Analysen erforderlich.

Lieferhäufigkeit bzw. **Lieferfrequenz** legt die Anzahl der Belieferungen in einem bestimmten Zeitraum fest.

Liefermodalitäten berücksichtigen Anlieferabsprachen wie Verpackungsart, Annahmezeiten, abfertigungsgerechte LKW - Größen, Entladehilfsmittel usw.

Sehr oft stellt sich heraus, dass erhebliche Diskrepanzen zwischen **gewolltem** Lieferservice und **tatsächlichem** Lieferservice bestehen. Unter Wettbewerbsaspekten

---

[189] Vgl. Pfohl 1990, S. 110.

und unter Kostengesichtspunkten wird der Lieferservice bei allen externen Lagerkonzepten in Zukunft stärker als bisher analysiert und als strategisches Instrument Anwendung finden. Für logistische Dienstleister bedeutet dies, dass

- der bedarfsgerechte, d.h. abnehmerspezifische Lieferservice gefragt sein wird.

- Dazu kommt es darauf an, den eigenen Lieferservice differenzierter messbar zu machen,

- den der Konkurrenz zu kennen und

- den aus Kundensicht geforderten Lieferservice zu erfüllen.

Ein wichtiges Instrument zur Positionierung seiner logistischen Leistung stellt der Vergleich mit dem Wettbewerb dar. Hilfsmittel hierfür ist das **Benchmarking.**[190]

Ein externes Distributionslager wird von einem Logistik - Dienstleister in eigener Verantwortung betrieben. Er führt in diesem Lager eine gebietsbezogene Vorkommissionierung durch und verteilt die Ware vom Lager weiter zu Kunden oder Umschlagspunkten. Transportvorgänge können gebündelt werden, die Vorteile der Bahn im Langstreckenbereich genutzt und die Beanspruchung der Straße verringert werden. Das produzierende Unternehmen hat sich durch diese Verlagerung eines Teiles seiner Distributionsaufgaben entledigt und kann sich auf seine Kernkompetenzen konzentrieren. Bei genauerer Betrachtung dieser Konzeption, kommt man jedoch sehr schnell zu einer Grundsatzdebatte, bei der sich immer wieder die Geister scheiden:

- Die einen sind der Ansicht, dass gerade die Logistik mehr und mehr strategischer Wettbewerbsfaktor ist und der Kostendruck im internationalen Wettbewerb gar keine andere Wahl als das Outsourcing zulässt. Dabei müssen die externen Dienstleister hohe Ansprüche der Kooperationspartner erfüllen.

- Die anderen wiederum warnen davor, sich in die Hände eines externen Dienstleisters zu begeben, wenn Logistik schon ein strategischer

---

[190] Benchmarking = Technik, die darauf beruht, die eigene Leistung mit dem Wettbewerb, d.h. möglichst mit dem leistungsfähigsten Unternehmen im Markt zu vergleichen. Ziel ist es, die eigene Leistung am besten Wettbewerber (best practice) zu messen und durch geeignete Maßnahmen mindestens diesen Standard zu erreichen oder zu übertreffen.

Wettbewerbsfaktor ist und durch Outsourcing eine Abhängigkeit mit dem externen Dienstleister entsteht.

Eine Lösung zeigt sich im „sowohl, als auch" d.h. dass der Auswahl des logistischen Dienstleisters die höchste Bedeutung zukommt. Wenn ein Dienstleister alle Funktionen der Lagerung, Kommissionierung sowie des Versandes für einen Kunden übernimmt, übernimmt er damit auch dessen Qualitätsphilosophie und wird integrierter Bestandteil seines Marktauftritts. Es obliegt nun dem Dienstleister, seinen Partner durch die richtige und zeitgerechte Ausführung der Aufträge in höchstmöglicher Qualität am Markt zu präsentieren.

Ein weiterer Ansatz liegt in der Positionierung von distributionslogistischen Aufgaben aus Sicht des produzierenden Unternehmens im Hinblick auf die prinzipielle Ausgliederungsfähigkeit und zwar unter Berücksichtigung der strategischen Bedeutung und der Unternehmensspezifität.

Abbildung 87: Prinzipielle Ausgliederungsfähigkeit distributionslogistischer Bereiche

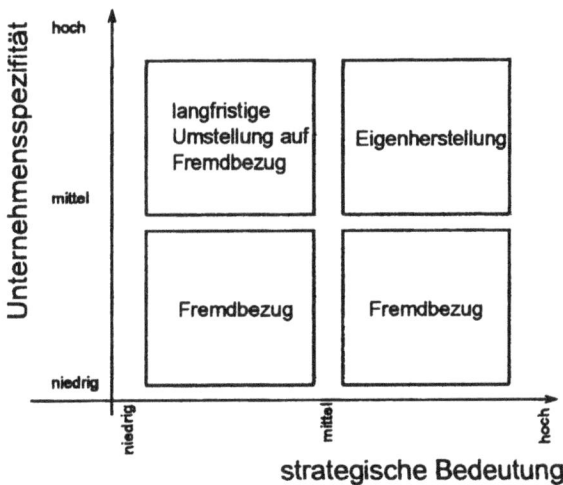

Beide Parameter lassen sich mit folgender Checkliste bearbeiten und im Hinblick auf eine Einschätzung zum stärksten Wettbewerber bewerten:

Strategische Bedeutung:

- relativ niedrige logistische Kosten, also im Bereich Auftragsabwicklung, Handling, Lagerung und/oder Transport

- relativ höhere Qualität der distributionslogistischen Leistung

- relativ höhere Produktivität der Mitarbeiter

- Vorteile in der Kapazitätsauslastung

- Vorteile in der Technologie z.B. Informationstechnologie

- Vorteile in der Qualifikation der Mitarbeiter

Auch der Parameter Unternehmensspezifität lässt sich anhand einer Auflistung von Merkmalen bewerten, ohne Anspruch auf Vollständigkeit:

Unternehmensspezifität:

- extrem hohes Leistungsniveau der Distribution, die kein externer Dienstleister erbringen kann

- hohe Anforderung an die Sicherheit im Transport z.B. Gefahrgut

- hohe Anforderungen an die Sicherheit im Lager

- besondere Anforderungen im Transport aufgrund Verderblichkeit und/oder Unverträglichkeit mit anderen Produkten

- besondere Anforderungen an die Ausbildung des Personals

- besondere Anforderungen an die Handlingseinrichtungen

- zu individueller Auftragsabwicklungsprozess

- Sonderleistung für Kunden wie Regalservice usw.

Bei Distributionsleistungen mit hoher strategischer Bedeutung aber niedriger Unternehmensspezifität sind in der Projektphase folgende Aufgabenstellungen besonders wichtig:

- sorgfältige Partnersuche

- sorgfältige, längerfristige Vertragsgestaltung mit Ausstiegsklausel

- Streuung des Risikos durch Aufgabenverteilung auf mehrere Partner

- Bei hoher Unternehmensspezifität und niedriger strategischer Bedeutung sind vor allem folgende Aspekte zu beachten:

- detaillierte Beschreibung der betreffenden Aufgaben

- exakte Aufgabendefinition als Vertragsgegenstand mit klarer Definition der Schnittstellen

- evtl. gemeinsame Servicestelle

Von der Fremdvergabe einer Distributionsleistung mit hoher Unternehmensspezifität und hoher strategischer Bedeutung sollten Verlader ganz absehen, während niedrige Unternehmensspezifität und geringe strategische Bedeutung geradezu ideale Outsourcingprojekte darstellen. Die Voraussetzungen für ein erfolgsreiches Outsourcing sind also die Definition der Zielsetzung des Outsourcing (Nutzen), die Definition eigener Kernkompetenzen, ein strukturierter Prozess unter Einbeziehung der Mitarbeiter, die Auswahl eines Partners mit umfassenden Kompetenzen und eine erfolgsorientierte Vertragsgestaltung („Win-Win-Situation").

8.5.3.2   Crossdocking Konzept

Dieses Konzept wird überwiegend von Handelsunternehmen eingesetzt, die Güter verschiedenster Art, Größe, mit unterschiedlichen Gewichten, in großen Umschlagsterminals bündeln und von dort unter hohem Planungs- und Steuerungsaufwand weiter verteilen. Anwender dieses Systems sind die großen Paketdienste und z.B. Procter und Gamble, Deutschland.

Abbildung 88: Konzept des Crossdocking

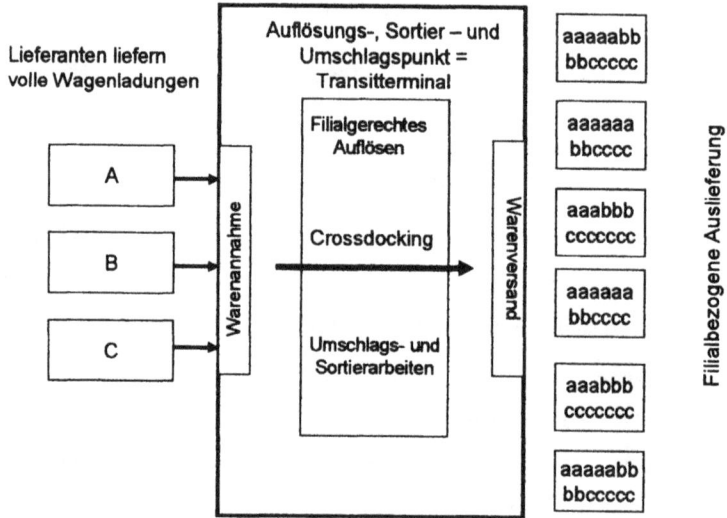

Da diese Verteilungskonzepte sehr aufwendig und kostenintensiv sind, ist eine weitere Forcierung dieses Konzeptes nur bei entsprechendem Mengenaufkommen zu erwarten. Diese Konzepte werden daher verstärkt von logistischen Dienstleistern zur Organisation von Verkehrssystemen (Systemverkehre) eingesetzt.

8.5.3.3   Gebietsspediteur

Dieses System wurde von der Automobilindustrie entwickelt und als Instrument zur Optimierung der Beschaffungslogistik eingesetzt. Auslöser dieser Entwicklung waren die Anforderungen einer Just-in-Time-Produktion. Dabei handelt es sich um Speditionslagermodelle, die eine unternehmensübergreifende Optimierung des Materialflusses unter Kostengesichtspunkten und eine Reduzierung der Vielfalt der Informationsschnittstellen zum Ziel haben. Um die durch die produktionssynchrone Beschaffung in der Regel steigenden Transportvorgänge zu bündeln und zu reduzieren, hat ein Gebietsspediteur die Aufgabe, Waren in einer definierten Region mit größerer Anzahl Lieferanten täglich zusammen zu fassen und als Komplettladung zu entsprechend niedrigen Tarifen über große Distanzen zum Abnehmer zu transportieren. Durch dieses Konzept wird der Spediteur vermehrt in den Informationsfluss zwischen Abnehmer und Lieferant integriert.

Lieferanten der Automobilindustrie, die in diesem System eingebunden sind, haben praktisch keine Gestaltungsmöglichkeiten ihrer Distributionslogistik. Gerade auch die Weiterentwicklung im Beschaffungsbereich zu sogenannten Systemlieferanten verstärkt diese Konzeption in ihrer weiteren Entwicklung.

8.5.3.4 Güterverkehrszentren

Die Konzeption eines Güterverkehrszentrums sieht die lokale Zusammenführung von Verkehrs-, Logistik- und Dienstleistungsunternehmen an einem verkehrsgünstig gelegenen Standort vor (vgl. Isermann 1998, S.442). Ein wichtiger Bestandteil derartiger Konzepte ist das Vorhandensein einer Umschlaganlage für den kombinierten Verkehr Schiene/Straße. Grundsätzlich wird durch den Bau von Güterverkehrszentren eine Verlagerung der Güterströme auf umweltfreundliche Verkehrsträger angestrebt. Die Verlagerung bezieht sich vor allen Dingen auf die Verlagerung der Güterströme auf die Schiene bzw. die bessere Nutzung von kombinierten Verkehren und Huckepack Verkehren.

Die Überlegung entspricht der klassischen Sammelverkehrsfunktion, die von den Spediteuren bereits seit der Jahrhundertwende eingesetzt wird, um Optimierungen zu erreichen. Neu ist der Aspekt, mehrere Speditionsbetriebe und andere Gesellschaften wie Umschlagsbetriebe, Verpackungsbetriebe usw. an einem Ort anzusiedeln, um dadurch den Effekt des Sammelns und Bündelns von Gütern zu verstärken. Neben diesen klassischen Güterverteilzentren haben sich mittlerweile auch logistische Dienstleistungszentren etabliert, wo sich transportbegleitende Dienstleistungsunternehmen wie Logistikberater, Versicherungsagenturen und Relationsmanager räumlich konzentrieren. Ein so genanntes Transportgewerbegebiet dient der gezielten Ansiedlung von Betrieben, die sich in erster Linie mit der Durchführung von Transportaufgaben und den anfallenden Nebenfunktionen wie Lagerei und Distribution befassen. Allerdings liegt diesem Konzept nicht der Grundgedanke von Kooperation zugrunde.

Abbildung 89: Güterverteilzentren

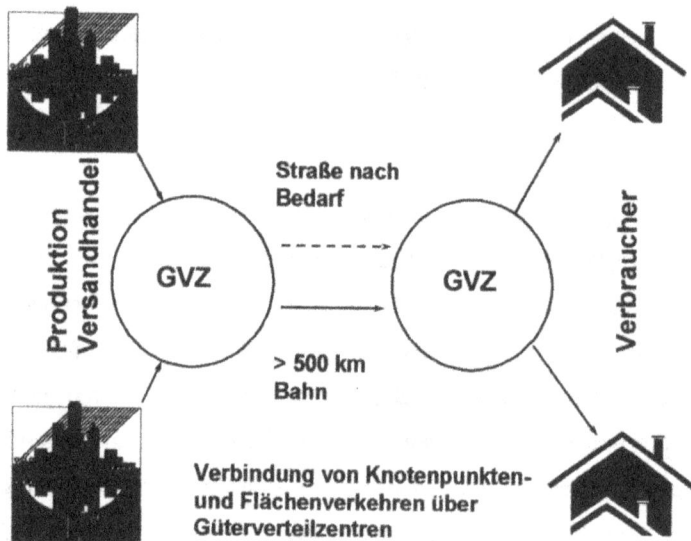

Außerdem soll die Verkehrsinfrastruktur eines geographischen Gebietes nachhaltig entlastet werden. Eine Auswirkung wäre die sog. City Logistik, deren Idee ist, die in der Innenstadt tätigen Unternehmen nicht mehr durch eine Vielzahl von Transportmitteln unkoordiniert zu beliefern, sondern dies in koordinierter Weise von einer Güterverteilzentrale am Rande der Stadt zu tun. Man strebt dadurch eine Entlastung der Straßen und der knappen Lagerräume in der Innenstadt an und versucht, durch geeignete technische und organisatorische Vorkehrungen in der Güterverteilzentrale den Güterumschlag zu beschleunigen.

8.5.3.5   QR (quick response) und ECR (efficient consumer response)

Die Konzentration im Handel ist die treibende Kraft, die Vernetzung von Handel und Industrie voranzutreiben und durch effizientere Abläufe von der Produktion bis hin zum Handelsgeschäft Kosteneinsparungspotenziale zu eröffnen. Das Projekt dazu nennt sich ECR – efficient consumer response.

Neue Technologien eröffnen der Warenwirtschaft immer neue Möglichkeiten. Physische Produkte, aber vorallem auch die damit verbundenen Daten und Informationen können immer effizienter transportiert werden. Gleichzeitig mit der zunehmenden Dynamik steigt aber auch die Komplexität im Daten- und Warenfluß. Die Key Player in der Logistikkette, „Hersteller – Spediteur/logistischer Dienstleister –

Händler" kommunizieren zwar zusehends elektronisch, jedoch jeder auf seine Art: Daten- und Logistiksysteme sind nach wie vor auf firmenindividuelle Determinanten und nicht auf die vor- bzw. nachgelagerten Bedürfnisse in der Wertschöpfungskette zugeschnitten, dh. die durch neue Kommunikationstechnologien individuell gewonnenen Vorteile gehen insgesamt gesehen eigentlich wieder verloren. Soll elektronischer Datenaustausch funktionieren, ist die Standardisierung der einzelnen Systeme nötig, ein kontinuierlicher und multilateraler Dialog über diese Prozesse scheint unerläßlich.

ECR betrifft primär die Bildung von strategischen Partnerschaften im Absatzkanal, mit dem Ziel der besseren Befriedigung der Bedürfnisse der Konsumenten durch Gewährleistung eines effizienten Warennachschubes, einer effizienten Verkaufsförderungspolitik, einer effizienten Sortimentsausrichtung am POS (point of sale) und einer effizienten Politik bei Einführung neuer Produkte.

ECR ist die konsequente Ausrichtung einer anderen Konzeption, der so genannten „Quick Response". Entscheidend dabei ist, dass mittels des Informationsflusses durch informatorische Integration der gesamten Logistikkette, der Güterstrom von einem „Push-System" zu einem bedarfsorientierten und nachfragesynchronen „ Pull-System" verändert werden kann.

Die Grundlage für QR liegt in der automatischen artikelgenauen Erfassung der Abverkäufe am POS. Im Falle des Abverkaufes eines Produktes wird ein Strichcode durch die Scannerkasse gelesen und die artikelbezogene Information sofort an das zentrale Computersystem weitergeleitet, wo die Abverkäufe gesammelt werden. Abhängig von der jeweils getroffenen Vereinbarung übermittelt das Handelsunternehmen in regelmäßigen Abständen (täglich/wöchentlich) automatisch die aktuellen Verkaufsdaten an die Herstellerunternehmen. Die Hersteller erstellen auf dieser Grundlage ihre Produktionspläne und können dadurch ihre Fertigungsanlagen nachfragegerecht steuern. Gemäß den übermittelten Daten erfolgt die filialbezogene Auslieferung über ein zwischengeschaltetes Distributionszentrum. In dieser Darstellung wird auch deutlich, dass mindestens 2 Voraussetzungen erfüllt sein müssen, damit QR funktioniert:

- EDV-mäßige Vernetzung aller Stufen des Logistikkanals – technologische Anforderungen (Stichwort: EDI)

- Überwindung emotionaler Barrieren zwischen den am QR System beteiligten Unternehmen – organisatorische Anforderungen

Für die Umsetzung von ECR Konzepten werden grundsätzlich folgende 4 Bausteine genannt:

Abbildung 90: Bausteine von ECR

Bausteine von ECR

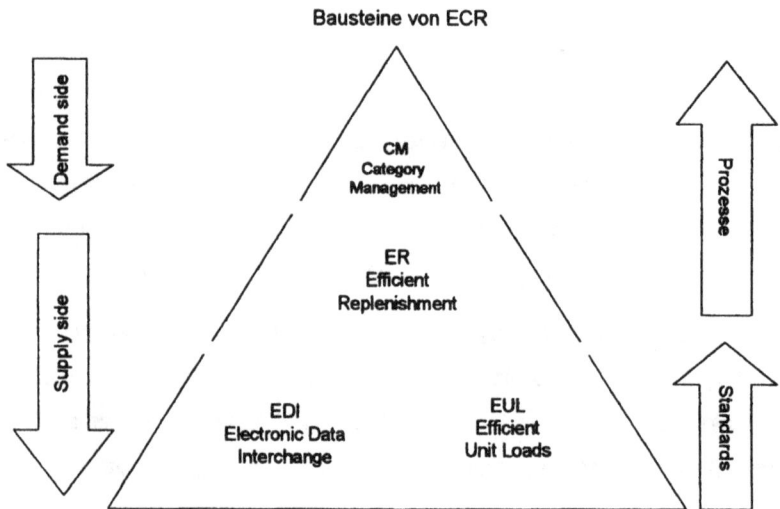

ECR ermöglicht die Optimierung logistischer Abläufe durch die Schaffung von Standards für Hardware, Kommunikation und Prozessen

Category Management (CM)

CM kombiniert das Wissen des Herstellers über den Verwender mit dem Wissen des Händlers über den Käufer mit dem Ziel, durch eine Fokussierung auf die Wertschöpfung für den Kunden, verbesserte wirtschaftliche Resultate zu erzielen. Im Mittelpunkt stehen 3 Aspekte:

- die Betrachtung einer Warengruppe als strategische Geschäftseinheit

- die enge Zusammenarbeit zwischen Handel und Hersteller bei der Entwicklung von Strategien zur Leistungsverbesserung von Warengruppen (z.B. bei Entscheidungen über Produktsortiment, Bestandslevel, Regalplatzzuteilung, Promotion, Einkauf)

- die verbesserte Integration von Einkaufs- und Vertriebsfunktionen in den einzelnen Handelsunternehmen

Efficient Replenishment (ER)

Der Schwerpunkt von ER liegt im Ansatz, dass das Produkt einen möglichst reibungslosen kostengünstigen Weg ins Regal des Detailhandels findet. ER verbindet den Kunden, die Verkaufsstelle (Point of sale), das Handelslager und die Unternehmenszentrale des Herstellers in einem System, das langfristig die Synchronisation der Produktion mit der Kundennachfrage zum Ziel hat.

Informatik – Technologie (EDI)

EDI ist die Übermittlung strukturierter Daten mittels festgelegter Nachrichtenstandards von einer Computeranwendung in eine andere, und zwar auf elektronische Weise und mit einem Minimum an menschlichen Eingriffen. Geschäftsdaten wie beispielsweise Bestellungen, Lieferrmeldungen, Rechnungen etc. können so automatisiert, zuverlässig und wesentlich beschleunigt übertragen werden. Erst mit den heute verfügbaren (und bezahlbaren) IT war eine durchgängige datentechnische Verknüpfung der Prozesskette möglich. Wesentlicher Ansatz ist also Austausch von Geschäfts- und Handelsdaten strukturiert nach einheitlichen Standards zwischen Anwendungsprogrammen verschiedener Unternehmen mittels Telekommunikation zur maschinellen Weiterverarbeitung, also im Kern „Kommunizieren ohne Schreibarbeit."

Im ECR Projekt der österreichischen Firmen wird zusätzlich der Baustein Efficient Unit Loads (EUL) genannt. Dabei werden die Schaffung eines einheitlichen Ladungsträgersystems sowie kompatible Lager- und Transportsysteme behandelt. Ziel ist es, Ladungen möglichst handlingsfrei durch den Versorgungskanal zu ziehen, die eingesetzten Ladungsträger optimal auszulasten und die Bewirtschaftung der Ladungsträger einfacher und effizienter zu gestalten. EUL umfasst die Gesamtheit aller Standards, die zur Schaffung einheitlicher optimaler Ladungsträger und Transportverpackungen unter Berücksichtigung vorhandener Transport- und Lagerkapazitäten herangezogen werden können. Strategisches Ziel von EUL ist die Steigerung der Effizienz und Effektivität in den Versorgungsketten durch Harmonisierung und Integration von Verpackungs- und Transportstandards mit der Folge, dass lt. ECR Österreich ca. 13 – 27 % der Logistikkosten eingespart werden können. Unabhängig davon, welches Distributionskonzept gewählt wird, folgende

Kernpunkte der Aktivitäten und Entwicklungen gelten künftig mit hoher Wahrscheinlichkeit:

- Alles zu unternehmen, um den Kundenservice zu verbessern

- immer weitere distributionslogistische Aktivitäten an Logistik - Dienstleister übertragen

- den Aufgabenumfang von Speditionsunternehmen deutlich erweitern

- die Zahl der Distributionsstufen und die Lageranzahl verringern

- eine flussgerechte Integration von Auftragsabwicklung, Lagerhaltung und Produktion anstreben

- den Kunden in die Logistikkette voll einbinden durch den Einsatz neuer Informations- und Kommunikationstechniken

8.5.4 Marketingstrategien

Der Aufbau von Logistikkompetenz im Allgemeinen und von IT Kompetenz im Speziellen zwingt die Speditionen zu einer Erweiterung ihrer Marketingstrategien. In ihren traditionellen Leistungsbereichen Umschlag, Transport und Lagerung vermarkten sich die Speditionen bei Standardanforderungen über die Kriterien Preis, Zuverlässigkeit und Schnelligkeit. Angebote z.B. in der Kontraktlogistik setzen zwar ebenfalls kostengünstige Ausprägungen dieser Merkmale voraus, verlangen darüber hinaus aber von den Speditionen auch die Fähigkeit, sich in die Logistik ihrer Kunden hineindenken und ihnen Einsparungspotenziale sowie Servicegradverbesserungen aufzeigen zu können. Damit bietet das Feld der Kontraktlogistik zugleich auch einen geeigneten Ansatzpunkt für aktive Akquisitionsaktivitäten der Speditionen. Beispielsweise lässt sich der prognostizierte Erfolg einer Outsourcinglösung für den Kunden dadurch effektiv vermitteln, dass als Entlohnung für den Spediteur nicht etwa ein fester Preis oder eine Umsatzmarge vereinbart wird, sondern eine Beteiligung des Spediteurs an den erzielten Kosteneinsparungen beim Kunden. Ein solches Preissetzungskonzept beinhaltet allerdings auch zusätzliche Risiken, so dass sich die Anforderungen an eine Risikostreuung im Kontraktlogistikportfolio weiter erhöhen.

Spielt die Qualität eine entscheidende Rolle in der Outsourcinglösung, so kann auch ein qualitätsabhängiges Vergütungssystem zwischen den Kontraktpartnern vereinbart werden. Da Kontraktlogistik grundsätzlich auf Dauer angelegt ist und je nach ausgelagertem Funktionsbereich einen wichtigen Bestandteil der Qualität des Endproduktes darstellen kann, sind sowohl die Qualität der Dienstleistung wie auch das gegenseitige Vertrauen zwischen Dienstleister und Kunde entscheidende Erfolgsfaktoren. Anstatt nach kurzfristigen Absatzerfolgen zu streben, müssen sich Speditionen daher verstärkt auf die Pflege langfristiger Kundenbeziehungen einstellen. Dann lassen sich im Zeitablauf auftretende Kostensteigerungen auch leichter auf den Kunden überwälzen und durch Lernkurveneffekte Margenverbesserungen erzielen. Ähnliche Schlussfolgerungen gelten auch für den Stückgutmarkt, in dem die Vorhaltung hoher Kapazitäten einen steten Druck auf die Preise entfaltet. Da Restkapazitäten häufig zu variablen Kosten vermarktet werden, lässt sich Kostendeckung vorrangig durch regelmäßige, qualitativ hochwertige Verkehre erzielen, denen die Verlader eine ausreichend hohe Zahlungsbereitschaft entgegenbringen.

9 Methoden und Instrumente zur Unterstützung des Management speditioneller Dienstleistungen

9.1 Marketing

Marketing hat sich aus der Absatzwirtschaftslehre entwickelt, wesentlich verbunden mit dem Namen Gutenberg. Im Mittelpunkt der Absatzwirtschaft stand die Distributionsfunktion als Verkaufsvorgang, also die Verwertung der wie auch immer erstellten Unternehmensleistung am Markt. Ausgangspunkt der diesbezüglichen Aktivitäten waren die Produkte oder Dienstleistungen eines Unternehmens. Aufgabe der Absatzvorbereitung und -durchführung war es, für diese Produkte Kunden zu gewinnen und sie durch Mittel der Werbung und der Verkaufsförderung für die Produkte des Unternehmens so zu begeistern, dass das eigentliche Umsatzgeschäft zustande kam. Diese als Verkaufskonzept zu kennzeichnende Vorgehensweise lässt sich unter den Bedingungen des eingetretenen Wandels von einem Verkäufermarkt zum Käufermarkt kaum noch mit Erfolg umsetzen.

Das moderne Marketingkonzept stellt demgegenüber den (vorhandenen oder potentiellen) Kunden mit seinen Wünschen und Anforderungen in den Mittelpunkt aller Überlegungen und praktischen Handlungen im Rahmen der marktorientierten Unternehmenstätigkeit.

Auf dem Käufermarkt übertrifft das Angebot bei fast allen Gütern oder Dienstleistungen die konkrete Nachfrage. Die "Macht" liegt beim Kunden. Daher kann die Aufgabe einer marktorientierten Unternehmensführung nur lauten: Kunden gewinnen und Kunden durch Zufriedenheit mit der gebotenen Leistung halten. Erfolge erhofft man sich durch den Einsatz der verschiedenen Marketing-Instrumente.

Bei einem Verkäufermarkt überwiegt die Nachfrage das Angebot. Die "Macht" liegt daher beim Hersteller. Die vorhandene Kapazität reicht nicht aus, um die gesamte kaufkraftuntersetzte Nachfrage zu befriedigen. Dies ergibt für den Nachfrager eine schwache Position, er ist als Kunde auch nicht "König".

Abbildung 91: Einteilung von Märkten

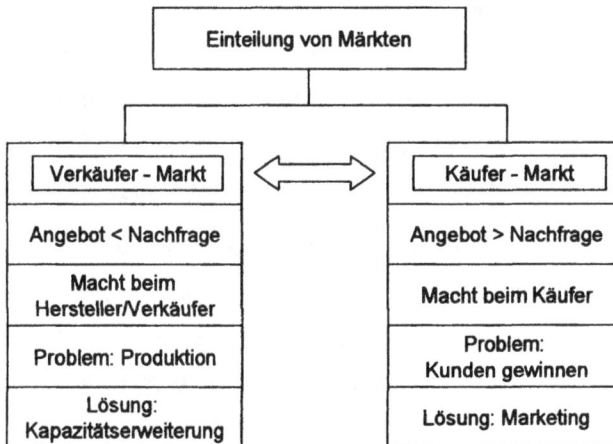

```
                    ┌─────────────────────────┐
                    │   Einteilung von Märkten │
                    └─────────────────────────┘
           ┌────────────────┴────────────────┐
┌──────────────────────────┐      ┌──────────────────────────┐
│   Verkäufer - Markt       │ <==> │   Käufer - Markt          │
├──────────────────────────┤      ├──────────────────────────┤
│   Angebot < Nachfrage     │      │   Angebot > Nachfrage     │
├──────────────────────────┤      ├──────────────────────────┤
│   Macht beim              │      │   Macht beim Käufer       │
│   Hersteller/Verkäufer    │      │                           │
├──────────────────────────┤      ├──────────────────────────┤
│   Problem: Produktion     │      │   Problem:                │
│                           │      │   Kunden gewinnen         │
├──────────────────────────┤      ├──────────────────────────┤
│   Lösung:                 │      │   Lösung: Marketing       │
│   Kapazitätserweiterung   │      │                           │
└──────────────────────────┘      └──────────────────────────┘
```

Der Käufer eines Produktes oder einer Dienstleistung ist Mittelpunkt und Ziel des Unternehmensinteresses. Nicht mehr die Probleme, wie Produkte wirtschaftlich zu produzieren und rationell abzusetzen sind, stehen im Vordergrund, sondern wie auf Bedürfnisse der Kunden reagiert werden kann.

Verkaufsentscheidungen werden nicht mehr Zufälligkeiten oder Systemzwängen überlassen, sondern sind das Ergebnis planmäßiger Entscheidungsabläufe, besonderes Augenmerk wird auf den Prozesscharakter der Marketingentscheidung gelegt.

Umfang und Inhalt des Begriffes Marketing sind durch ein breites Spektrum unterschiedlicher Definitionen erschlossen:

- „Marketing (-Management) ist der Planungs- und Durchführungsprozess der Konzipierung, Förderung und Verbreitung von Ideen, Waren und Dienstleistungen, um Austauschprozesse zur Zufriedenstellung individueller und organisationeller Ziele herbeizuführen" (Kotler 1999, S. 17).

- Bidlingmaier (vgl. 1983, S.25) fasst Marketing als eine Konzeption der Unternehmensführung auf, bei der im Interesse der Erreichung der

Unternehmensziele alle betrieblichen Aktivitäten konsequent auf die gegenwärtigen und künftigen Erfordernisse der Märkte ausgerichtet werden.

- Meffert (vgl. 1998, S. 38) versteht in einer umfassenden Begriffsbestimmung unter Marketing Planung, Koordination und Kontrolle aller auf die aktuellen und potentiellen Märkte ausgerichteten Unternehmensaktivitäten. Durch eine dauerhafte Befriedigung der Kundenbedürfnisse sollen die Unternehmensziele im gesamtwirtschaftlichen Güterversorgungsprozess verwirklicht werden.

Weitere Definitionen lassen sich mühelos finden. Eine wesentliche Erweiterung des Begriffes ist auf ein gewisses Unbehagen bei der zu starken Orientierung von Marketing auf das Gewinnstreben zurückzuführen. Es wird daher versucht, neben dem Gewinnstreben eines Unternehmens auch gemeinwirtschaftliche Aufgaben, karitative Tätigkeiten, humanitäre Verpflichtungen, soziale Ziele etc. ausreichend zu berücksichtigen. In diesem Sinne ist Marketing ein Prozess des Planens und Realisierens, der Preisgestaltung, der Förderung und Distribution von Ideen, Gütern und Dienstleistungen, um Austauschprozesse hervorzurufen, welche die Ziele von Individuen und Organisationen befriedigen. Es erfolgt also eine Ausweitung des Profitmarketings um den Non-profit-Gedanken. Abschließend sei auf eine Einschränkung hingewiesen:

Trotz der Erweiterung des Marketings um Non-profit-Ziele wird dem Marketing mangelnde soziale Verantwortung vorgeworfen, und zwar auf zwei Ebenen. Als Ausgangspunkt für die Kritik kann die Auffassung dienen, Marketing stehe für die Sicherung der Markterfolge durch sofortiges Reagieren auf Verhaltensänderungen der Konsumenten. Der sogenannte Konsumerismus wirft dem Marketing negative Wirkungen auf die Gesellschaft vor, indem die vielfältigen Manipulationsmöglichkeiten und Verführungstechniken zum Kaufen kritisiert, bewusst herbeigeführte Produktveralterungen abgelehnt und die schwache Stellung der Verbraucher gegenüber den Produzenten angeprangert werden.

Für den Verkehrssektor weit schwerer wiegt der Vorwurf, durch Marketing entstünden negative Wirkungen auf die Umwelt, durch den Konsumationszwang (Wegwerfmentalität) entstünden gravierende Auswirkungen auf den natürlichen Lebensraum des Menschen und knappe und nicht mehr ersetzbare Ressourcen würden verschwendet. Schnellere, bequemere und billige Transporte begünstigten diese Entwicklung, da sie den Reisewiderstand senken und Transportkosten in der Preiskalkulation nur mehr eine untergeordnete Rolle spielen.

So weist etwa das Entstehen von Bürgerinitiativen aber auch die Aussagen von Konsumentenschutzvereinen auf solche Auswüchse und auf den Wunsch nach Veränderung hin. Sie können und sollen daher nicht geleugnet werden. Allgemeine Änderungen der Grundeinstellungen der Konsumenten zu gesellschaftlichen Zielen (sogenannter Wertewandel, Entwicklung zum kritischen Kunden, Umweltschutz) führen zu politischem Druck, der über die Änderung von Gesetzen, Verordnungen etc. den Freiraum unternehmerischen Handelns einzuschränken vermag.

9.1.1 Der Markt

Unter Markt ist jene (branchen-, güter- und unternehmensrelevante) Umwelt zu verstehen, in der sich bedarfskonkrete Austauschbeziehungen zwischen Anbietern und Nachfragern vollziehen (vgl. Kap. 1).

Der Markt ist somit ein ökonomischer Ort, an dem potentielle Kunden bereit und fähig sind, bestimmte Bedürfnisse durch Austauschprozesse zu befriedigen, was mit einschliesst, dass es andere Partner gibt, die ihrerseits bereit und fähig sind, dafür die erforderlichen Güter und Dienstleistungen zu einem bestimmten Preis bereitzustellen.

Aus der Sicht eines anbietenden Unternehmens wird der Markt vor allem bestimmt

- durch geographische Aspekte (Klärung des möglichen Aktionsfeldes des Unternehmens im Rahmen lokaler, regionaler, nationaler und/oder globaler Märkte),

- durch Zielgruppen innerhalb der geographischen Bestimmung des Marktes (Zwang zur Marktsegmentierung),

- durch die Anzahl der Marktteilnehmer (Beachtung der verschiedenen Marktformen und der hierbei gegebenen Aktionsmöglichkeiten für die Absatz- und Preispolitik) sowie

- durch die gegebenen Relationen zwischen Angebot und Nachfrage (Klärung der Frage, wer auf dem Markt die "Macht" hat bzw. ausübt).

Um Ordnung in die Vielzahl der Beziehungen zwischen Anbietern und Nachfragern am Markt zu bringen, wurden 3 Wege eingeschlagen:

- die Entwicklung eines Marktformenschemas mit Hilfe des Kriteriums der Anzahl Marktteilnehmer auf der Angebots- und Nachfrageseite

- die Beschreibung der Verhaltensweisen der Marktteilnehmer

- die Stärke der Wirkung einer Preisänderung des Unternehmens A auf die Absatzmenge des Unternehmens B, der sog. Triffinsche Koeffizient (vgl. Wöhe 1975, S.402).

Das Marktformenschema stellt folgende Kombinationsmöglichkeiten dar:

Abbildung 92: Marktformenschema

Nachfrageseite > Angebotsseite	Polyon (viele)	Oligoon (wenige)	Monoon (einer)
Polypol (viele)	Vollständige Konkurrenz Preis = konstant	Nachfrage Oligopol Preis = konstant	Nachfrage Monopol Preis = konstant
Oligopol (wenige)	Angebots Oligopol Preis = beeinflussbar	Duopol (zweiseitiges Oligopol) Preis = beeinflussbar	Beschränktes Nachfrage monopol Preis = beeinflussbar
Monopol (einer)	Angebots Monopol Preis = bestimmbar	Beschränktes Angebots Monopol Preis = beeinflussbar	Zweiseitiges Monopol Preis = konstant

Problematisch ist, dass das Kriterium Zahl der Marktteilnehmer unscharfe Grenzen hat (Begriffe wie wenige oder viele Anbieter drücken Tendenzen aus) und zudem die angebotenen Produkte und Dienstleistungen nicht immer eine klare Marktabgrenzung ermöglichen.

Die Verhaltensweisen von Unternehmen zur Beschreibung der Marktformen konzentriert sich auf die Vorstellung, dass ein Unternehmen (Anbieter) sich monopolistisch verhält, wenn es sich lediglich vom Verhalten der Nachfrager und der eigenen Preispolitik leiten lässt, bzw. verhält sich das Unternehmen konkurrenzgebunden, wenn auch das Verhalten anderer Unternehmen (Wettbewerber) das eigene Verhalten bestimmt.

Beim Triffinschen Koeffizienten (T) handelt es sich um eine Art Kreuzpreiselastizität, die angibt, welche Mengenänderung im Absatz von Unternehmen B bei einer bestimmten Preisänderung von Unternehmen A zu erwarten ist. Danach lassen sich 3 grundsätzliche Formen der Konkurrenzbeziehung definieren:

- Keine Konkurrenzbeziehung T=0

- Homogene Konkurrenz, eine Preisänderung von A berührt den Absatz von B in hohem Maße (T=∞)

- Heterogene Konkurrenz, (0<T<∞), keine extremen Zusammenhänge

In der weiteren Entwicklung dieses Gedankens wurden Preis/Absatz Modelle entwickelt, die Hilfestellungen in der betrieblichen Preispolitik geben sollten und für unterschiedliche Marktformen berechnet wurden. Zentral bleibt die Frage, wie stark die Nachfrage auf unterschiedliche Preise reagiert. Dieser funktionale Zusammenhang wird mit Hilfe der Preiselastitzität der Nachfrage erfasst.

$$\text{Preiselastizität der Nachfrage} = \frac{\text{Veränderung der nachgefragten Menge in \%}}{\text{Preisänderung in \%}}$$

Eine Nachfrageänderung von 10% bei einer Preisänderung von 2 % bedeutet, dass die Preiselastitzität – 5 [191] beträgt. Schrumpft bei einer Preiserhöhung um 2% die Nachfrage um 2%, so beträgt die Preiselastizität – 1. In diesem Fall bleibt der Umsatz des Anbieters unverändert. Grundsätzlich gilt:

- Verändert sich die Nachfrage bei leichter Modifizierung des Preises nur wenig, bezeichnet man die Nachfrage als unelastisch.

- Verändert sich die Nachfrage hingegen beträchtlich, bezeichnet man sie als elastisch.

Viele Unternehmen versuchen auf die eine oder andere Weise, die Nachfragefunktion für ihre Produkte und Dienstleistungen zu ermitteln. Entscheidend ist, dass sich der Anbieter eine Vorstellung über diesen Zusammenhang verschafft, da dies ein möglicher Ansatz für ein proaktives Marketing darstellt.

---

[191] Das Minuszeichen zeigt, dass Preis und Nachfrage invers zueinander sind, d.h. in umgekehrter Richtung verlaufen.

9.1.2   Maßgrößen des Marktes

Die meisten Unternehmen haben viele Marktchancen, die sie bewerten und vergleichen müssen, um die richtigen Zielmärkte auswählen zu können. Dazu brauchen sie Informationen über Marktgröße, das Marktwachstum und das Ertragspotential.

Zur Dimensionierung des Marktes werden mindestens 3 Maßgrößen wichtig, die sowohl in Geldeinheiten (Umsatz) als auch in Mengeneinheiten gemessen werden können:

Marktpotential:

Es beschreibt die denkbare Aufnahmefähigkeit eines Marktes für Güter oder Dienstleistungen, wenn alle denkbaren Käufer über die benötigte Kaufkraft verfügen und ein bewusstes Kaufbedürfnis entwickelt haben.

Marktvolumen:

Es umfasst die effektive Absatzmenge einer Güter- oder Dienstleistungsart in einem definierten Markt. Ein Markt ist gesättigt, wenn das Marktvolumen dem Marktpotential entspricht.

Marktanteil:

Als Marktanteil bezeichnet man den prozentualen Anteil des Unternehmungsumsatzes oder der Unternehmensabsatzmenge am effektiven Marktvolumen. Der Marktanteil gibt Auskunft darüber, wie stark die Stellung der Unternehmung im Vergleich zu anderen Unternehmungen auf dem definierten Markt ist.

9.1.3   Definition und Abgrenzung des Güterverkehrsmarktes

Die Studie über Marktgrößen und Marktsegmente in der Logistik-Dienstleistungswirtschaft (vgl. Klaus 2000, S.25f) verwendet als Abgrenzungshilfe das Bild der Wertschöpfungskette als Grundlage zur Beschreibung einer Supply Chain.

Abbildung 93: TUL in der Wertschöpfungskette

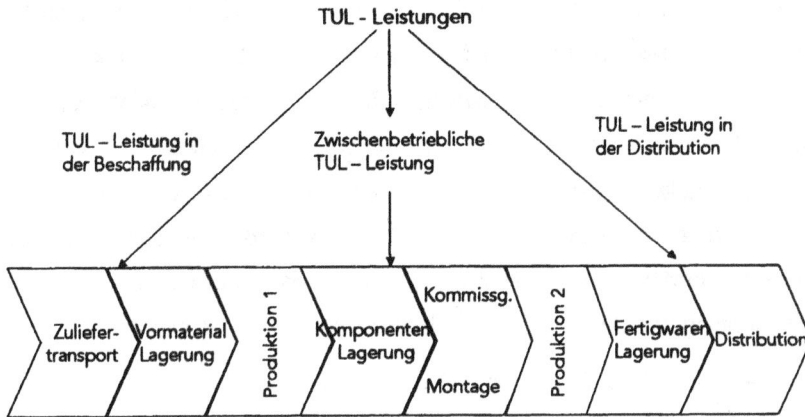

Der in der Praxis am weitesten verbreitete Begriff ist der Begriff der „TUL-Logistik". Darunter werden die engsten produktionsexternen Logistikleistungen des Transports, der Lagerung und des Umschlags zwischen den Produktions- und Verkaufsstätten der Wirtschaft berücksichtigt. Darüberhinaus können auch Koordinationstätigkeiten zugeordnet werden, die häufig auch als logistische Aktivitäten bezeichnet werden. Darunter fallen die im alltäglichen Geschäftsprozess anfallenden administrativen Dispositions-, Auftragsabwicklungs- und Kundendienstaktivitäten für die Erfüllung von Kundenbedürfnissen sowie die Disposition von Beständen.

Zwischenbetriebliche Gütertransportleistungen sind die am besten dokumentierten Aktivitäten und werden in einer Vielzahl von amtlichen statistischen Dokumenten zur Verfügung gestellt (vgl. Kap. 3).

Wesentlich schwieriger ist die Erarbeitung von Daten zur Einschätzung des Logistikmarktes auf Basis von Logistikkosten oder Umsätzen aus logistischen Dienstleistungen. Im akademischen Umfeld (Universitäten und Fachhochschulen) werden regelmäßig diesbezügliche Studien veröffentlicht ebenso wie die regelmäßigen Veröffentlichungen von Beratungsunternehmen.[192]

Klaus hat in seiner Studie (vgl.2000, S.32 – 42) den Versuch unternommen, diesen logistischen Dienstleistungsmarkt zu quantifizieren. Unter Zugrundelegung seiner Marktdefinition wurde ein Marktvolumen für den logistischen Dienstleistungsmarkt in der EU von ca. 440 Mrd. €[193] errechnet, wovon ca. 170 Mrd. € den klassischen Transportmarkt in Europa betreffen, der nach Klaus mit 12,9 Mrd. Tonnen Frachtvolumen definiert wird. Ohne weitere genauere Analyse zeigt sich allein aus diesem Verhältnis ein wesentlich größeres Marktpotential für den logistischen Dienstleitungsmarkt gegenüber dem klassischen Gütertransportmarkt.

Ein häufiger untersuchter Teilmarkt des logistischen Dienstleistungsmarktes ist der Markt für „Kontraktlogistik". Kontraktlogistik bezeichnet die sich in zunehmendem Maße entwickelnden langfristigen Geschäftsbeziehungen bzw. Wertschöpfungspartnerschaften zwischen Industrie, Handel und logistischen Dienstleistern (vgl. Stein, 1998, S 230-234). Klaus (vgl.2000, S.118-121) unterscheidet in diesem Bereich die Teilmärkte „Konsumgüterdistribution und Markenartikel-Kontraktlogistik" und bewertet sie mit ca. 30 Mrd. €. Hierunter fallen im „Food"-Teilbereich Tiefkühl (TK)- Distribution und Frischeprodukte-Distribution, im „Non-Food" Bereich Gebrauchsgüter wie z.B. weiße und braune Ware, Bücher, Heimtextilien, Baumarkt- und Heimwerkerartikel und Verbrauchsgüter des Groß- und Einzelhandels.

Einen weiteren Teilmarkt im Bereich der Kontraktlogistik definiert Klaus als „industrielle Kontraktlogistik mit Produktionsversorgung und Ersatzteildistribution". Potentieller Kunde der Logistikdienstleister ist jener Teil der Wirtschaft, der sich mit der Herstellung von Vormaterialien, Komponenten und Zulieferungen und dem Zusammenbau klassischer industrieller Produkte wie z.B. Maschinen- und Gerätebau, elektrotechnischem und elektronischem Equipment und Fahrzeugen befasst. Das Marktpotential schätzt Klaus auf ca.40 Mrd. €. Die Wachstumsprognosen für diese Märkte liegen bei 9% jährlich (vgl. Lutz 2003, S.11).

Für Österreich wurde ein vergleichbarer logistischer Dienstleistungsmarkt in Höhe von 12 – 18 Mrd. € pro Jahr geschätzt (vgl. Smekal 2002, S.39), was einem Anteil von ca.

---

[192] Z.B. die jährlichen Veröffentlichungen der Bundesvereinigung Logistik zu „Trends und Strategien".
[193] In der Studie wurde der Markt in Mrd. DM definiert.

3% am europäischen logistischen Dienstleistungsmarkt entspricht. Diese Art von Analysen von Marktdaten ist für Güterverkehrsunternehmen eine wesentliche Vorrausetzung, um

- Marktpotenziale überhaupt zu erkennen

- bedeutende Marktentwicklungen einzuschätzen und

- Wettbewerbssituationen zu bewerten

Leistungssegmentierung und Marktsegmentierung gehören untrennbar zueinander. Die durch Marktsegmentierung entstehenden Teilmärkte sind für die Erhebung von Daten überschaubarer. Generell kann jedoch aus allen vorliegenden Studien abgeleitet werden, dass dem Markt für logistische Dienstleistungen ein wesentliches Wachstum prognostiziert wird, welches jedoch insbesondere von den jeweils bedienten Leistungsbereichen abhängt. Hierbei werden vor allem im Feld komplexer Leistungen in Form der Steuerung von Supply Chains hohe Wachstumsraten gesehen. Kritisch zu betrachten ist aber meist eine problematische Datenverfügbarkeit und die Qualität der erhobenen Daten.

9.1.4 Marketing in Güterverkehrsbetrieben und Speditionsunternehmen

Austauschbeziehungen, die Unternehmen mit ihrer Umwelt anknüpfen, gestalten und erhalten müssen, sind die primären Ansatzpunkte für Analyse und Verständnis aller Strategien, Techniken, Instrumente und Methoden der betrieblichen Leistungsverwertung. Mit diesem Streben nach zweckorientierter Beeinflussung der Austauschbeziehungen zum besseren Absatz von Gütern und Dienstleistungen verknüpft ist der Wunsch des Unternehmens, Konsumentenbedürfnisse zu erkennen und zu befriedigen. In diesem Sinn ist Marketing gleichzusetzen mit den unternehmerischen Aktivitäten zur zielorientierten Gestaltung der Märkte. Die Tatsache, dass der Nutzen eines Unternehmens (gemessen beispielsweise an den Größen Umsatz, Marktanteil oder Gewinn) zu verbessern ist, wenn potentielle Kunden direkt angesprochen werden und sich "umsorgt" fühlen, darf als bekannt vorausgesetzt werden. Nicht erst seit der Wandlung der Verkäufer- in Käufermärkte sind Bedürfnisanalysen, Werbung und PR-Kampagnen alltägliche Erscheinungen.

Worin liegen also die Gründe, Marketing im Verkehr noch besonders hervorzuheben?

Eine allgemeine Betrachtung der Verkehrsunternehmen und öffentlicher Verkehrsbetriebe im besonderen vermittelt oftmals den Eindruck, dass die Grundsätze

- Marketing ist nicht nur Betätigungsfeld einer bestimmten Abteilung, sondern Handlungsanweisung für jeden einzelnen Mitarbeiter, und

- Marketing soll nicht nur Mittel zum Zweck sein, sondern auch als Orientierungsrahmen in alle Unternehmensebenen integriert werden

keine besondere Beachtung finden. So ist es verständlich, dass in Verkehrsunternehmen die Gründung einer Abteilung für Marketing als die wesentlichste und aber leider oft auch einzige notwendige Aktivität angesehen wird. Der Verkaufsvorgang steht im Mittelpunkt der Marktbearbeitung, die Nachfrage nach Transportleistungen ist sowieso abgeleitete Nachfrage und kann durch den Anbieter von Transportleistungen nicht entwickelt werden. Aus dem Konglomerat Dienerfunktion des Verkehrs, wenig Eingriffsmöglichkeiten in die Gestaltung der Transportleistung, Eingriffe des Staates, keine Möglichkeit, auf Vorrat zu produzieren, etc. resultiert oftmals ein Desinteresse an der Ausrichtung der Unternehmenspolitik an den Bedürfnissen der Kunden. Dennoch zeigt sich an dem bereits dargestellten Beispiel der Marktdatenerhebung für den logistischen Dienstleistungsmarkt ein großes Betätigungsfeld z.B. für die Marktforschung (Marktanalyse und Marktbeobachtung) als Grundlage zur Definition von Unternehmens- und Marketingstrategien.

9.1.5   Marketinginstrumente – die 4 P des Marketing

In der Literatur des Dienstleistungsmarketing besteht keine Einigkeit darüber, ob die klassische Systematisierung der Marketinginstrumente deckungsgleich auf den Dienstleistungsbereich übertragen werden kann (vgl. Meffert 2000, S.277). Insbesondere in der amerikanischen Literatur wird eine Erweiterung des klassischen Marketing Mix, der „4 P's", um die Bereiche „Personalpolitik ((p)ersonnel), Ausstattungspolitik ((p)hysical facilities) und Prozesspolitik ((p)rocess)" vorgeschlagen. Scheuch (vgl.2002, S.29) schlägt dennoch vor, die traditionelle Trennung der Instrumentalbereiche beizubehalten, insbesondere auch, um Zuordnungsdiskussionen zu vermeiden.

Als Marketing-Instrumente kommen alle Mittel und Maßnahmen in Frage, die geeignet sind, aktiv auf den Absatzmarkt Einfluss zu nehmen, Kunden zu gewinnen und Kunden durch Zufriedenheit mit der gebotenen Leistung zu halten. In der Literatur werden übereinstimmend folgende Komplexe als Marketing-Instrumente betrachtet:

- die (P)rodukt- und Programmpolitik oder Leistungspolitik (inkl. Kundendienstpolitik)

- die Preis- und Konditionenpolitik ((P)reispolitik, Rabattpolitik, Gestaltung der Liefer- und Zahlungsbedingungen, Kreditpolitik),

- die Distributionspolitik ((P)hysical distribution) und die

- Kommunikationspolitik – (P)romotion (Gestaltung der Werbung, der Verkaufsförderung und der Öffentlichkeitsarbeit).

Die marktkonkrete und güterbezogene Kombination von Elementen aus diesen **4 P`s** wird dann Marketing-Mix genannt.

9.1.5.1   Produkt - oder Leistungspolitik

Die Leistungspolitik als das zentrale Instrument zur Marktbeeinflussung ist darauf ausgerichtet,

- neue Leistungen auf den Markt zu bringen

- bereits angebotene Leistungen zu modifizieren

- bisher angebotene Leistungen aus dem Markt zu nehmen

TUL Leistungen als Kernleistungen in Speditionsunternehmen sind durch folgende Elemente charakterisiert:

- Transportmenge

- Transportweg

- Transportzeit.

Die Leistungspolitik eines Speditionsunternehmens zielt daher auf Auswahl und die Gestaltung der mengen-, weg- und zeitbezogenen Merkmale einer TUL - Leistung ab.

Daneben gruppieren sich um die Kernleistung Zusatzleistungen (Nebenleistungen). Sie sind Teil der Verkehrs- oder Marktleistung und stellen eine Art Ergänzungs- und Komplettierungsfunktion dar. Ihrem Wesen nach können Zusatzleistungen auch als Service- oder Kundendienste aufgefasst werden und sind in diesem Fall dem Marketinginstrument Kundendienstpolitik zuzuordnen. Ferner kann das Programm eines Güterverkehrsbetriebes auch Leistungen beinhalten, welche mit der eigentlichen Aufgabe des Verkehrsbetriebs (die Raum- und Zeitüberwindung von Gütern zu ermöglichen) nichts oder nur wenig gemein haben. Es sind dies verkehrsfremde

Leistungen, die meist im Zuge einer Diversifikation in das Leistungsprogramm aufgenommen werden. Gründe hierfür sind: Sicherheit, Risikostreuung, zusätzliche Einnahmen, Unabhängigkeit von der Lage auf den Verkehrsmärkten.

9.1.5.1.1 Gestaltung der mengenbezogenen Merkmale

Veränderungen der mengenbezogenen Merkmale der TUL - Leistung zielen darauf ab, den unterschiedlichen Bedürfnissen hinsichtlich Zahl, Umfang, Volumen und Gewicht der zu transportierenden Güter zu entsprechen. Folgende Ansatzpunkte zur Gestaltung stehen zur Verfügung:

- Massenleistung und mengenbezogene Anpassung

- Sicherheit

Massenleistung wird von den Nachfragern dann gewünscht, wenn hohe Transportleistungen pro Zeiteinheit bei möglichst geringen Transportkosten erstellt werden sollen. Dies wird im Güterverkehr speziell bei den typischen Massengütern Erze, Kohle, Tonerde, Zuckerrüben, Milch etc. (großes Volumen bei geringem Wert) gefordert. Güter, deren Wert bei geringem Volumen relativ hoch ist, stellen weniger Anforderungen an die Massenleistungsfähigkeit, bedürfen jedoch meist größerer Beachtung bei der Gestaltung der Transportzeit und Sicherheit.

Die mengenbezogene Anpassungsfähigkeit ist die Fähigkeit eines Verkehrsmittels, Transporte jeder Größe vollständig und ohne Verluste (Beschädigungen) durchzuführen. Wesentlichste Voraussetzung ist die technische Spezialisierung der Verkehrsmittel. Dass die Sicherheit der zu befördernden Güter einen besonderen Stellenwert in der Zielhierarchie eines Güterverkehrsunternehmens besitzt, bedarf keiner näheren Erläuterung. Sicherheit bedeutet auch Schutz unbeteiligter Dritter vor den negativen Folgen des Transports (z. B. Verkehrsunfälle, Luftverschmutzung, Verkehrslärm). Zur Befriedigung des Sicherheitsbedürfnisses steht dem Verkehrsbetrieb zur Verfügung:

- Verstärkte Ausbildung der den Transport, die Lagerung und den Umschlag durchführenden Personen

- Verbesserung von Verkehrsinfrastruktur und Steuereinrichtungen

- Einsatz neuer Technologien bei der Sicherungstechnik

- Auf- und Ausbau von Be- und Umladeeinrichtungen nach den Erfordernissen der Güter

- Verbesserung der Sicherungs- und Feststellungstechniken während des Transports

- Verbesserung der passiven Sicherheit und der Fahrzeugtechnik.

9.1.5.1.2 Gestaltung der wegbezogenen Merkmale

Mit der Veränderung wegbezogener Eigenschaften einer TUL - Leistung wird versucht, den Bedürfnissen der Nachfrager in Bezug auf den Transportweg der zu befördernden Güter und Nachrichten zu entsprechen. Dazu steht der Aktionsparameter **Netzbildungsfähigkeit und wegbezogene Anpassung** zur Verfügung.

Netzbildung ist die Fähigkeit eines Güterverkehrsunternehmens, möglichst alle Quell- und Zielpunkte von Verkehrsbedürfnissen mit einem Infrastrukturnetz überlagern zu können. Die Nachfrager nach Transportleistungen wünschen einen möglichst ungebrochenen Verkehr, da Umladevorgänge Zeitverluste und zusätzliche Kosten verursachen und die Qualität des Transportvorganges mindern. Eingeschränkt werden die wegbezogenen Anpassungen für das einzelne Verkehrsunternehmen dadurch, dass der Verkehrswegebau

- als direkte Aufgabe der öffentlichen Hand angesehen wird (z. B. Straßenbau)

- vom Staat beeinflusst wird (z.B. Schienennetz)

- an natürliche Grenzen stösst (z. B. Binnenwasserstraßen).

9.1.5.1.3 Gestaltung der zeitbezogenen Merkmale

Um den Anforderungen der Nachfrager an die zeitliche Dimension der TUL - Leistung gerecht werden zu können, stehen dem Güterverkehrsbetrieb die folgenden Aktionsparameter zur Verfügung, deren scharfe Trennung nicht immer möglich ist:

- Transportdauer

- Bedienungshäufigkeit

- Berechenbarkeit

Verluste durch unzureichende Befriedigung der zeitbezogenen Anforderungen an die Verkehrsleistung, reichen von Wertminderungen, übermäßiger Kapitalbindung,

Wettbewerbsnachteilen, verdorbenen Gütern, verminderten Gewinnchancen über höhere Lagerkosten und Versicherungsprämien bis hin zu verminderten Lebens- und Berufschancen.

Transportdauer

Die Transportdauer ist jene Zeitspanne, die Güter und Nachrichten benötigen, um vom Absendeort zum Bestimmungsort zu gelangen, und umfasst Abfertigungs-, Zugangs-, Transport-, Abgangs-, Umlade- und Zwischenlagerungszeiten sowie geplante oder unvorhergesehene Transportunterbrechungen. Die Möglichkeiten, die Transportdauer zu verkürzen, liegen für die Verkehrsbetriebe darin,

- bestehende Verkehrsverbindungen durch höherwertige (schnellere) zu überlagern

- die transporttechnischen, infrastrukturellen und organisatorischen Voraussetzungen für die Durchführung von Transporten zu verbessern. Insbesondere die Realisierung der organisatorischen Möglichkeiten weist eine hohe Rentabilität auf, da der Mitteleinsatz meist gering, die erzielte Wirkung in der Mehrzahl der Fälle ungewöhnlich hoch ist.

- Verminderung der Abfertigungszeiten, die Bildung von Block- und Ganzzügen sowie Verbesserungen der den Transport begleitenden Informationsströme sind zu nennen. Wichtig für die Beschleunigung von Transporten ist in jedem Fall eine Reduktion der Zeiten der Zoll- und Grenzabfertigung.

Bedienungshäufigkeit

Die Bedienungshäufigkeit ist die Frequenz auf einer bestimmten Relation pro Zeiteinheit, welche im Linien- oder Systemverkehr durch die Abfahrtsfrequenz von vornherein für längere Zeit festgelegt ist und im Bedarfs- und Gelegenheitsverkehr von den sich stetig ändernden Bedürfnissen und Anforderungen der Nachfrage bestimmt wird. Vorteile einer hohen Bedienungshäufigkeit sind:

- Die Lagerhaltung kann gesenkt werden und damit können Kosten für gebundenes Kapital und Lagerungskosten eingespart werden.

- Negative Auswirkungen durch Planungsfehler oder unvorhersehbare Ereignisse bei den Abgangs- bzw. Abfahrts- und Ankunftszeiten können gemildert werden.

Berechenbarkeit

Unter Berechenbarkeit ist die Fähigkeit eines Verkehrsmittels zu verstehen, die vertraglich oder fahrplanmäßig festgelegten Abfahrts-, Fahr- und Ankunftszeiten einhalten zu können. Sie ist innerhalb gewisser vom Nachfrager tolerierter Abweichungen für den Güterverkehrsbetrieb ein Instrument zur positiven Präsentation dem Kunden gegenüber, weil negative Abweichungen nicht nur Kosten verursachen, Versorgungslücken bewirken und unnötige Wartezeiten hervorrufen, sondern auch geeignet sind, vorhandene Wertschätzungen und das Vertrauen der Nachfrager in die Fähigkeiten des Verkehrsbetriebes nachhaltig und tiefgreifend zu zerstören.

Eine im Marketing häufig verwendetes strategisches Analyseinstrument im Zuammmenhang mit der Leistungspolitik ist das Lebenszyklus-Konzept. Es symbolisiert den Wachstumsverlauf von Produkten und Dienstleistungen oder auch Märkten über einen idealtypischen Phasenverlauf. Quantitative Größen wie Umsatz, Absatzmenge, Deckungsbeitrag oder Cash Flow werden als abhängige Variable der Faktors Zeit in ein zweidimensionales Modell übertragen. Die Zeitachse kann auch um den vor der Markteinführung liegenden Zeitraum erweitert werden, wodurch insbesondere die Entwicklungsphase von Produkten und Dienstleistungen im Hinblick auf Kosten erfasst wird. Der Zyklus wird in verschiedene Phasen[194] (meist vier oder fünf) eingeteilt, um Empfehlungen zur Gestaltung der Marketinginstrumente zu gewinnen. Unter Berücksichtigung der Ausbreitung von Produktideen im Markt, der zunehmenden Sättigung von Bedarfen sowie der Alterung von Problemlösungskonzepten hat Ihde (vgl. 1993, S.38) versucht, einen idealisierten Lebenszyklus für ausgewählte logistische Dienstleistungen anzudeuten. Diese Positionierung und die jeweilige Lücke zwischen der Entwicklung des Marktes und den individuellen Leistungsangeboten sollen den strategischen Handlungsbedarf im Hinblick auf die Entwicklung von Leistungsangeboten bestimmen.

---

[194] Häufig wird unterschieden in Entwicklungsphase, Einführungsphase, Wachstumsphase und Reifephase, Sättigungsphase und Verfallsphase.

Abbildung 94: Relative Marktreife ausgewählter logistischer Dienstleistungen

Produktlebenszyklus

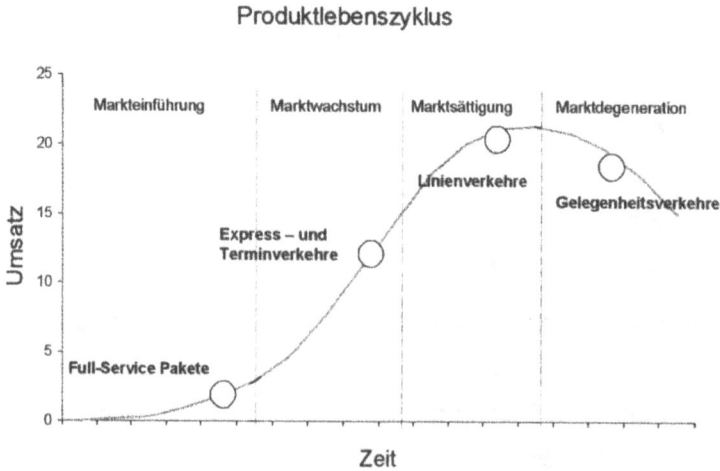

Quelle: vgl. Ihde 1991, S.38

Die Übertragung dieses Modells auf einen Lebenszyklus von Dienstleistungen gestaltet sich aber deswegen schwierig, da Dienstleistung sich praktisch ständig an die Marktanforderungen anpassen.

9.1.5.2   Preis- und Konditionenpolitik

Die Preis- und Konditionenpolitik umfasst alle absatzpolitischen Instrumente, die in der Kombination von Preispolitik, Rabattpolitik, Gestaltung der Liefer- und Zahlungsbedingungen sowie von Kreditpolitik die monetären Grundlagen für eine auf Kundenzufriedenheit orientierte Absatztätigkeit des Unternehmens schaffen.

Abbildung 95: Preis- und Konditionenpolitik

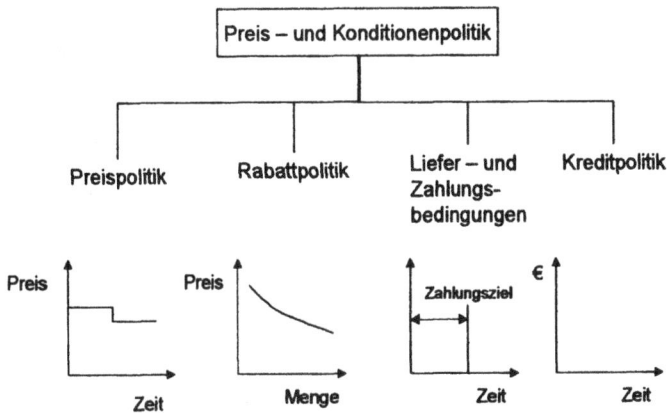

Für Dienstleistungen ist insbesondere die Vielfalt der Praxisterminologien zu beachten, da branchenabhängig Preise unterschiedlich bezeichnet werden, z.B. Honorar, Gebühr, Provision, Tarif, usw. Gerade in der Speditionsbranche in Österreich wurde im „Speditionstarif für Kaufmannsgüter" eine Vielzahl von Begriffen definiert, die die unterschiedlichsten speditionellen Leistungen erfassen sollten. Typisch ist beispielsweise die Bezeichnung „fixe Taxe" oder „Spediteurkreditrisiko-SKR - Gebühr". Typisch für Speditionsleistungen ist auch, dass die Preise in der Regel nicht für einen anonymen Markt gefordert werden, sondern dass die Festlegung des Preises meist im direkten Kontakt mit dem Nachfrager zustande kommt und sehr oft das Ergebnis eines Verhandlungsvorganges ist. Dies führt dazu, dass

- die erwünschte Leistung in Inhalt, Prozessablauf, Ort, Dauer und Anzahl Wiederholungen festgelegt wird

- das Ausmaß der Angebotseinheit festgelegt wird (z.B. Auftragsgröße), wobei auch denkbar ist, dass im konkreten Einzelfall erst nach Ablauf des Leistungsprozesses die gesamte Gegenleistung definiert und abgerechnet werden kann

- die Regeln festgelegt werden zur Bestimmung der Leistungseinheit, die mit dem Preis gekoppelt sind (z.B. Maß/Gewichtsverhältnisse)

- Bewertungsregel   für   die   vereinbarte   Gegenleistung   (z.B.   die
  Fakturierungswährung) festgelegt wird

Zusätzlich zur Preisangabe kann ein System von Bestimmungen vereinbart werden,
die dazu dienen, den Basispreis auf den Einzelfall anzupassen (z.B.
Qualitätsabhängige Leistungsvergütung).

9.1.5.2.1   Preispolitik und Preisbildung (Pricing)

Nach Kotler (vgl. 1999, S.757f) sind Preisentscheidungen aus folgenden Anlässen zu
treffen:

- Ein Preis wird zum ersten Mal festgelegt

- Preisänderung auf Grund von Kostenänderungen

- Preisänderung auf Grund von Nachfrageänderungen

- Preisänderung auf Grund des Konkurrenzdruckes bzw. auf Grund geänderter
  Konkurrenzsituationen

- Preisänderung, um das optimale Preisverhältnis für Leistungen innerhalb einer
  Leistungsgruppe zu ermitteln.

Bei der Preispolitik von Speditionsunternehmen stellen sich üblicherweise 2
Teilprobleme. Zum einen stellt sich die Frage, was ist der optimale Preis für eine
angebotene Dienstleistung oder für ein angebotenes Leistungsbündel, bei dem ein
maximaler Gewinn möglich wird. Zum anderen stellt sich die Frage, wie dieser Preis
am Markt durchgesetzt werden kann. Die Frage, wie ein Preis festzulegen ist für ein
Produkt, das erstmalig am Markt angeboten wird, stellt sich im Bereich von
speditionellen Dienstleistungen nur selten. Ein derartiger Fall ergab sich für
österreichische Speditionsunternehmen beim erstmaligen Angebot zur Organisation
und Durchführung von Intrastatmeldungen für Dritte, da es für diesen Leistungsbereich
keine vergleichbaren Preisstrukturen gab. Derartige Leistungen wurden üblicherweise
von Freiberuflern wie Steuerberatern durchgeführt, die entsprechende Tarife
anwenden konnten.

Vor diesem Hintergrund zur Festlegung von Preisen für Dienstleistungen sollen nun
einige preispolitische Strategien beschrieben werden. Die wesentlichsten
strategischen Ziele, welche mit dem Instrumentarium der Preispolitik verfolgt werden,
sind:

Marktpenetration

Der Güterverkehrsbetrieb legt den Preis relativ (extrem) niedrig fest, um das Wachstum eines Marktes mit großem Marktpotential möglichst schnell anzuregen und um einen möglichst großen Marktanteil zu erringen.

Marktpromotion

Der Güterverkehrsbetrieb legt die Preise für die Verkehrsleistung oder für einzelne Verkehrsleistungen innerhalb von Leistungsgruppen sehr (extrem) niedrig fest und versucht, dieses Preisniveau so lange wie möglich zu halten. Der Verkehrsbetrieb versucht, das Image eines Niedrigpreisanbieters aufzubauen, der Preis ist das wesentlichste Werbeargument.

Marktprämierung

Der Güterverkehrsbetrieb setzt den Preis für Verkehrsleistungen sehr hoch an und verbindet diesen mit einem möglichst hohen Qualitäts- und Zusatzleistungsniveau, dadurch sollen die Verkehrsleistung oder gewisse Arten von Verkehrsleistungen das Image von "Luxusartikeln' erhalten.

Marktabschöpfung

Der Güterverkehrsbetrieb spricht in einem ersten Schritt jene Nachfragegruppen (Marktsegmente) an, von denen er annimmt, dass sie einen höheren Preis als andere zu zahlen bereit sind, weil diese Nachfragegruppen der angebotenen Leistung gegenwärtig einen hohen Wert beimessen. Erst in einem zweiten Schritt wird der Preis stufenweise gesenkt, um auch andere Nachfragerschichten zu gewinnen. Diese Preisstrategie ist oft beim Angebot wenig frequentierter Transportrelationen feststellbar.

Kurze Amortisationszeiten

Der Güterverkehrsbetrieb setzt seine Preise hoch an, um die Ausgaben zur Erstellung der Verkehrsleistung in möglichst kurzer Zeit durch die Einnahmen zu decken. Der Grund kann in einem hohen Bedarf an finanziellen Mitteln bzw. in einer Überbewertung der Liquiditätsicherheit und/oder in einer unsicheren Einschätzung zukünftiger Entwicklungen liegen, wie sie oft in der Kontraktlogistik vorzufinden sind.

Ausgleichspreispolitik

Das Leistungsprogramm ist so ausgerichtet, dass Verluste bei einigen Leistungen in Kauf genommen werden, aber durch den vermehrten Absatz der übrigen Leistungen ausgeglichen werden (Prinzip der Quersubventionierung).

Preisdifferenzierung

Preisdifferenzierung liegt vor, wenn für ein und dieselbe Leistung von verschiedenen Kunden verschieden hohe Preise gefordert werden. Sie kann nach verschiedenen Kriterien vorgenommen werden:

Abbildung 96: Formen der Preisdifferenzierung

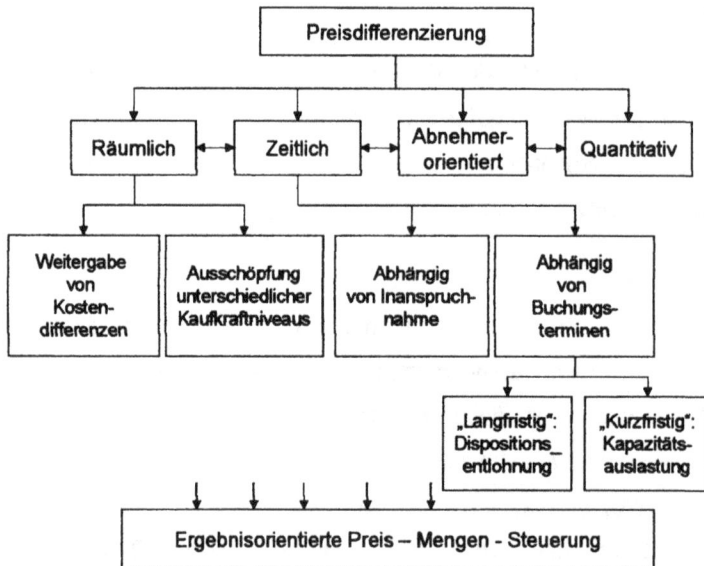

Quelle: vgl. Meffert 2000, S.421

Räumliche Preisdifferenzierung

Preise werden nach der zurückgelegten Entfernung gestaffelt, bestimmte Gebiete (Grenzlandgebiete, Notstandsregionen) werden tarifpolitisch bevorzugt, oder es wird nach Inlands- und Auslandstaffeln unterschieden.

Zeitliche Presidifferenzierung

Ein mittlerweile bekanntes Instrument stellt das Yield Management dar. Die Zielsetzung entspricht einem preisgesteuerten Kapazitätsmanagement vor dem Hintergrund unflexibler Kapazitäten (z.B. Laderaum) und hoher Fixkosten.

Abnehmerorientierte Differenzierung

Preise werden in Abhängigkeit vom Kundenstatus gebildet. A-Kunden, die z.B. Basiskunden für bestimmte Verkehrsrelationen darstellen, genießen i. d. R. Preisvorteile gegenüber Kunden, die nur fallweise Speditionsaufträge erteilen. Abnehmerorientierte Preisbildung kann auch Sinn machen, wenn Kunden unterschiedlich sensitiv auf den Preis reagieren, sodass gleiche Leistungen mit unterschiedlichen Preisen angeboten werden können.

Quantitative Preisdifferenzierung

Bei Preisforderungen wird nach der Art und Menge der zu transportierenden Güter unterschieden (z. B. bei Wert- und Gewichtsstaffeln).

Generelle Voraussetzungen für Preisdifferenzierungen sind ein genügend großes Marktpotential und die Segmentierbarkeit des Marktes, so dass voneinander relativ unabhängige Käufergruppen gebildet werden können. Probleme bei der Verwirklichung der preispolitischen Ziele liegen darin, dass der Güterverkehrsbetrieb nicht allein agieren kann, sondern im Interessenfeld verschiedenster Gruppierungen steht (Stichwort Coopetition). Neben diesem Problem der Einflußnahme liegen die allgemeinen Probleme der Preispolitik darin, dass

- bei aggressiver Preispolitik die Konkurrenten rasch zurückschlagen können und ruinöser Preiswettbewerb entstehen kann

- Preissenkungen nicht zwangsläufig zu Absatzsteigerungen führen müssen, da der Preis oft als Qualitätsmaßstab angesehen wird und niedrige Preise oft mit niedrigem Qualitätsniveau gleichgesetzt werden (Preis-Absatz-Funktion, elastische/unelastische Nachfrage)

- der preispolitische Spielraum durch verbindliche Tarifvorschreibungen eingeengt wird (z.B. in der See- und Luftfracht)

- Preissenkungen schwer rückgängig gemacht werden können

- häufige Preisänderungen das Vertrauen der Abnehmer beeinträchtigen können.

Das Setzen des richtigen oder optimalen Preises ist entscheidend für den Absatz und damit für den Unternehmenserfolg. Preisbildung ist damit die genau geplante rationale

Vorgehensweise zur Festlegung des Preises für definierte Produkte und Leistungen. Im Allgemeinen werden in der Literatur 3 Klassen der Preisbildung unterschieden[195].

- Kostenorientierte Preisbildung (z.B. nach den Durchschnittskosten oder nach den Grenzkosten [196] – Deckungsbeitragsdenken) – Inside-out-Perspektive

- Nachfrageorientierte Preisbildung (z.B. Berücksichtigung des Verhaltens der Nachfrager (Preiselastitzität der Nachfrage) und Analyse des preispolitischen Spielraums oder der erzielbare Preis bestimmt die Kosten (target costing)[197] Outside-in-Perspektive

- Konkurrenzorientierte Preisbildung (Leitpreise) z.B. nach den durchschnittlichen Konkurrenzpreisen, nach dem höchsten Konkurrenzpreis, nach dem niedrigsten Konkurrenzpreis – Outside-in-Perspektive

In Verkehrsunternehmen der öffentlichen Hand unterliegt dieser Prozess der Tarifbildung. Die Aufgabe besteht darin, einzelnen Tarifpositionen Preisforderungen zuzuordnen. Die Tarifarten können dabei Kilometertarife, Flächenzonentarife, Teilstreckentarife und Haltestellentarife sein (vgl. Tarife im öffentlichen Personennahverkehr). Im Güterverkehr treten verbindliche Tarife in zunehmendem Maße zu Gunsten von frei vereinbarten Preisen zwischen Verkehrsunternehmen und Verladern zurück.

Die Einflussfaktoren auf die verschiedenen Formen der Preisbildung in der Spedition sind vielfältig, z.B.:

- ABC - Kundenstatus[198] reduziert den preispolitischen Spielraum, da der Ausfall eines A-Kunden existenzbedrohend sein kann

---

[195] Die Dreiteilung wird oft auch als Praktikermethode bezeichnet und findet sich in allen einschlägigen Lehrbüchern (vgl. Meffert, 1998, Nieschlag/Dichtl/Hörschgen 1997, Kotler/Bliemel 2001).
[196] Grenzkosten sind jene Kosten, die bei einer Ausdehnung der Produktion durch die zusätzlichen Produktionseinheiten auflaufen (vgl. Lechner 1997, S. 405).
[197] Unter Target Costing wird marktorientiertes Zielkostenmanagement verstanden. Das Ziel des Target Costing ist es, über eine vom Markt ausgehende, kostenorientierte Steuerung sämtlicher Unternehmensaktivitäten die Wettbewerbsfähigkeit zu erhöhen. Das Leitmotiv lautet: „Was darf das Produkt/Dienstleistung kosten?" (vgl. Hardt 1998, S. 107).
[198] Eine wesentliche Hilfe zur Definition des Kundenstatus bietet die ABC-Analyse. Die ABC-Analyse ist ein Werkzeug, das hilft, Wichtiges von Unwichtigem zu trennen.
Die Erfahrung hat gezeigt, dass die Prozentanteile der wichtigen und weniger wichtigen Aufgaben an der Menge aller Aufgaben im Allgemeinen konstant sind. Die Buchstaben A, B, C bezeichnen 3 Kategorien von Aufgaben, die für das Erreichen des Ziels unterschiedlich wichtig sind. A bezeichnet die Gruppe der wichtigsten Aufgaben, C die Gruppe der unwichtigsten Aufgaben.

- Sendungs/Auftragsaufkommen per Woche und die Frage, ob regelmäßig bzw. für den Produktionsprozess einplanbar (Basisgeschäft für Relationen).

- Warenart (Karton-, Palettenware, Rollen, Kanister usw.) und damit verbundene besondere Art des Handlings, Transports, Lagerns usw.

- Zulademöglichkeit, Stapelfähigkeit gegeben und damit die Nutzung des Maß/Gewichtsverhältnisses (Kombination von leichter/schwerer Ware und dadurch bessere Nutzung des verfügbaren Ladevolumens)

- geforderte Termingenauigkeit

- Be - und Entladesituation (z.B. Gestellung von Be- und Entladehilfsmittel wie Kräne und Stapler)

- Zusatzleistungen (z.B. Sortieren, Zusatzverpackung, Nachnahme usw.) werden gefordert.

Gerade bei der **kostenorientierten Preisbildung** liegt oft das Problem darin, dass bei vielen Dienstleistungen die Preise festgelegt werden müssen, bevor die Leistung erstellt wird und somit, bevor die entstehenden Kosten bekannt sind. Üblicherweise

---

Die Zeit, die wir für A-, B- und C- Aufgaben einplanen, sollte sich an der Bedeutung, dem Wert der Aufgaben orientieren, nicht an ihrem prozentuellen Anteil an der Menge aller Aufgaben. So wäre die Zeit nach der Wichtigkeit der Aufgaben etwa so zu planen:
ein relativ kleiner Prozentsatz von Aufgaben - etwa 15% oder auch weniger - macht einen sehr hohen Prozentsatz des Wertes (der Wichtigkeit) aller Aufgaben aus: etwa 65% - auch mehr. Das sind dann sogenannte A - Aufgaben = Muß - Aufgaben
weniger wichtige und unwichtige Aufgaben machen hingegen einen hohen Prozentsatz - 65% oder mehr - an der Menge aller Aufgaben aus, jedoch nur einen geringen Wert aller Aufgaben: 15% oder weniger (C - Aufgaben = Kann - Aufgaben). Für solche Aufgaben gilt:

„ Es ist besser nichts zu tun, als mit viel Aufwand nichts zu schaffen."
Zwischen diesen beiden Kategorien von Aufgaben liegt eine dritte, die etwa 20% der Aufgabenmenge bei einem etwa gleich großen Anteil am Gesamtwert aller Aufgaben ausmacht (B - Aufgaben = Sollte - Aufgaben)
Zusammenfassung der ABC-Analyse

Aufgaben	A	B	C
Menge	15 %	20 %	65 %
Wert für Zielerreichung	65 %	20 %	15 %
Zeitaufwand: Ist Soll	 15 % 65 %	 20 % 20 %	 65 % 15 %
	selbst tun	delegieren möglich	delegieren rationalisieren

Achtung: die Aufgaben verteilen sich wie die Kunden im Kundenstamm, gemessen am Umsatz. 20% (oft sehr viel weniger) der Kunden (gemessen in Anzahl Kunden) – so genannte **A-Kunden** machen häufig 80% des Gesamtumsatzes aus.

wird die kostenorientierte Preisbildung auf Basis der Kostenträgerrechnung des Dienstleistungsunternehmens durchgeführt. Wird die Vollkostenrechnung als Kalkulationsgrundlage verwendet, errechnet sich der Preis, indem zu den Selbstkosten ein Gewinnzuschlag addiert wird. Voraussetzung für eine solche Preisbildung ist die Verteilung der gesamten Gemeinkosten des Unternehmens auf die einzelnen Leistungseinheiten z.B. Kundenauftrag oder Sendung. In allen Dienstleistungsunternehmen ist jedoch der Anteil an fixen Kosten mit Gemeinkostencharakter sehr hoch, wodurch die Festlegung eines geeigneten Kostenverteilschlüssels sich als besonders schwierig erweist. Die Problematik der hohen Fixkostenanteile an den Gesamtkosten eines Dienstleistungsunternehmens lässt sich auch mit Hilfe der Break Even Analyse darstellen.

Abbildung 97: Gewinnauswirkung bei unterschiedlichen Fixkostenstrukturen

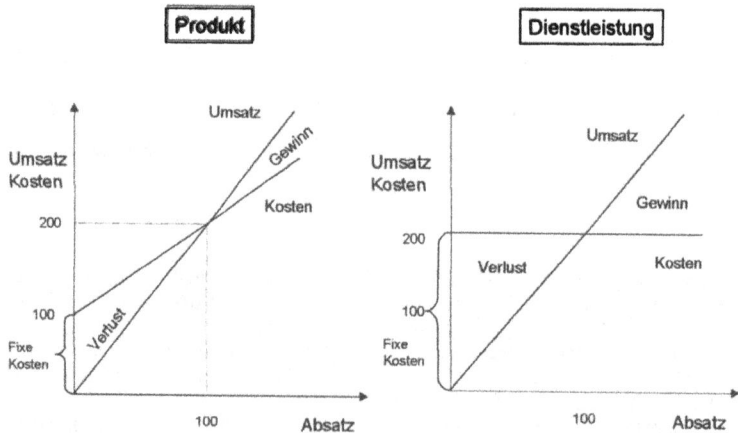

Der linke Abbildungsteil verdeutlicht die Situation für ein Produkt. Die fixen Kosten betragen 100 und die variablen Stückkosten 1. Im rechten Bild ist hingegen die Dienstleistungssituation mit fixen Kosten von 200 und variablen Stückkosten von 0 dargestellt. Der Preis beträgt in beiden Fällen 2 Einheiten, sodass die Break Even Menge beide Male bei 100 Absatzeinheiten liegt. Die Gewinnauswirkungen von Absatzmengenänderungen sehen hingegen völlig verschieden aus. Abweichungen von +25% beziehungsweise -25% von der Break Even Menge führen im

Produktbeispiel zu Gewinnänderungen von ebenfalls + 25% beziehungsweise – 25%. Im Dienstleistungsfall betragen die Gewinnänderungen für die gleiche Absatzverschiebung hingegen + 50% beziehungsweise – 50%.

Generell gilt, dass die Elastizität des Gewinns umso größer ist, je höher das Verhältnis von fixen zu variablen Kosten ist. Desto wichtiger ist die Erreichung einer großen Absatzmenge beziehungsweise einer hohen Kapazitätsauslastung. Die Preisdifferenzierung gewinnt für die Steuerung der Auslastung der Dienstleistungskapazitäten damit enorm an Bedeutung. Die auch als „Fixkostenfalle" bezeichnete Situation für Dienstleistungsunternehmen führt dazu, dass eventuell unter Inkaufnahme höherer variablen Kosten, diese fixen Kosten reduziert werden. Maßnahmen hierzu sind z.B. die konsequente Ausgliederung des Fuhrparks in großen Speditionsunternehmen.

Ausgangspunkt einer **marktorientierten Preisbildung** ist die Tatsache, dass die Kaufentscheidung des Nachfragers von seiner subjektiven Beurteilung des Netto-Nutzens der zur Disposition stehenden Alternativen abhängt. Der Netto-Nutzen egibt sich als Differenz aus positivem Leistungsnutzen und i.d.R. (Ausnahmen können sich bei preisabhängigen Qualitätsbeurteilungen und dem Veblen-Effekt[199] ergeben) negativem Nutzen des Preises.

Notwendig ist es daher, zunächst den positiven Leistungsnutzen der eigenen Leistung sowie den Gesamtnutzen der relevanten Wettbewerber zu ermitteln. Diese zunächst einfache Logik ist in der Praxis mit einer Vielzahl von Problemen behaftet. Ein scheinbar sehr einfacher Ansatz wäre die Bestimmung einer Preis/Absatz Funktion auf Basis von Expertengesprächen (Managern, Verkäufern) oder direkten Kundenbefragungen, mit der Aufgabenstellung, durch diese Experten/Kunden schätzen zu lassen, wie viele Einheiten einer Dienstleistung bei vorgegebenen alternativen Preisen nachgefragt werden. Die Schätzergebnisse sind logischerweise umso brauchbarer, je besser die Experten die Kunden und deren Bedürfnisse kennen und je ehrlicher die Kunden in der Beantwortung der Frage sind. Es liegt aber durchaus im Interesse eines Kunden, die wahre Preisbereitschaft zu verheimlichen.

---

[199] Unter Veblen Effekt wird ein Konsumverhalten beschrieben, bei dem der Konsument durch aufwendigen Konsum auffallen will. Die Aufwendigkeit wird am Preis der Güter gemessen. Es wird mehr gekauft, nur weil der Preis höher ist.

„Die Schwäche der direkten Kundenbefragung liegt in der isolierten Betrachtung des Preises. In der Realität sieht der Kunde den Preis hingegen immer im Verhältnis zum Nutzen. Er wägt Preis und wahrgenommenen Nutzen einer Dienstleistung gegeneinander ab. Diese Abwägung („Trade-off") wird beim Conjoint Measurement[200], einer Methode, die in den achtziger Jahren den breiten Praxisdurchbruch schaffte, nachvollzogen (Simon et al. 1999, S. 167). Diese Methode gestattet die Beantwortung von Fragen wie:

- was ist eine bestimmte Mehrleistung z.B. bei Beratung, Antwortzeiten, Beschwerdemanagement usw. dem Kunden in Preiseinheiten wert?

- wieviel ist der Kunde bereit, für die Verbesserung einer bestimmten Dienstleistung zu zahlen?

Aus den Präferenzangaben der Kunden lassen sich so genannte Nutzenwerte für alle im Fragebogen definierten Merkmalsausprägungen berechnen. Der Geamtnutzen ergibt sich aus der Summe der einzelnen Nutzenwerte. Aus den Ergebnissen einer derartigen Conjoint Analyse lassen sich das Dienstleistungsangebot und die Preispolitik annähernd optimieren. Es ist auch möglich, die Nutzenwerte der Konkurrenzangebote mit dieser Methode zu messen. Die Stärke der Methode besteht darin, dass die Kunden nicht direkt und offen nach ihrem Preisverhalten befragt werden, sondern die Preisreaktionen indirekt aus Aussagen zur Präferenz abgeleitet werden. Zu beachten ist allerdings, dass ein falsches Forschungsdesign zu gravierenden Fehlschlüssen führen kann. Gerade bei Dienstleistungen ist es nicht immer einfach, die Merkmalsausprägungen wie z.B. Freundlichkeit und Vertrauen eindeutig zu beschreiben. Gerade in der Güterverkehrswirtschaft ist auch „die Tradition" bei der Durchsetzung einer eigenständigen Preispolitik von besonderer Bedeutung. Wenn Kunden traditionell über einen längeren Zeitraum gewohnt sind, die angebotenen Dienste wie z.B. den Pallettentauschdienst gratis zu bekommen, wird sich gegen jede separate Berechnung starker Widerstand zeigen. Ein einzelner Wettbewerber steht hier auf schwachen Beinen. Es ist deshalb wichtig, dass die Branche oder zumindest die führenden Wettbewerber konzertiert vorgehen.

---

[200] Die Conjoint-Analyse (alternativer Begriff: Conjoint Measurement) gehört zu den multivariaten Analysemethoden und folgt bei der Erfassung von Kundenpräferenzen einer sogenannten dekompositionellen Vorgehensweise. Ausgehend von ganzheitlichen Produktbeurteilungen werden Detailergebnisse ermittelt ("dekomponiert"). http://www.uni-karlsruhe.de/~map/nconjoint_analyse_b.html

9.1.5.2.2 Rabattpolitik

Rabatte sind Preisnachlässe, die für bestimmte Leistungen gewährt werden. Da die Gewährung von Rabatten den Preis, den der Nachfrager für eine Leistung zu zahlen hat, verändert, ist die Rabattpolitik ein Mittel der Preisvariation. Die Rabattpolitik war in der Vergangenheit auch ein Instrument, um jene Bestimmungen aufzuweichen, welche dem Verkehrsbetrieb eine aktive Preispolitik nicht gestatten (z. B. fix vorgegebene Tarife wie der RKT oder Preiskartelle). Wenn ein Güterverkehrsbetrieb Transportpreise ohne große Preisdifferenzierungsmodelle variieren wollte, so hatte er in der Rabattpolitik ein adäquates Mittel zur Verfügung. Zu unterscheiden sind:

Mengenrabatte

werden den Kunden für bestimmte Mengen nachgefragter Verkehrsleistung innerhalb einer Periode (Großabnehmer) oder für die Erteilung bestimmter, dem Verkehrsbetrieb wichtiger Aufträge gewährt (Abschlussrabatt), man spricht auch von Bonus. Besondere Wirkung zeitigen progressiv strukturierte Staffeltariffe.

Zeitrabatte

beziehen sich auf den Zeitpunkt der Auftragserteilung oder der Abnahme einer Verkehrsleistung und verfolgen das Ziel einer für den Verkehrsbetrieb günstigen Disposition der Nachfragerwünsche. Der Zeittarif ist im Verkehrsbetrieb hauptsächlich in der Form der Tagespreise anzutreffen.

Treuerabatte

sollen dem Kunden den Anreiz verschaffen, Verkehrsleistungen immer nur von einem Verkehrsbetrieb zu beziehen, und werden in der Regel jenen Nachfragern gewährt, die schon über längere Zeit hinweg Kunden des betreffenden Verkehrsbetriebes sind. In vielen Fällen ist eine eindeutige Trennung von Mengen- und Treuerabatt nur schwer möglich.

Die skizzierten Rabattformen werden meist in kombinierten Formen und Mischformen angewendet. Entscheidend für die Wahl des Rabattsystems sind die mit den Rabatten angestrebten Marketingziele.

9.1.5.2.3 Konditionenpolitik

Unter Konditionenpolitik sind alle Vereinbarungen über Zahlungsmodalitäten, Lieferbedingungen und Finanzierungsbedingungen zu verstehen, welche neben dem

Preis zum Gegenstand eines Beförderungs - oder Speditionsvertrages gemacht werden.

Zahlungsbedingungen sind spezielle Formen der Konditionenpolitik und umfassen Vereinbarungen über:

- Zahlungsweise

- Zahlungsabwicklung

- Zahlungssicherheiten

- Zahlungsfristen

- Skonti für kurzfristige Zahlungen (eher unüblich, obwohl immer wieder von Kunden der Verkehrsbetriebe gefordert, da in den ADSP/AÖSP eine sofortige Zahlung definiert ist)

Lieferbedingungen sind insbesondere im Hinblick auf den vom Verkehrsdienstleister zu erstellenden Leistungsumfang relevant. Mit den Lieferbedingungen wird zwischen dem Verkäufer und Käufer einer Ware vereinbart, welche Leistungen zusätzlich zur Warenlieferung zu erbringen sind (z.B. Zollabfertigung, Eindeckung einer Transportversicherung, Kosten für Be- und Entladung usw.) und von wem die Leistungen zu bezahlen sind. Zudem wird der Gefahrenübergang für das Risiko der Beschädigung und des Verlustes von Waren geregelt. Die auch als Handelsbrauch definierten Lieferbedingungen finden sich in den Incoterms[201].

Kredit- und Finanzierungskonditionen regeln z.B. Manipulationsgebühren, Sicherheiten und Konsequenzen bei Säumigkeit der Zahlung und Tilgungs- und Rückzahlungstermine. Dabei räumt das HGB dem Spediteur, Frachtführer und Lagerhalter ein besonderes Sicherungsrecht ein. Verweigert der Auftraggeber oder ein Empfänger dem Speditionsunternehmen die Zahlung der entstandenen Kosten, so kann das Speditionsunternehmen bei Auslieferung von seinem Pfand- oder von seinem Zurückbehaltungsrecht Gebrauch machen. Im HGB § 464 ist geregelt, „...dass der Spediteur wegen aller durch den Speditionsvertrag begründeten Forderungen....ein Pfandrecht an dem Gut [hat]". Das kaufmännische

---

[201] INCOTERMS = International Commercial Terms: einheitliche internationale Regeln verringern Risiken, vereinfachen die Vertragsverhandlungen und verbesseren die Vergleichbarkeit der Vertragskonditionen. Beispiel einer derartigen Klausel: CIF = cost, insurance, freight (benannter Bestimmungshafen).

Zurückbehaltungsrecht (im Gegensatz zum zivilrechtlichen Zurückbehaltungsrecht) kann auch an anderen Gütern ausgeübt werden, die nichts mit der zugrunde liegenden Forderung zu tun haben (inkonnexes Zurückbehaltungsrecht). Wenn die Forderung unbestritten ist, hat der Spediteur auch ein inkonnexes Pfandrecht.

9.1.5.3 Distributionspolitik: alleine oder mit Partnern?

Aufgabe der Distributionspolitik als absatzpolitisches Instrument im Rahmen des Marketingkonzepts von Unternehmen ist es, Kundenzufriedenheit durch die Wahl geeigneter Absatzwege und die Gestaltung kosten-, zeit- und entfernungsgünstiger Lösungen für die Anlieferung der Güter zu erreichen. In der heutigen Situation umkämpfter Märkte ist zu verzeichnen, dass sich das Schwergewicht zunehmend auf den Direktabsatz verlagert, auch wenn gegenüber den Wegen über Handelsorgane höhere Aufwendungen im Distributionsprozess entstehen. Der direkte Zugang zum Kunden ist für den Hersteller das Entscheidende und dies wird auch mit dem sog. Direktmarketing gewollt. Dennoch wird auch künftig der indirekte Absatz über den Groß- und Einzelhandel im gesamten Güteraustausch dominieren. Hierfür gibt es einleuchtende Gründe, z. B. die Möglichkeit der besseren Einordnung von Einzelprodukten in kundenorientierte Komplettsortimente, die kostengünstige Belieferung der vielen, räumlich verstreuten Endverbraucher, das Einsparen von Lager- und Transportkapazitäten und anderes mehr.

Sowohl der Direktabsatz als auch der indirekte Absatz erfordern heute wirksame Lösungen für die Raum-Zeit-Koordinierung der mit diesem Prozess verbundenen Waren- und Informationsflüsse. Dies ist Gegenstand der sog. **Absatzlogistik oder Distributionslogistik**. Ziel und Anliegen der Distributionslogistik ist darin zu sehen, durch eine effiziente Raum-Zeit-Koordinierung der Transport-, Lager- und Umschlagsprozesse zu sichern, dass das richtige Gut, in der richtigen Qualität, zum richtigen Zeitpunkt am richtigen Ort ist und dabei minimale Aufwendungen (= Logistikkosten) verursacht werden.

Auch für Speditionsunternehmen stellen sich ähnliche strategische Grundsatzfragen, nämlich die Frage nach der Vermarktung des Dienstleistungsangebots. Dies umfasst in erster Linie die Entscheidung über den Standort, d.h. jenen Platz, an dem die wesentlichen personellen und sachlichen Einsatzmittel konzentriert werden. Sie umfasst aber auch die Entscheidung darüber, in welchen geographischen Regionen das Speditionsunternehmen im Markt Leistungen anbieten will, sei es direkt oder indirekt. Hierzu können sie selbst ihr Niederlassungsnetz auf - und ausbauen (direkter Absatz) oder eine Zusammenarbeit mit Vertretern, sogenannten Korrespondenten aufbauen (indirekter Absatz).

Abbildung 98: Dezentrale Angebotsformen für Dienstleistungen

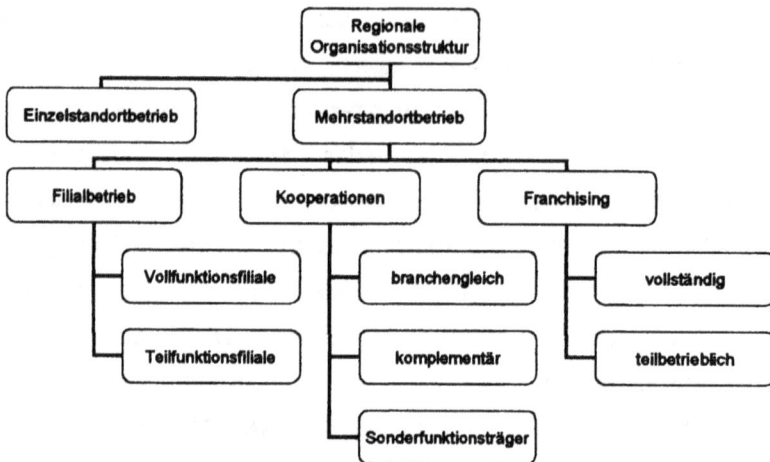

Die in Speditionsunternehmen am häufigsten vorkommenden Formen sind der Filialbetrieb und die Kooperationen. Kooperationen weisen eine Vielzahl von Formen auf. Unter Berücksichtigung des Transaktionskostenansatzes[202] lassen sich die unterschiedlichen Kooperationsformen zwischen den 2 Extremen Markt und Hierarchie einordnen. In der Kooperationsform „Markt" bleiben die Kooperationspartner selbständig, in der Kooperationsform „Hierarchie" schließen sich die Unternehmen zusammen, im extremsten Fall bis zur Fusion (Verschmelzung zu einem Unternehmen). Nach Picot (vgl. 1982, S. 271) wird für eine gegebene Aufgabenstellung jene Kooperationsform gewählt, die die geringsten Transaktionskosten verursacht. Dieser Ansatz stellt ein abstraktes Gerüst dar zum

---

[202] Die Transaktionskosten können allgemein als der Preis der Nutzung einer Institution oder einer Kooperationsform verstanden werden. Die Kosten lassen sich in 3 Kategorien einteilen:
- Kosten der Anbahnung von Verträgen (Such- und Informationskosten)
- Kosten des Abschlusses des Vertrages (Verhandlungs- , Entscheidungskosten usw.)
- Kosten der Überwachung und Durchsetzung von Leistungspflichten

Verständnis der vielfältigen Kooperationsformen, problematisch bleibt jedoch die Ermittlung dieser Transaktionskosten. Bislang konnten Transaktionskosten zwar inhaltlich beschrieben werden und auch ein Wirtschaftspraktiker wird die Existenz dieser Kosten nicht in Frage stellen, jedoch ist es noch nicht gelungen, Transaktionskosten so zu definieren, dass eine intersubjektiv nachvollziehbare Messung derselben ermöglicht wird.

Abbildung 99: Kooperationsformen zwischen Markt und Hierarchie

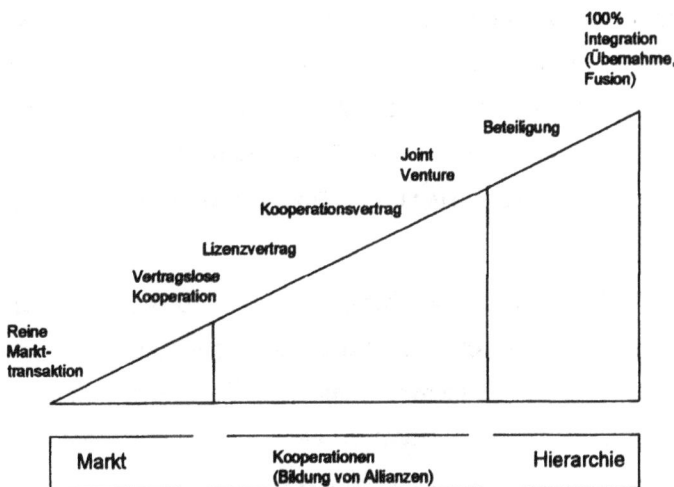

Quelle: Hammes, 1994, S. 122)

Abgeleitet aus der Kundenforderung, möglichst alles in einer Hand abwickeln zu lassen, ist es für Speditionsunternehmen überlebenswichtig, hier eine aktive Politik zu betreiben. Unter Berücksichtigung der Fusionen im Verkehrsbereich in den letzten Jahren zeigt sich ein starker Trend in Richtung Hierarchie.

Die Distributionslogistik als zweites distributionspolitisches Instrument im Marketing-Mix ist genau jener Bereich, wo Güterverkehrsbetriebe und Speditionsunternehmen hauptsächlich als Dienstleister auftreten. Physical distribution ist Kernleistung der Speditionsbetriebe, wenn dieser Bereich von den Verladern nicht im Eigenbetrieb (z.B. Werksverkehr) abgewickelt wird.

9.1.5.4   Kommunikationspolitik – Werbung und Public Relations

Aufgabe der Kommunikationspolitik als Bestandteil der Marketing-Aktivitäten von Unternehmen ist es, die Mittel der Werbung, der Verkaufsförderung, der Öffentlichkeitsarbeit u. a. so einzusetzen, dass die auf den Markt gerichteten Informationen umsatzwirksam werden, indem sie die Einstellung der Kunden und deren Vorstellungen von der Leistungsfähigkeit der angebotenen Produkte und vom Unternehmen selbst nachhaltig positiv prägen.

Die Besonderheiten der Dienstleistung bedingen auch entsprechende Konsequenzen für die Kommunikationspolitik eines Unternehmens. Die Immaterialität bedeutet, dass es Aufgabe der Kommunikationspolitik sein muss, eine Art Materialisierung der Leistung bzw. des Leistungsversprechens zu erreichen. In Speditionsunternehmen sind dies insbesondere die Form der Präsentation des Unternehmens, der speditionellen Dienstleistung sowie der Gesamtkomplex von Inhalt und Gestaltung von Kundenofferten.

Die Nichtlagerfähigkeit und Nichttransportfähigkeit bedeutet, dass durch Kommunikation beispielsweise eine kurzfristige Nachfragesteuerung erreicht werden kann, indem die verfügbaren Kapazitäten kurzfristig dem Markt bekannt gegeben werden. In der Güterverkehrwirtschaft bieten insbesondere die Transport/Laderaumbörsen diese Kommunikationsplattform an.

„Elektronische Transportmärkte als spezielle Form elektronischer Märkte bezeichnen Informations- und Kommunikationssysteme, die alle oder einzelne Phasen der marktmäßigen Koordination von angebotenen Frachten und verfügbarem Laderaum zwischen den beteiligten Verladern, Spediteuren und Frachtführern unterstützen (Sänger, 2004, S.74)".

Die übergeordnete Funktion dieses Systems besteht darin, Transparenz im Transportmarkt zu schaffen.

Die Integration eines externen Faktors in die Leistungerstellung bewirkt, dass dem Element einer unmittelbaren, persönlichen Kommunikation zwischen Kunde und Dienstleistungsanbieter eine besondere Bedeutung zukommt. Persönlicher Verkauf ist die mündliche Präsentation der zu verkaufenden Leistung vor einem oder mehreren Kaufinteressenten, mit dem Ziel, einen Vertragsabschluß herbeizuführen. Am persönlichen Verkauf wird der enge Zusammenhang von Distributions- und

Kommunikationspolitik deutlich. Der persönliche Verkauf weist folgende kommunikationsfördernde Charakteristika auf:

direkter Kontakt

Der persönliche Verkauf ist das lebendige, unmittelbare Bindeglied zwischen Speditionsunternehmen oder Verkehrsbetrieb und verladender Wirtschaft.

vertiefter Kontakt

Durch den persönlichen Verkauf können zahlreiche unterschiedliche Beziehungen zwischen Verkehrsbetrieb und Kunden entstehen, die von unpersönlichen Verkaufsbeziehungen bis zu privaten Beziehungen reichen.

Reaktionszwang

Im Gegensatz zu den übrigen kommunikationspolitischen Instrumenten wird der Käufer zu einer unmittelbaren Gegenleistung animiert, die vom sachlichen Zuhören bis zu sofortigem Vertragsabschluss reichen können.

Abbildung 100: Erscheinungsformen der persönlichen Kommunikation

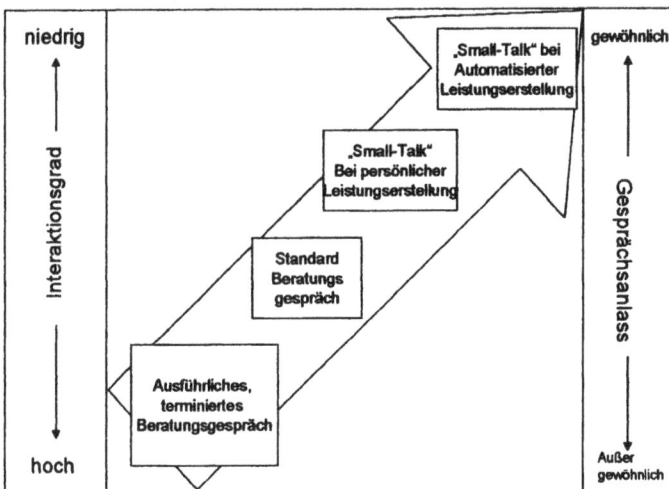

Quelle: i.A. an Meffert 2000, S. 367

Dieser Aspekt führt unmittelbar zur Frage, wie die Verkaufsorganisation in einem Speditionsunternehmen organisiert werden kann. In der betrieblichen Praxis ergibt sich ein grundsätzliches Spannungsfeld zwischen Spezialisten und Generalisten. Verkehrsspezialisten pflegen die persönliche, unmittelbare

Kommunikation mit den Kunden überwiegend aus der Abteilung, in der sie tätig sind und bringen den Vorteil, spezialisiertes, aktuelles Fachwissen einzubringen. Sie zeigen meist hohe Abschlusssicherheit in Preisverhandlungen und kennen zusätzlich auch die von ihnen bearbeiteten Märkte persönlich. Diese hohe Kompetenz hat allerdings auch Nachteile. So ist der Verkehrsspezialist in die tägliche Arbeitsroutine eingegliedert, leidet ständig unter Zeitmangel und ist meist schlecht erreichbar. Zudem ist er Spezialist auf nur einem Leistungssegment des Speditionsunternehmens. In hochspezialisierten Märkten wie Luft- und Seefracht mit ständig wechselnden Bedingungen (Preisen, Abfahrten, Nebenkosten/Surcharges usw.) ist der Verkehrsspezialist im Vorteil gegenüber einem Generalisten als Kundenbetreuer, dessen ausschließliche Aufgabe die Kundenbetreuung und Neukundengewinnung ist. Generalisten bieten im Sinne des „one face to customer" dem Kunden nur einen Ansprechpartner für alle Kommunikationsprobleme mit dem Speditionsunternehmen an. Der Verkäufer ist meist erreichbar (auch als Troubleshooter) und hat mehr Möglichkeiten, eine Kundenbeziehung zu festigen und zu vertiefen. Nachteilig könnte sich im Einzelfall das mangelnde aktuelle Fachwissen auswirken. Umso wichtiger ist in dieser Organisationsform des Verkaufs die ständige Schulung der Mitarbeiter und die regelmäßige Einbindung in die Arbeitsroutine in den Speditionsabteilungen.

Auf Basis dieser Besonderheiten der Kommunikationspolitik in Dienstleistungsunternehmen können die Instrumente der Kommunikationspolitik folgendermaßen typologisiert werden:

Abbildung 101: Typologie von Kommunikationsinstrumenten

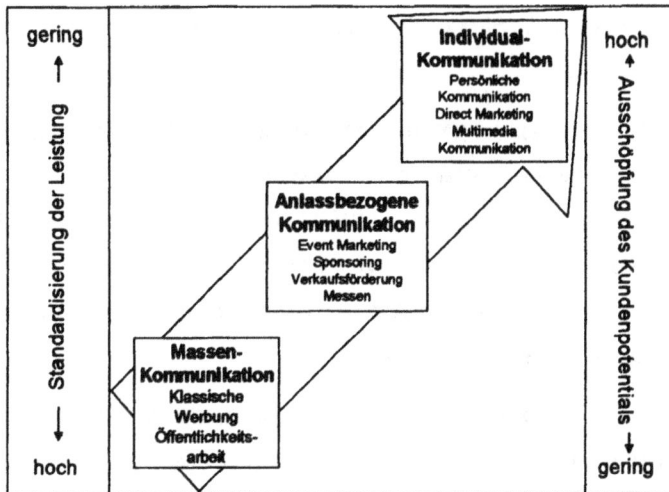

Quelle: i.A. an Meffert 2000, S. 340

Daraus kann abgeleitet werden, dass eine zielgruppenspezifische oder individuelle Kommunikation umso bedeutender wird,

- je immaterieller

- je erklärungsbedürftiger

- je weniger standardisiert

eine Leistung ist. Für KEP Dienste mit hoher Standardisierung eignen sich durchaus klassische Werbemittel im Bereich digitaler Medien und Printmedien. Bei kontraktlogistischen Dienstleistungen zählt jedoch die Individualkommunikation.

9.1.5.4.1 Werbung

Das wichtigste Instrument der Kommunikationspolitik, welches als das klassische Instrument der Kommunikationspolitik angesehen wird, ist die Werbung. Sie kann als absichtliche, jedoch zwanglose Form der Beeinflussung definiert werden, welche Menschen zur Erfüllung des Werbezieles (Kauf oder Konsum) veranlassen soll. In Anbetracht der Fülle von Werbebotschaften, die auf Konsumenten prallen, wäre näher zu prüfen, wie zwanglos "zwanglos' ist, Skepsis ist durchaus angebracht. Werbung im Verkehrsbetrieb weist gewisse Eigenheiten auf:

- Verkehrsbetriebe haben sehr oft dasselbe oder ein sehr ähnliches Leistungsprogramm, Unterschiede sind nicht besonders augenfällig.

- Verkehrsleistung ist ein immaterielles Gut, so dass alle Werbeargumente, die das Produkt, sein Styling, die Verpackung, Farbgebung und Formelemente betonen, entfallen.

- Verkehrsnachfrage ist großteils **abgeleitete Nachfrage**; es geht daher nicht um die Weckung latenter Verkehrsbedürfnisse, sondern um die Umlenkung der Nachfrage von anderen Verkehrsbetrieben. Aus diesen Gründen ist die Werbung von Verkehrsbetrieben meist leistungs- und distributionsorientiert, Zusatzleistungen werden besonders betont und sind vielfach Antworten auf Werbebotschaften der Konkurrenz.

In der Dienstleistungswerbung geht es insbesondere darum, das immaterielle Gut „Dienstleistung" sichtbar zu machen und den Aufbau eines positiven Firmenimage zu unterstützen. Ein häufiges und wichtiges Instrument zur „Materialisierung" der Dienstleistung ist das schriftliche Angebot der Dienstleistung. Derartige Angebote von Speditonsunternehmen sollten mindestens folgende Inhalte umfassen, wobei auch die optische Gestaltung entscheidend ist, also z.B die Verwendung attraktiver Offertmappen, Firmenprospekte, Produktbeschreibungen, Verkehrsblätter usw.

Abbildung 102: Mindestinhalte von Speditionsofferten

Mindestinhalte von Kundenofferten

Warenart

    ev. mit Angabe der Gefahrenart (Kennziffer und Nummer)

Verpackung mit Angabe von:

    EURO - Paletten

    Einweg-Paletten (Maße:...........)

    Kisten, Karton, Fässer, usw. (Maße:..........)

    Maß/ Gewichtsverhältnis

Abgangsort – Bestimmungsort mit Angabe von :

    Ländercode

    Postleitzahl

Lieferkondition unter Verwendung von INCOTERMS

Frachtstaffeln:

    nach Kundenwunsch

    eindeutig und EDV - lesbar, Minimale definieren

    bei ab..... : alternative Frachtberechnung erwähnen

    Rundungen:

    nach Kundenwunsch oder firmenspezifisch

    Standard : bis 500 kg: 20 : 20

                bis 1000 kg: 50 : 50

                ab 1001 kg: 100 : 100

Nebenleistungen: vollständig und eindeutig

SVS / RVS, wenn nicht ausdrücklich verboten (Verbotskunde)

Zahlungsziel: lt. AÖSP/ADSP sofort fällig, sonst definieren

Zuständigkeit (Trouble Shooting):

    Name

    Telefonnummer mit Durchwahl, Fax, email Adresse

Jedes abgegebene Offert oder Angebot ist eine Visitenkarte der Spedition.

Die Werbeziele können nach ihrer Werbewirkung in verschiedene Wirkungsstufen unterschieden werden:

- Wahrnehmungswirkung

  Hat eine besondere Bedeutung bei der Einführung neuer Dienstleistungen und soll Aufmerksamkeit wecken.

- Emotionswirkung

  Die Auswahl einer bestimmten Leistung soll durch Emotionen bewirkt werden, z.B. durch Darstellung von teuren Schadensfällen.

- Informationswirkung

  Hier soll der Nutzen der Leistung dem Nachfrager nähergebracht werden durch Vermittlung spezifischer Informationen z.B. durch Darstellung der Leistungen auf einer CD ROM mit integriertem Fachglossar zu Transporttechnik oder zu Basiswissen im Bereich Incoterms.

- Einstellungswirkung

  Hier soll insbesondere die Qualitätswahrnehmung verbessert und dadurch Kaufpräferenzen geschaffen werden z.B. der Spediteur ihres Vertrauens.

- Verhaltenswirkungen

  Da es für Dienstleistungsunternehmen wesentlich teurer ist, einen neuen Kunden zu gewinnen als einen Kunden zu binden, ist das Wiederkaufverhalten von zentraler Bedeutung. Zu den Verhaltenswirkungen zählen z.B. das Informationsverhalten, das Wiederwahlverhalten und das Weiterempfehlungsverhalten.

Aufgrund des zentralen Stellenwertes der Dienstleistungswerbung ist eine systematische und regelmäßige Werbewirkungskontrolle notwendig. Dabei kann die Werbewirkung in der Veränderung der Auftragslage bei den bestehenden und den potentiellen Kunden geprüft werden, aber auch durch Zeitvergleich die Entwicklung des Bekanntheitsgrades verfolgt werden.

9.1.5.4.2 Öffentlichkeitsarbeit

Unter dem Begriff Öffentlichkeitsarbeit werden alle Maßnahmen und Tätigkeiten verstanden, um Vertrauen und Verständnis zwischen Betrieb und Öffentlichkeit zu schaffen und zu erhalten. Öffentlichkeitsarbeit ist das kommunikationspolitische Instrument, das primär nicht Absatz schaffen, sondern Meinungen bilden soll. In Branchen mit hohem Reglementierungsgrad und ständigen Eingriffen durch die Gesetzgebung ist auch der Begriff „Lobbyismus" zu erwähnen. Es handelt sich dabei um Aktivitäten, wo die Interessenvertreter der Verkehrswirtschaft durch Kontakte zu Politik und Verwaltung versuchen, gesetzgeberische Vorhaben und Verwaltungsvorschriften zu unterstützen oder zu verhindern. Aber auch die Vielzahl von Kongressen und die Unterstützung einer Vielzahl von Veranstaltungen dienen dazu, Meinung zu bilden.

Eine oft unterschätzte Art der Öffentlichkeitsarbeit stellt auch das Verhalten des Personals eines Verkehrsbetriebes (Fahrer, Beifahrer etc.) in der Öffentlichkeit dar. Schulungen und Bewusstmachung dieser Aufgabe für die Betroffenen sind sinnvolle Maßnahmen zur Entwicklung und Gestaltung dieses Teils von Öffentlichkeitsarbeit.

9.1.5.4.3 Verkaufsförderung

Der Begriff Verkaufsförderung (synonym Sales promotion) ist relativ schwer zu fassen und kann (negativ definiert) aufgefasst werden als Summe aller Kommunikationsaktivitäten eines Unternehmens, die weder Werbung, persönlicher Verkauf noch Öffentlichkeitsarbeit sind, die aber das Kaufverhalten der Konsumenten und das Wohlwollen der Vermittler günstig beeinflussen sollen. Verkaufsförderungsaktionen sollen zusätzliche Anreize schaffen, um Kommunikations– und Verkaufsziele des Unternehmens zu realisieren.

Zielgruppen von Verkaufsförderungsaktionen von Speditionsunternehmen sind in erster Linie die Einkäufer von speditionellen Dienstleistungen. Zusäztlich werden in Unternehmen, die in ein Korrespondentennetz eingebunden sind, verkaufsfördernde Aktivitäten in der Form durchgeführt, dass gemeinsame Aktionen mit Eventcharakter veranstaltet werden, die z.B. die jeweiligen Länder in den Mittelpunkt des Events stellen (z.B. Skandinavientage usw.) oder im Rahmen von Besichtigungen von technischen Einrichtungen in Überseehäfen oder auf Flughäfen die Komplexität des Leistungserstellungsprozesses transparent machen.

9.2 Das betriebliche Rechnungswesen – Basis für ein Management-Informationssystem

Unter dem Begriff Rechnungswesen versteht man allgemein ein System zur quantitativen, vorwiegend mengen- und wertmäßigen Ermittlung, Aufbereitung und Darstellung von wirtschaftlichen Zuständen in einem bestimmten Zeitpunkt und von wirtschaftlichen Abläufen während eines bestimmten Zeitraums.

Das Rechnungswesen wird in zwei Teilbereiche untergliedert:

Das **volkswirtschaftliche Rechnungswesen** beschäftigt sich mit über alle Wirtschaftssubjekte aggregierten gesamtwirtschaftlichen Wertvorgängen (insbesondere im Rahmen der Volkswirtschaftlichen Gesamtrechnung und der Zahlungsbilanz).

Das im Folgenden näher betrachtete **betriebswirtschaftliche Rechnungswesen** befasst sich mit solchen wertmäßigen Vorgängen in einzelnen Unternehmungen. Beim betriebswirtschaftlichen Rechnungswesen erfolgt eine Unterscheidung in externes und internes Rechnungswesen.

Das Wort Rechnungswesen deutet auf das Vollziehen von Rechnungen hin, die einen bestimmten Zweck erfüllen, auf Informationen (Daten, Zahlen) aufbauen und zu einem konkreten Ergebnis führen sollen. Zwecksetzungen für diese Rechnungen ergeben sich sowohl aus betriebsinternen als auch betriebsexternen Interessen und Zwängen, aus denen die folgenden Aufgabenschwerpunkte für das betriebliche Rechnungswesen abgeleitet werden müssen:

Betriebsexterne Aufgaben:

- Rechenschaftslegung gegenüber Gläubigern und Gesellschaftern bezüglich Betriebserfolg, Zahlungsfähigkeit und Bonität

- Rechenschaftslegung gegenüber Öffentlichkeit und Staat bezüglich Arbeitsplatzsicherung und Wirtschaftspolitik

- Bemessungsgrundlage für Steuern

Betriebsinterne Aufgaben:

- Dokumentation des betrieblichen Geschehens

- Kontrolle der Wirtschaftlichkeit

- Kontrolle des finanziellen Gleichgewichts

- Grundlage für betriebswirtschaftliche Entscheidungen

Diese Aufgaben haben grundsätzlich für jeden Betrieb Bedeutung, wenn sie auch in der Praxis je nach Betriebsgröße, Betriebstyp und Rechtsform verschieden stark gewichtet werden. Die Erfüllung der betriebsexternen Aufgaben unterliegt größtenteils gesetzlichen Regelungen (Handelsrecht, Steuerrecht), es ist nur ein geringer

Gestaltungsrahmen für eine Rechnungslegung und ein daraus entwickeltes Rechnungswesen gestattet.

Demgegenüber sind dem Gestaltungsspielraum für ein Rechnungswesen, dessen Inhalt die betriebsinternen Aufgaben sind, keine externen Grenzen gesetzt, als Gestaltungsrichtlinien gelten ausschließlich Nützlichkeit und Wirtschaftlichkeit.

Aus den verschiedenen Aufgabenschwerpunkten wurden eine Reihe unterschiedlicher Gliederungsmöglichkeiten entwickelt. Eine leitet sich zum Beispiel aus dem Buchführungserlass des deutschen Handelsrechts aus dem Jahre 1937 mit vier Teilbereichen ab:

- Finanzbuchhaltung und Bilanz

- Kosten- und Leistungsrechnung

- Planungsrechnung

- Betriebswirtschaftliche Statistik und Vergleichsrechnung

Abbildung 103: Gliederungschema des betrieblichen Rechnungswesens

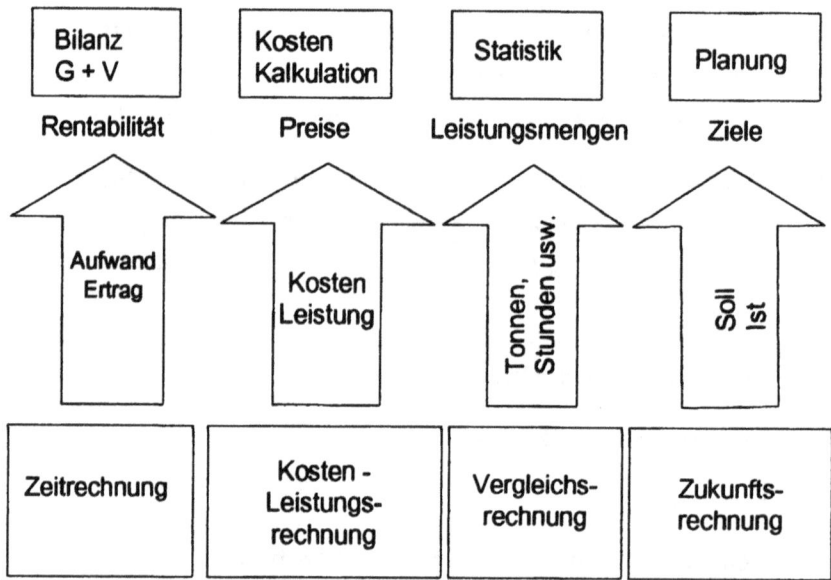

Diese vier Teilbereiche stehen in enger Verbindung zueinander, da sie zum Teil das gleiche Zahlenmaterial, allerdings unter verschiedenen Gesichtspunkten und Zielsetzungen verwenden. Grob abgegrenzt nehmen die Finanzbuchhaltung und die Bilanz die externen Aufgaben wahr, die restlichen Bereiche dienen der Erfüllung der internen Aufgaben. Basis für alle Belange des betrieblichen Rechnungswesens sind die verwendeten Informationen und Daten.

Der Begriff Information wird aus betriebswirtschaftlicher Sicht als zweckorientiertes Wissen oder als eine zweckorientierte Nachricht (Daten) interpretiert. Das Beschaffen von Informationen muss als ein Prozess der Informationsgewinnung und Informationsverarbeitung angesehen werden, der inhaltlich und zeitlich in die folgenden drei Phasen gegliedert werden kann:

- Erfassung und Aufzeichnung

- Aufbereitung und Darstellung

- Auswertung und Beurteilung

Die **erste Phase** beinhaltet die Erfassung und Aufzeichnung der Daten als sogenannte Urdatenerfassung. Sie stellt den bedeutsamen Übergang vom praktischen betriebswirtschaftlichen Tatbestand zum Rechnungswesen dar. Erfolgt dieser Übergang ungenau oder nicht eindeutig, so kann dieser Fehler in den folgenden Prozessphasen nicht mehr korrigiert werden.

Die **zweite Phase** der Aufbereitung und Darstellung der Informationen und Daten bezieht sich auf das aussagebezogene Verdichten großer Datenmengen (Urdaten) zu einer überschaubaren Menge an Informationen (abgeleitete Daten), die bereits einen gewissen Aussagewert besitzen. Die Auswertung bezieht sich auf das Verknüpfen verschiedener Informationen zu bestimmten Kennzahlen (Ergebnisdaten), mit Hilfe dessen der betriebswirtschaftliche Tatbestand besser beurteilt werden kann oder mit Hilfe derer die Vergleichbarkeit verschiedener Tatbestände verbessert wird. Die Beurteilung des Tatbestandes erfolgt einerseits durch die Ergebnisdaten und andererseits durch die Sachkenntnis und Erfahrung der urteilenden Person oder Personengruppe, die den Prozess der Informationsgewinnung kennen sollte und wissen muss, inwieweit die Informationen vollständig sind. Das Erstellen der Bilanz und der Gewinn- und Verlustrechnung wäre mit der Aufbereitung und Darstellung des Zahlenmaterials vergleichbar.

Die **dritte Phase** als Auswertung und Beurteilung bezieht sich auf die Bilanzanalyse, die Kennzahlen ermittelt und Zahlenvergleiche anstellt.

Betrachtet man die Zwecke des betriebswirtschaftlichen Rechnungswesens, so lassen sich drei grundlegende Rechnungskategorien unterscheiden, die prinzipiell in allen Teilsystemen des betriebswirtschaftlichen Rechnungswesens vorkommen:

Planungsrechnungen dienen sowohl als Grundlage für die Entscheidungsfindung als auch für den Entscheidungsvollzug, indem sie die künftigen Auswirkungen bestimmter Handlungsalternativen auf den unternehmerischen Zielerreichungsgrad bestimmen sowie Ziele und Handlungsrahmen für Entscheidungsträger im Unternehmen festlegen.

Kontrollrechnungen beziehen sich auf vergangene Geschehnisse. Sie dienen der Information über tatsächliche Abläufe und Zustände und durch Vergleich mit entsprechenden Planwerten der Überwachung der tatsächlichen Zielerreichung. Durch Analyse von Plan-Ist-Abweichungen sollen einerseits

Informationen für künftige Entscheidungen und Maßnahmen generiert werden, andererseits soll durch den Kontrollprozess von vornherein ein hohes Maß an Zielerreichung sichergestellt werden. Überall da, wo im Rechnungswesen mit Planungsrechnungen gearbeitet wird, gehören Kontrollrechnungen in Form von Ist-Rechnungen und gegebenenfalls von Abweichungsanalysen unverzichtbar zum Instrumentarium des Rechnungswesens.

Dokumentationsrechnungen resultieren entweder aus gesetzlichen Verpflichtungen (z.B. handels- und steuerrechtlicher Art) oder aus vertraglichen Vereinbarungen (z.B. bei Kredit- und Lizenzverträgen) und dienen somit der rechtlich gesicherten Ermittlung von Ergebnissen, an die sich Ansprüche unstreitbar knüpfen können. Der Dokumentationsaufgabe sind in besonderem Maße die Finanzbuchhaltung und ihre Abschlussinstrumente Bilanz und Gewinn- und Verlustrechnung gewidmet.

Das betriebswirtschaftliche Rechnungswesen kann folglich als ein spezielles Informationssystem innerhalb einer Unternehmung charakterisiert werden, dessen Funktion in der vorwiegend mengen- und wertmäßigen Erfassung von ökonomisch relevanten Daten über vergangene, gegenwärtige und zukünftige wirtschaftliche Tatbestände und Vorgänge im Betrieb sowie über zurückliegende, bestehende und zukünftige wirtschaftliche Beziehungen des Unternehmens zu seiner Umwelt, deren Speicherung auf Datenträgern, der nachfolgenden Transformation entsprechend den zugrundeliegenden Zwecken und der Weitergabe an interne und externe Informationsbenutzer besteht.

9.2.1 Finanzbuchhaltung

9.2.1.1 Buchführung

Die Buchführung ist das Instrument zur laufenden, lückenlosen und sachlich geordneten Erfassung, Aufzeichnung (Dokumentation) und Auswertung der Geschäftsvorfälle, die durch die Tätigkeit eines Unternehmens im Verlaufe eine Geschäftsjahres ausgelöst bzw. verursacht werden. Sie liefert die notwendigen Informationen im Hinblick

- auf den aktuellen Stand des Vermögens und der Schulden des Unternehmens,

- auf die Veränderungen der Vermögens- und der Schuldenwerte,

- auf den Erfolg der unternehmerischen Tätigkeit am Ende einer
  Rechnungsperiode,

- die durchzuführenden Kosten- und Preiskalkulationen,

- die Kontrolle der Wirtschaftlichkeit, der Rentabilität und der Liquidität des
  Unternehmens,

- die Ermittlung der Steuern

u.a.m.

Die Pflicht zur Buchführung ist gesetzlich geregelt (§ 238 des Handelsgesetzbuches).
Auch in den Steuergesetzen sind entsprechende Verpflichtungen zur Buchführung
verankert. Für die Gestaltung der Buchführung gelten die Grundsätze
ordnungsgemäßer Buchführung (GoB). Einer der wichtigsten Grundsätze lautet "Keine
Buchung ohne Beleg"!

9.2.1.2 Geschäftsvorfall

Geschäftsvorfälle sind wirtschaftliche Aktivitäten eines Unternehmens, die

- Veränderungen der Vermögenswerte und der Schulden des Unternehmens
  verursachen,

- zu Geldeinnahmen und/oder zu Geldausgaben führen bzw.

- dem Inhalt nach einen Werteverzehr (= Aufwand) oder einen Wertezuwachs
  (=Ertrag) darstellen.

Jeder Geschäftsvorfall ist durch einen Beleg zu dokumentieren und in der
Buchführung lückenlos aufzuzeichnen.

9.2.1.3 Beleg

Belege sind schriftliche Aufzeichnungen von Geschäftsvorfällen. Sie bilden nach dem
Grundsatz „Keine Buchung ohne Beleg" die unabdingbare Grundlage für den
Nachweis der Richtigkeit einer vorgenommenen Buchung.

Beispiele für Belege sind: Rechnungen, Bankauszüge, Quittungen, Lohn- und
Gehaltslisten, Materialentnahmescheine und dgl.

Der Beleg muss mindestens folgende Angaben enthalten:

- Angaben zum Geschäftsvorfall selbst (z. B. Einkauf von Treibstoff, ...),

- das Datum und

- den Betrag.

Belege sind laufend zu numerieren und geordnet aufzubewahren.

9.2.1.4   Verkehrsbuchhaltung

Die Verkehrsbuchhaltung wird häufig auch als Positionsbuch oder Speditionsbuch bezeichnet. Sie stellt in der Regel ein Nebenbuch der doppelten Buchhaltung dar. Es gelten ebenfalls die Grundsätze ordnungsgemäßer Buchführung, nämlich:

- Belegprinzip = keine Buchung ohne Beleg

- Realisationsprinzip = Buchung erfolgt erst, wenn der Aufwand entstanden ist

- alle Buchungen haben vollständig, wahr, klar, ordentlich und leicht nachprüfbar zu sein

Wie der Begriff Speditionsbuch schon aussagt, handelt es sich um ein Nebenbuchhaltungssystem, das häufig in Speditionsunternehmen zum Einsatz kommt. In der Vergangenheit beinhaltete das Speditionsbuch nur die Sendungs- und Abrechnungsdaten. Heute wird das Speditionsbuch im Rahmen der Verkehrsbuchhaltung überwiegend für Zwecke der internen Betriebsbuchhaltung, also vorwiegend im Rahmen der Kostenrechnung eingesetzt. Das Speditionsbuch gibt Auskunft über alle durch einen Auftrag oder eine Sendung direkt verursachten Aufwendungen und Kosten. Um dieses Instrument richtig nutzen zu können, sind einige organisatorische Voraussetzungen notwendig, so z.B.ein Positionsrahmen zur eindeutigen Verbuchung der mit einem Speditionsauftrag zusammenhängenden Einnahmen und Ausgaben. Eine Positionsnummer definiert immer:

- Wirtschaftsmonat

- Verkehrs- oder Ländergruppe

- Kennzahl der Relation

- lfd.Nr. der Fahrzeuge, (LKW, Waggon, Container usw.)

- lfd. Nr. des einzelnen Auftrags/Sendung

Ziel ist die Ermittlung des Überschusses der Verkehrseinnahmen über die
Verkehrsausgaben. Dies wird als Positionsertrag, Verkehrsertrag, Deckungsbeitrag
oder Bruttonutzen bezeichnet. Die Zusammenfassung der Positionserträge nach
Fahrzeugnummer und Wirtschaftsmonat gibt Auskunft über den Bruttonutzen des
eingesetzten Verkehrsmittel bzw. des Wirtschaftsmonats. Die Verkehrsbuchhaltung
als Basis für die kurzfristige Erfolgsrechnung bietet alle Daten, die zu einer
kurzfristigen Ergebnisvermittlung notwendig sind. Ein vereinfachtes Schema für diese
kurzfristige Erfolgsrechnung zeigt folgendes Bild:

Bruttoverkehrsertrag = BVE [203]

* Verdichtung pro Relation und Monat

* Verdichtung zum Verkehrsertrag pro Verkehrs - bzw. Ländergruppe

= **Verkehrserträge**   >>>> Speditionsbuch

– Verkehrskosten   >>>> BAB

= **Verkehrsergebnis**

- neutrales Ergebnis

= **Geschäfts - bzw. Bilanzergebnis**

Hier zeigt sich auch deutlich der Übergang von der Verkehrsbuchhaltung in die
Kostenrechnung. Der Ursprung der Zahlen ist zwar derselbe, die Verbuchung erfolgt
jedoch in unterschiedlichen Buchungskreisen.

Das grundsätzliche Problem jeder kurzfristigen Erfolgsrechnung ist die sachliche und
zeitliche Abgrenzung der verwendeten Daten. Dazu werden in den
Speditionsunternehmen unterschiedliche Kontrollinstrumente eingesetzt. Eine
Überprüfung der Buchungen erfolgt i.d.R. je Position oder je Verkehrsakt im Hinblick
auf

- richtige Zuordnung der Buchung zeitlich (Nachtragsbuchungen,
  Abgrenzungen)

---

[203] BVE = (Überschuss der Verkehrseinnahmen über die Verkehrsausgaben bezogen auf
einen Verkehrsauftrag).

- richtige Zuordnung der Buchung sachlich (Korrekturbuchungen)

- vollständige Buchungen (offene Buchungen)

und sollte immer durchgeführt werden. Nur mit diesen Kontrollen ist ein richtiger Ausweis der Bruttoverkehrserträge (Verkehrserträge) möglich. Diese stellen wiederum die Basis für alle weiteren Berechnungen dar. Eine weitere Abgrenzung der Verkehrsumsätze erfolgt zum Jahresabschluss.

Ein Geschäftsfall (Verkehrs- oder Speditionsauftrag) darf nur in dem Wirtschaftsjahr abgerechnet werden, in dem die letzte, zu einem einheitlichen Auftrag gehörende Leistung erbracht wurde. Fehlen zu im alten Jahr abgeschlossenen und daher unter alter Position verrechneten Leistungen noch Belastungen (Aufwendungen, Kosten), so sind entsprechende so genannte Verkehrsrückstellungen zu bilden, damit auch hier wieder richtige Zahlen in den Jahresabschluss einfließen.

Bei der Buchung der Verkehrsausgaben ist zu beachten, welche Ausgaben (Aufwendungen) tatsächlich dem Verkehrsakt zugeordnet werden und welche Aufwendungen zu Lasten eines anderen Aufwandskontos gebucht werden. Regeln hierzu sind von Unternehmen zu Unternehmen verschieden und sind in der Regel dem Sachbearbeiter vorgeschrieben. Aufwendungen, die nicht überall auf „Position " gebucht werden sind z.B.

- Schadensfälle

- Paletten, Lademittel, Verpackungsmaterial

- Trinkgelder

- Reise -, Repräsentations - und Werbeaufwand

Die kurzfristige Erfolgsrechnung ist meistens Bestandteil eines umfassenderen Berichtswesens. Die ermittelten Zahlen werden verglichen mit geplanten Zahlen (**Budget oder Planungsrechnung**) und dienen zur Beurteilung der laufenden Geschäftsentwicklung im Vergleich zur geplanten Entwicklung. Die Hochrechnung der Monatszahlen führt zu einer **Vorschaurechnung**, die die geschätzte weitere Entwicklung berücksichtigt und die Kumulierung der Monatszahlen dient zum besseren Ausgleich der Monatsschwankungen. Schlussendlich werden die wertmäßigen Ergebnisse meist noch mit Leistungskennzahlen wie Tonnagen, Teilposten usw. ergänzt.

Abbildung 104: Begriffe aus der Verkehrsbuchhaltung

<u>Einige Begriffe, die in der Verkehrsbuchhaltung auftreten:</u>

Speditionsbuch: (Verkehrsauflistung) – systematische Erfassung der
Positionsabrechnungen (Karteikarten, Buchform, EDV)

Position: Verrechnungseinheit, unter der die Ausgaben und Einnahmen
bezogen auf einen Verkehrsauftrag gegenübergestellt werden

Verkehrsbuchung: Buchung auf eine Position (im Gegensatz zur
Buchung auf eine Kostenstelle)

Verkehrsumsatz: Summe der Soll- bzw. Habenbuchungen im
Speditionsbuch. Eine Trennung in laufendes Geschäftsjahr und Vorjahre
betreffende Umsätze ist zu beachten.

Relation: Zusammenfassung von Einzelpositionen nach bestimmten
Kriterien (Leistungsart, Destination etc.)

Bruttoverkehrsertrag (BVE): Überschuss der Verkehrseinnahmen über
die Verkehrsausgaben. Dieser Betrag wird auch als Positionsertrag,
Verkehrsertrag, Bruttonutzen oder DB1 bezeichnet.

9.2.1.5   Jahresabschluss und Bilanz

Die Bilanz eines Unternehmens ist die stichtagsbezogene Gegenüberstellung der
Vermögenswerte des Unternehmens zu den Positionen der Mittelherkunft in
Kontenform. Sie dient ursächlich dem   Vermögens-, Kapital-, Erfolgs- und
Liquiditätsausweis und ist bei Gründung oder Übernahme des Unternehmens, am
Schluss jeden Geschäftsjahres sowie – falls die Situation eintritt – bei Auflösung oder
Veräußerung des Unternehmens nach den gültigen rechtlichen Regelungen
aufzustellen.

Die Vermögenspositionen werden auf der linken Seite der Bilanz ausgewiesen. Sie
bilden die Aktiven bzw. die Aktiva des Unternehmens und werden nach
Anlagevermögen und nach Umlaufvermögen zusammengefasst.

Die Positionen der Mittelherkunft, d. h. des Kapitals werden auf der rechten Seite der
Bilanz ausgewiesen. Sie werden als die Passiven bzw. Passiva bezeichnet und
differenziert nach Eigenkapital und nach Fremdkapital dargestellt.

Grundlage der Aufstellung der Bilanz ist das Inventar. Die nach handelsrechtlichen Vorschriften erstellte Bilanz heisst Handelsbilanz. Entsprechend dem Grundsatz der Maßgeblichkeit ist diese Bilanz zugleich Grundlage für die Steuerbilanz, es sei denn, steuerliche Vorschriften erfordern für bestimmte Bilanzpositionen andere Wertansätze.

9.2.1.5.1 Kapital

Das Kapital ist – im betriebswirtschaftlichen Sinne – das Äquivalent des Vermögens eines Unternehmens. Es erklärt die Herkunft jener Mittel, die als Vermögen auf der Aktiv-Seite der Bilanz ausgewiesen sind und begründet damit den Anspruch der Kapitalgeber an eben dieses Bilanzvermögen. Das Kapital wird in der Bilanz ausgewiesen, wobei folgende Grundbeziehungen niemals durchbrochen werden können:

Gesamtkapital = Gesamtvermögen

Eigenkapital = Gesamtvermögen – Fremdkapital = Reinvermögen.

Abbildung 105: Gliederungschema der Bilanz

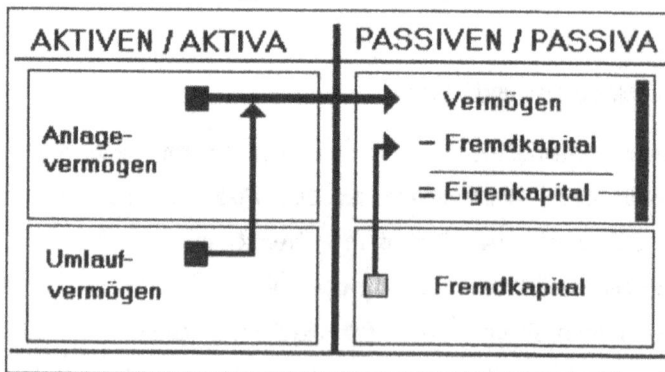

Der Ausweis des Kapitals (in der Bilanz) dient dem Zweck der Offenlegung der Mittelherkunft, der Bewertung des Kapitals nach handels- und steuerrechtlichen Vorschriften und der Überprüfung der Kapitalerhaltung (im Rahmen des Jahresabschlusses). Die Unterscheidung zwischen Eigenkapital (Beteiligungskapital) und Fremdkapital (Gläubigerkapital) entspricht zunächst der unterschiedlich geregelten Stellung der Kapitalgeber sowie weiterer wichtiger Aspekte.

Abbildung 106: Merkmale von Eigenkapital und Fremdkapital

Kriterien	Eigenkapital	Fremdkapital
Interessenslage	Vorrangig an der Erhaltung des Unternehmens interessiert	Vorrangig an der Erhaltung seiner Selbst interessiert
Einfluss auf die Unternehmens-leitung	In der Regel berechtigt	Grundsätzlich ausgeschlossen (teilweise faktisch möglich)
Informationsrecht über die inneren Unternehmungsverhältnisse	Anspruch auf Offenlegung	Kein Anspruch
Zeitliche Verfügbarkeit des Kapitals	In der Regel ungegrenzt, Entnahmerecht aus dem Kapital begrenzt	In der Regel befristet
Haftung	Eigentümerstellung (mindestens in der Höhe der Einlage)	Gläubigerstellung (keine Haftung)
Vermögensanspruch (Risiko)	Garantierendes Kapital (Anspruch nur auf den verbleibenden Liquidationserlös)	Garantiertes Kapital (bevorrechtigt vor dem Eigentum)
Ertragsanteil	Teilhabe am Gewinn und Verlust	In der Regel fester Zinsanspruch (kein GuV Anteil)
Steuerliche Belastung	Gewinn belastet mit Est, Kst	Zinsen als Aufwand absetzbar

Das Eigenkapital ist daher als Risikokapital einzustufen. Je risikoreicher Investitionen sind, desto höher müsste der Eigenkapitalanteil sein. Eigenkapital dient auch zur Sicherung der Unabhängigkeit, weil bei zu hoher Fremdfinanzierung immer die Gefahr unerwünschter Einflussnahmen der Kreditgeber auf die Unternehmung besteht.

9.2.1.5.2 Vermögen

Das Vermögen eines Unternehmens repräsentiert im Geldausdruck den aktiven Bestand an Wirtschaftsgütern zum Bilanzstichtag. Es wird nach Anlagevermögen und nach Umlaufvermögen unterteilt. Zum Sachanlagevermögen zählen Grundstücke, Gebäude, Maschinen, maschinelle Anlagen, Werkzeuge, sonstige Erzeugungshilfsmittel sowie die Betriebs- und Geschäftsausstattung. Sie alle ergeben die technische Leistungskraft des Unternehmens.

Das Anlagevermögen ist nach der Tatsache, ob die Nutzung zu einer Wertminderung führt (zeitlich begrenzte Nutzung oder nicht), in abnutzbares und nicht abnutzbares Anlagevermögen zu gliedern. Die Wertminderung findet im Rechnungswesen in Form der Abschreibung ihren Niederschlag. Zum immateriellen Anlagevermögen gehören Konzessionen, Patente, Lizenzen und sonstige Rechte, zum finanziellen Anlagevermögen Beteiligungen und Wertpapiere.

Das Umlaufvermögen wird auch als Beschäftigungsvermögen bezeichnet. Dadurch wird zum Ausdruck gebracht, dass das Umlaufvermögen Voraussetzung für die Ingangsetzung des Betriebes im Sinne der von ihm zu erbringenden Betriebs- und Marktleistungen ist. Das Umlaufvermögen setzt sich zusammen aus dem Sachumlaufvermögen (Roh-, Hilfs- und Betriebsstoffen, halbfertige Erzeugnisse und Fertigerzeugnisse) und dem Finanzanlagevermögen (Umlaufwertpapiere, Forderungen, Kassabestände, Bankguthaben u.ä.).

Das Vermögen, das auf der Seite der Aktivseite der Bilanz ausgewiesen wird, ist nach dem Niederstwertprinzip zu bewerten, die Schulden (Fremdkapital) auf der Passivseite der Bilanz nach dem Höchstwertprinzip. Diese Bewertungsmethode entspricht der Sorgfaltspflicht eines ordentlichen Kaufmanns.

Das Kapital gibt Auskunft über die Mittelherkunft, das Vermögen Auskunft über die Mittelverwendung.

9.2.1.5.3 Erlöse aus Umsatz

Erlöse aus Umsatz sind der finanzielle Gegenwert (in Geldeinheiten), den ein Unternehmen für die am Markt realisierten Ertrags-Güter (=Output-Güter) erzielt.

Abbildung 107: Erlöse aus Umsatz

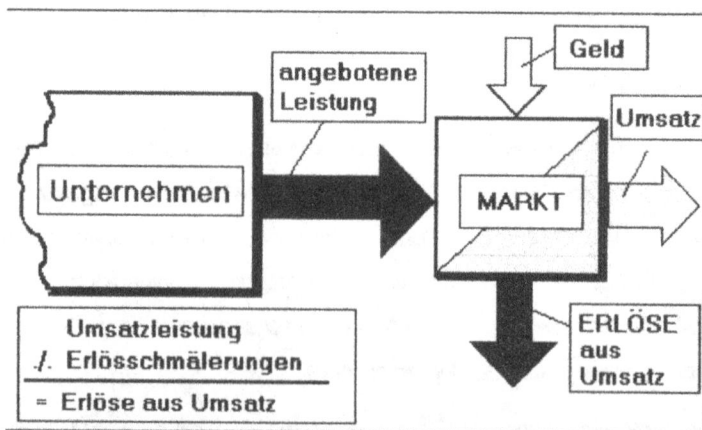

Erlöse werden in der Buchführung erfasst und periodenbezogen in der Erfolgsrechung ausgewiesen. Bei der Ermittlung der in der Erfolgsrechnung auszuweisenden Erlöse sind mögliche Erlösschmälerungen sowie die Vorschriften der umsatzsteuerlichen Behandlung der Absatzleistung zu beachten.

9.2.1.5.4 Gewinn, Verlust

Die Kennzahl „Gewinn" charakterisiert im allgemeinen betriebswirtschaftlichen Verständnis den Überschuss der Erlöse (aus marktlich verwerteten = verkauften Gütern) über die für die Erstellung dieser Güter verursachten Kosten. Im Falle, dass die Erlöse E die angefallenen Kosten K nicht decken (E<K), spricht man von „Verlust". Im handelsrechtlichen Sinne (lt. Gewinn- und Verlustrechnung) wird Gewinn mit verschiedenen Sachverhalten und Berechnungsgrößen identifiziert.

Abbildung 108: Unterschiedliche Gewinnbegriffe

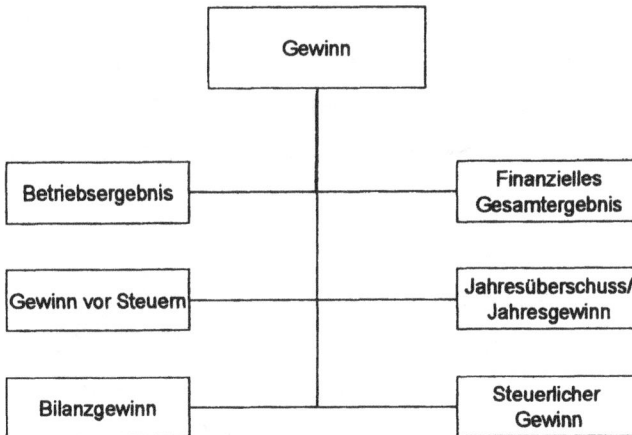

a) Gewinn = Betriebsergebnis

Diese Gewinngrösse kennzeichnet den Perioden-Erfolg im eigentlichen Betriebsprozess.

b) Gewinn = finanzielles Gesamtergebnis

Das finanzielle Gesamtergebnis (= Ergebnis der gewöhnlichen Geschäftstätigkeit – EGT) ermittelt sich aus dem „Betriebsergebnis" und dem „Finanzergebnis" (dies ist das Ergebnis aus dem „Nicht-Betriebsprozess").

c) Gewinn vor Steuern

(Fortführung des Ergebnisses aus gewöhnlicher Geschäftstätigkeit durch Einbeziehung des ausserordentlichen Ergebnisses).

d) Gewinn = Jahresüberschuss

Diese Gewinngrösse entspricht den handelsrechtlichen Vorschriften zur Ermittlung des Periodenerfolgs im Rahmen der Aufstellung des Jahresabschlusses.

e) Gewinn = Bilanzgewinn

Der Bilanzgewinn (insbesondere bei Unternehmen in der Rechtsform „Aktiengesellschaft") wird durch Einbeziehung des Gewinnvortrages sowie von Entnahmen aus Rücklagen bzw. Einstellungen in Rücklagen ermittelt. Diese Gewinngrösse ist somit kein „echter" periodenbezogener Erfolg.

f) Steuerlicher Gewinn

Als steuerlicher Gewinn wird im Allgemeinen der Überschuss der sog. „Betriebseinnahmen" über die „Betriebsausgaben" bezeichnet. Der steuerliche Gewinn kann – namentlich bei Firmen in der Rechtsform „Einzelkaufmann" bzw. „Personengesellschaft" – durch die Methode des Eigenkapitalvergleichs ermittelt werden.

Die Gewinn- und Verlustrechnung ist die Bezeichnung für die zeitraumbezogene Erfolgsrechnung nach deutschem Handelsrecht (§ 275 HBG). Sie ist Bestandteil des Jahresabschlusses und kann nach zwei Verfahren durchgeführt werden, nämlich nach dem Gesamtkostenverfahren und nach dem Umsatzkostenverfahren.

Abbildung 109: Gesamt -/Umsatzkostenverfahren

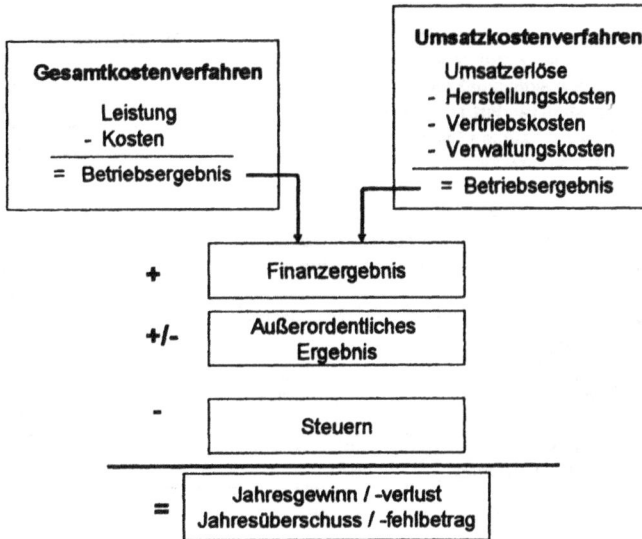

9.2.1.5.5   Gesamtkostenverfahren

Das Gesamtkostenverfahren ist eines der beiden Grundverfahren der Erfolgsermittlung lt. handelsrechtlichen Vorschriften (s.a. Art. 957 OR bzw. § 275 HGB). Die Ermittlung des Jahresgewinns wird beim Gesamtkostenverfahren nach folgender Staffelrechnung vorgenommen:

Abbildung 110: Staffelform des Gesamtkostenverfahrens

	1. Umsatzerlöse	[GE]
+/-	2. Erhöhung oder Verminderung des Bestandes an fertigen und unfertigen Erzeugnissen	[GE]
+	3. Andere aktivierte Eigenleistungen	[GE]
+	4. Sonstige (andere) betriebliche Erträge	[GE]
=	5. Gesamtleistung (Zwischenergebnis)	[GE]
-	6. Materialaufwand	[GE]
-	7. Personalaufwand	[GE]
-	8. Abschreibungen	[GE]
-	9. Sonstige (andere) betriebliche Aufwendungen	[GE]
=	10. Betriebsergebnis (Zwischenergebnis)	[GE]
+/-	11. Finanzergebnis	[GE]
=	**12. Ergebnis der gewöhnlichen Geschäftstätigkeit (Zwischenergebnis)**	[GE]
+/-	13. Außerordentliches Ergebnis	[GE]
=	14. Ergebnis vor Steuern (Zwischenergebnis)	[GE]
-	15. Steuern	[GE]
=	**16. Jahresgewinn (Jahresüberschuss) bzw. Jahresverlust (Jahresfehlbetrag)**	[GE]

Das Gesamtkostenverfahren erfasst den gesamten Aufwand einer Rechnungsperiode, unabhängig davon, ob die in dieser Periode erstellten Güter auch abgesetzt (verkauft) wurden oder nicht. Man nennt dieses Verfahren daher auch Produktionsaufwand-Verfahren. Als Korrekturposten zur Sicherung des Vergleichs mit dem Umsatzkostenverfahren werden die Veränderungen im Bestand an fertigen und unfertigen Erzeugnissen und die Eigenleistung einbezogen. In der Gliederung der Aufwandsarten folgt das Gesamtkostenverfahren der Korrespondenz zu den Leistungsfaktoren (als Inputgrößen im betrieblichen Leistungsprozess).

9.2.1.5.6   Umsatzkostenverfahren

Das Umsatzkostenverfahren ist neben dem Gesamtkostenverfahren ein zweites Verfahren der Erfolgsrechnung, das nach handelsrechtlichen Vorschriften (vgl. Art. 663 OR und Art. 958 OR sowie § 275 HGB) zur Ermittlung des Jahresgewinns angewendet wird. Bei der Erfolgsrechnung nach dem Umsatzkostenverfahren werden die in einer Periode aus dem Verkauf von Gütern erzielten Umsatzerlöse nur jenen Aufwendungen (im Herstellungsbereich des Unternehmens) gegenübergestellt, die ursächlich für diese (verkauften) Güter angefallen sind, unabhängig davon, in welcher Periode diese Güter hergestellt wurden und somit auch unabhängig davon, in welcher

Periode die zugehörigen Aufwendungen (als Herstellungskosten) entstanden sind. Die
Aufwendungen für jene Güter, die erst in späteren Perioden zum Verkauf gelangen,
werden somit in der Erfolgsrechnung nach dem Umsatzkostenverfahren zunächst
nicht erfasst. Sie werden – wie der Betriebswirt sagt – vorerst im Ausweis des
Bestandes an fertigen Erzeugnissen (zu Herstellungskosten) aktiviert und dann erst in
der Periode des Verkaufs dieser Produkte bzw. Leistungen dem Herstellungsaufwand
für den getätigten Umsatz in dieser Periode hinzugerechnet. Aus diesen
Zusammenhängen begründet sich, warum das Umsatzkostenverfahren auch
Absatzaufwand-Verfahren genannt wird. Zur Ermittlung des Jahresgewinns nach dem
Umsatzkostenverfahren wird folgendes Schema genutzt:

Abbildung 111: Staffelform des Umsatzkostenverfahrens

	1. Umsatzerlöse	[GE]
-	2. Anschaffungs- bzw. Herstellungskosten der zur Erzielung der Umsatzerlöse verkauften Güter bzw. erbrachten Leistungen	[GE]
=	3. Bruttoergebnis aus Umsatz (Zwischenergebnis)	[GE]
-	4. Vertriebsaufwand	[GE]
-	5. Verwaltungsaufwand	[GE]
+	6. Sonstige (andere) betrieblichen Erträge	[GE]
-	7. Sonstige (andere) betriebliche Aufwendungen	[GE]
=	8. Betriebsergebnis (Zwischenergebnis)	[GE]
+/-	9. Finanzergebnis	[GE]
=	10. Ergebnis der gewöhnlichen Geschäftstätigkeit (Zwischenergebnis)	[GE]
+/-	11. Außerordentliches Ergebnis	[GE]
=	12. Ergebnis vor Steuern (Zwischenergebnis)	[GE]
-	13. Steuern	[GE]
=	14. Jahresgewinn (Jahresüberschuss) bzw. Jahresverlust (Jahresfehlbetrag)	[GE]

Wie aus dem Vergleich von Umsatzkostenverfahren und Gesamtkostenverfahren
ferner zu ersehen ist, besteht ein weiterer Unterschied zwischen diesen beiden
Verfahren in der Art und Weise der Gliederung der Aufwandspositionen: Während im
Gesamtkostenverfahren die Aufwandspositionen mit dem Bezug zu den
Leistungsfaktoren, also mit Bezug zum sog. Primäraufwand geordnet werden, erfolgt
die Aufwandsgliederung im Umsatzkostenverfahren nach Funktionsbereichen
(Herstellung, Vertrieb, Verwaltung), also nach dem sog. Sekundäraufwand. Beide

Verfahren, das Umsatzkostenverfahren und das Gesamtkostenverfahren führen zum gleichen Ergebnis für den Jahresgewinn (Jahresüberschuss).

9.2.2   Steuerungsgrößen und Kennzahlen aus der Finanzbuchhaltung und der Bilanz

Um Kennzahlen und Steuerungsgrößen zu ermitteln, die auf Aufzeichnungen der Finanzbuchhaltung zurückgehen, sind zunächst diese Zahlen zu adaptieren und in eine so genannte Strukturbilanz überzuführen. Arbeiten dazu sind z.B. die Auflösung stiller Reserven, Auflösung und Saldierung eventueller Wertberichtigungen, Bewertung von Leasingverpflichtungen usw. Mit den so aufbereiteten Daten lassen sich Kennzahlen

- über das Vermögen (Vermögensstruktur)

- über den Aufbau des Kapitals (Kapitalstruktur) und

- über das Verhältnis von Vermögenspositionen zu entsprechenden Kapitalpositionen ermitteln

Kennzahlen der Vermögensstruktur machen Aussagen zur Vermögensintensität, Forderungsintensität, Umschlagskoeffizienten (Umschlaghäufigkeit des Bestandes und Umschlagsdauer), Außenstandsdauer, Investitionsquoten und Anlagenabschreibungen. Wie bereits dargestellt, ist das Forderungsmanagement in Speditionsunternehmen ein strategisch wichtiger Managementbereich. Wesentlich dabei ist die Finanzierung des Umlaufvermögens, die sich in der Höhe der Forderungen eines Unternehmens und in der Dauer messen lässt, die diese Forderungen „ausstehen" und nicht zu einem Geldfluss führen. Die Berechnung kann folgendermaßen erfolgen:

Abbildung 112: Berechnung von Außenstandsdauern

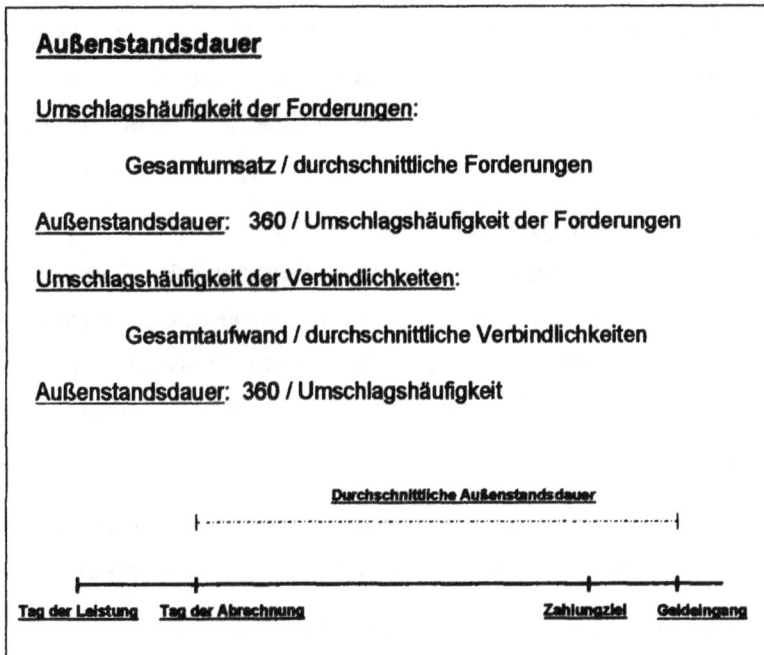

Kennzahlen der Kapitalstruktur geben Auskunft über Kapitalanteile (z.B. Eigenkapitalquote) oder Verschuldungsgrad.

Wichtige Kennzahlen in diesem Zusammenhang sind Liquiditätskennzahlen. Mittel- und langfristige Deckungsgrade sagen aus, wie das Vermögen finanziert ist. So sagt die „Goldene Bilanzregel" aus, dass das Anlagevermögen grundsätzlich durch langfristiges Eigenkapital gedeckt sein sollte. Die „Goldene Finanzierungsregel" fordert eine Fristenkongruenz von Kapitalbindungsdauer und Kapitalüberlassungsdauer. Danach soll also z.B. eine Finanzierung von langfristig gebundenem Vermögen nicht mit kurzfristigem Kapital erfolgen. Kurzfristige Liquiditätskennzahlen sollen die Deckungsfähigkeit der kurzfristigen Verbindlichkeiten durch liquide (oder relativ leicht liquidierbare) Vermögensteile erfassen. Dabei werden 3 Liquiditätsgrade ermittelt,

- die Barliquidität (cash ratio), Sie wird als Verhältnis von flüssigen bzw. liquiden Mitteln zu kurzfristigen Verbindlichkeiten ausgedrückt und sollte zwischen 30 – 40 % betragen.

- Liquidität,   einzugsbedingte   (quick   ratio)

  Die einzugsbedingte Liquidität ist der 2. Liquiditätsgrad. Zur Ermittlung dieses Liquiditätsmaßes werden außer den liquiden Mitteln auch noch die Forderungen aus Lieferungen und Leistungen, nicht diskontierbare Wechsel, sonstige Forderungen u.a. – alles Bestandteile des monetären Umlaufvermögens – herangezogen. Der Richtwert liegt bei >= 100 %.

- Liquidität, umsatzbedingte (current ratio)

  Die umsatzbedingte Liquidität ist der 3. Liquiditätsgrad. In seine Ermittlung werden außer den liquiden Mitteln, den Forderungen auch noch die Vorräte (Rohstoffvorräte, Vorräte an unfertigen Erzeugnissen, Vorräte an Waren und fertigen Erzeugnissen) einbezogen. Sein Richtwert liegt bei >= 200 %.

Working Capital

Der aus der amerikanischen Literatur stammende Begriff bedeutet in etwa die Umschreibung des Nettoumlaufvermögens. Dies wird mit folgender Formel berechnet:

working capital = Umlaufvermögen - kurzfristige Verbindlichkeiten

Das working capital ist ein Gradmesser

- einerseits zur Optimierung der Mittelbindung

- andererseits für die Fähigkeit, Cash Flow und Wertschöpfung zu generieren

Ein positives WC bedeutet, dass ein gewisser Grundstock vorhanden ist, über den das Unternehmen disponieren kann, ohne die Schuldendeckungsfähigkeit des Vermögens zu beeinträchtigen. Ein Überschussbetrag wird als Ziel angestrebt. Ein negatives WC widerspricht den klassischen Grundsätzen, dass Anlagevermögen durch langfristig verfügbares Kapital zu decken ist.

Mit Hilfe von erfolgswirtschaftlichen Kennzahlen soll die Ertragskraft des Unternehmens beurteilt werden. Dabei wird einerseits der tatsächlich erzielte Erfolg festgestellt und andererseits versucht, das Zustandekommen des Erfolgs zu erklären. Hilfestellung dazu bietet die Aufwands- und Ertragsstruktur der Gewinn- und Verlustrechnung. Verhältniskennzahlen wie Personalaufwand zu Gesamtaufwand geben Hinweise über Intensitätsgrade.

Verhältniskennzahlen des Erfolgs (i.d.R. das EGT) zu Kapital und Umsatz ergeben Rentabilitätsgrößen (Eigenkapitalrentabilität, Gesamtkapitalrentabilität, Umsatzrentabilität). Bezugsgrößen sind das durchschnittliche gebundene Kapital.

9.2.3 Kosten- und Leistungsrechnung

Die Kosten- und Leistungsrechnung ist das unternehmensinterne Instrument zur Abbildung des betriebsprozessbezogenen Werteverzehrs (in den Kosten) in Relation zur Wertentstehung im Rahmen der Ausbringung der betrieblichen Leistung. Sie dient ferner der Überprüfung der Wirtschaftlichkeit des Betriebsprozesses.

Hinsichtlich der praktischen Organisationsform vollzieht sich die Kosten- und Leistungsrechnung in folgenden Stufen:

a) als Kostenartenrechnung (Bestimmung der Kosten nach der Art ihrer Entstehung und Verursachung, zum Beispiel mit Unterscheidungen nach Materialkosten, Personalkosten usw.),

b) als Kostenstellenrechnung (Bestimmung und Zurechnung der Kosten nach dem Ort ihrer Verursachung, wobei die Kostenstellen in der Regel mit Funktions- und Verantwortungsbereichen im Unternehmen deckungsgleich sind),

c) als Kostenträgerstückrechnung (=Kalkulationsrechnung) zur Ermittlung von Selbstkosten und Preisen sowie

d) als Kostenträgerzeitrechnung (=Betriebsergebnisrechnung) zur Ermittlung des kurzfristigen Periodenerfolgs im Sinne des Betriebsergebnisses.

Die Kosten- und Leistungsrechnung kann als Vollkostenrechnung oder als Teilkostenrechnung gestaltet werden. Der Unterschied zwischen diesen beiden Vorgehensweisen ergibt sich daraus, wie die sog. fixen Kosten im Kostenrechnungsverfahren behandelt werden. In der Vollkostenrechnung werden die Fixkosten anteilsmäßig auf die Leistungseinheiten verteilt, also proportionalisiert, während bei der Teilkostenrechnung streng zwischen dispositionsunabhängigen (fixen) Kosten und dispositionsabhängigen (variablen) Kosten unterschieden wird.

9.2.3.1 Aufgaben der Kosten- und Leistungsrechnung

Während die Finanzbuchhaltung wesentlich der Information externer Adressaten dient und deshalb auch externes Rechnungswesen genannt wird, dient die Kosten- und

Leistungsrechnung vorrangig innerbetrieblichen Zwecken und wird deshalb auch dem internen Rechnungswesen zugeordnet.

Für die Erstellung der Kosten- und Leistungsrechnung gibt es keine rechtlich festgelegten Vorschriften. Das Unternehmen hat die Freiheit, die Kostenrechnung entsprechend den spezifischen betriebsindividuellen Anforderungen und Zwecken aufzubauen. Extern vorgegebene Aufgaben der Kosten- und Leistungsrechnung resultieren aus handels- und steuerrechtlichen Vorschriften über die Ermittlung von Herstellungskosten (besser: Herstellungsaufwendungen) zur Aktivierung von Eigenleistungen und Bestandsveränderungen sowie der Ermittlung von Konzernverrechnungspreisen, die aufgrund der Fiktion der rechtlichen Einheit des Konzerns keine unrealisierten Gewinne bzw. Verluste enthalten dürfen. Weiterhin sind bei der Kalkulation öffentlicher Aufträge die Vorschriften der Verordnung über die Preise bei öffentlichen Aufträgen (VO PR) und der Leitsätze über die Preisermittlung aufgrund von Selbstkosten (LSP) zu beachten, anhand derer (im Falle des Fehlens von Marktpreisen) ein Selbstkostenpreis zu ermitteln ist, der Grundlage der Abrechnung mit dem staatlichen Auftraggeber ist.

Aus Wirtschaftlichkeitsüberlegungen ist eine Trennung von Datenerfassung und -auswertung anzustreben, um gleiche Kosten- und Leistungsdaten durch Neukombination und Ergänzung für verschiedene Entscheidungen nutzen zu können. Eine derartige rechnungszweckneutrale Erfassung der Kosten und Leistungen in einer sog. Grundrechnung wird insbesondere in der Einzelkosten- und Deckungsbeitragsrechnung postuliert.

Die Aufgaben der Kosten- und Leistungsrechnung bestehen vor allem aus der Preisermittlung, der Wirtschaftlichkeitskontrolle und der Gewinnung aller Informationen, die für betriebswirtschaftliche Entscheidungen insbesondere im Bereich der Investitionen notwendig sind. Für den Fortbestand eines Unternehmens ist die Kenntnis über die Kosten der Leistungserstellung lebensnotwendig. Wenn auch in stark umkämpften Märkten mit typischen Merkmalen eines Verdrängungswettbewerbs eine Preisermittlung auf Kostengrundlagen unrealistisch ist, so ist es umso bedeutender, z.B. die Herstellungskosten für einen Kundenauftrag im Sinne einer Stückkostenrechnung, die Kosten pro Tkm eines eingesetzten Verkehrsmittels oder die Kosten der Marktbearbeitung zu kennen sowie die kritischen Preisuntergrenzen für Güterverkehrsleistungen oder Kundenaufträge .

Zum Zwecke einer einfachen Wirtschaftlichkeitskontrolle kann man bestimmte
Kostenarten für den Gesamtbetrieb kalkulieren und im Vergleich mit Vormonaten
bestimmte Entwicklungen erkennen und bewerten. Auch ein Vergleich von Kosten
anderer Niederlassungen der gleichen Unternehmensgruppe aber ebenso ein
übergeordneter Betriebsvergleich dient der besseren Beurteilung der betrieblichen
Situation. Für viele Entscheidungen ist der Jahresabschluss der Finanzbuchhaltung für
das Unternehmen zu undifferenziert und oft nicht aktuell genug. Die Kostenrechnung
liefert dazu bessere betriebswirtschaftlich fundiertere Informationen und kann in Form
kurzfristiger Erfolgsrechnungen auch aktuelle Daten zur Entscheidungsfindung
zugrunde legen. Insbesondere bei Investitionsentscheidungen sind Kostendaten
notwendig. Schließlich können mit Hilfe der Kosten- und Leistungsrechnung auch
andere Aufgaben erledigt werden wie beispielsweise die Konkretisierung von
Schadenersatzforderungen bei fremdverschuldeten Unfällen.

9.2.3.2   Kostenartenrechnung

Kosten sind der bewertete Verzehr von Gütern und Dienstleistungen, der zur
Erstellung und zum Absatz betrieblicher Leistungen und zur Aufrechterhaltung der
hierfür notwendigen Betriebsbereitschaft erforderlich ist.

Aus dieser Definition ist bereits erkennbar, dass zwischen den Rechengrößen der
Kostenrechnung (Leistungen/Kosten) und den Rechengrößen der Gewinn- und
Verlustrechnung (Erträge/Aufwendungen) Gemeinsamkeiten, aber auch Unterschiede
bestehen. Gemeinsamkeiten und Unterschiede in den Rechengrößen beider
Teilsysteme des Rechnungswesens resultieren aus den Gemeinsamkeiten bzw.
Unterschieden in der Zielsetzung beider Systeme. Sowohl die Kostenrechnung als
auch die Gewinn- und Verlustrechnung dienen u.a. der Ermittlung eines
Periodenerfolgs. Dementsprechend wird in beiden Systemen bewertete
Güterentstehung (Ertrag/Leistung) dem bewerteten Güterverzehr (Aufwand/Kosten)
gegenübergestellt. Ein großer Teil der Erträge und Aufwendungen (= Zweckertrag und
Zweckaufwand) wird deshalb zugleich als Leistung und Kosten (= Grundleistung und
Grundkosten) in der Kostenrechnung erfasst.

Im Gegensatz zur Kostenrechnung ist die Gewinn- und Verlustrechnung eine globale,
umfassendere Rechnung, in der der Erfolg des gesamten Unternehmens ermittelt
wird. Die Konsequenz ist, dass in der GuV neben den sachzielbezogenen Erträgen

und Aufwendungen auch alle betriebsfremden Erfolgskomponenten erfasst werden, während sich die Kostenrechnung ausschließlich auf die sachzielbezogenen Wertentstehungen und den Werteverzehr bezieht. Dieser Teil der neutralen Erträge und neutralen Aufwendungen in der GuV hat dementsprechend kein Pendant im Bereich der Kostenrechnung.

Des weiteren werden in der GuV auch periodenfremde und außerordentliche Erträge und Aufwendungen erfasst, die aus der unterschiedlichen Zielsetzung der Kostenrechnung heraus dort keinen Platz haben und deshalb in der Kostenrechnung als Andersleistungen oder Anderskosten mit zeitlich oder mengenmäßig normalisierten Ansätzen verrechnet werden. Die Finanzbuchhaltung ist gesetzlich normiert. Sie ist für die Bewertung von Ertrag und Aufwand an das Realisations- und Anschaffungswertprinzip gebunden. Die Kostenrechnung ist hingegen eine gesetzlich freie, betriebswirtschaftlichen Grundsätzen folgende Rechnung. Sie kann deshalb im Rahmen von Andersleistungen und Anderskosten vom Realisationsprinzip abweichende Bewertungsgrundlagen wählen.

Die gesetzliche Normierung der Finanzbuchhaltung kann auch zur Folge haben, dass für betriebswirtschaftlich als Leistungsentstehung bzw. Leistungsverzehr zu interpretierende Vorgänge der Ertrag bzw. Aufwand nicht verrechnet werden darf. So ist z.B. für ein selbsterstelltes, immaterielles Gut wie eine Softwareeigenentwicklung wegen des Aktivierungsverbots ein Ertrag nicht ansetzbar, und für den Einsatz der knappen Ressource Eigenkapital sind in der GuV keine Aufwendungen verrechenbar (Eigenkapitalzinsen). Die Kostenrechnung kann in solchen Fällen im Rahmen der kalkulatorischen Leistung bzw. Kosten entsprechende Verrechnungspositionen (= Zusatzleistung und Zusatzkosten) ansetzen.

Die Kostenartenrechnung dient der Ermittlung und übersichtlichen Zusammenstellung aller in einer Abrechnungsperiode angefallenen Kosten. Zweck dieser Rechnung ist die Darstellung der vertikalen Kostenstruktur der Unternehmung. Ausgangspunkt ist in der Regel die Aufwands- und Ertragsrechnung der Finanzbuchhaltung.

Abbildung 113: Schematische Darstellung der Belege in der Betriebsabrechnung [204]

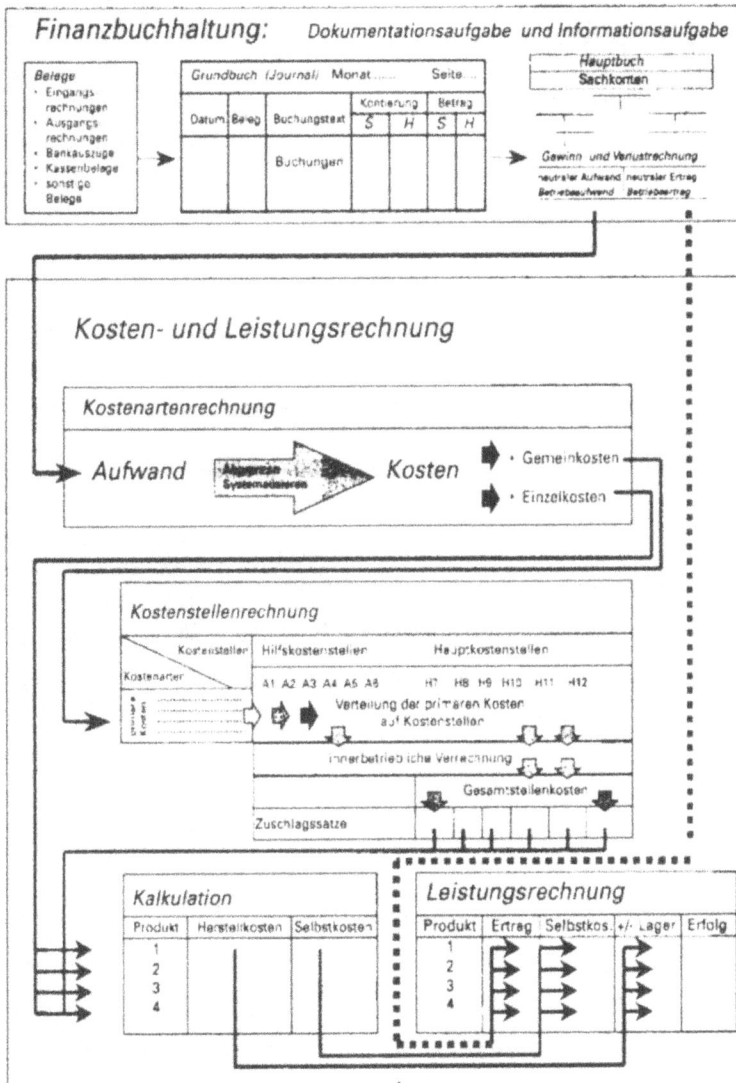

Die Überleitung des Aufwands in Kosten erfolgt im sog. „Betriebsüberleitungsbogen"
(BÜB). In diesem erfolgt zum einen die zeitliche (unterjährige) Abgrenzung, zum
anderen die sachliche Abgrenzung, d.h. der neutrale Aufwand wird ausgeschieden,
eventuelle Zusatzkosten werden hinzugerechnet.

Aufwand lt. GuV

neutraler Aufwand

+   Zusatzkosten

= KOSTEN

Beispiele für neutralen Aufwand:

- Mietaufwand für betrieblich nicht genutzte Gebäude oder

- Lagerflächen, die betrieblich nicht genutzt werden

- Kursverluste

- Schadensfälle, die den normalen Rahmen übersteigen

Zusatzkosten haben in der Praxis nur geringe Bedeutung. Beispiele dafür wären die
kalkulatorische Abschreibung oder kalkulatorische Wagniskosten für nicht versicherte
oder nicht versicherbare Risiken.

9.2.3.2.1   Kosten und Beschäftigung

Fixe Kosten

Fixe Kosten (beschäftigungsfixe oder dispositionsunabhängige Kosten) sind Kosten,
die sich in ihrem Gesamtumfang nicht verändern, wenn sich die Beschäftigung
verändert (Kosten der Betriebsbereitschaft). Sie werden in der Literatur auch als
Kosten der Ressourcenbereitstellung charakterisiert, da sie unabhängig von der
tatsächlichen Nutzung der Kapazitäten anfallen. Typische Beispiele für Fixkosten:

- Raumkosten, wie z.B. Abschreibung

- Gehälter für Angestellte

- EDV- Kosten

- Kosten der Geschäftsleitung etc.

Beispiele für Gradmesser der Beschäftigung sind z.B. in den Bereichen:

Buchhaltung:

- Anzahl der Buchungszeilen

- Anzahl der Konten

Verkauf:

- Anzahl der Kundenbesuche, Telefonkontakte

Die Anpassung der Fixkosten an geänderte Beschäftigungs- bzw. Auslastungsgrade erfolgt nicht automatisch, andererseits ist eine Beeinflussung der Fixkosten, wenn auch mit unterschiedlichen Fristigkeiten, durchaus möglich.

Sprungfixe Kosten

Sprungfixe Kosten sind Fixkosten, die für einen bestimmten Auslastungsbereich (Beschäftigungsintervall) konstant bleiben, bei einer Steigerung der Auslastung über einen bestimmten Punkt hinaus aber sprunghaft ansteigen.

Beispiele:

Die Fixkosten für den Fuhrpark, der die Verteilung die Verteilung von Gütern in der Fläche besorgt, bleiben innerhalb eines bestimmten Sendungsaufkommens konstant. Ab einer bestimmten Auslastung muss aber ein weiterer LKW angeschafft werden, was eine Erhöhung des Fixkostenblocks im Umfang der Gesamtkosten des zusätzlichen Fahrzeuges bedeutet.

In einer Verwaltungsabteilung kann mit gegebenen Personalkapazitäten eine bestimmte Höchstanzahl von Positionen pro Zeiteinheit bewältigt werden. Bei einem Überschreiten dieser Grenze muss eine weitere Arbeitskraft eingestellt werden.

Variable Kosten

Variable Kosten (beschäftigungsvariable oder dispositionsabhängige Kosten) sind Kosten, die sich in ihrem Gesamtumfang mit Änderung der Beschäftigung auch verändern.

Die Veränderung kann **proportional, degressiv oder progressiv** sein.

Typische Beispiele für variable Kosten:

- Überstundenentlohnung

- Telefon- und sonstige Kommunikationskosten

Den größten variablen Kostenblock in Speditionsunternehmen stellen die Speditionsausgaben dar für den Einkauf von Transportleistungen.

Die Frage, ob ein bestimmter Kostenfaktor zu den fixen oder variablen Kosten zählt, kann nur beantwortet werden, wenn gleichzeitig ein bestimmter Zeit- bzw. Planungshorizont zugrunde gelegt wird. Kurzfristig betrachtet hat nämlich ein großer Teil der Kosten Fixkostencharakter, während mittel- bzw. langfristig betrachtet alle Kosten abbaubar sind und damit alle Kosten variabel werden.

9.2.3.2.2 Einzel- und Gemeinkosten

Einzelkosten

Einzelkosten im Sinne von **Kostenträgereinzelkosten** sind Kosten, die den Kostenträgern direkt zugerechnet werden können und daher nicht über die Kostenstellenrechnung geführt werden müssen. Wesentliche Voraussetzung ist die Definition der Kostenträger. In Speditionsunternehmen kann dies z.B. der einzelne Kundenauftrag oder eine Relation sein. Einzelkosten (= Speditionsausgaben) sind praktisch alle in der Verkehrsbuchhaltung auf Position buchbaren Aufwendungen. Einzelkosten im Sinne von **Kostenstelleneinzelkosten** sind Kosten die einer Kostenstelle direkt d.h. ohne Schlüsselung zugeordnet werden können. In Bezug auf den Kostenträger stellen sie Gemeinkosten dar.

Beispiele

- Personalkosten für die Mitarbeiter einer Produktionsabteilung

- Reiseaufwendungen

- Telefonkosten

Gemeinkosten

Gemeinkosten im Sinne von **Kostenträgergemeinkosten** sind Kosten, die für verschiedene Aktivitäten (z.B. Produktgruppen) gemeinsam anfallen und daher auf Kostenstellen gesammelt werden müssen, um sie so mittelbar den Kostenträgern zurechenbar zu machen. Die Zurechnung erfolgt auf der Basis von Prozentschlüsseln. Gemeinkosten im Sinne von **Kostenstellengemeinkosten** sind Kosten, die für verschiedene Kostenstellen gemeinsam anfallen und daher der einzelnen Kostenstelle nur durch Schlüsselung zugeteilt werden können.

Beispiele:

- Drucksorten und Büromaterial

- EDV-Kosten

- Kosten für den Lagerumschlag

- Kosten für einen von mehreren Abteilungen benutzten PKW

9.2.3.3 Kostenstellenrechnung

Die Kostenstellenrechnung wird häufig auch als Betriebsabrechnungsbogen (BAB) bezeichnet, da es früher üblich war, die Kostenstellen auf einem einzigen Blatt Papier darzustellen. Sie dient der Darstellung der horizontalen Kostenstruktur des Betriebes. Zu diesem Zweck wird der Betrieb in Kostenstellen aufgeteilt, für die jeweils gesondert die Periodenkosten ermittelt werden. Unter einer Kostenstelle versteht man einen funktionalen (leistungsmäßigen) und/oder räumlich abgrenzbaren Bereich.

Beispiele für Kostenstellen:

- Gebäude

- Fernmeldestelle

- Hubstapler

- LKW

- Geschäftsleitung

Wichtig für die Bildung von Kostenstellen ist, dass sie sich mit der Kosten- und Leistungsverantwortlichkeit von Mitarbeitern decken. Die Beachtung dieses Punktes ist deshalb so wesentlich, da nur Ergebnisse, deren Erreichung ein Mitarbeiter beeinflussen kann, ihn zu zielbewußten Maßnahmen motiviert und im nach hinein eine Analyse von entstandenen Abweichungen ermöglicht.

Hilfs- bzw. Nebenkostenstellen:

Hilfskostenstellen sind Kostenstellen, die im Allgemeinen nur innerbetriebliche Leistungen erbringen.

Beispiele:

- Umschlagslager

- Fernmeldestelle

- Zollabteilung

Die Umlage der auf diesen Kostenstellen gesammelten Kosten erfolgt auf Grund von Umlageschlüsseln, die auf Basis von bestimmten Bezugsgrößen errechnet werden.

Beispiele für Bezugsgrößen:

- die umgeschlagene Tonnage für das Umschlagslager

- die Anzahl der Abfertigungen in der Zollabteilung

- die Anzahl der Buchungszeilen in der Buchhaltung

Schwerpunkt der Kostenstellenrechnung ist die Ermöglichung einer gezielten Kontrolle der Wirtschaftlichkeit kleiner, klar abgrenzbarer Verantwortungsbereiche. Damit verbunden ist die Möglichkeit der Bildung von Kennzahlen und der Vergleich mit Werten aus Vorperioden etc. Die Kostenstellenrechnung ermöglicht die Zurechnung der Gemeinkosten auf die Kostenträger. Wenn man von den Speditionsausgaben absieht – diese werden direkt einer Position oder einem Kundenauftrag zugerechnet – besteht ein großer Teil der Kosten in einem Speditionsbetrieb aus Gemeinkosten.

Damit verbunden stellt sich die Frage, wie diese Gemeinkosten auf die Kostenträger (Marktleistungen) aufzuteilen sind. Es gibt dafür im Wesentlichen drei Prinzipien:

Verursachungsprinzip:

Dieses Prinzip ist in seiner reinen Form das tragende Prinzip der entscheidungsorientierten Kostenrechnung, der sog. „Grenzkostenrechnung". Es besagt, dass man auf die verschiedenen Kostenstellen bzw. Kostenträger nur die Kosten zurechnen darf, die sich in ihrer Höhe durch Maßnahmen verändern lassen, die im Zusammenhang mit der jeweiligen Kostenstelle bzw. dem jeweiligen Kostenträger stehen, d.h. nur die variablen Kosten.

Durchschnittsprinzip

Dieses Prinzip ist das tragende Prinzip der sog. Vollkostenrechnung. Die Vollkostenrechnung verfolgt das Ziel, alle im Betrieb anfallenden Kosten (also auch die Fixkosten) durch Schlüsselung und Wälzung der Kosten auf die Kostenstellen bzw. Kostenträger zu verrechnen.

Tragfähigkeitsprinzip:

Dieses Prinzip geht davon aus, dass man bei der Verteilung der Gemeinkosten die Höhe der von den einzelnen Kostenträgern zu erzielenden Erlöse berücksichtigt.

In der Praxis wird die Kostenarten- mit der Kostenstellenrechnung in der Form integriert, dass bei der Erfassung des Aufwands für Zwecke der Finanzbuchhaltung auch gleich die zeitliche und sachliche Abgrenzung vorgenommen wird.

<u>Beispiel:</u>

4720/550/01./06   € 4.800. -

Mit dieser Kontierung einer Eingangsrechnung für Drucksorten wird zum einen das Aufwandskonto 4720 „Drucksorten" mit € 4.800. - belastet, zum anderen wird die Kostenstelle 550 „Zollabteilung" in den Monaten Jänner – Juni im BAB mit einem Betrag in Höhe von je € 4.800. - belastet.

9.2.3.4 Kostenträgerrechnung

Kostenträger sind Leistungen, die im Betrieb für den Markt erstellt werden. Für Zwecke der Kostenrechnung werden aus Gründen der Praktikabilität sehr oft Gruppen von Aufträgen zusammengefasst. Man rechnet daher auf der Basis von Produktgruppen, Ländergruppen, Relationen usw. Grundsätzlich sind aber auch andere Modelle denkbar, wie beispielsweise Kundenkategorien, Fahrzeuge usw.

Unter **Kostenträgerstückrechnung** versteht man die Zurechnung der Kosten auf die Kostenträger. Diesen Schritt nennt man Kalkulation.

Vorkalkulation:

Diese dient in erster Linie der Preisbildung bzw. der Ermittlung einer Preisuntergrenze.

Nachkalkulation:

Die Nachkalkulation erfolgt auf Basis von Ist- Kosten und Ist- Erträgen. Sie soll zum einen die Kostenkontrolle (Soll-Ist- Vergleich) ermöglichen, zum anderen aber auch Grundlagen für zukünftige Vorkalkulationen bereitstellen.

Bei Anwendung der herkömmlichen Vollkostenrechnung geht man davon aus, sämtliche im Betrieb bzw. in der jeweiligen Verkehrsabteilung anfallenden Kosten in Ansatz zu bringen, um zu den „Selbstkosten" zu gelangen. Diese Form der Kostenrechnung legt der Kalkulation eine prozentuell festgelegte Fixkostenaufteilung zugrunde und sieht jeden Auftrag, dessen Preis unter den auf diese Weise ermittelten Selbstkosten liegt, als verlustbringend an.

Die Aufgabe der **Kostenträgerzeitrechnung** besteht in der Ermittlung des Erfolgs (= Differenz zwischen Bruttoerlös und dem Auftrag zurechenbaren Kosten) der mit einzelnen Aufträgen bzw. einzelnen Relationen in einer definierten Periode erzielbar ist. Zweck der Periodenerfolgsrechnung (Betriebsergebnisrechnung) ist es, den Gesamterfolg, den ein Betrieb, eine Verkehrsabteilung oder auch das Unternehmen während einer Rechnungsperiode erzielt hat, zu ermitteln. Sie ist damit eine Erfolgsrechnung mit Zeitdimension. Wegen der in der Regel unterjährigen Durchführung (Monat, Quartal) wird sie auch als kurzfristige Erfolgsrechnung bezeichnet. Die Probleme bei der Verwendung der Vollkostenrechnung als Entscheidungsgrundlage zeigt folgendes einfache Beispiel:

Der BAB der XY-Speditions-GMBH weist für die Verkehrsbereiche I - III folgende Zahlen aus (GE in Tsd.):

LG (Ländergruppe)	I	II	III	Summe
Verkehrserträge (BVE)	1.450	850	450	2.750
- variable Personalkosten	680	510	120	1.310
- variable Sachkosten	210	200	40	450
- innerbetriebliche Umlagen	250	220	170	640
= Verkehrsergebnis	310	- 80	120	350

Die innerbetrieblichen Umlagen der LG II enthalten:

anteilige Kosten für Umschlagslager	70
anteilige Kosten für EDV	30
anteilige Kosten für Geschäftsleitung	40
anteilige Kosten für Finanzbuchhaltung	30
anteilige Kosten für Zollabteilung	50

Eine erste Interpretation dieser Zahlen würde den Schluss nahelegen, dass die Schließung der LG II zu einer Erhöhung des Betriebsergebnisses von derzeit 350 auf 430 führen würde. Die Folgen einer derartigen Entscheidung zeigt die folgende Kontrollrechnung:

- Wegfall der variablen Kosten der LG II7	10
- teilweise Kostenentlastung im Lagerbereich	20
- teilweise Kostenentlastung im Zollbüro	10
- entgangene Verkehrserträge	-850
= Ergebnisveränderung	-110

Es stellt sich heraus, dass das Betriebsergebnis nicht auf 430 steigt, sondern auf 240 sinkt. Derartige Entscheidungssituationen müssen daher die Veränderung der Kosten bei Veränderung der Beschäftigung berücksichtigen. Die Deckungsbeitragsrechnung bietet dazu methodische Hilfestellung.

9.2.4   Die Deckungsbeitragsrechnung

Die der Deckungsbeitragsrechnung zugrundeliegende Grenzkostenrechnung verzichtet auf die Zuteilung fixer Kosten auf die Kostenträger. Sie geht von der Erkenntnis aus, dass sich nur die variablen Kosten durch die Hereinnahme eines Auftrags verändern und dass daher bei Beachtung des Verursachungsprinzips nur die variablen Kosten bei der Kalkulation des Auftrags in Ansatz gebracht werden dürfen. Als „Deckungsbeitrag" bezeichnet man allgemein

die Differenz zwischen Bruttoerlös und den variablen Kosten,

Der Begriff leitet sich davon ab, dass die Deckungsbeiträge zur Deckung der
Fixkosten beitragen,

Bruttoerlös

<u>- variable Kosten</u>

<u>= **Deckungsbeitrag**</u>

Dieser Deckungsbeitrag bildet kurzfristig betrachtet die Preisuntergrenze. Bei
Abschlüssen und Dispositionen mit längerer Bindungsdauer wird die Preisuntergrenze
aber durch die variablen Kosten zuzüglich der in diesem Zeitraum abbaufähigen
Fixkosten gebildet. Nicht übersehen werden darf die Tatsache, dass die Summe der
Fixkosten in einer Periode durch die erwirtschafteten Deckungsbeiträge verdient
werden müssen, soll das Betriebsergebnis nicht negativ werden. Entscheidend ist
daher nicht der Deckungsbeitrag eines jeden einzelnen Auftrags, sondern die Summe
aller erwirtschafteten Deckungsbeiträge einer Periode.

Abbildung 114: Denken in Deckungsbeiträgen

Forderung: die Summe der Deckungsbeiträge aller Aufträge
muss sämtliche Fixkosten decken

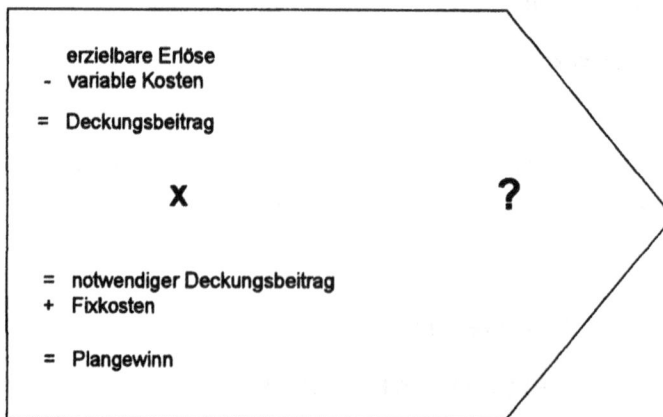

```
    erzielbare Erlöse
 -  variable Kosten

 =  Deckungsbeitrag


          X                         ?


 =  notwendiger Deckungsbeitrag
 +  Fixkosten

 =  Plangewinn
```

X = die entstehende Lücke ist durch zusätzliche Maßnahmen zu schließen

Wenn man davon ausgeht, dass die erzielbaren Erlöse im Wesentlichen vom Markt
vorgegeben werden, bieten sich grundsätzlich zwei Strategien an:

- Maßnahmen, die zu einer Erlössteigerung führen, ohne den Fixkostenblock zu erhöhen,

- Maßnahmen, die die Fixkostenbelastung reduzieren, ohne Einbußen bei den Erlösen.

Beiden Maßnahmen gemeinsam ist der Umstand, dass sie zu einer höheren Auslastung und damit zu einer Fixkostendegression führen.

In der klassischen Deckungsbeitragsrechnung wurden die Fixkosten als undifferenziertes Ganzes, als ungeteilter Block aus der Kostenrechnung in die Periodenerfolgsrechnung übernommen und Deckungsbeiträge nur auf der Ebene der Kostenträger berechnet. Die stufenweise Deckungsbeitragsrechnung bedient sich eines Verfahrens, das wesentlich mehr Transparenz bietet, da die fixen Kosten in mehrere Gruppen gegliedert werden. In der Praxis empfiehlt sich ein System, das zwischen Fixkosten auf Bereichs- und Betriebsebene (bzw. im Falle von mehreren Betrieben auch auf Unternehmungsebene) differenziert. Ein schematisches Beispiel für eine Periodenerfolgsrechnung auf Basis der stufenweisen Deckungsbeitragsrechnung zeigt folgendes Bild:

Abbildung 115: Stufenweise Deckungsbeitragsrechnung

Kostenstellen Monat: Mai	Europa Süd – KST 10	Europa Nord – KST 15	Luftfracht KST 18	Übersee KST 20	Summe
Relationen	Mi, Vr, Pd,	SF, S, N	LCL, Div.	Konv., CT-FCL	
Bruttoerlöse in T€	150	70	120	50	390
Speditions- Ausgaben = Variable Kosten	30	40	40	5	115
Bruttogewinn DB 1	120	30	80	45	275
KST – Fixkosten	40	40	50	10	140
KST – Gewinn – DB 2 (Bereichsgewinn)	80	10	30	35	135
Niederlassungs- Fixkosten KST 30					75
Niederlassungsergebnis DB 3					60

9.2.5 Prozesskostenrechnung

Grundsätzlich berücksichtigt die Kostenanalyse in der Prozesskostenrechnung keinerlei Einzelkosten, sondern lediglich Gemeinkosten. Die Einzelkosten in Speditionsunternehmen sind üblicherweise durch die „Speditionsausgaben" definiert und bestehen aus Fremdleistungskosten (vgl. Steffens 2002, S.39). Je nachdem, welches Selbstverständnis eine Speditionsunternehmen hat, also die Unterscheidung nach der Rolle eines 3 PLP oder 4 PLP, werden diese Speditionsausgaben (Fremdleistungen) unterschiedlich hohe Anteile an den Gesamtkosten haben. Im klassischen Selbstverständnis eines Speditionsunternehmens werden auch selbsterstellte Transportleistungen durch eigenen Fuhrpark wie Fremdleistungen behandelt. Dies begründet sich in der Unterscheidung der Funktion eines Speditionsunternehmens von der eines Frachtführers. Speditionsausgaben und die Kosten des eigenen technischen Betriebs, also die Kosten, die durch den Umschlagsbetrieb, den Nachverkehr und gegebenenfalls durch Fernverkehr im Selbsteintritt verursacht werden, werden auch als „Leistungskosten" bezeichnet. Leistungskosten sind pro Auftrag definierbar durch die an den Subkontraktor zu bezahlende Vergütung oder durch interne Leistungsverrechnungssätze pro Auftrag, die von den Kostenstellen „technischer Betrieb" an die produktiven Kostenstellen verrechnet werden.

Alle anderen Kosten, die zur Erstellung der speditionellen Dienstleistung entstehen, haben in Speditionsunternehmen Gemeinkostencharakter und werden meist als „administrative Kosten" bezeichnet (vgl. Schmickl 2001, S.19).

Abbildung 116: Gemeinkostentransparenz in den administrativen Kosten

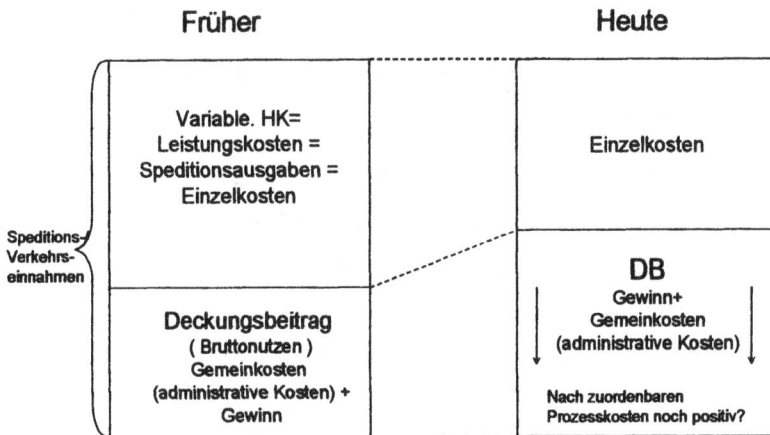

Früher	Heute

Früher

Variable. HK=
Leistungskosten =
Speditionsausgaben =
Einzelkosten

Speditions-
Verkehrs-
einnahmen

Deckungsbeitrag
(Bruttonutzen)
Gemeinkosten
(administrative Kosten) +
Gewinn

Heute

Einzelkosten

DB
Gewinn+
Gemeinkosten
(administrative Kosten)

Nach zuordenbaren
Prozesskosten noch positiv?

Deckungsbeiträge müssen alle Gemeinkosten und Gewinnerwartungen abdecken.

Die Kernproblematik der Transparenz der Entwicklung von administrativen Kosten kann durch Einsatz einer Prozesskostenrechnung verbessert werden.

Abbildung 117: Grundkonzept der Prozesskostenrechnung

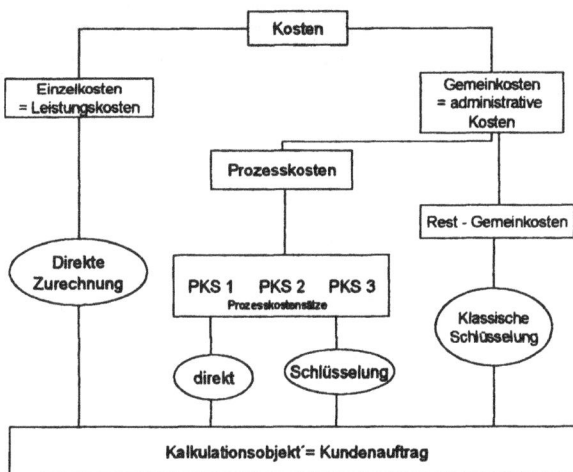

Kosten

Einzelkosten
= Leistungskosten

Gemeinkosten
= administrative
Kosten

Prozesskosten

Rest - Gemeinkosten

Direkte
Zurechnung

PKS 1   PKS 2   PKS 3
Prozesskostensätze

Klassische
Schlüsselung

direkt   Schlüsselung

Kalkulationsobjekt´= Kundenauftrag

Ziel der Prozesskostenrechnung ist es, eine verbesserte Verrechnung der in den indirekten Bereichen eines Unternehmens anfallenden Gemeinkosten auf die

Kostenträger und damit auch eine Verbesserung der Kostentransparenz vorzunehmen (vgl. Kavandi 1998, S.121). Dies führt zu einer verbesserten Kostenkalkulation gerade in den Geschäftsfeldern, die sehr stark von den qualitativen Fähigkeiten von Mitarbeitern und von effizienten Organisationsstrukturen abhängen, wie dies bei hochintegrierten, an Kundenwünschen angepassten Systemdienstleistungen der Fall ist.

Czenskowsky (vgl. 2002, S.79 – 86) hat die Prozesskostenrechnung nicht nur zur Bewertung der administrativen Kosten eingesetzt, sondern die Methode auch auf die Erfassung von Prozesskostensätzen in den operativen Bereichen (Leistungskosten) angewandt. Dabei war in diesem Projekt das zentrale Anliegen, die für eine Kundenbewertung relevanten Kostentreiber und Kosten herauszufinden. Sie sollten bei komplexen Fragestellungen wie z.B. die Erfassung des Einflusses von Neukunden auf die Kundenentwicklung Entscheidungen unterstützen. Das Gesamtmodell wurde am Beispiel einer nationalen Sammelgutsendung dargestellt:

Abbildung 118: Kostentreiber für nationale Sammelgutsendung

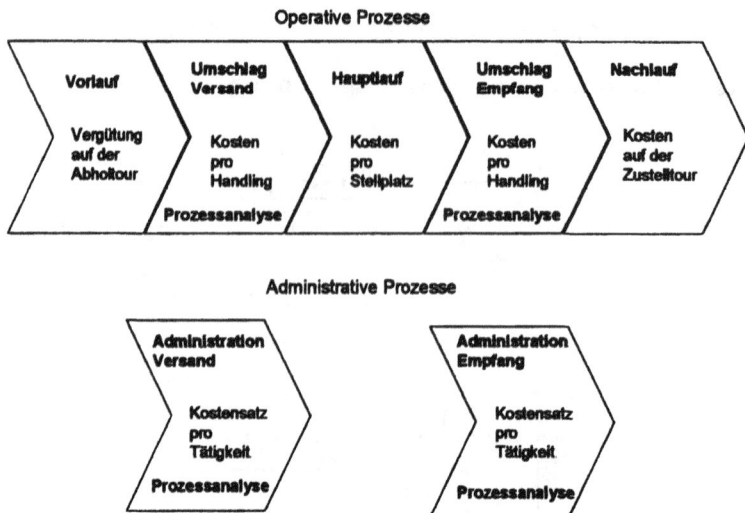

Operative Prozesse

Vorlauf	Umschlag Versand	Hauptlauf	Umschlag Empfang	Nachlauf
Vergütung auf der Abholtour	Kosten pro Handling	Kosten pro Stellplatz	Kosten pro Handling	Kosten auf der Zustelltour
	Prozessanalyse		Prozessanalyse	

Administrative Prozesse

Administration Versand	Administration Empfang
Kostensatz pro Tätigkeit	Kostensatz pro Tätigkeit
Prozessanalyse	Prozessanalyse

Quelle: Czenskowsky 2002, S. 82

Im Rahmen eines vom Bundesministerium geförderten Forschungsprojektes (vgl. Holderied 2001, passim) unter dem Projektnamen PROKOM[205] wurden bei einem Vorarlberger Speditionsunternehmen die administrativen Prozesse erhoben und umfassend dokumentiert. Die Modellierung wurde in qualitativer Hinsicht durch Darstellung der Abläufe in Flussdiagrammen vorgenommen, in quantitativer Hinsicht durch Verwendung eines PC-Prozesskostentool[206]. Das Projekt hatte u.a. zum Ziel, ein Vorgehensmodell zum Prozesskostenmanagement[207] in der Verkehrswirtschaft zu erarbeiten, um besser mit der dynamischen Entwicklung der Gemeinkostenblöcke in Speditionsunternehmen umzugehen und eine Entscheidungsunterstützung insbesondere im Bereich der Preisbildung und Preispolitik anzubieten. Das verwendete Prozessmodell baute auf den generischen Prozessen von Klaus auf. Dieses Prozessmodell wurde um ein Leistungsmodell erweitert.

Die Erfassung der administrativen Kosten war, wie bereits erwähnt, die Grundlage des Prozesskostenmodells bei PROKOM. Die ermittelten Prozesskostensätze wurden auf die Maßgröße „Sendungsanzahl" bezogen und ermöglichten schließlich, auf Grundlage des erstellten Prozess- und Leistungsmodells Prozesskostensätze pro Sendung und Leistungsart zu ermitteln.

Als methodischer Ansatz wurde eine Top Down-Bottom Up Analyse gewählt.

---

[205] PROKOM = Prozesskostenmanagement in der Verkehrswirtschaft.
[206] Es handelte sich um das von Horváth & Partner, Stuttgart vertriebene Prozesskostentool „PROZESSMANAGER".
[207] Ein wichtiges Ziel der Prozesskostenrechnung ist die Verbesserung der Transparenz der Gemeinkosten (vgl. beispielsweise Berkau 1996, Remer 1997).

Abbildung 119: Entwicklung eines Prozessmodells

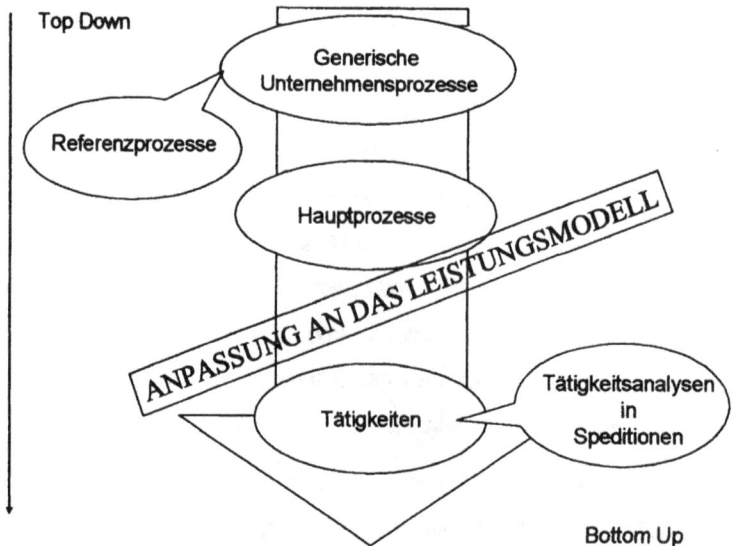

Quelle: Holderied 2001

Das Prozessmodell von Klaus und dessen generischen Prozesse bildeten das Referenzmodell, auf dessen Basis eine Tätigkeitsanalyse in den einzelnen Relationen des Speditionsunternehmens im Hinblick auf der zur Erfüllung dieser Referenzprozesse notwendigen Zeit pro Mitarbeiter erfolgte. Die Referenzprozesse wurden zusätzlich nach 3 Leistungsbereichen differenziert. Grundlage dafür bildete eine Differenzierung des speditionellen Leistungssystems im untersuchten Speditionsunternehmen im Hinblick auf dessen Standardisierungsgrad. Diese 3 Leistungsbereiche wurden nach einem Faktorenkatalog definiert, der im Zuge einer schriftlichen Befragung bei 200 Speditionsunternehmen mit einer Rücklaufquote von 10% erarbeitet wurde. Die identifizierten Leistungsbereiche waren „Individualdienstleistungen (IL), Dispositionsdienstleistungen (DL) und Systemdienstleistungen (SL)". Diese Bereiche entsprechen annähernd den in diesem Buch verwendeten Begriffen „Einzeldienstleistung, Verbunddienstleistung und Systemdienstleistung" (vgl. Kap. 4). Der wesentliche Unterschied liegt jedoch in der unterschiedlichen Verwendung der Begriffe „Systemtleistung = Individualleistung" und „Einzelleistung = Systemleistung".

Abbildung 120: Vorgehensmodell zur Datenerhebung

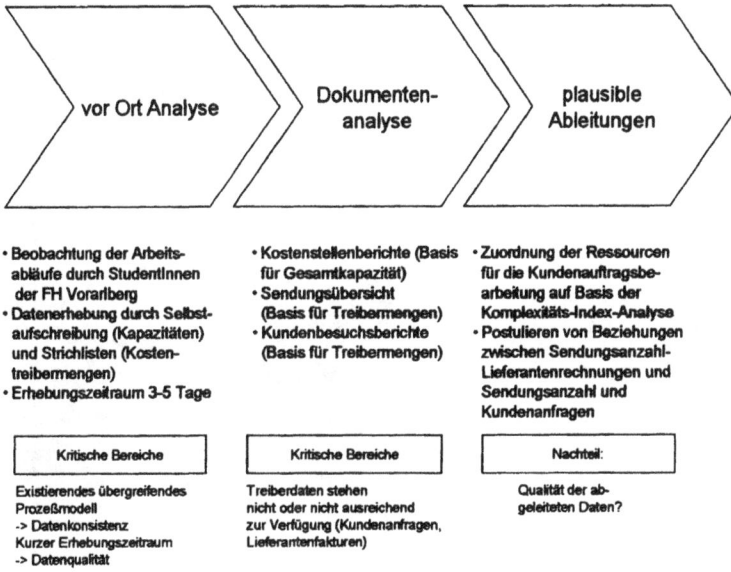

vor Ort Analyse	Dokumenten-analyse	plausible Ableitungen

- Beobachtung der Arbeits-abläufe durch StudentInnen der FH Vorarlberg
- Datenerhebung durch Selbst-aufschreibung (Kapazitäten) und Strichlisten (Kosten-treibermengen)
- Erhebungszeitraum 3-5 Tage

Kritische Bereiche

Existierendes übergreifendes Prozeßmodell
-> Datenkonsistenz
Kurzer Erhebungszeitraum
-> Datenqualität

- Kostenstellenberichte (Basis für Gesamtkapazität)
- Sendungsübersicht (Basis für Treibermengen)
- Kundenbesuchsberichte (Basis für Treibermengen)

Kritische Bereiche

Treiberdaten stehen
nicht oder nicht ausreichend
zur Verfügung (Kundenanfragen,
Lieferantenfakturen)

- Zuordnung der Ressourcen für die Kundenauftragsbe-arbeitung auf Basis der Komplexitäts-Index-Analyse
- Postulieren von Beziehungen zwischen Sendungsanzahl-Lieferantenrechnungen und Sendungsanzahl und Kundenanfragen

Nachteil:

Qualität der ab-
geleiteten Daten?

Die ca. 300 verschiedenen Relationen des untersuchten Speditionsunternehmens, in denen die einzelnen Kundenaufträge erfasst wurden, konnten den definierten 3 Leistungsbereichen unter Zugrundelegung des Faktorenkatalogs zugeordnet werden.

Abbildung 121: Kriterien zur Beschreibung der Leistungscluster

3 Leistungscluster

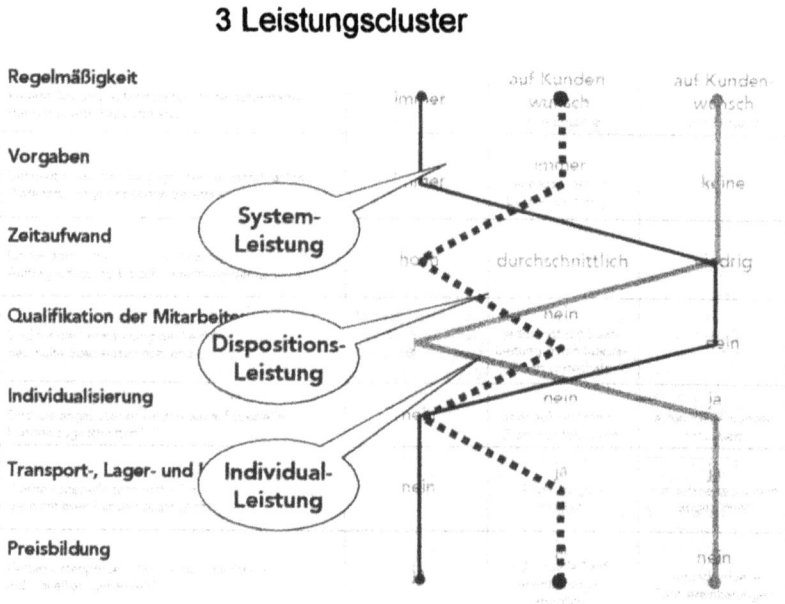

Die in Prokom untersuchten Kostenstellen bezogen sich auf die Hauptniederlassung des untersuchten Speditionsunternehmens.

Abbildung 122: Kostenstellenübersicht

Untersuchtes Kostenvolumen "administrative Kosten"

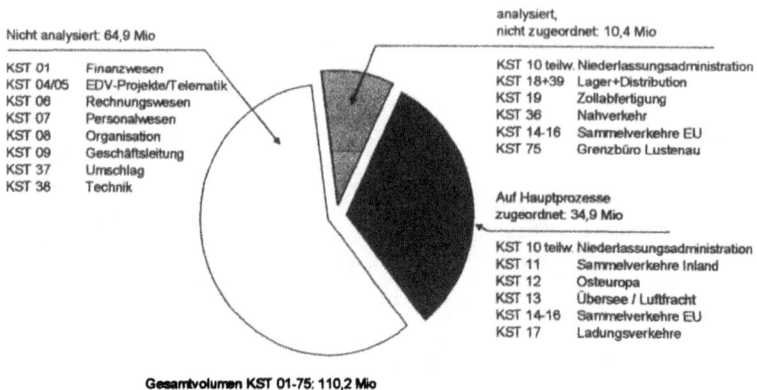

Nicht analysiert: 64,9 Mio

KST 01	Finanzwesen
KST 04/05	EDV-Projekte/Telematik
KST 06	Rechnungswesen
KST 07	Personalwesen
KST 08	Organisation
KST 09	Geschäftsleitung
KST 37	Umschlag
KST 38	Technik

analysiert,
nicht zugeordnet: 10,4 Mio

KST 10 teilw.	Niederlassungsadministration
KST 18+39	Lager+Distribution
KST 19	Zollabfertigung
KST 36	Nahverkehr
KST 14-16	Sammelverkehre EU
KST 75	Grenzbüro Lustenau

Auf Hauptprozesse
zugeordnet: 34,9 Mio

KST 10 teilw.	Niederlassungsadministration
KST 11	Sammelverkehre Inland
KST 12	Osteuropa
KST 13	Übersee / Luftfracht
KST 14-16	Sammelverkehre EU
KST 17	Ladungsverkehre

Gesamtvolumen KST 01-75: 110,2 Mio

Den definierten Hauptprozessen wurden Kapazitäten und Kostentreibermengen zugeordnet. Wesentliche Kostentreiber waren die Kundenkontakte (Intensität der Kundenbetreuung), Anzahl Sendungen bzw. Kundenaufträge und die Lieferantenrechnungen. Diese Maßgrößen bildeten die Grundlage zur Berechnung der leistungsmengeninduzierten und der leistungsmengenneutralen Kosten für die definierten Leistungsbereiche .

Die Erkenntnisse dieser Arbeit bilden die Grundlage für die Wahl eines Prozesskostenansatzes zur Erfassung der adminstrativen Kosten eines Leistungsbereiches. Für einen Leistungsbereich „Systemdienstleistung" kann beispielsweise unter Zugrundelegung des Prozessmodells von PROKOM folgende Prozesshierarchie erarbeitet werden, wobei die Teil – oder Subprozesse, wie bereits erwähnt, auf einer unternehmensbezogenen Tätigkeitsanalyse aufbauen müssen, bei der alle notwendigen Daten firmenspezifisch erhoben werden müssen.

Abbildung 123: Prozesshierarchie

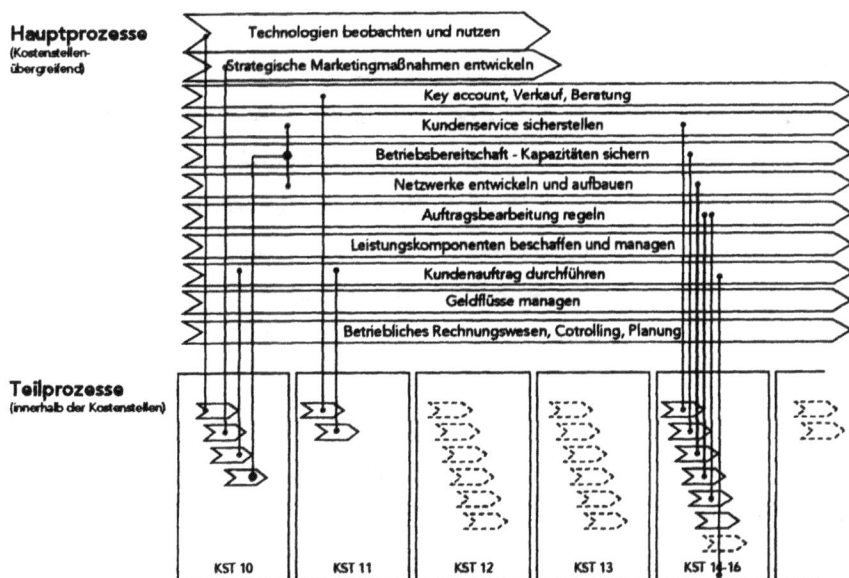

Quelle: in Anlehnung an Holderied (2001) S. 12

Abbildung 124: Subprozesse des Auftragsabwicklungsprozesses

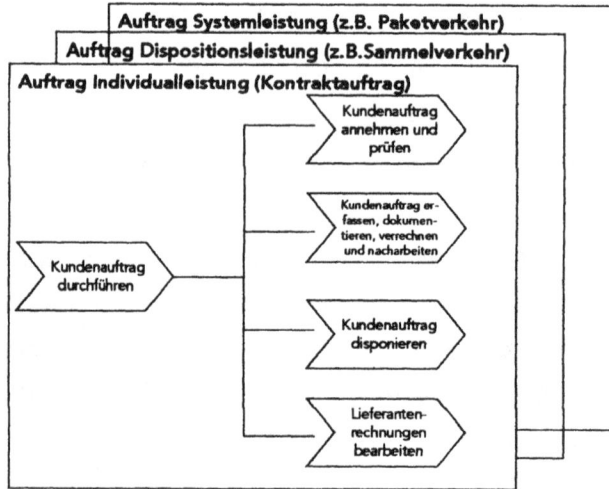

| Auftrag Systemleistung (z.B. Paketverkehr) |
| Auftrag Dispositionsleistung (z.B.Sammelverkehr) |
| Auftrag Individualleistung (Kontraktauftrag) |

Kundenauftrag durchführen

Kundenauftrag annehmen und prüfen

Kundenauftrag erfassen, dokumentieren, verrechnen und nacharbeiten

Kundenauftrag disponieren

Lieferantenrechnungen bearbeiten

Quelle: in Anlehnung an Benz (2000) S. 17

Da nicht immer alle Daten in ausreichendem Maß zur Verfügung standen, mussten auch über sachlogische Überlegungen Zusammenhänge hergestellt werden (abgeleitete Daten). So konnte durch eine Kapazitäts-Index-Analyse (vgl. Kaufmann 1996, S.212) für den wichtigen Prozess „Kundenauftrag durchführen" festgestellt werden, dass der Bearbeitungsaufwand für eine Systemdienstleistung ca. den 20 fachen Aufwand einer standardisierten Einzeldienstleistung (z.B. Kundenauftrag für einen Paketdienst) verursacht und den 10 fachen Aufwand einer Dispositionsdienstleistung wie z.B. Ein- und Auslagerung einer Sendung im Speditionslager. Das Ergebnis einer derartigen Prozesskostenanalyse waren Prozesskostensätze für definierte Hauptprozesse bei unterschiedlichen Leistungssystemen:

Abbildung 125: Prozesskostensätze für definierte Hauptprozesse

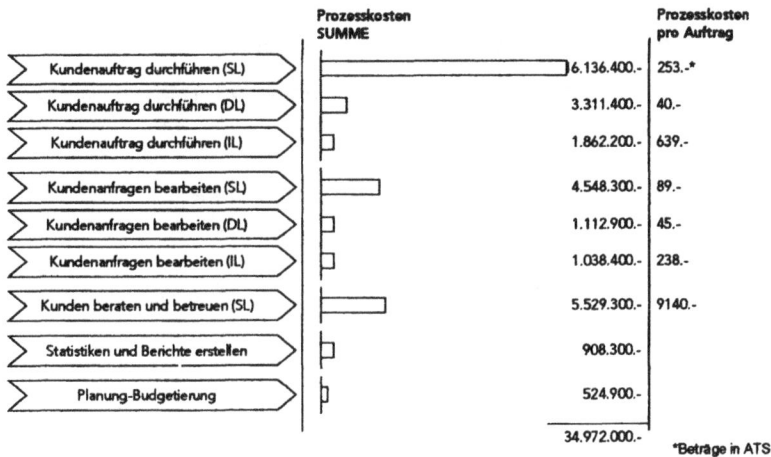

	Prozesskosten SUMME	Prozesskosten pro Auftrag
Kundenauftrag durchführen (SL)	6.136.400.-	253.-*
Kundenauftrag durchführen (DL)	3.311.400.-	40.-
Kundenauftrag durchführen (IL)	1.862.200.-	639.-
Kundenanfragen bearbeiten (SL)	4.548.300.-	89.-
Kundenanfragen bearbeiten (DL)	1.112.900.-	45.-
Kundenanfragen bearbeiten (IL)	1.038.400.-	238.-
Kunden beraten und betreuen (SL)	5.529.300.-	9140.-
Statistiken und Berichte erstellen	908.300.-	
Planung-Budgetierung	524.900.-	
	34.972.000.-	*Beträge in ATS

Quelle: in Anlehnung an Benz (2000) S. 32

Die Bewertung der Prozesskostenanalyse kann wie folgt zusammengefasst werden:

- Innerhalb der verschiedenen Kostenstellen entstehen unterschiedliche Teilprozesskosten für ähnliche Aktivitäten innerhalb desselben Leistungsclusters.

- Die Teilprozesskosten weisen deutliche Unterschiede zwischen den verschiedenen Leistungsclustern auf, diese Unterschiede zeigen sich in allen betrachteten Kostenstellen in derselben Weise.

Dies kann unterschiedliche Ursachen haben:

- Unterschiedlich effiziente Arbeitsweise in den KST

- Schwächen in der Leistungsclusterung

- Schwächen in der, der Analyse zugrundeliegenden Annahmen, hinsichtlich

  Kostentreibermengen und
  Kapazitätsaufteilung

- Erhebungsfehler

Die Analyse zeigte einen deutlichen Aufwandsunterschied zwischen den 3
Leistungscluster über alle KST hinweg. Dieser Unterschied ist auch deutlich größer
als die Varianz zwischen den Kostenstellen. Die Grössenordnung der
Aufwandsunterschiede zwischen den 3 Leistungscluster wird im Modell deutlich. Um
die Prozesskosten allerdings exakt (auf mehr als 1 Stelle genau) zu ermitteln, ist eine
präzisere Analyse (unter Verzicht auf Annahmen und Ableitungen) notwendig.

Abbildung 126: Qualität der Analyse

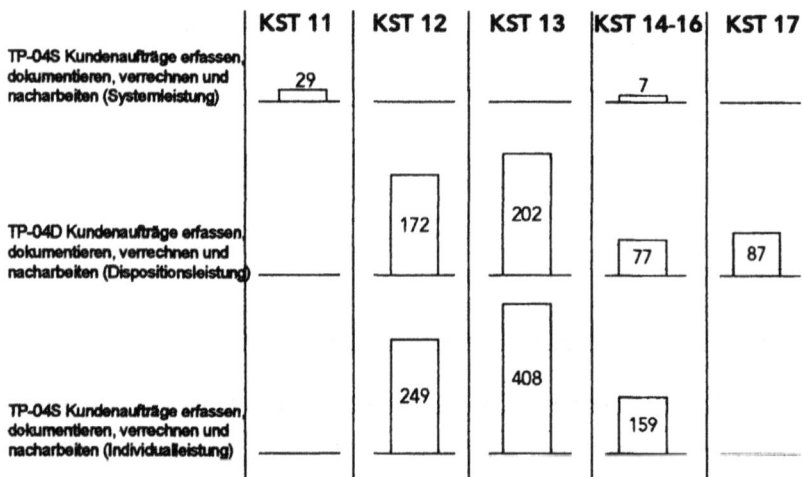

	KST 11	KST 12	KST 13	KST 14-16	KST 17
TP-04S Kundenaufträge erfassen, dokumentieren, verrechnen und nacharbeiten (Systemleistung)	29			7	
TP-04D Kundenaufträge erfassen, dokumentieren, verrechnen und nacharbeiten (Dispositionsleistung)		172	202	77	87
TP-04S Kundenaufträge erfassen, dokumentieren, verrechnen und nacharbeiten (Individualleistung)		249	408	159	

Auf Basis der ermittelten Prozesskosten können die Auswirkungen verschiedener
strategischer Alternativen zur Gestaltung der Leistungscluster bewertet werden.

Abbildung 127: Simulation der Kostenwirkungen strategischer Alternativen

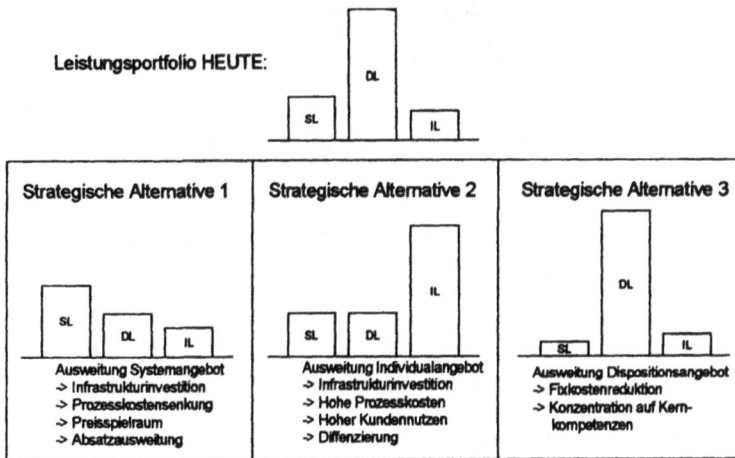

Leistungsportfolio HEUTE:

Strategische Alternative 1	Strategische Alternative 2	Strategische Alternative 3
Ausweitung Systemangebot -> Infrastrukturinvestition -> Prozesskostensenkung -> Preisspielraum -> Absatzausweitung	Ausweitung Individualangebot -> Infrastrukturinvestition -> Hohe Prozesskosten -> Hoher Kundennutzen -> Differenzierung	Ausweitung Dispositionsangebot -> Fixkostenreduktion -> Konzentration auf Kern- kompetenzen

ACHTUNG: Prozesskosten sind Fixkosten. Im Zuge der Strategieumsetzung müssen Projekte zur
Anpassung der Kostenstrukturen durchgezogen werden, ansonsten kann nicht auf der Basis von
Prozesskosteninformationen geplant werden!

Abbildung 128: Prozessbenchmarking

Prozeßbenchmarking für z.B. "Kundenauftrag abwickeln (DL)"

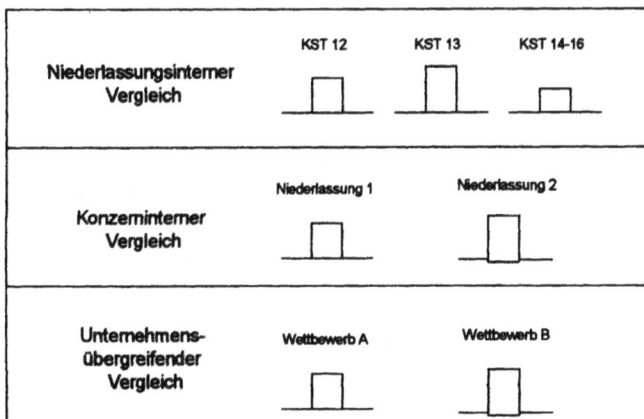

	KST 12	KST 13	KST 14-16
Niederlassungsinterner Vergleich			

	Niederlassung 1	Niederlassung 2
Konzerninterner Vergleich		

	Wettbewerb A	Wettbewerb B
Unternehmens-übergreifender Vergleich		

Ein Vergleich der Prozesskostensätze ist nicht unbedingt ein Vergleich der Prozesseffizienz. Deshalb müssen die zu vergleichenden Prozesskostensätze zunächst „normiert" werden (Ausgleich des regional unterschiedlichen Gehaltsniveaus, einheitliche Abschreibungsmodalitäten etc.). Aussagekraft hat erst ein Vergleich der normierten Sätze. Um weiters die Ursachen für Effizienzunterschiede sichtbar zu machen, müssen nichtfinanzielle Kenngrößen herangezogen werden (Durchlauf- und Bearbeitungszeiten, Fehlerquoten etc.). Deshalb stellt sich die Frage, ob ein Prozessbenchmarking nicht besser gleich auf der Basis nichtfinanzieller Prozesskenngrößen durchgeführt werden soll, und ob Prozesskosteninformationen hier einen wirklichen Erkenntnisgewinn bringen.

Ergebnisse von Benchmarkingprozessen sind idealerweise Anstöße zur Neugestaltung von Prozessen. Folgende Alternativen bieten sich prinzipiell hierzu an:

Abbildung 129: Prozessreengineering

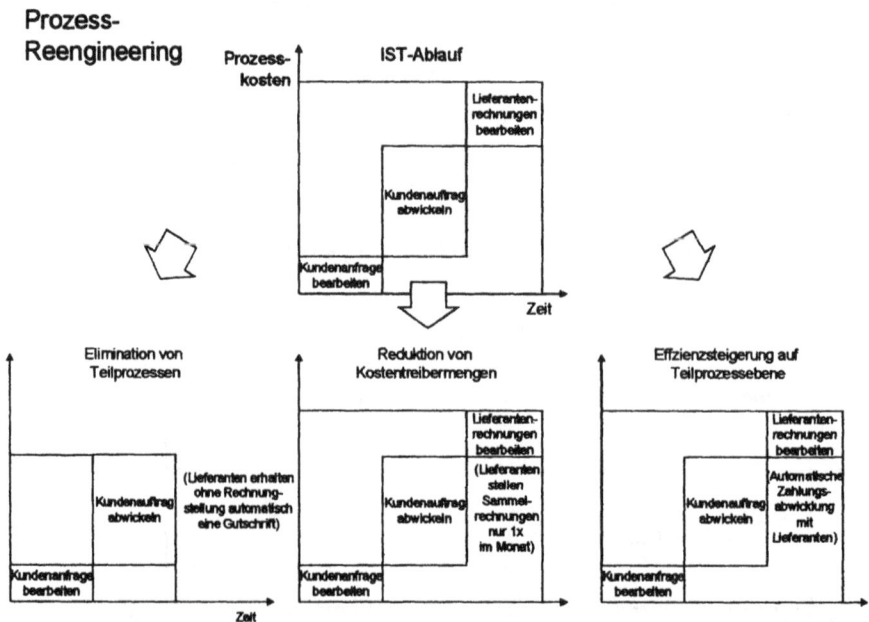

Die Kentniss von Prozesskosten ermöglicht ebenso eine Ergebnisrechung für jeden einzelnen Kunden nach dem (prozessorientiert erweiterten) Umsatzkostenverfahren

Abbildung 130: Kundenergebnisrechnung

Kunde 99: Firma XY
Umsatzerlöse Kunden 99
./. direkte Relationskosten Kunde 99*
= Bruttonutzen
./. Auftragsabwicklungsprozesskosten (SL)
./. Auftragsabwicklungsprozesskosten (DL)
./. Auftragsabwicklungsprozesskosten (IL)
= DB_{K99} 1
./. Kundenbetreuungskosten
./. Anfragebearbeitungskosten (SL)
./. Anfragebearbeitungskosten (DL)
./. Anfragebearbeitungskosten (IL)
= DB_{K99} 2
./. Übrige Prozesskosten + Restfixkosten
= DB 3

Anzahl Sendungen Kunde 99 x Prozesskostensatz "Kundenauftrag abwickeln (SL)"

Anzahl Sendungen Kunde 99 x Prozesskostensatz "Kundenauftrag abwickeln (DL)"

Anzahl Sendungen Kunde 99 x Prozesskostensatz "Kundenauftrag abwickeln (IL)"

1 x Prozesskostensatz "Kunden beraten und betreuen"

Anzahl Anfragen Kunde 99 (SL-Relationen) x Prozesskostensatz "Kundenanfragen bearbeiten (SL)"

Anzahl Anfragen Kunde 99 (DL-Relationen) x Prozesskostensatz "Kundenanfragen bearbeiten (DL)"

Anzahl Anfragen Kunde 99 (IL-Relationen) x Prozesskostensatz "Kundenanfragen bearbeiten (IL)"

* die Zuordnung direkter Relationskosten auf einen Kundenauftrag ist derzeit bei Delacher noch nicht gelöst. Da eine Auflösung der Ist-Kosten wirtschaftlich nicht möglich ist, muß hier mit Plantransportkostensätzen gearbeitet werden

Prozessorientiere Kalkulation und Kundenergebnisrechung lassen sich per Massendatenverarbeitung derzeit nicht realisieren, da die operativen Systeme der Speditionsunternehmen nicht für derartige Kalkulationsalgorithmen bzw. Auswertungsroutinen ausgelegt sind. Dies ist auch gleichzeitig die Schwäche des Systems, da die Daten anhand von punktuellen Analysen generiert werden müssen. Diese Daten können zwar wertvolle Unterstützung in Entscheidungssituationen bieten, stehen aber für das Tagesgeschäft nicht zur Verfügung. Eine Verbesserung der Situation ließe sich durch den Aufbau eines Data-Warehouse erreichen, wie es beispielsweise in der Standardsoftware von SAP bereits angeboten wird.

Abbildung 131: Data Warehouse in Speditionsunternehmen

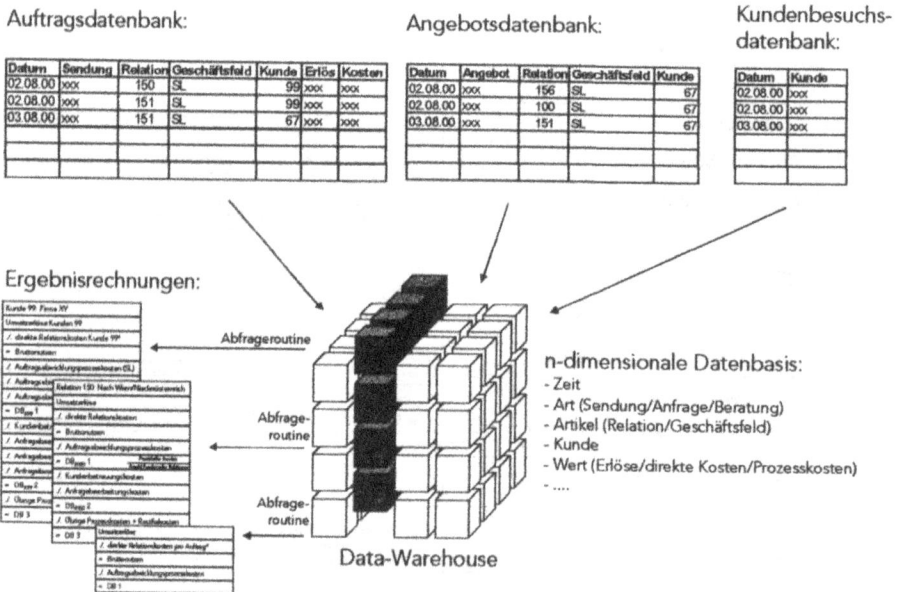

Quelle: Benz (2000) S. 43

Das Data-Warehouse stellt eine Sammlung der für die dargestellten Auswertungen relevanten operativen Daten dar, welche über Schnittstellen in regelmäßigen Abständen (i.d.R. 24h) aus den operativen Systemen übertragen werden. Eine weiterführende Betrachtung dieses Weges ist in diesem Buch nicht vorgesehen.

Fallbeispiel einer Prozesskostenanalyse (Zusatzprojekt aus PROKOM)[208]

9.2.5.1   Ziel von PROKOM bei Delacher

Ausgangspunkt für diese Studie bei Delacher war die Tatsache, dass sich Delacher aufgrund verstärkter Liberalisierung, hoher Zuwachsraten und wachsenden Auftragszahlen sowie steigenden Kundenerwartungen, gewaltigem Veränderungsdruck gegenüber sah und nach wie vor sieht. Neben der Öffnung des Ostmarktes für „Billiganbieter" und dem Wegfall von Kontingentregelungen veränderte die Umorientierung der Bahnen (Beispiel ÖBB, DB etc.) die Wettbewerbssituation erheblich. Das Ergebnis dieser Veränderung zeigte sich in einer sinkenden Rentabilitätszahl pro Auftrag und damit in einem sinkenden DBU (Deckungsbeitrag/Umsatz). Die Erwartungen, die Delacher in die Durchführung der Prozesskostenanalyse steckte, waren

- klare Zuordnung von einzelnen Aufträge in ganzheitliche Prozesse

- die Möglichkeit der Bewertung dieser Prozesse (absolut und in Rentabilitätswerten)

- das Erkennen der „starken" und „schwachen" Prozesse und damit

- die Möglichkeit des Benchmarkings

- die Transparenz durch Kostenzuteilung und damit

- verbesserte Möglichkeit des Einsatzes der Mittel sowie

- Preisfestlegung durch neue Kalkulationsgrundlagen

Die Prozesskostenrechnung sollte als neues Instrument zur Unterstützung des Controllings für Planung, Steuerung und Kontrolle fungieren.

Die Prozesskostenanalyse wurde in 2 Niederlassungen in Vorarlberg durchgeführt. Projektleiter war der Leiter des Controllings. In Zusammenarbeit mit den NL-Leitern und den Abteilungsleitern wurde die Prozesskostenanalyse realisiert.

---

[208] Das Fallbeispiel wurde im Rahmen des Projekt PROKOM bei der Spedition Delacher Logistics AG in Feldkirch-Tosters (Vorarlberg) beschrieben und dokumentiert und im Projektbericht veröffentlicht (Zeitraum 1999 -2001).

9.2.5.2   Istsituation und Problematik

Die Niederlassungen sind in einzelne Abteilungen, sogenannte Kostenstellen (KST) untergliedert. In der KST 0 sind die abteilungsübergreifenden Tätigkeiten, wie beispielsweise die NL-Leitung, das NL-Controlling, Qualitätsmanagement, Telefonvermittlung, Verkauf etc. eingegliedert. Die KST 1 – 3 sind die Speditionsabteilungen, die wiederum in Relationen (Rel.) unterteilt sind. Die Relationen sind Codes, die entweder länder- oder kundenspezifisch oder auch auf bestimmte Verkehrsträger abgestellt sind.

> Beispiel 1: KST 3 = Zollabteilung Tisis - Rel. 301 = interne Zollabfertigungen
> (Zollleistungen, die i. A. einer anderen Delacher- Abteilung oder Niederlassung
> durchgeführt werden)

> Beispiel 2: KST 2 = Bahnladungsverkehre Tosters - Rel. 200 = Projekte (d.h.
> Einzelgeschäfte mit grossem Umfang, die innerhalb einer bestimmten Frist
> durchgeführt werden müssen, jedoch nicht regelmässig sind)

Die einzelnen Relationen erwirtschaften einen DB 1 netto, der summiert den DB 1 netto gesamt je Kostenstelle ergibt. Nach Abzug der Kosten und Berücksichtigung der Erlöse ergibt sich eine DB 2 per Kostenstelle. Die Gemeinkosten der Niederlassung (hier KST 0) ergeben verständlicherweise einen Minusbetrag. Der Gesamt-DB 3 der Niederlassung ist die Summe der DB 2-Beträge der einzelnen Kostenstellen.

Tabelle 1: Kostenrechnungssystem auf Ebene Niederlassung

KST 0	KST 1	KST 2	KST 3	KST 4
	bereinigt. Umsatz	bereinigt. Umsatz	bereinigt. Umsatz	
	- Aufwand	- Aufwand	- Aufwand	
	DB 1 brutto	DB 1 brutto	DB 1 brutto	
	- Umlage TB	- Umlage TB	- Umlage TB	
	KST - DB 1 netto	KST - DB 1 netto	KST - DB 1 netto	+ Umlage TB
- MK	- MK	- MK	- MK	- MK
- PK	- PK	- PK	- PK	- PK
- SK	- SK	- SK	- SK	- SK
- Afa	- Afa	- Afa	- Afa	- Afa
+ Erlöse	+ Erlöse	+ Erlöse	+ Erlöse	+ Erlöse
- DB 2	+ DB 2	+ DB 2	+ DB 2	0
⇩	⇩	⇩	⇩	⇩

NL - DB 3

Die KST 4 (Technischer Betrieb) ist quasi ein hausinterner Dienstleister. Die Aufgaben des TB bestehen im Auf- und Abladen der Verkehrsmittel (Waggon, LKW etc.), Ein- und Auslagerung und Manipulation der Lagerware, Zustell- und Abholdienste im Nahbereich und Kontrolle der Delacher-eigenen Fuhrparks (LKW, Auflieger, Hubstapler etc.). Die Kosten, die die KST 4 daher produziert, produziert sie i. A. der Speditionsabteilungen. Aus diesem Grund werden die Kosten (vermindert um die Erlöse, die eventuell erwirtschaftet werden) in Form einer Umlage den Speditionsabteilungen zugeordnet.

Zentrale Kosten wie beispielsweise Kosten der Buchhaltung werden nicht in der Niederlassung berücksichtigt.

In der Organisationsstruktur und in der Kostenrechnung zeigt sich bereits die Problematik in der Bewertung der Wirtschaftlichkeit von Produkten und Dienstleistungen.

- Kundenaufträge können verschiedenen Abteilungen zugeordnet werden. D. h. hat ein Kunde ein weitreichendes Spektrum an Einzel-Aufträgen (von Abholung bis Zollabfertigung) werden verschiedene Kostenstellen eventuell auch verschiedene Niederlassungen damit betraut. Der Deckungsbeitrag fliesst in die jeweilige Relation ein – eine ganzheitliche Betrachtung und damit eine kostenstellenübergreifende bzw. niederlassungsübergreifende Bewertung des Kunden wird meistens nicht durchgeführt.

  Beispiel: ein Kunde aus der Papierbranche übergibt folgende Aufträge:

  Vom Werk bis Terminal Feldkirch-Tosters ein Delacher Privatwaggon mit ca. 60 to Papier auf Paletten. Davon gehen 24 to in die Schweiz, 16 to gehen auf Lager, 10 to nach Frankreich, 5 to nach Süddeutschland und die restlichen 5 to nach Belgien. Hauptverantwortlich ist in 90 % derartiger Aufträge zwar nur eine Abteilung. Die gesplitteten Aufträge wären aber 5 unterschiedlichen Relationen, damit 4 verschiedenen Kostenstellen und 2 Niederlassungen zugeordnet.

- Variable Kosten[209] werden nicht den Relationen zugeordnet, sondern „verschwinden" im Kostenblock der jeweiligen Abteilung (z. B. Personalkosten, Reisespesen, EDV, Telefon etc.).

- Weiters werden auch variable Zentralkosten wie Buchhaltungskosten nicht zugeordnet.

- Durch das bestehende Kostenrechnungssystem werden die Relationen in KST zusammengefasst. D. h. „starke" Produkte (= Relationen) tragen „schwache" Produkte mit, ohne Bewertung in wie weit das aus ganzheitlicher Sicht Sinn macht.

---

[209] Der in diesem Beispiel verwendete Begriff „variable Kosten" entspricht den „leistungsmengeninduzierten" Prozesskosten.

Das heisst, eine Rentabilitätsanalyse eines Prozesses oder aber auch die Stellenwert-
bestimmung eines Grosskunden ist über das derzeitig bestehende
Kostenrechnungssystem ohne zusätzliche Analysen nicht möglich, wobei damit nicht
gesagt wird, dass es Kundenbewertungen bis dato nicht gegeben hat. So werden
Grosskunden mittels einer Wirtschaftlichkeitsrechnung bewertet, insbesondere dann,
wenn mehrere Abteilungen beschäftigt werden. Die Bewertung umfasst eine
kostenstellenübergreifende DB 1-Erfassung, Berechnung der Kosten des techn.
Betriebes und der variablen Kosten wie Personal und Lager, sofern es mit in die
Berechnung einfliessen soll. Eine tiefer gehende Unterteilung bzw. weitere variable
Kosten wurden jedoch nicht berücksichtigt.

Beispiel: Ganzjahresbewertung

Tabelle 2: DB - Berechnungsformular

Kunde:

Basis: Gewichts-/Auftrags-Daten von 1999
 Kunden-/Frachtsätze von 2000
Gewicht gesamt
Aufträge gesamt

to	**Aufträge**	betrifft Rel.
to	**Aufträge**	betrifft Rel.
to	**Aufträge**	betrifft Rel.
to	**Aufträge**	betrifft Rel.

	Einnahmen	Ausgaben
Erlöse:		
Transport ex		
Transport ex		
Transport ex		
Transport ex		
Verzollung		
div. Sonderleistungen		
SVS		
Kosten		
Frachtkosten LKW		
Frachtkosten Bahn		
Verzollung		
Sonstiges		
Gesamt		
DB 1 brutto		
Umschlag		
DB 1 netto		
Personaleinsatz		
DB 2		

DB 1 brutto	per Auftrag	per to
DB 1 netto	per Auftrag	per to
DB1 brutto/ Umsatz	%	

In erster Linie geht es jedoch hierbei um die Ermittlung des Gesamt-DB 1 eines Grosskunden, der mehreren Relationen bzw. Abteilungen zugeordnet ist.

9.2.5.3 Definition der Prozesse

In einem ersten Schritt wurden die bestehenden Produkte und Dienstleistungen der Niederlassungen erhoben und einer genauen Analyse unterzogen. Nach einer ersten Analyse wurde die Notwendigkeit ersichtlich, dass einzelne Produkte nicht isoliert betrachtet werden dürfen, sondern in einem engeren Zusammenhang mit anderen Produkten stehen oder umgekehrt, aus einzelnen Relationen mussten Aufträge herausgelöst und anderen Prozessen zugeordnet werden.

Daher wurden Teilprozesse ermittelt, die dann in einem weiteren Schritt zu einem Gesamtprozess zusammengezogen wurden. Dies war hauptsächlich in jenen Situationen notwendig, wo Grosskunden nicht nur relationsübergreifend, sondern auch abteilungsübergreifend eine Rolle spielen.

Insbesondere bei der Festlegung der Prozesse hat sich hier die unterschiedliche Konstellation der beiden Niederlassungen herauskristallisiert. Während in einer Niederlassung die Prozesse stark länder- und produktspezifisch zuordenbar sind, ist die Unterteilung in der anderen Niederlassung verstärkt nach eingesetzten Verkehrsmitteln und nach Kunden erfolgt.

Beispiel Wolfurt:	Ungarn Importe/Exporte
	Sonderfahrten
	Deutschland
	Luftfracht
	Sammelverkehre ausgehend
	Skandinavien
	Grossbritannien
Beispiel Feldkirch-Tosters:	K2 Beschaffungslogistik Bahn
	Bahnlogistik Feldkirch[210]
	LKW Ladungsverkehre international
	LKW Ladungsverkehre AT/CH

---

[210] Zur näheren Erläuterung: zur Niederlassung Feldkirch-Tosters zählt auch das Büro in Krems (= eigene Kostenstelle), daher Unterscheidung der Bahnlogistik Feldkirch und Krems.

K1 (Kunde 1) kombinierte Verkehre + Lager

Bahnlogistik Krems

K5 (nationale LKW-Ladungen und Exporte LKW)

9.2.5.4   Datenerhebung

Nach der Festlegung der Prozesse erfolgte in einem weiteren Schritt die Datenerhebung. In Zusammenarbeit mit den jeweiligen Abteilungsleitern wurden die Mitarbeiter einer Abteilung und die Mitarbeiter der KST 0 (Verkauf) den definierten Prozessen zugeordnet und unterteilt in Produktion (z. B. Auftragsbearbeitung, Sachbearbeitung), Disposition, Leitung, Verkauf und Beschaffung. Auch hier haben sich zwischen der Bewertung in den verschiedenen Niederlassungen kleinere Unterschiede ergeben. Einerseits wurde mit „ganzen" oder „halben" Köpfen gerechnet, andererseits erfolgte die Zuteilung in Prozenten, so dass auf einen Prozess auch beispielsweise 0,8 MA zugeordnet werden konnten.

Weiters wurden jene Gemeinkosten definiert, die tatsächlich variabel und einem Prozess eindeutig zuordenbar waren.

Demnach ergaben sich folgende Zahlen je Prozess, die errechnet werden mussten:

- Auftragszahl

- Tonnage

- Speditionserlös bereinigt

- Speditionsaufwand bereinigt

- Umlage Techn. Betrieb (Umschlag, Nahverkehr)

- Personalkosten (variabler Personalaufwand)

- Gemeinkosten der Abteilung (variabel)

- Gemeinkosten der Zentrale (variabel)

In der weiteren Folge wurde ein Formular zur Unterstützung bei der Verwertung des erhobenen Zahlenmaterials entwickelt.

Tabelle 3: Formular Prozesskostenanalyse

Prozesskostenrechnung Tosters
Datei: Tosters Rentabilitätsanalyse alle Kostenstellen.xls, 29.06.2000, Seite 1 von 1

**Schema Rentabilitätsberechnungen
für KST / Relationen / Produkte**

Datum der Analyse:
21.06.2000

KST
Relation
Produkt
Untergruppe

Berechnungszeitraum
1.1. - 31.12.1999

	Aufträge	Tonnage	Mitarbeiter

	absolute Beträge in ATS 1000			alles in %	absolut pro Auftrag	absolut pro 100 kg	in 1000 pro Kopf
	Einzelbeträge	Summen	Ergebnisse				
Speditionserlös bereinigt (SE)							
Speditionsaufwand bereinigt							
DB 1 brutto							
Umlage / Aufwand Umschlag							
Umlage / Aufwand Rollfuhr							
Summe Umlage / Aufwand TB							
DB 1 netto							
Personal Produktion							
Personal Disposition							
Personal Leitung							
Personal Verkauf							
Personal Beschaffung							
Summe variabler Personalaufwand							
Porto							
Telefon / FAX / DFÜ							
Reisekosten / Werbung							
Mieten (Auto)							
Zinsen / Geldverkehr							
Drucksorten / Büromaterial							
Restl. Kosten							
Auflieger (Vers. / Steuer)							
Summe variabler anderer Kosten Abteilung							
Summe variabler Kosten Abteilung							
EDV							
Buchhaltung (inkl. PNN)							
ÖKV lt. Verteiler							
Summer variable Kosten Zentrale							
Summe variable Kosten Gesamt							
DB 2 mit Aabdeckung der Variation							

Diverse Berechnungen				
Nutzschwelle absolut (variable Gesamtkosten inkl. TB)				
DB 1 brutto absolut				
Überdeckung				

9.2.5.5 Ergebnisse

Nach Verwertung der Daten konnten folgende prozessorientierte Schlüsselwerte ermittelt werden:

- DB 2 absolut mit Abdeckung der Variablen des gesamten Prozesses sowie

- DB 2 pro 100 kg und pro Auftrag

- Nutzschwelle absolut pro Auftrag

- Rentabilität pro Auftrag

- DB 2 pro Mitarbeiter

Der „DB 2 absolut mit Abdeckung der Variablen" beschreibt den Stellenwert eines Prozesses innerhalb der Niederlassung bzw. der Delacher Logistics AG, also die Antwort auf die Frage, welchen Anteil ein Prozess am Gesamtergebnis hat.

Die Nutzschwelle absolut pro Auftrag berücksichtigt auch die variablen Kosten im TB und kann damit als Basis für Preiskalkulationen bei Neuaufträgen herangezogen werden.

Die Rentabilität pro Auftrag zeigt an, wieviel Prozent eines Auftrages zur Fixkostenabdeckung beiträgt.

Der DB 2 pro Mitarbeiter ermöglicht eine bessere Vergleichbarkeit der einzelnen Prozesse, da insbesondere in einer Dienstleistungsbranche der Personalkostenanteil sehr hoch ist (ca. 2/3 der Gesamtkosten). Als „Nebenprodukt" der Auswertung kann die exaktere Zurechnung der Personalkosten mit der Unterteilung in Produktion, Disposition, Verkauf, Leitung und Beschaffung genannt werden, da aufgrund der Zahlen ersichtlich wird, wo der zeitlich grösste Aufwand bei der Bearbeitung eines Auftrages zu verbuchen ist (Verhältnis von Disposition zu Produktion oder Verkauf etc.). Das folgende Beispiel betrifft den Prozess „Ladungsverkehr international Rest", d.h. es wurden Teilprozesse aus dem gesamten Ladungsverkehr international herausgelöst und einem anderen Prozess zugeordnet. Die daraus übriggebliebenen Aufträge umfassen daher den Rest (= Untergruppe).

Tabelle 4: Prozessbewertung

Prozesskostenrechnung Tosters
Datei: Tosters Rentabilitätsanalyse alle Kostenstellen.xls, 29.06.2000, Seite 1 von 1

Schema Rentabilitätsberechnungen
für KST / Relationen / Produkte

Datum der Analyse:	KST	1				
21.06.2000	Relation	110				
	Produkt	Ladung intern.		Aufträge	Tonnage	Mitarbeiter
	Untergruppe	Rest		1300	22085	1,3

Berechnungszeitraum
1.1. - 31.12.1999

	absolute Beträge in ATS 1000			alles	absolut	absolut	in 1000
	Einzelbeträge	Summen	Ergebnisse	in %	pro Auftrag	pro 100 kg	pro Kopf
Speditionserlös bereinigt (SE)	9.821			100	7.554,6	44,5	7.554,6
Speditionsaufwand bereinigt	8.412			86	6.470,8	38,1	
DB 1 brutto			1.409	14	1.083,8	6,4	833,7
Umlage / Aufwand Umschlag				0			
Umlage / Aufwand Rollfuhr				0			
Summe Umlage / Aufwand TB				**0**			
DB 1 netto			1.409	14	1.083,8	6,4	833,7
Personal Produktion	200			2	153,8	0,9	
Personal Disposition	616			6	473,9	2,8	
Personal Leitung				0			
Personal Verkauf	219			2	168,5	1,0	durchschn.
Personal Beschaffung				0			PK per M
							66,3
Summe variabler Personalaufwand		1.035		11	796,2	4,7	
Porto	8			0	6,2	0,0	
Telefon / FAX / DFÜ	62			1	47,7	0,3	
Reisekosten / Werbung	104			1	80,0	0,5	
Mieten (Auto)	25			0	19,2	0,1	
Zinsen / Geldverkehr	25			0	19,2	0,1	
Drucksorten / Büromaterial	7			0	5,4	0,0	
Restl. Kosten				0	0,0	0,0	
Auflieger (Vers. / Steuer)	33			0	25,4	0,1	
Summe variabler anderer Kosten Abteilung		264		3	203,1	1,1	
Summe variabler Kosten Abteilung		1.299		13	999,2	5,9	
EDV							
Buchhaltung (inkl. PNN)	35			0,4	26,9	0,2	
ÖKV lt. Verteiler	41			0,4	31,5	0,2	
	17			0,2	13,1	0,1	
Summer variable Kosten Zentrale		93		1	71,5	0,4	
Summe variable Kosten Gesamt		1.392		14	1.070,8	6,3	
DB 2 mit Abdeckung der Variablen			17	0	13,1	0,1	13,1

Diverse Berechnungen		
Nutzschwelle absolut (variable Gesamtkosten inkl. TB)	1070,8	6,3
DB 1 brutto absolut	1083,8	6,4
Überdeckung	101%	101%

Interpretation:

- 1300 Aufträge im Cross Trade (Ladung international) werden von 1,3 MA ausgeführt.

- Der Anteil des Speditionsaufwands beträgt 86 % - liegt damit schon über dem Durchschnitt –> im internationalen Verkehr sind die Kundenpreise extrem gesunken (Stichwort Liberalisierung, Konkurrenz).

- TB wird nicht benötigt.

Der Personalkostenblock zeigt, dass hier relativ „teure" Mitarbeiter die Auftragsbearbeitung durchführen. Tatsächlich hat in dieser Relation der Disponent selbst die Akten eingegeben, abgeschlossen, verrechnet.

Der Anteil Verkauf ist ebenfalls sehr hoch, das lag daran, dass sich dieser Prozess in der Entwicklungsphase befand und der Verkauf forciert wurde. Die recht niedrigen Kundenpreise und der hohe Kostenblock Personal inkl. der „Entwicklungskosten" führten damit zu einem sehr bescheidenen Ergebnis.

DB 2 absolut 17.000,- für 1300 Aufträge

Nutzschwelle: Um positiv abzuschliessen, müssen pro Auftrag mehr als 1.070,80 erwirtschaftet werden.

Rentabilität: 101 %, nur 1 % des Ergebnisses trägt zur Fixkostenabdeckung bei.

9.2.5.6   Auswertung

Die so ermittelten Kennzahlen wurden nun nach verschiedenen Gesichtspunkten gereiht:

- zum einen nach dem DB 2 absolut pro Prozess

- zum anderen nach der Rentabilität

Die Reihung erfolgte pro Niederlassung und in einem weiteren Schritt wurden die Niederlassungsergebnisse zusammengelegt. Weiters wurde pro Niederlassung eine Rentabilitäts/Entwicklungspotential Matrix entwickelt.

Tabelle 5: Benchmarking

	Beschaffungslogistik (K2) Kombinierter Verkehr + Lager (K1)		Bahnlogistik
hoch rentabel			
rentabel	Zollabfertigung	Kombinierter Verkehr + Lager (K3)	Bahnlogistik (K4) LKW Ladungsverkehre AT/CH
wenig rentabel			Nationale LKW Transporte + Exporte (K5) Bahnlogistik (K6)
unrentabel			LKW Ladungsverkehre international
	nieder	mittel	hoch

Rentabilität (vertikale Achse)

Markt - Entwicklungspotential   K = Kunde

Die Matrix zeigt nicht nur die Rentabilität der Prozesse, sondern auch deren Entwicklungsfähigkeit. Sie zeigt deutlich, dass rentable oder hoch rentable Produkte nicht immer x-beliebig erweiterbar sind, sondern durch externe Determinanten bestimmt sein können. Insbesondere bei Prozessen, die sehr kundenspezifisch ausgerichtet sind (Produkt Logistik) ist die Entwicklungsfähigkeit ausschliesslich vom Kunden abhängig. Das heisst, dass jede strategische, strukturelle oder auch wirtschaftliche Veränderung beim Kunden sich beinahe zu 100 % im Ergebnis Delacher wiederspiegelt.

Andererseits wird eindeutig ersichtlich, dass das Produkt „logistische Dienstleistung" im Bereich Beschaffung oder Vertrieb (in Richtung „Outsourcing") zu den rentabelsten Produkten von Delacher Logistics AG gehören.

9.2.5.7   Erkenntnisse

Die Auswertungen wurden in Form einer Präsentation dem jeweiligen Niederlassungsleiter, Controllingleiter, Abteilungsleitern sowie den Verkäufern zur Verfügung gestellt. Die der Auswertung entnommenen Zahlen führten zu unterschiedlichen Diskussionen und Interpretationen. Die Präsentation der Reihung und Beurteilungen nach Zahlenwerten reichen jedoch ohne weitere Erklärungen nicht aus. Zum einen zeigt das Beispiel „Ladungsverkehr international Rest" und die dazugehörige Interpretation, dass eine exakte Bewertung einzelner Prozesse ohne nähere Erläuterungen zu verzerrten Ergebnissen führen können, aber nicht zwangsläufig müssen. Um eine verbesserte Transparenz der Ergebnisse zu erbringen, wären hier auch die Rahmenbedingungen und strategischen Überlegungen, die zu diesem Produkt führten, durchaus hilfreich.

Zum anderen ist es mit Hilfe der Prozesskostenanalyse durchwegs gelungen, ein Stärken-Schwächen-Portfolio zu erstellen, das deutlich macht, welche Produkte forciert am Markt verkauft werden müssen, um auch in Zukunft erfolgreich zu sein.

Weiters führten die Kennzahlen der einzelnen Prozesse auch zu Überlegungen, wo und wie angesetzt werden muss, um die Rentabilität zu erhöhen.

Der Massnahmenkatalog, der erstellt wurde, kann in kurzfristig durchführbare und mittelfristig umsetzbare Massnahmen unterteilt werden.

9.2.5.8   Kurzfristige Massnahmen

Kurzfristige Massnahmen:

Die Analyse zeigte, dass die LKW-Verkehre Skandinavien, eingehender Sammelverkehr Deutschland und Benelux, sowie LKW-Verkehre Grossbritannien und Irland im unrentablen und zudem kaum entwicklungsfähigen Bereich eingestuft werden mussten. Folgende Massnahmen wurden gesetzt:

- In den Bereichen Skandinavien, Irland und Grossbritannien wurden die Kunden einer weiteren Analyse unterzogen, daraus ergaben sich folgende Aktivitäten:

    o eine Preisanpassung in diesen Relationen, ohne Berücksichtigung des Risikos Kundenaufträge dadurch zu verlieren

    o statt in Eigeneinsatz Zukauf von Frachtraum, teilweise mit neuen Partnern. Dadurch ergab sich auch die Möglichkeit, durch Sammelladungsgemeinschaften die Rentabilität zu verbessern

- o die freigewordenen Ressourcen (Personal durch geringeren Arbeitsaufwand und Verkehrsmittel) wurden in gewinnbringendere Relationen eingesetzt

- die Schwerpunktländer wurden neu festgelegt und sowohl im Verkauf als auch bei der Disposition durch Ressourenverschiebung forciert (Beispiel Deutschland)

- Systemverkehre, die bislang verschiedenen Abteilungen zugeordnet waren, wurden in einer Abteilung konzentriert zusammengefasst und sich daraus entwickelte Synergien genutzt.

Folgende weitere kurzfristige Massnahmen wurden gesetzt:

- Im Ladungsverkehr wurden Schwerpunktländer festgelegt – Konzentration auf einige wenige Länder, zudem wurden administrative Aufgaben neu zugeordnet.

- Die Rentabilität eines Prozesses (komb. Verkehre + Lager K3) wurde erhöht, indem ein Teilprozess einer anderen Abteilung zugeordnet wurde. Gründe dafür waren zum einen, dass dieser Teilprozess (Transporte aus Ostländern) schwerpunktmässig systematisierter dort abgewickelt werden kann, und zum anderen, durch geringere Personalkosten geringere Produktionskosten verursacht.

- Auch bei anderen Prozessen verhalf eine verbesserte Systematisierung zu Zeiterspamis und damit zur Neuverteilung personeller Ressourcen.

9.2.5.9 Mittelfristige Massnahmen

Die mittelfristigen Massnahmen sind für die untersuchten Niederlassungen gleichermassen relevant und werden teilweise gemeinsam umgesetzt. Hier muss insbesondere der Stellenwert der Informationstechnologie genannt werden.

9.2.5.9.1 Informationstechnologie

Wie bereits erwähnt, ist der Personalkostenanteil ein beachtenswerter Faktor. Ein Ziel muss es daher sein, die Ressource Personal so effizient wie möglich einzusetzen. In diesem Zusammenhang wird auf vermehrten Einsatz von Informationstechnologie gesetzt.

Beispiel: mit Kunde K1 ist Delacher bereits seit 5 Jahren über ein eigenes EDV-Terminal verbunden, Versanddaten werden über dieses System vermittelt. Jedoch war es bislang nicht möglich, die Lagerstandsdaten dieses Systems mit dem Delacher-System zu verbinden – Resultat: eine doppelte Lagerführung war notwendig (zudem sehr aufwendig). Seit nun ½ Jahr wird eine neue Software des Kunden eingesetzt, die die Lagerführung über nur ein System ermöglicht. Der Wegfall an Mehrarbeit zeigt sich in geringeren Überstunden.

Auch beim Kunden K3 ergab sich die Möglichkeit, bestehende Versanddaten 1 : 1 in das Delacher-System zu übertragen. Zwar musste leicht modifiziert werden, aber der Arbeitsaufwand wurde dadurch stark vermindert.

Ein weiteres Beispiel ist die Analyse des Aufwands der Disponenten, die Waggon- und LKW-Standorte zu bestimmen, Auftragsdaten an Fahrer und Bahnhöfe zu übermitteln, Zusatzinformationen weiterzugeben etc. Die Disponenten sind bis zu 30 % ihrer Arbeitszeit damit beschäftigt, telefonisch die o.g. Informationen zu erhalten und weiterzugeben. Aus diesem Grunde wird daran gearbeitet, ein Flottenmanagementsystem einsetzen zu können. Mehrere Softwareanbieter wurden mit Präsentationen ihrer Systeme betraut. Das System soll nicht nur die Standortbestimmungen der Verkehrsmittel ermöglichen, sondern zugleich Kommunikation via Bildschirm zulassen und damit auch die Verständigungsproblematik vermindern. Weiters ist erwünscht, dass administrative Tätigkeiten durch das System erleichtert werden (beispielsweise KM-Berechnungen, Auftragsdatenübernahme etc.).

9.2.5.9.2 Qualitätsmanagement

Eine weitere gemeinsam erarbeitete Möglichkeit, die Prozesse kontinuierlich zu verbessern, wird in der Implementierung des prozessorientierten Qualitätsmanagements ISO 9001:2000 gesehen.

Der größte Anteil an erlösschmälernden Faktoren hat der Einkauf einer Dienstleistung – die Frachtraumbeschaffung. Auch bei dem im Unternehmen installierten QM-System nimmt das Thema Beschaffung ein großes Kapitel ein (vgl. Handbuch, Kap. 6 Beschaffung, Punkt 6.2 Koordinierung und Optimierung unserer Beschaffungsaktivitäten / Masterplan „Beschaffung von Transportdienstleistungen" sowie Punkt 6.3 Auswahl und Einsatz von Dienstleistungslieferanten). Neben der

Qualität eines Dienstleistungspartners steht ebenso der optimale Einsatz im Mittelpunkt dieses Kapitels.

Weiters zeigt der Personalkostenblock im Verkauf sowie die Werbe- und Reisespesen, dass im Hinblick auf effizienten Einsatz der Verkaufsinstrumente eine klarere Linie gefunden werden muss. Das QM-Handbuch verweist dabei auf das Kapitel 4 „Kundenbezogene Prozesse". Stichworte dazu sind Kundenpotenzialanalysen, die ähnlich der vorher dargestellten Benchmark-Matrix nach bedeutende (= hoch rentable/rentable und hoch entwicklungsfähige), interessante (= rentable und entwicklungsfähige) sowie kleine (= zwar rentable aber kaum entwicklungsfähige) Kundenpotenziale eingeteilt werden.

Ein weiteres Stichwort ist die Konzentration auf die Kernkompetenzen, wie sie in der Benchmark-Matrix festgelegt wurden und damit auch Konzentration auf diese Schwerpunkte im Verkauf.

Im Kapitel 7 des QM - Handbuchs wird die Dienstleistungserstellung beschrieben, genauer gesagt die Definition und Beschreibung der anfallenden Prozesse sowie die Beschreibung des Abwicklungsablaufs vom Auftragseingang bis zur Abrechnung des Auftrags. Das Potenzial zur Anhebung der Rentabilität wird darin gesehen, dass die Abläufe exakt überprüft werden und damit eventuelle Schwachstellen und Möglichkeiten zur Systematisierung aufgespürt werden. Dadurch könnten Fehlerquellen eliminiert und der Arbeitsaufwand reduziert werden.

9.2.5.10 Fazit

Die Prozesskostenanalyse hat sich als weiteres Instrument im Controlling als interessant und nützlich erwiesen, auch wenn die Ergebnisse daraus nicht völlig überraschend waren. Sie verhalf aber dazu, mit eindeutigen Zahlen unterlegt zu bestätigen, dass die Mehrzahl der Produkte, die Delacher am Markt anbietet, nicht nur die richtigen sind, sondern zudem Zukunftsperspektiven bieten. Was unumstritten von Vorteil ist, dass das prozessorientierte Kostenmanagement mehr in die Tiefe geht und damit ermöglicht, Ansatzpunkte für Überlegungen hinsichtlich effizienteren Einsatzes der Mittel anzubieten.

Wie bereits erwähnt, müssten den errechneten Werten auch die Rahmenbedingungen und strategischen Überlegungen zu bestimmten Prozessen hinzugefügt werden, um die Realität so weit wie möglich abbilden zu können.

Statistik – quantitative und qualitative Leistungsmessung

Statistik ist eine formale Wissenschaft, die sich mit den Methoden der Erhebung, Aufbereitung und Analyse numerischer Daten beschäftigt. Statistische Methoden gehören zum unentbehrlichen Instrumentarium vieler Fachwissenschaften und natürlich auch der Wirtschaftswissenschaften.

In der deskriptiven Statistik werden vor allem methodisch einfache Probleme wie die Darstellung von Daten in Tabellen und Schaubildern, die Berechnung von Mittelwerten und Streuungsmaßen, die Indexrechnung und die Konzentrationsmessung behandelt. Die induktive Statistik ist wahrscheinlichkeitstheoretisch ausgerichtet und befasst sich mit Problemkreisen wie statistisches Schätzen, statistische Tests, statistische Entscheidungstheorie und multivariate, statistische Methoden. Oft wird nicht nur mit Ist-Daten der Vergangenheit gerechnet, sondern es werden durch Extrapolation auch statistische Prognosen erstellt.

Die Statistik ist meist eine Vergleichsrechnung und auf die Vergangenheit bezogen. Anhand von Vergleichszahlen wird der betriebliche Ablauf kontrolliert und die Wirtschaftlichkeit des Geschehens im Betrieb festgestellt. Die Daten einzelner Perioden sind einerseits sekundärstatistisches Zahlenmaterial, das für andere als statistische Zwecke in Abteilungen wie Buchhaltung, Einkauf, Personal, Verkauf, Logistik usw. aufgezeichnet wird oder primärstatistisches Zahlenmaterial, das mittels eigener Erhebungen im Unternehmen oder außerhalb des Unternehmens gewonnen wird.

Das in der Unternehmensstatistik verwendete Zahlenmaterial besteht aus absoluten Zahlen, aus Verhältniszahlen und aus Durchschnittszahlen.

Absolute Zahlen geben Auskunft über die tatsächliche Höhe oder den wertmäßigen oder mengenmäßigen Umfang eines wirtschaftlichen Tatbestandes oder Vorgangs. Das Zahlenmaterial aus der Buchhaltung umfasst absolute Zahlen.

Verhältniszahlen werden gewonnen, indem zwei oder mehrere statistische Größen in Beziehung gesetzt werden. Sie gestatten eine leichtere Erfassung und Vergleichbarkeit des Zahlenmaterials und geben eine schnellere und bessere Übersicht als absolute Zahlen. Allerdings haben sie den Nachteil, dass die tatsächlichen absoluten Zahlen, die hinter den durch Verhältniszahlen ausgedrückten

Größenbeziehungen liegen und aus denen die Verhältniszahlen berechnet wurden, nicht zu erkennen sind. So kann die Aussage, der Umsatz des Betriebes ist um 25% gestiegen, eine absolute Steigerung von 150.- € oder 150 Mio € bedeuten. Daher müssen bei Verwendung von Verhältniszahlen die hinter den Verhältniszahlen stehenden absoluten Zahlen beachtet werden. Verhältniszahlen können in

- Gliederungszahlen

- Beziehungszahlen

- Indexzahlen

dargestellt werden. Gliederungszahlen gliedern Gesamtmassen in Teilmassen auf. Typische Gliederungszahlen werden z.B. in der Bilanzanalyse verwendet bei der Gliederung von Vermögen und Kapital. Beziehungszahlen setzen verschiedenartige, aber einander gleichgeordnete Massen zueinander in Beziehung. In der Bilanzanalyse sind dies z.B. Eigenkapitalquoten, Verschuldungskoeffizienten usw. Indexzahlen beziehen begrifflich gleichartige Massen auf eine an einem bestimmten Zeitpunkt gegebene gleiche Masse, wobei diese z.B. mit 100 % angegeben wird. Indexzahlen registrieren also die zeitliche Entwicklung bestimmter betrieblicher Daten und messen nur die relative Änderung. Sie lassen also keinen Rückschluss auf das Niveau zu, das den Ausgangspunkt bildet. Bekannte Indices sind z.B. die verschiedenen Verbraucherpreisindices.

Durchschnittszahlen haben die Aufgabe, eine statistische Reihe ungleicher Größen, die die Glieder dieser Reihe bilden, durch einen einzigen zahlenmäßigen Ausdruck zu charakterisieren. Sie haben den Charakter von Richtzahlen, deren Aussagewert aber nicht überschätzt werden darf. Sie haben stets eine nivellierende Wirkung. Verschiedene Zahlenreihen können denselben Mittelwert haben. Bekannte Mittelwerte sind das arithmetische Mittel und das geometrische Mittel. In beiden Fällen kann zwischen einem einfachen und einem gewogenen Mittel unterschieden werden. Ein weiterer bekannter statistischer Wert ist der häufigste Wert oder Modus. Der häufigste Wert ist der in einer Reihe von Einzelwerten am häufigsten vorkommende Wert. Der Zentralwert oder Median ist in seiner Stellung nach der mittlere Wert einer nach der Größe der Zahlen geordneten Zahlenreihe. Unter Streuung versteht man die Verteilung von Einzelwerten um den Mittelwert. Die Einzelwerte können bei gleichem Mittelwert sehr dicht bei diesem liegen, sie können aber auch weit von ihm entfernt sein. Die Angabe der Streuung ergänzt so einen Mittelwert. Die wichtigsten Streuungsmaße sind die Standardabweichung und die Varianz.

Statistische Tabellen und graphische Darstellungen wie Diagramme sind die technischen Hilfsmittel zur Darstellung des statistischen Zahlenmaterials. Diese Mittel sollen dazu dienen, die Ergebnisse einer statistischen Erhebung besser überschaubar zu machen. Die falsche Anwendung dieser Hilfsmittel kann, sei es gewollt oder ungewollt, trotz der Richtigkeit der zugrunde liegenden Zahlen beim Betrachter falsche Eindrücke erwecken und zu Fehlschlüssen und Fehlentscheidungen verleiten. Insofern ist beim Lesen von statistischen Tabellen und bei der Deutung von graphischen Darstellungen erhöhte Aufmerksamkeit geboten.

9.2.6 Operative Planung

Die betriebliche Planung stellt einen Teil des Führungssystems des Unternehmens dar. Die Notwendigkeit einer Planungsrechnung wird zwar nicht immer eingesehen, die Vorteile sollen hier nur kurz skizziert werden:

Um beispielsweise die Kostenkontrolle auf rationale Grundlagen zu stellen. bedarf es der Ergänzung der IST-Kostenrechnung durch die PLAN-Kostenrechnung, da Kontrolle immer den Vergleich eines Ist-Zustands mit einem Soll-Zustand in sich birgt.

Planung und Kontrolle ergänzen sich gegenseitig, da Planung Vorgaben voraussetzt, deren Erreichung durch die Kontrolle überprüft wird.

Planungsvorgaben sollen die verantwortlichen Mitarbeiter zu zielbewußten Maßnahmen motivieren und im nach hinein eine Analyse der entstandenen Abweichungen in Verbindung mit entsprechenden Maßnahmen ermöglichen.

Von der Improvisation unterscheidet sich die Planung wesentlich dadurch, dass sie einerseits systematisch erfolgt und zum anderen die verschiedenen Pläne in schriftlicher Form vorliegen.

Grundsätzlich kann man zwischen der

- Zielplanung (strategische Planung) und der
- Maßnahmenplanung (Durchführungsplanung oder operative Planung)

unterscheiden.

Ausgehend von bestimmten Zielvorstellungen (Unternehmensziele, Bereichsziele)
besteht die Maßnahmenplanung darin, systematisch konkrete Aktionen, Projekte und
Tätigkeiten zu erarbeiten.

Zur Planungsrechnung im engeren Sinn gehört die Erstellung eines Leistungsbudgets,
das auf der Basis von verschiedenen Teilplänen errechnet wird, wie z.B. dem Absatz-
bzw. Ertragsplan, dem Personalplan und dem Investitionsplan.

Abbildung 132: Planungssystem in einem Unternehmen

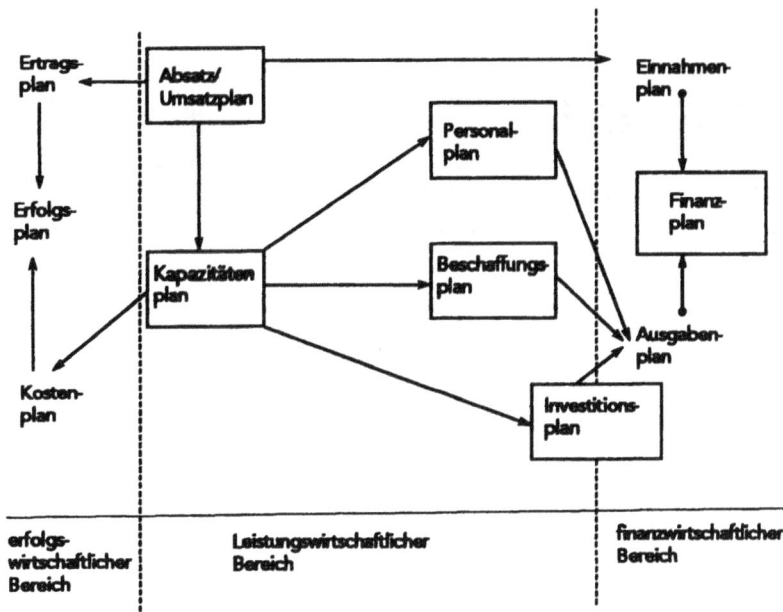

Für die praktische Durchführung der Budgetierung bedeutet dies, dass

- ein Ertragsplan in der Form zu erstellen ist, dass pro Relation und
  Wirtschaftsmonat ein Erwartungswert zu budgetieren ist, in den die
  verkehrlichen und sonstigen Zielsetzungen für das betreffende Wirtschaftsjahr
  einfliessen,

- ein Personalplan zu erstellen ist, in den alle für die Höhe der Personalkosten
  relevanten Faktoren einfliessen, das sind im Wesentlichen geplante Zugänge

und Abgänge sowie andere Faktoren wie individuelle Gehaltserhöhungen, Kollektivvertragserhöhungen etc.,

- ein Investitionsplan zu erstellen ist, in dem die kostenmäßigen Konsequenzen von Investitionen (im wesentlichen Abschreibungen, Zinsen und Betriebskosten) ersichtlich sind und

- für jede Kostenstelle für die wichtigsten Kostenarten Plankosten angesetzt werden.

Abbildung 133: Controllingbericht aus der betrieblichen Praxis

Controllingbericht		Dezember 9		per 31.05.199							EU			
1. Informationen zum Berichtsmonat											**2. Erwartungen zum 31.12.199**			
	Werte der Periode					**Summe akt. seit Jahresbeginn**								
in ÖS 1000,–	Vorjahr	Plan	Ist	Abw. absolut	Kritische Schwelle	Vorjahr	Plan	Ist	Abweichung absolut	in %	Kritische Schwelle	Plan	Erwartungen	Abweichungen absolut	%
Aufträge	4.346	3.914	4.157	243		64.949	59.543	61.090	1.547	3		59.543			
Tonnage	5.757	5.890	6.254	364		92.197	89.610	100.212	10.602	12		89.610			
DB 1 Brutto	2.191	2.414	1.886	-528		35.454	36.720	32.234	-4.486	-12		36.720			
techn. Betrieb	-699	-791	-672	119		-10.439	-10.320	-10.204	116	1		-10.320			
DB 1 Netto	1.492	1.623	1.214	-409		25.015	26.400	22.030	-4.370	-17		26.400			
sonst. Erlöse	0	0	16	16		31	0	337	337	0		0			
Gesamterlöse	1.492	1.623	1.230	-393		25.046	26.400	22.367	-4.033	-15		26.400			
Materialkosten	59	29	168	139		358	309	606	297	96		309			
Personalkosten	1.223	1.098	1.209	111		13.946	13.091	12.967	-124	-1		13.091			
Sachkosten	380	127	125	-2		1.772	1.520	2.097	577	38		1.520			
Kalk. AFA	15	40	40	0		178	477	477	0	0		477			
Gesamtkosten	1.677	1.291	1.539	248		16.252	15.397	16.147	750	5		15.397			
DB 2	-185	332	-309	-641		8.794	11.003	6.220	-4.783	-43		11.003			
Cash Flow	-170	372	-269	-641		8.970	11.480	6.697	-4.783	-42		11.480			
Pers.Kosten/DB1	56%	45%	64%			39%	36%	40%				36%			
DB 1/Auftrag	504	617	454			546	617	528				617			
DB 1/100 kg	38	41	30			38	41	32				41			

Wenn die Budgetierung auf dieser Basis durchgeführt wird, ist eine Abweichungsanalyse während des Planungszeitraumes sehr einfach und effizient möglich. Die Ist-Erträge pro Monat werden den geplanten Erträgen gegenübergestellt und die Ist-Kosten (lt. BAB-Korrektur) werden den Plan-Kosten lt. Budget pro Kostenstelle gegenübergestellt und die Abweichungen ermittelt.

10 Schlussbetrachtung und Ausblick

Die Bestandsaufnahme wesentlicher Trends in Güterverkehrsmärkten zeigt, dass die neue Rolle der Speditionsunternehmen als 3 und 4 PLP sich wieder sehr der klassischen Rolle als Unternehmen mit koordinierender und vermittelnder Funktion annähert. Dies ist möglicherweise auch ein Hinweis, warum sich Speditionsunternehmen mehr und mehr mit den Chancen neuer Geschäftsmodelle und Leistungsangebote auseinandersetzen. Die ausschließlich derivative (abgeleitete) Nachfrage und deren Befriedigung durch Transportleistungen verlieren an Bedeutung. Die „Kontraktlogistik" ist jener Geschäftsbereich in Speditionsunternehmen, in dem diese neuen Wachstumschancen zum Ausdruck kommen. Der einzelne Kontrakt in seinen vielfältigen Gestaltungsmöglichkeiten und beschreibbar durch den Grad der Kundenintegration, durch die Art der Gestaltung des geforderten Leistungssystems und durch die Ausrichtung des Leistungssystems auf die Nutzer, stellt die strategische Geschäftseinheit im Geschäftsfeld „Kontraktlogistik" dar. Die erfolgreiche Wahrnehmung dieser neuen Aufgaben für Speditionsunternehmen setzt Ressourcen und Fähigkeiten voraus, die insbesondere im Bereich der „intangible assets" zu finden sind. Dabei können Momentaufnahmen der quantitativen und qualitativen Leistungsfähigkeit ein falsches Bild über die zukünftigen Chancen und Risiken erzeugen. Ressourcen, Fähigkeiten und Kompetenzen müssen in ihrer Dynamik erfasst werden, um proaktiv die strategisch wichtigen Entscheidungen treffen zu können. Die Ressource - Based View in der Strategieentwicklung muss aber auch die Dynamik der Veränderung der Kundenbedürfnisse erfassen, um die Leistungen am Markt anzubieten, die auch den Kundenbedürfnissen entsprechen. Ein möglicher Maßstab, um festzustellen, ob Leistungen erstellt werden, die den Kundenbedürfnissen entsprechen, ist die Erfassung der vom Kunden wahrgenommenen Kundenzufriedenheit. Hier finden sich auch jene Werttreiber, die die Dauer der Zusammenarbeit und damit die Kundenbindung bestimmen, ein Wert, der gerade bei stark kundenorientierten Systemdienstleistungen Unternehmenswert sichert.

Wertorientiertes Management ist ein mittlerweile in großem Umfang anerkanntes und in der Praxis eingesetztes Managementmodell, das in der Lage ist, dieses Spannungsfeld von Veränderungen in den Ressourcen und Kundenbedürfnissen zu erfassen. Wertorientierung findet allerdings explizit heute nur in Speditionskonzernunternehmen statt, implizit sind die Werttreiber aber auch in Klein-

und Mittelbetrieben die Parameter, die die Überlebensfähigkeit des Unternehmens sichern. Gerade in diesen Betriebsgrößen kann die Entscheidung für oder gegen einen angebotenen Großauftrag die künftige Entwicklung fundamental beeinflussen.

Die strategischen Entscheidungen orientieren sich im wertorientierten Management danach, welche Strategien welchen Beitrag zur Entwicklung des Unternehmenswertes liefern. Dies gilt umso mehr, wenn diese Entscheidungen in die Gestaltung der Leistungssysteme von Speditionsunternehmen eingreifen.

Ein gewisses Verständnis für die Komplexität und Dynamik derartiger Entscheidungssituationen kann erreicht werden, wenn die betrachteten Systeme in ihren Ursache-Wirkungszusammenhängen modelliert werden. Diese qualitative Betrachtung kann durch die Entwicklung systemdynamischer Modelle z.B. mit Hilfe von System Dynamics zu dynamischen Simulationsmodellen weiterentwickelt werden.

Aufbauend auf einem wertorientierten Managementansatz wurde ein Kennzahlensystem vorgestellt, das die wichtigsten Werttreiber zur Entwicklung des Freien Cash Flows in einem definierten Geschäftsfeld in ihrer Vernetzung und Dynamik erfasst. Das Kennzahlensystem wurde auf das strategische Geschäftsfeld Kontraktlogistik focussiert, da in diesem Geschäftsbereich, belegt durch eine Vielzahl wissenschaftlicher Untersuchungen, eine große Entwicklungschance für Speditionsunternehmen liegt. Ein systemisches Vorgehensmodell, in dem zunächst ein qualitatives Wirkungsgefüge entwickelt wird, das die Struktur des Systems auf wenige, relevante Faktoren reduziert, hilft im Umsetzen einer ganzheitlichen Betrachtung der Problemsituation. Darauf aufbauend kann mit Hilfe der Modellierungssprache System Dynamics ein quantitatives Simulationsmodell entwickelt werden, das die Entscheider in Speditionsunternehmen in die Lage versetzen kann, im Sinne einer Lernplattform auf Grundlage der erarbeiteten Systemzusammenhänge die Auswirkungen ihrer strategischen Entscheidungen auf die Entwicklung des Wertbeitrages z.B. des „strategischen Geschäftsfeldes Kontraktlogistik" zur Entwicklung des Unternehmenswertes zu simulieren. Es konnte aber in der praktischen Anwendung in KMU´s der Speditionsbranche sehr schnell festgestellt werden, dass das Ziel, Systemstrukturen und dynamisches Verhalten des Systems zu erkennen, immer dann an Grenzen stößt, wenn der Variablensatz oder die Anzahl der vernetzten Teilmodelle wesentlich erhöht wird.

Die typische Kostenstruktur in Speditionsunternehmen mit einem hohen Anteil an Gemeinkosten für die indirekten Bereiche und der Tatsache, dass der überwiegende Teil der Leistungen fremdbeschafft wird, macht den Einsatz einer Prozesskostenrechnung sinnvoll. Die leistungsmengeninduzierten Prozesskostensätze erfassen am ehesten die in Prozessform ablaufende Leistungserstellung in den administrativen Bereichen der Speditionsunternehmen. Die Ausklammerung der technischen Ressourcen stellt zwar eine grobe Vereinfachung dar, entspricht aber durchaus dem Selbstverständnis von Speditionsunternehmen, die im Sinne der auch im Handelsgesetzbuch definierten Tätigkeit des Vermittelns ihre unternehmerische Aufgabe wahrnehmen. Für Speditionsunternehmen, die in Ausnutzung des Selbsteintrittsrechtes hauptsächlich Frachtführertätigkeiten wahrnehmen, muss das Prozesskostenmodell erweitert werden. Michaeli (vgl. 2000, S.18) stellt dazu fest, dass der Aufwand für Modellvalidierung und Pflege expotentiell mit dem Detaillierungsgrad steigt, die Aussagekraft eines Modells sich jedoch bestenfalls linear mit dem Detaillierungsgrad erhöht. Diese Erkenntnis gilt vermutlich auch bei wesentlicher Ausweitung des dargestellten Prozessmodells.

Literaturverzeichnis

Abell, D.F. (1980): Defining the business. The Starting Point of Strategic Planning, Englewood Cliffs

Aberle, G. (1997): Transportwirtschaft. Einzelwirtschaftliche und gesamtwirtschaftliche Grundlagen, 2. Aufl., München u.a.

Aberle, G. (2000): „Illusionen unangebracht", in: FUTURE - die Zukunftsbeilage der Deutschen Verkehrszeitung, 93.Jg.(2000), Hamburg, S 5

Aberle, G./W. Hamm (1987): Nutzfahrzeuge zur Güterbeförderung, Schriftenreihe des Verbandes der Automobilindustrie e.V. (Hrsg.), Nr. 52, Frankfurt/Main

Achleitner, A.K./A. Bassen (2000): „Shareholder Value in Klein- und Mittelständischen Unternehmen", in: Siegwart, H. (Hrsg.): Jahrbuch zum Finanz – und Rechnungswesen 2000, Zürich, S. 471-509

Albach, H. (1978): „Strategische Planung bei erhöhter Unsicherheit". in: Zeitschrift für Betriebswirtschaft, 48.Jg.(1978), Nr. 8, S. 702-715

Albach, H. (2001): „Shareholder Value und Unternehmenswert – Theoretische Anmerkungen zu einem aktuellen Thema", in: Zeitschrift für Betriebswirtschaft, 71.Jg.(2001), Nr. 6, Wiesbaden, S. 643-673

Allemeyer, W. (2002): Verlagerung des Güterverkehrs weg von der Straße- Chimäre oder Realutopie? (=unveröff.Vortrag anlässlich des europäischen Forum Alpach, Alpacher Wirtschaftsgespräche, Expertenforum 4, 29.4.2002

Backhaus, K. (1992): Investitionsgütermarketing, 3. überarb. Aufl., München

Baden, A. (2001): "Shareholder Value- oder Stakeholder-Ansatz? Zur Vorteilhaftigkeit der beiden Konzepte", in: WiST, 30.Jg.(2001), Heft 8, S. 398-403

Ballwieser, W. (2002): „Wertorientierung und Betriebswirtschaftslehre. Von Schmalenbach bis heute", in: Macharzina/Neubürger (Hrsg): Wertorientierte Unternehmensführung. Strategien-Strukturen-Controlling, Stuttgart, S. 69-98

Barney, J.B.:(1991): "Firm Ressources and Sustained Competitive Advantage", in: Journal of Management, 17.Jg.(1991), S. 99-120

Barth, K. et. al.(2000): „Customer Equity: die Rechnung mit dem Kunden", in: Absatzwirtschaft, 43.Jg.(2000), Sonderausgabe Oktober, S. 170-181

Bauer, H.H. (1989): Marktabgrenzung, Berlin

Baumgarten, H. et. al. (1998): Qualitäts – und Umweltmanagement logistischer Prozessketten, (= ein Forschungsprojekt im Auftrag der Kühne Stiftung und der Daimler Benz AG), Stuttgart; Wien

Baumgarten, H./S. Walter (2000): Trends und Strategien in der Logistik 2000+, Technische Universität Berlin

Baumgarten, H./S. Wolff (1999): The next wave of Logistics. Global Supply Chain e-fficiency, TU Berlin Logistics Department, Zentrum für Logistik und Unternehmensplanung (Hrsg.), Berlin/Boston

Bausch, A./L. Kaufmann (2000): „Innovation im Controlling – am Beispiel der Entwicklung monetärer Kennzahlensysteme", in: Controlling 12.Jg.(2000) Heft 3, Stuttgart, S. 121-125

Belz, Ch./Th. Bieger (2000): Dienstleistungskompetenz und innovative Geschäftsmodelle, Diss. HSG St.Gallen;

Benvenuti, O. (1998): Säumer und Fuhrleute, Feldkirch

Berkau, C./P. Hirschmann (1996)(Hrsg.): Kostenorientiertes Geschäftsprozessmanagement. Methoden, Werkzeuge, Erfahrungen, München

Bertsch, L./O. Wendt (1999): Yield Management, in: Weber et al. (Hrsg): Handbuch Logistik, Stuttgart

Bieger Th. (2000): Dienstleistungsmanagement. Einführung in Strategien und Prozesse bei persönlichen Dienstleistungen mit Fallstudien verschiedener Praktiker, 2. überarb. und erg. Aufl., Bern u.a.

Bieger, Th./ Ch. Belz (1997): Leistungs – und Kundensysteme: Kompetenz für Marketing-Innovationen, in: Thexis, Schrift 2/1997, St. Gallen, S.12-39

Bienzeisler, B. (2000): Rationalisierung im Dienstleistungssektor. Strategie und Probleme. Ein Literaturbericht. (= Duisburger Beiträge zur soziologischen Forschung – Gerhard-Mercator-Universität Gesamthochschule Duisburg), Duisburg

Bidlingmaier, J. (1983): Marketing, 2 Bände, 10. Aufl., Opladen

Bleicher, K. (1996): das Konzept integriertes Management, 4.rev. und erw. Aufl., Frankfurt/Main

Bogaert, I. et al.(1994): "Strategy as a Situational Puzzle. The Fit of Components", in: Hamel, G./A. Heene, (Hrsg.): Compentence-Based Competition, West Sussex, England, S. 57-74

Bogaschewsky, R./R. Rollberg (1998): Prozessorientiertes Management, Berlin u.a.

Bomm, H.(1992): Ein Ziel – und Kennzahlensystem zum Investitionscontrolling komplexer Produktionssysteme, Berlin u.a.

Böseler, U. (2000): Qualifizierung von Transport-Disponenten. Bedarfsanalyse sowie partizipativ orientierte Gestaltung eines Qualifizierungs-Systems und Schritte zu dessen Evaluierung, Diss. Uni. Bochum, Bochum

Bossel, H. (1992): Modellbildung und Simulation: Konzepte, Verfahren und Modelle zum Verhalten dynamischer Systeme. Ein Lehr – und Arbeitsbuch, 2. unveränd. Aufl., Braunschweig; Wiesbaden

Brehmer, B.(1992): "Dynamic Decision Making. Human Control of Complex Systems", in: Acta Psychologica Nr. 81, S. 211-241

Bretzke, W.R. (1986): „Logistikdienste der Spediteure – Leistungssysteme müssen gründlich vorbereitet werden", in: Deutsche Verkehrszeitung, Nr. 109/1986, S.3

Bretzke, W.R. (1999a): „Überblick über den Markt an Logistik-Dienstleistern", in: Weber (1999) S. 219 - 225

Bretzke, W.R. (1999b): „Die Eignung der Transaktionskostentheorie zur Begründung von Make-or-Buy Entscheidungen in der Logistik", in: Pfohl H. Ch.(Hrsg.): Logistikforschung, Entwicklungszüge und Gestaltungsansätze, Berlin, S.343-361

Bruhn, M./D. Georgi (1999): „Wirtschaftlichkeit des Kundenbindungsmanagement", in: Bruhn, M.(1999), S. 411-440

Bruhn, M. et al.(2000): "Wertorientiertes Relationship Marketing. Vom Kundenwert zum Customer Lifetime Value", in: Die Unternehmung 54.Jg.(2000), Heft 3, S. 167 - 187

Bruhn, M./Ch. Homburg (1999)(Hrsg.): Handbuch Kundenbindungsmanagement. Grundlagen, Konzepte, Erfahrungen, 2. aktualisierte und erw. Aufl., Wiesbaden

Bruhn, M./H. Meffert (Hrsg.)(2001): Handbuch Dienstleistungsmanagement. Von der strategischen Konzeption zur praktischen Umsetzung, 2. überarb. und erw. Aufl., Wiesbaden

Buchholz, J. et. al. (Hrsg.) (1998): Handbuch der Verkehrslogistik. Berlin u.a.

Büchner, H.J./C. Korschinsky (2002): Gute Zukunftschancen für Logistikdienstleister. Strukturwandel im Speditionsgewerbe, in: IKB Branchenbericht Januar 2002, Deutsche Industriebank AG (Hrsg.), Düsseldorf

Bundesverband Spedition und Lagerei (Hrsg.) (1996): Strukturdaten aus Spedition und Lagerei

Burns, J.R.(2001b): "Simplified Translation of CLD´s into SFD´s", in: Hines (2001), S. 68

Camp, R.C. (1989): Benchmarking. The Search for Industry Best Practises that Lead to Superior Performance, Wisconsin

Collis, D.J./C.A. Montgomery (1996): „Wettbewerbsstärke durch hervorragende Ressourcen", in: Havard Business Manager, 18.Jg.(1996), Heft 2, S. 47-57

Copper, J. et. al. (1995): European Logistics. Markets, Management and Strategy. 2nd ed., Oxford

Copeland, T. et al.(1998): Unternehmenswert. Methoden und Strategien für eine wertorientierte Unternehmensführung, aus dem Amerikanischen von Thorsten Schmidt und Friedrich Mader; 2.aktualisierte und erw. Aufl., Frankfurt/Main u.a.

Corsten, H. (1997): Dienstleistungsmanagement, 3. völlig neu bearb. und wesentl. erw. Aufl., München, Wien

Corsten, H. (1998): Grundlagen der Wettbewerbsstrategie, Stuttgart u.a.

Corsten, H./ H. Schneider (Hrsg.) (1999): Wettbewerbsfaktor Dienstleistung. Produktion von Dienstleistungen – Produktion als Dienstleistung, München

Corsten, H./St. Stuhlmann (1999): „Yield Management als Ansatz- punkt für die Kapazitätsgestaltung von Dienstleistungsunternehmen", in Corsten (1999) S. 78-107

Czenskowsky, T. et al.(2002): „Prozessorientierte Kostenrechnung in der Logistik", Kostenrechnungspraxis (krp), 46.Jg.(2002), Heft 2, S.75-86

Deecke, H. et al.(Hrsg.)(1993): Die neue Rolle der Transportwirtschaft. Marktanforderungen und moderne Arbeitskonzepte für den Güterverkehr, Eschborn

Dehler, M. (2001): Entwicklungsstand der Logistik, Messung – Determinanten – Erfolgswirkung, Diss. Univ. Koblenz, Wiesbaden

Deutsche Genossenschafts Bank/Deutsche Verkehrsbank (Hrsg.) (1999): Supply Chain Management. Zukunftsmarkt und Herausforderung für die Speditionsbranche, Branchenreport Nr. 3, Frankfurt am Main

Dick, G. (1993): Rationale Regulierung. Berlin

Drukarczyk, J. (1993): Finanzierung. Eine Einführung, 6. Aufl., Stuttgart u.a.

D. Logistics (Hrsg.) (2000): Geschäftsbericht 2000, Hofheim; Bingen

Elbert R./M. Gomm (2003): Zukunftsforschung Güterverkehr: eine Studie über die Auswirkungen sich ändernder Rahmenbedingungen im Güterverkehr auf Unternehmen, in: Pfohl C.H. (Hrsg):

Güterverkehr. Eine Integrationsaufgabe für die Logistik. Entwicklungen-Auswirkungen-Lösungsmöglichkeiten, Berlin

Engelhardt, W.H. et. al. (1993): „Leistungsbündel als Absatzobjekte. Ein Ansatz zur Überwindung der Dichotomie von Sach- und Dienstleistungen", in: Zeitschrift für betriebswirtschaftliche Forschung, 45.Jg.(1993), S. 395 - 426

Engelke, M. (1997): Qualität logistischer Dienstleistungen. Operationalisierung von Qualitätsmerkmalen, Qualitätsmanagement, Umweltgerechtigkeit, Diss. Uni Darmstadt, Berlin

Engelsleben, T. (1999): Marketing für Systemanbieter. Ansätze zu einem Relationship Marketing-Konzept für das logistische Kontraktgeschäft, Diss. Univ. Köln, Wiesbaden

Eversheim, W. (1996): Prozessorientierte Unternehmensorganisation, Berlin u.a.

Faller, P. (Hrsg.) (1999): Transportwirtschaft im Umbruch. Strukturwandel, Anpassungserfordernisse, Gestaltungsaufgaben, Wien

Feil, J./G. Götz (1995): Ableitung eines Logistik-Kennzahlensystems der Cherry Mikroschalter GmbH, Auerbach. In: Weber, J. et al. (Hrsg): Kennzahlen für die Logistik, Stuttgart

Forrester, J.W.(1961): Industrial Dynamics, MIT Press, Cambridge Mass.

Forrester, J.W. (1972): Grundsätze einer Systemtheorie (Principles of Systems), Wiesbaden

Forrester, J.W.(2000): System Dynamic Newsgroup, News No. 2671

Foschiani, St. (1995): Strategisches Produktionsmanagement. Ein Modellsystem zur Unterstützung produktionsstrategischer Entscheidungen, Diss. Univ. Stuttgart, Frankfurt am Main

Foschiani, St. (2000): "Strategic Management of Production Systems – a Longitudinal Analysis on the Evolution of Models. Experiences from a Research Project", in: Davidsen (2000), S. 70

Franke, U. (2002): „4 PL-Dienstleister als Innovationscoach in dynamischen Wertschöpfungsnetzwerken", in: Industrie Management – Zeitschrift für industrielle Geschäftsprozesse, 18.Jg.(2002), Nr.5, Berlin, S.19-22

Freichel, S. (1992): Organisation von Logistikservice-Netzwerken. Theoretische Konzeption und empirische Fallstudien, (Studien zu Unternehmensführung und Logistik), Pfohl, H.C. (Hrsg.), Band4

Fuhrmann, B. (1998): Prozessmanagement in kleinen und mittleren Unternehmen. Ein Konzept zur integrativen Führung von Geschäftsprozessen, Diss. Univ. Cottbus, Wiesbaden

Fuhrmann, R. (1993): Logistiksysteme bei Güterverkehrsunternehmen. Gestaltungsansätze aus Sicht der Produktion von Dienstleistungen. Diss. Univ. Dortmund, Dortmund

Fuhrmann, R. (1997): „Logistiksysteme – der LKW als spezifische Systemkomponente", in: Hoepke, Erich (Hrsg.): Der LKW im europäischen Straßengüter – und kombinierten Verkehr, Renningen-Malmsheim, S. 32-73

Gabler (Hrsg) (2001): Wirtschaftslexikon, 15. vollst. überarb. und erw. Aufl., Wiesbaden (CD ROM)

Gaitanides, M. (1994): Prozessmanagement. Konzepte, Umsetzungen und Erfahrungen des Reengineering, München

Geck, R. (2001): Branche Logistik ....ein stark wachsender Sektor, Studie Logistik, WGZ-Bank (Westdeutsche Genossenschafts-Zentralbank eG)(Hrsg.), Düsseldorf

Gemini Consulting (2000):„Erfolgsfaktoren der Top Player", in: Logistik Heute (2000), Heft 1-2/2000, S. 36-38

Giesa, F./H. Kopfer (2000): Management logistischer Dienstleistungen der Kontraktlogistik, in: Logistik Management, 2.Jg.(2000), Nr.1, S. 43 - 53

Glaum, M. (1998): Kapitalmarktorientierung deutscher Unternehmungen. Ergebnisse einer empirischen Untersuchung, Studie, Coopers & Lybrand (Hrsg.), Frankfurt a.M.

Gleissner, E. (1967): Transportelastizität und wirtschaftliche Entwicklung. Ein internationaler Vergleich, München u.a.

Gleißner, W. (2002): „Kernthesen zum Paradigma der Wertorientierung – und ihre Konsequenzen für das Risikomanagement", in: Controller Magazin, 27.Jg.(2002), Heft 1, Gauting, S. 93 – 96

Gomez, P. (1981): Modelle und Methoden des systemorientierten Managements, Bern u.a.

Gomez, P. (1993): Wertmanagement. Vernetzte Strategien für Unternehmen im Wandel, Düsseldorf u.a.

Gotrian J./I. Lutz (2003): Entwicklungen des Güterverkehrs in Europa: Analysen und Prognosen, in: Pfohl C.H. (Hrsg): Güterverkehr. Eine Integrationsaufgabe für die Logistik. Entwicklungen-Auswirkungen-Lösungsmöglichkeiten, Berlin

Gudehus, T. (1995): „Auswahl Systemdienstleister. Die Lücke zwischen Schein und Sein", in: Logistik heute, 17.Jg.(1995), Nr.1/2, Serie Teil 1, S. 28-29

Gudehus, T. (1999): Logistik: Grundlagen, Strategien, Anwendungen, Berlin u.a.

Günther, Th. (1997): Unternehmenswertorientiertes Controlling. München

Gürtlich, G.H et al. (1991): Verkehrswirtschaft (=Fachbuch für den Unterrichtsgebrauch an Handelsakademien für den IV. Jahrgang im Unterrichtsfach Spezielle Betriebswirtschaftslehre – Verkehrswirtschaft), Wien

Größler, A. (2000): Entwicklungsprozess und Evaluation von Unternehmenssimulatoren für lernende Unternehmen, Diss. Uni Mannheim, Wiesbaden

Grüner, A. (1997): Zwischenbetriebliche Logistikleistungen in der Industrie: Produktion und Absatz investiver Dienstleistungen. Diss. Univ. Würzburg. Wiesbaden

Hahn, D. (1996): PuK, Controllingkonzepte. Planung und Kontrolle, Planungs – und Kontrollsysteme, Planungs- und Kontrollrechnung, 5. überarb. und erw. Aufl.; Wiesbaden

Hamel, G./C.K. Prahalad (1994): Competing for the future, Havard Business School Press (Hrsg.), Boston, Massachusetts

Hamel, G./C.K. Prahalad (1995): Wettlauf um die Zukunft. Wie sie mit bahnbrechenden Strategien die Kontrolle über ihre Branche gewinnen und die Märkte von morgen schaffen, Wien

Hammes, W. (1994): Strategische Allianzen als Instrument der strategischen Unternehmensführung, Wiesbaden

Hampe, St. (1992): Marketing-Kennzahlensystem auf Basis von Handelspaneldaten, Diss. Uni Göttingen, Wiesbaden

Hardt, R. (1998): Kostenmanagement: Methoden und Instrumente, Oldenburg

Harl, A. (1999): Von der Vision zur Realität: Wo liegen die Trends in der Transport – Logistik? Referat und Diskussion Fachkonferenz „Transport-Logistik" 10.- 11.3.1999, Wien

Hart, C.W.L. (1989): „Auch Dienstleister nutzen Garantien", in: Havard Business Manager, 11.Jg.(1989), Nr.1, S. 114 - 121

Hart, O. (1991): Incomplete contracts and the theory of the firm, New York

Herter, R.N. (1994): Unternehmenswertorientiertes Management. Strategische Erfolgsbeurteilung von dezentralen Organisationseinheiten auf der Basis der Wertsteigerungsanalyse, München

Herry, M. et.al. (1999): Methode zur Modellrechnung Güterverkehr. (= Forschungsarbeiten aus dem Verkehrswesen), Bundesministerium für Wissenschaft und Verkehr (Hrsg.) Band 89, Wien

Herry M. (2001): Transportpreise und Transportkosten der verschiedenen Verkehrsträger im Güterverkehr, Kammer für Arbeiter und Angestellte (Hrsg.), Wien

Hildebrandt,J.(1997): Methodik der Wirkungsanalyse von Vernetzungsstrategien im Güterverkehr, Diss. Uni Hannover, Hannover

Hilke, W. (1989): Dienstleistungsmarketing, Schriften zur Unternehmensführung Bd. 35, Wiesbaden

Hines, J. et al.(Hrsg.)(2001): Proceedings of the 19th International Conference of the System Dynamic Society, 23.-27.7. 2001 in Atlanta/USA, Albany

Hinterhuber, H.H. (1996): strategische Unternehmensführung. Strategisches Denken, Vision, Unternehmenspolitik, Strategie, 6. neu bearb. und erw. Aufl., Band 1, Berlin u.a.

Hinterhuber, H.H./E. Krauthammer (1997): Leadership – mehr als Management. Was Führungskräfte nicht delegieren dürfen, Wiesbaden

Hinterhuber, H.H./U. Stuhec (1997): „Kernkompetenzen und strategisches In-/Outsourcing", in: Zeitschrift für Betriebswirtschaft, 67.Jg.(1997), Ergänzungsheft 1, Albach Hans (Hrsg.), Wiesbaden, S. 1-20

Hoffmann, Ch.P./M.A. Lindemann (1998): Logistik und Electronic Commerce – LogEC. Arbeitsbericht, mcm inst., (Universität St.Gallen - Institut für Medien und Kommunikationsmanagement), St.Gallen

Hofmann, R. (1977): Bilanzkennzahlen. Industrielle Bilanzanalyse und Bilanzkritik, 4. neu bearb. Aufl., Wiesbaden

Holderied, C. et al. (2001): Abschlussbericht zu FFF Projekt Nr. 800003 „Prozesskostenmanagement in der Verkehrswirtschaft"

Holderied, C. (2004): Entwicklung eines Simulationsmodells auf Grundlage eines wertorientierten Kennzahlensystems zur Unterstützung strategischer Entscheidungen im Geschäftsfeld „Kontraktlogistik" aus Sicht von Speditionsunternehmen, Diss. Uni Linz

Homburg, Ch./B. Garbe (1996): „Industrielle Dienstleistungen". in: Zeitschrift für Betriebswirtschaft, 66.Jg.(1996), Nr. 3, S. 253 - 282

Homburg, Ch./Ph. Kebbel (2001): „Komplexität als Determinante der Qualitätswahrnehmung von Dienstleistungen", in: Zeitschrift für betriebswirtschaftliche Forschung, 53.Jg.(2001), Nr.8, S. 478 - 499

Homburg, Ch./R. Rudolph (1995): „Wie zufrieden sind ihre Kunden tatsächlich?: Kundenzufriedenheit richtig messen und managen – kein Buch mit sieben Siegeln", in: Havard Business Manager, 17.Jg.(1995), Nr.1, S. 43 - 50

Homp, Ch. (2000): „Aufbau von Kernkompetenzen. Ablauf und Vorgehen", in: Hammann, P./J. Freiling (Hrsg.): Die Ressourcen – und Kompetenzperspektive des Strategischen Managements, Wiesbaden, S. 167 - 190

Horvath, J. (1998): „Das Image der Speditionsbranche", in: Wochenzeitung „Verkehr", (=die internationale Wochenzeitung für Verkehrswirtschaft), Nr.28/98, Wien, S. 2

Horvath, P. (2001a): Controlling, 8. vollst. überarb. Aufl., München

Horvath, P./A. Brokemper (1999): „Prozesskostenrechnung als Logistikkostenrechnung", in: Weber (1999) S. 523-537

Horvath. P./F. Minning (2001): „Wertorientiertes Management in Deutschland, Großbritannien, Italien und Frankreich. Eine empirische Analyse", in: Controlling, 13.Jg.(2001), Nr.6, S. 273 - 282

Ihde, G.B.(1991): Transport, Verkehr, Logistik. Gesamtwirtschaftliche Aspekte und einzelwirtschaftliche Handhabung, 2. völlig überarb. und erw. Aufl., München

Janz, O. (2003): Integriertes Transportnetzmanagement. Angebots – und nachfrageorientierte Planung und Steuerung komplexer Transportnetze, Diss. Uni Mannheim, Köln

Kaplan, R.S./D.P. Norton (1997): Balanced Scorecard. Strategien erfolgreich umsetzen, deutsch von Peter Horvath, Beatrix Kuhn-Würfel, Claudia Vogelhuber, Stuttgart

Kaspar, C. (1998): Management von Verkehrsunternehmen, München/Wien

Kaufmann, L. (1996): „Komplexitäts – Index – Analyse von Prozessen. Eine Methode zur Ermittlung von Ressourcenbelastungen im Rahmen des Prozess(kosten)managements", in: Controlling, 8. Jg.(1996), Nr.4, S. 64 - 68

Kavandi, S. (1998): Ziel – und Prozesskostenmanagement als Controllinginstrumente, Diss. Univ. Göttingen, Wiesbaden

Klaus, P. (1999): „Logistik als ‚Weltsicht'", in: Weber (1999) S. 15-32

Klaus, P. (1998): „Supply Chain Management", in: Klaus/Krieger (1998), S. 434-441

Klaus, P./W. Krieger (Hrsg.)(1998): Gabler Lexikon Logistik. Management logistischer Netzwerke und Flüsse, Wiesbaden

Klaus, P./ U. Müller-Steinfahrt (2000): die „TOP 100" der Logistik, Ausgabe 1999, Gesellschaft für Verkehrsbetriebswirtschaft und Logistik (GVB) e.V. (Hrsg.), Nürnberg u.a.

Kley, K.L. (2000): „Wertorientiertes Konzerncontrolling bei der Deutschen Lufthansa AG", in: Horváth, P.(Hrsg.): Strategische Steuerung – erfolgreiche Konzepte und Tools in der Controllingpraxis, Stuttgart S. 1 - 29

Klose, M. (1999): „Dienstleistungsproduktion. Ein theoretischer Rahmen", in: Corsten/Schneider (1999), S. 5-21

Knorren, N. (1998): Wertorientierte Gestaltung der Unternehmensführung, Diss. Wiss. Hochschule für Unternehmensführung, Koblenz, Wiesbaden

Kobler, R.A. (1997): Strategic European Distribution Logistics Design, Diss. Univ. St.Gallen, Bamberg

Köberlein, Ch. (1997): Kompendium der Verkehrspolitik. München/Wien

Koller, I. (2004): Transportrecht. Kommentar. 5., völlig neu bearb. Aufl., München

Kotler, Ph./F. Bliemel (1999): Marketing-Management. Analyse, Planung, Umsetzung und Steuerung, 9. überarb. und aktualisierte Aufl., Stuttgart

KPMG (Hrsg.)(2000): Value Based Management – Shareholder Value Konzepte. Eine Untersuchung der DAX 100 Unternehmen, Frankfurt am Main

Kranke, A. (2002): „Das gehört in den Outsourcingvertrag", in: Logistik Inside, (2002), Nr. 4, München, S. 54 – 56,

Krell, G. (1998): „Betreuung von Grosskunden in der internationalen Kontraktlogistik", in: Thexis (1998) Nr. 1, St.Gallen, S. 17-21

Kremer, H.H. (1986): Die Bestimmung von Produkt-Markt-Feldern als Kernproblem bei der Bildung strategischer Geschäftseinheiten, Frankfurt/M. u.a.

Kreutzer Fischer & Partner (1998): Multikausales Kybernetisches Indikatorenmodell, Modelldefinition, Wien

Krüger, W./Homp, C. (1996): Marktorientierte Kernkompetenzen und ihr strategischer Einsatz. Arbeitspapier Nr. 4/96 der Professur für Betriebswirtschaftslehre II: Organisation. Unternehmensführung. Personalwirtschaft, Krüger,W. (Hrsg.), Gießen

Krüger, W./Homp, C. (1997): Kernkompetenz-Management – Steigerung von Flexibilität und Schlagkraft im Wettbewerb, Wiesbaden

Kruschwitz, L. (1995): Investitionsrechnung, 6. Aufl., Berlin/New York

Küting, K./U. Eidel (1999): „Performance-Messung und Unternehmensbewertung auf Basis des EVA", in: Die Wirtschaftsprüfung, 52.Jg.(1999), Nr. 21, S. 829-838

Lamla, J. (1995): Prozessbenchmarking. Dargestellt an Unternehmen der Antriebstechnik, München

Langeard, E. (1981): „Grundfragen des Dienstleistungsmarketing", in: Marketing – Zeitschrift für Forschung und Praxis, 3.Jg.(1981), Nr.4, S. 233 - 240

Lattwein, J. (2002): Wertorientierte strategische Steuerung. Entwurf einer ganzheitlich – integrativen Gestaltungskonzeption, Diss. Uni Dortmund, Wiesbaden

Lechner, K. et al. (1997): Einführung in die allgemeine Betriebswirtschaftslehre, 17. überarb. Aufl., Wien

Lee, H.L. et.al. (1997): "Information Distortion in a Supply Chain. The Bullwhip Effect, in: Management Science, 43.Jg.(1997), No. 4, S. 546-558

Lewis, Th.G. (1994): Steigerung des Unternehmenswertes – Total Value Management, 2. Aufl., Landsberg am Lech

Link, J.(1985): Organisation der strategischen Planung, Heidelberg u.a.

Littek, W. (1991): „Was ist Dienstleistungsarbeit?", in: Littek, W./U. Heisig/H.D. Gondek (Hrsg.): Dienstleistungsarbeit. Strukturveränderungen, Beschäftigungsbedingungen und Interessenslagen, Berlin, S. 265-282

Lutz, H. (2003): Outsourcing Markt in Deutschland wächst. In: Deutsche Verkehrszeitung 57(2003)19

Maani, K.E./R.Y. Cavana (2000): System Thinking and Modelling: Understanding Change and Complexity, Auckland

Macha, R. (1998): Grundlagen der Kosten- und Leistungsrechnung. Eine praxisorientierte Einführung mit Fallbeispielen und Aufgaben, Frankfurt/New York

Maier, F.H./A. Größler (2000): „What are we talking about? A taxonomy of computer simulations to support learning", in: System Dynamic Review, Vol.16, No. 2, S. 135 - 148

Makait, M. (2000): „Chain – Management für die Mineralöllogistik aus der Sicht eines Logistikdienstleisters", in: Logistik, 116.Jahrgang, Heft 6, Hamburg u.a., S. 308-310

Maleri, R. (1997): Grundlagen der Dienstleistungsproduktion, 4.vollständig überarb. und erw. Aufl., Berlin u.a.

Malik, F. (1996): Strategie des Managements komplexer Systeme: ein Beitrag zur Management-Kybernetik evolutionärer Systeme, 5. erw. und erg. Aufl., Bern u.a.

Manner-Romberg, H. (2001): „Mitten im Wandel", in: Logistik Heute, Jg. (2001), Ausgabe 7-8/2001, S. 34-40

Matis, H./D. Stiefel (1995): Das Haus Schenker: die Geschichte der internationalen Spedition 1872 – 1931, Wien

Meffert, H. (1998): Marketing: Grundlagen marktorientierter Unternehmensführung. Konzepte – Instrumente – Praxisbeispiele, mit neuer Fallstudie VW-Golf, 8.vollst. neubearb. u. erw. Aufl., Wiesbaden

Meffert, H./M. Bruhn (2000): Dienstleistungsmarketing, 3. Aufl., Wiesbaden

Mehldau, M./M. Schnorz (1999): Trends und Strategien im Markt der Logistikdienstleister, in: Weber (1999), S. 842 - 858

Meister H./U. Meister (2000): Yield-Management als Verkehrskonzept, Stuttgart

Meyer, H.R. (1976): Verkehrswirtschaft und Verkehrspolitik. Aktuelles und Grundsätzliches, (= Berner Beiträge zur Nationalökonomie), Band 28, Bern u.a.

Michaletz, M.(1994): wirtschaftliche Transportketten mit modularen Containern. Logistisches Konzept zur intermodalen Umverteilung des Güterverkehrsaufkommens, (=Schriftenreihe der Bundesvereinigung Logistik), Band 33, München

Milling, P. (1991): „Strategische Planungs – und Kontrollsysteme zur Unterstützung betrieblicher Lernprozesse", in: Systemmanagement und Managementsysteme, Milling, P. (Hrsg.), Berlin (=Festgabe für Gert v. Kortzfleisch zum 70. Geburtstag), S. 11- 31

Muckelberg, E. et al.(2002): „Integration in der Logistik als Leitfaden", in: Logistik für Unternehmen, 7.Jg.(2002), Nr.12, Springer VDI Verlag, S. 54 - 61

Müglich, A. (2002): Transport – und Logistikrecht, München

Neher A. (2001): "Vision oder Mythos?" in: Logistik Heute, 23.Jg.(2001), Nr.9, S. 52-53

Oelfke, W. (2000): Güterverkehr – Spedition – Logistik, Speditionsbetriebslehre, 34. überarbeitete Aufl., Bad Homburg

Ossimitz, G. (2000): "Teaching System Dynamic and System Thinking in Austria and Germany", in: Davidsen (2000) S. 161

Österle, H. (1995): Business Engineering, Prozess- und Systementwicklung, Berlin u.a.

Osterloh, M./J. Frost (2000): Prozessmanagement als Kernkompetenz. Wie sie Business Reengineering strategisch nutzen können, 3. Aufl., Wiesbaden

Otto, A.(1993): Das Management der Qualität von Transportdienstleistungen. Rekonstruktion eines handlungsorientierten Ansatzes auf der Basis industriebetriebswirtschaftlicher Beiträge, Schriftenreihe der Gesellschaft für Verkehrsbetriebswirtschaft und Logistik (GVB) e.V., Heft 25, Nürnberg

Pape, U. (1997): Wertorientierte Unternehmensführung und Controlling, Berlin u.a.

Perlitz, M./J. Bufka (1997): „Erfolgreiches Wertmanagement. Ergebnisse einer explorativen Studie", in: Perlitz, M./A. Offinger et al. (Hrsg.): Strategien im Umbruch. Neue Konzepte der Unternehmensführung, Stuttgart, S. 99-124

Peschke, M.A. (1997): Wertorientierte Strategiebewertung. Modell, Konzeption und Umsetzung; Diss. 1997, Univ. Dortmund; Wiesbaden

Pfohl, H.C. (1990): Logistiksysteme. Betriebswirtschaftliche Grundlagen. 4. erw. und korr. Aufl., Berlin u.a.

Pfohl, H.C. (2003): Entwicklungstendenzen auf dem logistischen Dienstleistungsmarkt, in: Pfohl H.C. (Hrsg):Güterverkehr. Eine Integrationsaufgabe für die Logistik. Entwicklungen – Auswirkungen – Lösungsmöglichkeiten, Berlin

Pieske, R. (1997): Benchmarking in der Praxis. Erfolgreiches Lernen von führenden Unternehmen, 2. Aufl., Landsberg/Lech

Piller, F. Th. (2000): Mass Customization. Ein wettbewerbsstrategisches Konzept im Informationszeitalter, Diss. Univ. Würzburg 1999, Wiesbaden

Polzin, D.W.(1999): Multimodale Unternehmensnetzwerke im Güterverkehr. Grundlagen, Anforderungsprofile und Entwicklung eines Gestaltungsansatzes für einen zukunftsorientierten Kombinierten Verkehr Straße – Schiene, in: Baumgarten/Ihde (Hrsg.):Schriftenreihe der Bundesvereinigung Logistik (BVL) e.V. Bremen, Band 45, München

Popper, K.R. (1994): Alles Leben ist Problemlösen: über Erkenntnis, Geschichte und Politik, 3. Aufl., München

Porter, M.E. (1980): Competitive Strategy. Techniques for Analyzing Industries and Competitors. New York/ London

Porter, M.E. (1996): "What is strategy?" in: Havard Business Review, Vol.74, November/December, S.61-78

Porter, M.E. (1999): Wettbewerbsstrategie, 10. durchges. und erw. Aufl., Frankfurt am Main

Pousttchi, P.F. (2001): Kompetenzorientiertes strategisches Management intermodaler Verkehrsdienstleistungen. Das Beispiel Bahn und Flugzeug, Diss. Univ. Mainz, Wiesbaden

Prahalad, C.K./G. Hamel (1990): "The Core Competence of the Corporation", in: Havard Business Review, Vol.68, No. 3, May/June 1990, S. 79-91

Prognos AG (1998): Endbericht zur "Bestandsaufnahme und Aufbereitung von Grunddaten zu den Einsatzbedingungen von LKW in verschiedenen Ländern Europas", Wirtschaftskammer Österreich (Hrsg.) Basel: Bericht Nr. 581-5188

Pümpin, C.(1991): Dynamische Unternehmensführung und strategisches Controlling, in: Horvàth, P. (Hrsg.): Synergien durch Schnittstellen-Controlling, Stuttgart, S.25-49

Rappaport, A. (1986): Creating Shareholder Value, New York/London

Rappaport, A. (1999): shareholder value. Ein Handbuch für Manager und Investoren, 2. vollst. überarb. Aufl., aus dem Amerikanischen von Wolfgang Klien, Stuttgart

Raster, M. (1995): Shareholder-Value-Management. Ermittlung und Steigerung des Unternehmenswertes, Diss. Univ. d. Bundeswehr, Hamburg, Wiesbaden

Razzaque, M. A./Ch. Ch. Sheng (1998): "Outsourcing of logistics functions: a literature survey", in: International Journal of Physical Distribution & Logistics Management, Vol.28 (1998),No.2;S.89-107

Reichheld, F.(1993): „Treue Kunden müssen auch rentabel sein", in: Havard Business Manager, 15.Jg.(1993), Nr. 3, S. 106-114

Reichmann, Th. (1997): Controlling mit Kennzahlen und Managementberichten. Grundlagen einer systemgestützten Controlling-Konzeption, 5. überarb. und erw. Aufl., München

Reiß, M./T.C. Beck (1995): „Kernkompetenzen in virtuellen Netzwerken. Der ideale Strategie-Struktur-Fit für wettbewerbsfähige Wertschöpfungssysteme", in: Unternehmensführung im Wandel: Strategien zur Sicherung des Erfolgspotentials, Corsten, H./T.Will (Hrsg.), Stuttgart u.a., S. 33-60

Remer, D. (1997): Einführung der Prozesskostenrechnung, Grundlagen, Methodik, Einführung und Anwendung der verursachungsgerechten Gemeinkostenzurechnung, Stuttgart

Rendez, H. (1992): Konzeption integrierter Logistikdienstleistungen, (= Schriftenreihe der Bundesvereinigung Logistik (BVL) e.V. Bremen), Baumgarten, K./B.I. Gösta (Hrsg.), Band 28, München

Richardson, G.P. (1997): "Problems in Causal Loop Diagrams Revisited", in: The Creative Learning Exchange, Vol.6 (1997), No.3, Acton, S. 6-9

Richter K.J. (1995): Verkehrsökonometrie. Elemente quantitativer Verkehrswirtschaft. 5. überarb. Aufl., München/Wien

Richter K.J. (1999): „Transportsystemanalyse im Wandel", in: Transportwirtschaft im Umbruch: Strukturwandel, Anpassungserfordernisse, Gestaltungsaufgaben, Wien, S. 409-416

Rühli, E. (1994): "Die Ressource-based View of Strategy", in: Gomez, et al. (Hrsg.), Unternehmerischer Wandel, Wiesbaden, S. 31-57

Rühli, E. (1995): „Ressourcenmanagement: Strategischer Erfolg dank Kernkompetenzen", in: Die Unternehmung, 49. Jg.(1995), S. 91-105

Rühli, E. (1998): „Strategie ist tot – Es lebe das strategische Management", in: Handlbauer, G. et al. (Hrsg.): Perspektiven im strategischen Management, Berlin/ New York, S. 239 - 257

Rumelt, R.P. (1974): Strategy, Structure and Economic Performance, Boston: Havard Business School Press

Rumpf, Ch. (1997): Qualitätsmanagement speditioneller Dienstleistungen: eine informationsorientierte Analyse der Planung und Vermarktung der Qualität des Dienstleistungsangebots von Speditionen auf der Grundlage eines Geschäftstypenansatzes, (=Giessener Studien zur Transportwirtschaft und Kommunikation), Band 13, Hamburg

Sänger, F. (2004): Elektronische Transportmärkte. Untersuchungen zur Optimierung des Straßengütertransports, Diss. Uni Köln, Wiesbaden

Sanchez, R./A. Heene, (1997): "Competence Concepts for Strategic Management", in: Heene, A./R. Sanchez (Hrsg.): Competence-based strategic management, Chichester u.a., S. 3 - 43

Sax, E. (1918): Die Verkehrsmittel in Volks – und Staatswirtschaft. Band 1: Allgemeine Verkehrslehre, 2. Aufl., Berlin

Schade, Ch./E. Schott (1993): „Instrumente des Kontraktgütermarketing", in: Die Betriebswirtschaft, 53.Jg.(1993), Nr. 4, Stuttgart, S. 491-511

Scheuch, F. (2002): Dienstleistungsmarketing, 2.,völlig neu gestaltete Aufl., München

Schierenbeck, H./M. Lister (2001): Value Controlling: Grundlagen wertorientierter Unternehmensführung, München u.a.

Schimank, C.(1998): „Komplexitätsmanagement und Process-Benchmarking", in: Horvath, P. (Hrsg.): Prozesskostenmanagement, 2. Aufl., München, S. 47-64

Schindhelm, M. (1998): Transportrechtsreform 1998; Neufassung des HGB: ein Überblick, (= Vortrag zur Transportrechtsreform Gesamtverband Verkehrsgewerbe Niedersachsen e.V. (GVN) am 4.6.1998 in Osnabrück

Schmidt,D.(1992): Strategisches Management komplexer Systeme. Frankfurt a.M.

Schneider, Ch. (2002): „Controlling von Working Capital bei Logistikdienstleistern", in: Controller Magazin, 27.Jg.(2002), Heft 6, Gauting, S. 540 - 546

Schneider, D./G. Schnetkamp (1994): „Wettbewerbsvorteile durch integrierte Systemangebote. Dargestellt am Beispiel des Luftfrachtmarktes", in: Bruhn, M.(Hrsg.): Marktorientierte Unternehmensführung im Umbruch: Effizienz und Flexibilität des Marketing, Stuttgart, S. 321-344

Schubert, W. (Hrsg.)(2000): Verkehrslogistik: Technik und Wirtschaft, München

Seicht G.(1995): Moderne Kosten – und Leistungsrechnung, 8. erw. Aufl.; Wien

Seiler, U.v. Bönigen (1981): die Funktion des Spediteurs in der schweizerischen Verkehrswirtschaft. Diss. Uni Bern, Unterseen-Interlaken

Senge, P.M.(1990): The Fifth Discipline. The Art & Practice of the Learning Organization, First trade edition published in USA

Senge, P.M.(1998): Die fünfte Disziplin, aus dem Amerik. von Maren Klostermann, 5. Aufl., Stuttgart, im Orginal erschienen unter dem Titel „The Fifth Discipline. The art and practise of the learning organization" New York, 1990

Siebert, G./St. Kempf (1998): Benchmarking – Leitfaden für die Praxis, München u.a.

Simon, H./A. Damian (1999): Preispolitik für industrielle Dienstleistungen. In: Corsten /Schneider (Hrsg): Wettbewerbsfaktor Dienstleistung, München

Sombart, W.(1903): die deutsche Volkswirtschaft im 19. Jahrhundert. Berlin

Stabenau, H. (1994): Verkehrsbetriebslehre, (=DAV – Fachbuchreihe), Band 1, 3. Aufl., Bremen

Staehle, W. (1973): „Kennzahlensysteme als Instrument der Unternehmensführung", in: Wirtschaftswissenschaftliches Studium, 2.Jg.(1973), Nr.5, S. 222-228

Steffens, Ch. (2002): „Veränderte Anforderungen an das Controlling in der Spedition"; in: Kostenrechnungspraxis (Krp), 46.Jg. (2002), Sonderheft Nr. 2, S. 39-41

Stein, A. (1998): Kontraktlogistik, in: Klaus/Krieger (1998), S. 230 -234

Sterman, J.D. (2000): Business dynamics: system thinking and modeling for a complex world, Boston u.a.

Stewart, G.B. (1991): The Quest for Value. The EVA ™ Management Guide, New York: Harper Business

Suntum, U.van (1986): Verkehrspolitik, München

Sydow, J. (2000): „Management von Dienstleistungsbeziehungen – Kundenintegration in organisations- und netzwerktheoretischer Perspektive", in: Witt, F.(Hrsg.): Unternehmung und Informationsgesellschaft, Wiesbaden, S. 21-33

Thiel AG (Hrsg.) (2000): Geschäftsbericht 2000, Grevenmacher: WVD Westfälische Verlagsdruckerei

Thaler St.Ph. (1990); Betriebswirtschaftliche Konsequenzen des EG – Binnenmarktes und der EG – Güterverkehrsliberalisierung für europäische Speditionsunternehmen, (=Schriftenreihe des Instituts für Betriebswirtschaft, Wirtschaftswissenschaftliches Zentrum der Universität Basel) ,Bern u.a.

Thiele, M. (1997): Kernkompetenzorientierte Unternehmensstrukturen. Ansätze zur Neugestaltung von Geschäftsbereichorganisationen, Wiesbaden

Thonfeld, H.D. (1998): „Möglichkeiten und Grenzen individueller Haftungsvereinbarungen in Logistikverträgen nach Inkrafttreten der Transportrechtsreform", in: Logistic Letter, Nr. 19, April 1998, Bundesvereinigung Logistik, BVL (Hrsg.), Bremen, S. 3-4

Töpfer, A. (Hrsg.) (2000): das Management der Werttreiber: die balanced score card für die wertorientierte Unternehmenssteuerung, Frankfurt am Main

Ulrich, H. (1990): Unternehmungspolitik, 3. Aufl., Bern u.a.

Ulrich, H./G.J.B. Probst (1995): Anleitung zum ganzheitlichen Denken und Handeln: ein Brevier für Führungskräfte, 4.unveränd. Aufl., Bern u.a.

Vadnai, E. (1925): die Geschichte des Speditionsgeschäftes, Budapest 1925

Vester, F. (1990): Ausfahrt Zukunft – Strategien für den Verkehr von morgen; eine Systemuntersuchung, (Studiengruppe für Biologie und Umwelt GmbH), München

Vester, F. (1999): Die Kunst vernetzt zu denken: Ideen und Werkzeuge für einen neuen Umgang mit Komplexität, Stuttgart

Voigt, F. (1965): Verkehr, Bd. 2: die Entwicklung des Verkehrssystems, Berlin

Voigt, F. (1973): Verkehr, Bd. 1, 1. Hälfte, Berlin

Wabersinke, W. (1975): Speditionswesen: Speditionsgewerbe, Bahnspedition und Bahnsammelladungsspedition. 2. verb. Aufl., Hamburg

Wäscher, D. (2001): „Neue Ansätze im Kundenmanagement", in: controller magazin, 26.Jg.(2001), Heft 5, Gauting, S. 503-508

Wagenhofer, A. (2001): „Investoren wollen Klarheit", in: trend Manager, Jahrgang 2001, Heft 1, S. 18-21, Wien

Wallenburg, C.M. (2004): Kundenbindung in der Logistik. Eine empirische Untersuchung zu ihren Einflussfaktoren, Bern

Warren, K. (2002): Competitive Strategy Dynamics, Chichester: John Wiley & Sons

Warschburger, V./H. Lothar (1998): „Strategische und operative Outsourcing-Entscheidungen", in: Controller Magazin, 23. Jg.(1998), Heft 5, Gauting, S.334-338

Weber, J./H. Baumgarten (Hrsg.)(1999): Handbuch Logistik. Management von Material- und Warenflussprozessen, Stuttgart

Weber, J. et al.(2002a): Erfahrungen mit Value Based Management – Praxislösungen auf dem Prüfstand, Reihe: Advanced Controlling, 5.Jg.(2002), Band 27/28, Vallendar

Weber, J. (2002c): „Logistik-Controlling: Stand und Entwicklungsperspektiven", in: Kostenrechnungspraxis (krp), 46.Jg.(2002), Sonderheft 2/2002, S. 102 - 111

Weil, R. (1998): „Danzas auf dem Weg zum Value Based Management (VBM)", in: Wertorientierte Unternehmensführung: Perspektiven und Handlungsfelder für die Wertsteigerung von

Unternehmen, Bruhn, M. et.al.(Hrsg), (=Festschrift zum 10jährigen Bestehen des Wirtschaftswissenschaftlichen Zentrums (WWZ) der Universität Basel, Wiesbaden, S. 431-443

Welge, M.K./A. Al-Laham (1999): Strategisches Management: Grundlagen-Prozess-Implementierung, 2. vollst. überarb. und erw. Aufl.; Wiesbaden

Wernerfelt, B. (1984): „A Ressourced-based View of the firm", in: Strategic Management Journal, Vol.5(1984), S. 171-180

Wieske, Th. (2002): „Praktische Probleme bei Logistikverträgen", in: Transportrecht: Zeitschrift für das gesamte Recht der Güterbeförderung, der Spedition, der Versicherung des Transports, der Personenbeförderung, der Reiseveranstaltung, Heft 5, Mai 2002, Hamburg, S. 177 – 181

Wildemann, H. (1997): „Güter verteilen – künftig noch rascher, zuverlässiger, termingerechter", in: Havard Business manager 19.Jg. (1997), Nr.1, S.47-55

Wilms, F.E.P. (2001): Systemorientiertes Management, München

Wirtschaftskammer Österreich (Hrsg.) (1998): Österreichs Verkehrswirtschaft in Zahlen, Ausgabe 1998. WKÖ Bundessektion Verkehr (Hrsg.), Wien

Wittich, M. (1999): „Balanced Scorecard – Projekterfahrung und Erfolgsfaktoren für einen optimierten Einsatz im wertorientierten Controlling", in: Controller Magazin, 24.Jg.(1999), Heft 6, Gauting, S. 434 - 440

Wolf, M. (1999): Kundenorientierung von Transportdienstleistern. Konzeption und Anwendung eines Messinstrumentes. Diss.Univ. Erlangen; Wiesbaden

Wöhe, G. (1975): Einführung in die allgemeine Betriebswirtschaftslehre, 11. neubearbeitere und erweiterte Aufl., München

Zäpfel, G./B. Piekarz (2000b): Prozesswirtschaftlichkeit: Controlling logistischer Prozesse durch prozessorientierte Leistungsrechnung, Wildemann, H. (Hrsg), München

Zahn, E. et. al. (2000): „Wissen und Strategiekompetenz als Basis für die Wettbewerbsfähigkeit von Unternehmen", in: Hammann, P./J. Freiling, (Hrsg.): Die Ressourcen – und Kompetenzperspektive des Strategischen Managements, Wiesbaden, S. 47 - 68

Zeithaml, V.A./Parasuraman, A./Berry,LL (1992): Qualitätsservice, Frankfurt a.Main/New York

Zeilbeck, W. (2004): Geschichte der Schweizer Spedition. Von den Kelten bis heute, Basel

Zöllner, W.A. (1990): Strategische Absatzmarktplanung, Kunden und Wettbewerbsanalyse für Logistikunternehmen, Reihe Logistik in Industrie, Handel, Dienstleistungen, Jünemann R./ Pfohl H.C. (Hrsg.), Berlin u.a.

o.V. „Internationale Studie sieht Outsourcing – Anteil wachsen", in: **Logistik für Unternehmen (2002):** Heft 12/2002, S. 71

o.V. „Recht und Logistik. Über Vertragsgestaltung, neues Recht im Transport und mehr", in: **Logistic Letter** Nr. 19/1998, Bundesvereinigung Logistik – BVL (Hrsg) (1998), Bremen

o.V. „Sektorstudie Logistik Europa –von der Schwerarbeit zur Denkarbeit, in: Bank LEU Investment research (Hrsg.) (2001), Zürich

o.V. „Wir optimieren ständig", in: **Capital (Hrsg.) (1997):** Interview mit Karl Baumann, S. 46-48

INTERNETQUELLEN

Anderson Consulting (2002): Homepage der Anderson Consulting Gruppe online im Internet: URL: http://www.ac.com (Stand: 3.2003)

Baumgarten, H. (2001): Logistik und E-Business – Quo Vadis? Online im Internet: URL: http://www.competence-site.de/logistik.nsf (Stand 18.09.2002)

Brühl, W. (2000): „Shareholder Value" – Zur Diskussion eines umstrittenen Begriffs, online im Internet: URL: http://www.cducsu.bundestag.de (Stand: 10.2002)

Bundesministerium für Verkehr, Innovation und Technologie (BMVIT) (2002): Generalverkehrsplan Österreich 2002, online im Internet: URL: http://www.bmvit.gv.at (Stand: Oktober 2002)

Danzas (Hrsg) (2001): Homepage der deutschen Danzas AG, online im Internet: URL: http://www.danzas.com (Stand: 16.10.2001)

Europäische Union (2001): Weißbuch zur gemeinsamen Verkehrspolitik, online im Internet; URL: http://europa.eu.int/scadplus/leg/de/lvb/l20047.htm (Stand: 7.2004)

Fraunhoferinstitut (2001): eFullfillment Markt in Deutschland, online im Internet: URL: http://www.ipa.fhg.de (Stand: 10.2002)

o.V.: „ Geschichte – Stapelrecht „, online im Internet: URL: http://www.hann-muenden.net/spontan/geschiwi.htm (Stand: 7.8.2002)

o.V. Wirtschaftskammer (Hrsg.)(1997a): online im Internet URL: http://www.wk.or.at/bsv/Internet/papier.htm (Stand: 7.8.2002)

o.V. Wirtschaftskammer (Hrsg.)(1997b): online im Internet URL: http://www.wk.or.at/bsv/Internet/innsbruck.htm (Stand: 7.8.2002)

o.V.: „ Bremen – Stapelrecht", online im Internet: URL: http://www.archivpaedagogen.de/bremen/STAPEL.HTM (Stand 7.8.2002)

Panalpina (Hrsg.) (2000): Geschäftsbericht 2000, Basel; online im Internet: URL: http://www.panalpina.com (Stand: 7.8.2002)

PROTRANS - Buck Consultants International (Hrsg.) (2001):, Analysis of third-party logistics market. Work package 1. online im Internet: URL: http://www.logistik.tu-berlin.de/sulogtra+protrans/ (Stand: 7.8.2002)

Smekal, G. et al. (2002): Chancen und Risiken für Logistikdienstleister durch neue Beschaffungskonzepte – Endbericht Teil II, Projektbericht im Rahmen von Logistik-Austria-Plus, online im Internet: URL: http://www.logistikaustriaplus.at/ (Stand Oktober 2002)

Stinnes (Hrsg) (2002): homepage der Stinnes AG, online im Internet: URL: http://www.stinnes.de/deutsch/investot/WertMgtdt.htm (Stand: 24.7.2002)

SULOGTRA - Technische Universität Berlin (Hrsg): (2001):, Deliverable Reports to Work Package 2: Analysis of the Transport Decision Making Process, Work Package 3: FTS Legal/Institutional Framework-Outsourcing Concept, Work Package 6: Analysis of Value Creation in Supply Chains, online im Internet: URL: http://www.logistik.tu-berlin.de/sulogtra+protrans/ (Stand: 7.8.2002)

Traugott, G. (2000): Impulsprogramm MOVE – Mobilität & Verkehrstechnologie – Logistik-Austria-Plus, online im Internet: URL: http://www.bmv.gv.at/logistik-austria/LA-Plu11.doc (Stand: Oktober 2002)

Weidt, S. (2002): Kooperationen in der Logistik: neue Trends von der Beschaffungskooperation bis zum 4 PL-Provider. Frauenhoferinstitut für Materialfluss und Logistik (IML); Online im Internet: URL http://www.competence-site.de/cc/experten.nsf/ViewExperts!openForm&alle (Stand: 7.8.2002)

Stichwortverzeichnis

www.ingramcontent.com/pod-product-compliance
Lightning Source LLC
Chambersburg PA
CBHW081524190326
41458CB00015B/5450